HAYMON verlag

Tara June Winch

Wie rote Erde

Roman

Aus dem Englischen von Juliane Lochner

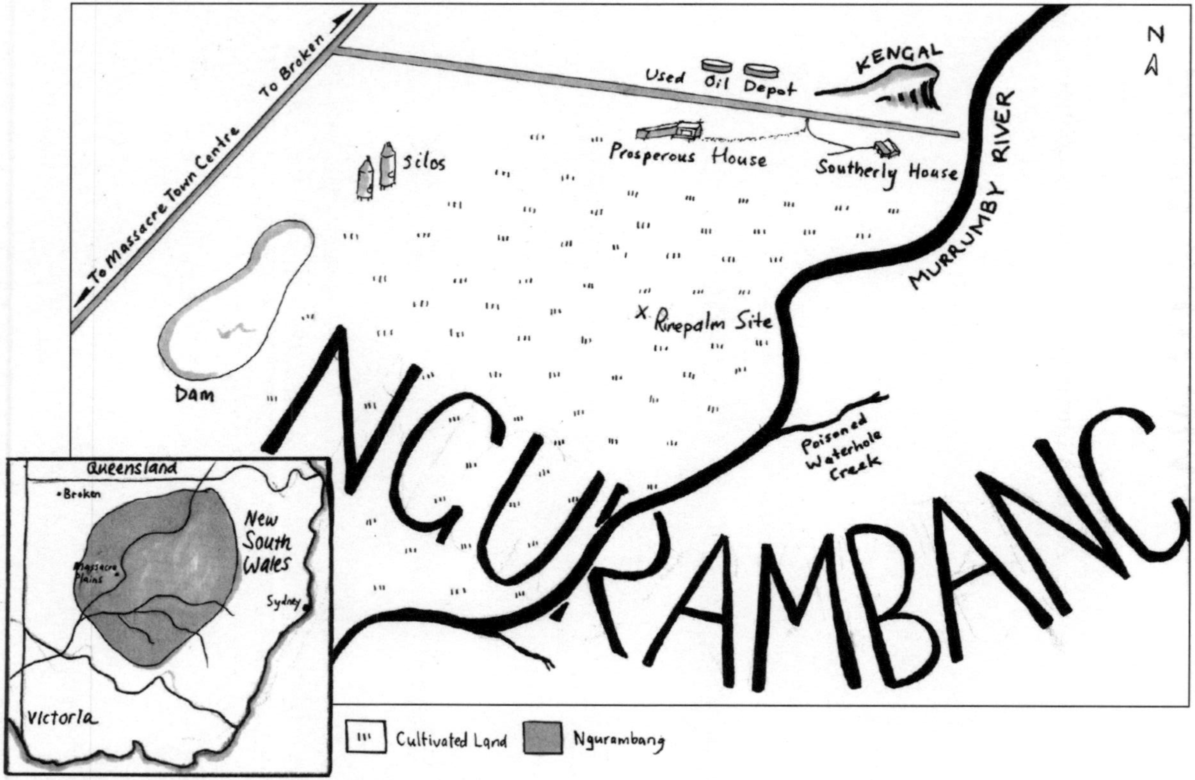

N
To Broken
To Massacre Town Centre
Used Oil Depot
KENGAL
MURRUMBY RIVER
Silos
Prosperous House
Southerly House
X Rirepalm Site
Dam
Poisoned Waterhole Creek
NGURAMBANG
Queensland
Broken
New South Wales
Massacre Plains
Sydney
Victoria
Cultivated Land
Ngurambang

Für meine Familie

„Was ist Souveränität in Abwesenheit von Gerechtigkeit anderes als organisierter Raub?“

Augustinus

Eins

Ich wurde geboren auf *Ngurambang* – hörst du das? – *Ngu-ram-bang*. Wenn du es richtig aussprichst, schlägt es hinten im Mund an, und du solltest in deinen Worten Blut schmecken. Jeder Mensch in diesen Gegenden sollte das Wort für *Land* in der alten Sprache, der ersten Sprache, lernen – denn das ist der Weg, der zu allen Zeiten hinführt, zu mythischen Reisen! Ihr könnt euch ganz zum Anfang zurückbegeben.

Mein Daddy war Buddy Gondiwindi, er starb als junger Mann aufgrund einer inzwischen ausgerotteten Krankheit. Meine Mutter war Augustine, und sie starb als alte Frau – nun, auch an einer Krankheit der alten Welt.

Doch tatsächlich stirbt nichts, vielmehr gerät alles unter eure Füße, neben euch, wird Teil von euch selbst. Schaut hin – das Gras am Straßenrand, der Baum, der sich im Wind biegt, die Fische im Fluss, der Fisch auf eurem Teller, Fisch, der euch ernährt. Nichts verschwindet jemals. Wenn ich mich bald verändere, werde ich nicht tot sein. Stets habe ich Johannes 11:26 im Gedächtnis behalten: *Und wer da lebt und glaubt an mich, der wird nimmermehr sterben*, doch das Leben ist durch mich hindurch und an mir vorbeigeeilt, wie es jedem Menschen geschieht.

Bevor ich alles geglaubt habe, was man mich lehrte, dachte ich, wenn alle tot sind, dann wären alle nicht mehr da, und so versuchte ich als junger Bursche meinen Platz in diesem kurzen Leben zu finden. Ich war nur darauf aus, selbst zu entscheiden, wie ich leben würde, aber das war viel verlangt in einem Land, das einen Plan für mich bereithielt, der bereits vor der Geburt in meinen Adern angelegt war.

Was ich wenigstens beherrschen zu können glaubte, war mein eigener Verstand. Gut lesen zu lernen schien mir das Sinnvollste, was ich tun konnte. In einem Land, wo zu sein uns eigentlich nicht erlaubt war, beschloss ich also zu *sein*. Die Sterne vom Himmel zu holen, versteht ihr?

Später lernte ich meine schöne Frau kennen, wenn auch die Schönheit das Geringste an ihr war, weit größer war ihre Stärke und Furchtlosigkeit –, nun, sie brachte mir eine Menge bei. Das Größte, Beste, was sie mir beibrachte, war, die Wörter auch zu schreiben, sie brachte mir bei, dass ich nicht nur ein zweitklassiger Mann war, aufgezogen mit weißem Mehl und Christentum. Es war meine Frau Elsie, die mir das erste Wörterbuch kaufte. Ich glaube, sie wusste, dass sie damit einen Samen pflanzte, der in mir keimte. Was für ein treuer Gefährte das Wörterbuch ist. In diesem Buch stehen Geschichten, die euch glatt umhauen. Bis heute ist es mein wertvollster Besitz, und um nichts in der Welt würde ich es hergeben.

Wegen des Wörterbuchs von Elsie schreibe ich dies nieder – es führte mich an die Idee heran, ein Verzeichnis anzulegen, in schriftlicher Form, so wie der Reverend einst die Geburten und Taufen in der Mission erfasste, wie der Farmvorsteher die Zuteilungen notierte, wie die Dienstherrinnen und -herren unser gutes Benehmen im Jungenwohnheim zu Papier brachten – eine Liste von Wörtern, in der jeder Dummkopf nachschlagen und erfahren kann, was sie bedeuten. Ein Wörterbuch, selbst wenn diese Sprache nicht nur meine ist, selbst wenn wir nur in sie hineinwachsen und, wenn wir genug gelebt haben, uns von ihr entfernen. Ich schreibe, weil die Geister mich mahnen, dass ich mich erinnere, und weil die Stadt wissen muss, dass ich mich erinnere, mehr denn je müssen die Menschen das wissen.

Am Anfang – aber es gibt sehr viele Anfänge für uns Gondiwindi, damit wurden wir durch ein und dieselbe zwielichtige Magie beschenkt wie verflucht – war ein ewiges *Es war einmal*. Es heißt, die Kirche habe uns die Zeit gebracht, und die Kirche werde sie uns, wenn ihr es geschehen lasst, wieder nehmen. Ich schreibe jedoch über die andere Zeit, die abgrundtiefe Zeit. Dies hier ist eine große, große Geschichte. Die großen Dinge nehmen ihren ewigen Lauf, die Zeit zieht sich hin und windet sich, niemals verläuft sie geradlinig, das ist die wahre Geschichte der Zeit.

Das Problem, dem sich jetzt mein eigenes *Es war einmal* gegenüber sieht, besteht darin, dass mir Doktor Shah von der Praxis in der High Street ein lausiges Gesundheitszeugnis ausgestellt hat: Bauchspeicheldrüsenkrebs. Demzufolge bin ich ein hoffnungsloser Fall.

Weil es also heißt, es sei dringend, und weil ich die Kirchenzeit gegen mich habe, greife ich zur Feder, um alles, was jemals jemandem im Gedächtnis war, weiterzugeben.

All die Wörter, die ich im Wind gefunden habe.

Zwei

Als kleiner Junge war Albert Gondiwindi am Fluss entlang bis Prosperous gelaufen, mit staunenden Augen, nackt, von dem Segeltuchdach in Tent Town hin zum Blech der Mission, zusammen mit seiner Mutter und seinem Schwesterchen in ihrem Bauch. Albert erinnerte sich oft daran, wie sie wanderten beziehungsweise marschierten; da waren berittene Polizisten, die ihnen den Weg über den roten Fluss wiesen, der von Teebäumen und anderen Dingen verfärbt war. Viele Jahre später, an seinem Todestag, fragte sich Albert erneut, wie es für die Alten dort am Murrumby gewesen sein musste, als er noch Wasser führte, in einer Zeit, als die Luft so sauber war wie vor der Erfindung der Wörter *sauber* und *schmutzig*. Der Fluss war damals bis in eine Tiefe von sechs Metern klar gewesen, die Erde summte ihre eigene ehrfurchtsvolle Melodie, tagein, tagaus bis zu einem bestimmten Tag. *Wie schnell sich Dinge ändern*, dachte er. In seinen letzten Stunden saß Albert da und schaute hinaus, genauso, wie bald die hinterbliebenen Gondiwindi zusammenkommen und ihre Blicke in die Ferne richten würden. Vor ihm auf dem Klapptisch lag das fast fertige Wörterbuch, hinter dem Tisch die ganze Welt. Plötzlich spürte er vom Murrumby eine Sturmbö herüberwehen und schlug reflexartig mit der Hand auf den Papierstoß, um die Wörter zu schützen. In der Entfernung hätte er schwören können, eine Gruppe Brolgakraniche fliegen zu sehen, weiter weg einen Schwarm Heuschrecken, und er sah, wie der Himmel seine Farbe veränderte; unterdessen flatterten gegen seinen Willen die Papierbögen. Er schloss die Augen und fragte sich, ob er im Begriff war, sich an einen anderen Ort zu begeben, und dann, wie durch den Wind angespornt, von den Ahnen angetrieben, zog er die Hand zurück und blickte in den Himmel hinauf, um zuzuschauen, wie die Blätter herumwirbelten und fortwehten und schließlich in den Lüften verschwanden.

Sie legte auf. Poppy Albert war tot. So weit weg von dort, wo Jungs lernten, Kaninchen zu töten, und Mädchen, mit der Trauer zu leben. Weit weg von da, wo die Menschen schuldig geboren wurden, es aber nicht zugeben konnten. Wo sich ganze Lebensjahre von ihr verflüchtigt hatten. Tage, mit undankbaren Tätigkeiten zugebracht oder unter einer Decke vergraben, um sich vor ganzen Jahresabschnitten zu drücken. Diese zehn Jahre hatten sie älter werden lassen wie eine Münze, aller Glanz war dahin. An diesem Ort auf der anderen Seite der Welt war sie, bevor das Telefon klingelte, aufgewacht, hatte sich Kaffee gemacht und ein Glas mit Aspirin. Nicht nur saß sie, August, wie jeden Morgen zwischen zwei Zuständen fest, dem Schlaf und dem Zu-sich-Kommen; gerade an diesem Morgen war sie gefangen an der Schwelle vom Jünger- zum Ältersein. Es stand ihr bevor, aus dem endlosen Abschnitt ihres dritten Lebensjahrzehnts zu treten, ohne dass sie etwas vorweisen konnte.

Als sie den Anruf mit der eiligen Meldung entgegennahm, spürte sie, wie etwas Dunkles und Dreidimensionales aus ihrem Körper fiel, etwas so Massives wie ein Stück ihrer selbst. Mit einem Mal war sie *weniger* geworden. Ihr war bewusst, dass sie zuvor genauso empfunden hatte, obwohl sie keine Tränen hatte kommen spüren, die das Gesicht verbrennen und die Augen verschleiern. Vielmehr fühlte sich ihr Gesicht bei Berührung kalt an, der Puls war verlangsamt, die Augen trocken, und ihre Arme, mit Reibeisenhaut und dünn wie Reisig, fingen an, ein Feuer zu machen. Sie nahm die Zeitung aus der Briefablage, holte die Holzkiste und kniete sich in die Ecke der Gemeinschaftsküche. Sie breitete die Zeitung aus, glättete die Seiten mit der

Faust und nahm die Axt in die eine Hand und das Zypressenholz in die andere. In der Zeitung war ein kleines Foto eines Nashorns abgedruckt. Über dem Bild stand in großer Blockschrift: AUF IMMER VERSCHWUNDEN – SPITZMAULNASHORN AUSGESTORBEN. Ein Tier *zack! Weg!*

Sie hatte im Mund den Geschmack dessen, was sie sich unter Nashornhaut vorstellte, trocken, warm, dicht, Muskel und Staub. Niemandem hatte sie anvertraut, woran sich zu erinnern sie nicht über sich bringen konnte, und auch nicht, dass sie Dinge stattdessen schmecken und riechen konnte, die man eigentlich nicht schmecken und riechen konnte.

Mit einem Stapel Lehrbücher auf dem Schoß hatte eine Bekannte, die an der Abendschule einen Kurs in Sozialarbeit besuchte und die von Augusts ständigem Hunger wusste, aber nicht, was es hieß, ein schreckliches Erbe zu durchleben, sie einmal ganz unschuldig nach ihrer Schulzeit gefragt. August hatte sich darauf eingelassen und ihr berichtet, dass ihr nur beim Lunch bewusst wurde, dass sie arm war. Berichtete ihr, als sie später bei den Großeltern gelebt habe, sei das Essen immer gut gewesen, es waren immer die Reste des Vorabends. Sie sei die einzige Schülerin gewesen, die die Mikrowelle im Lehrerzimmer verwendete. *Und zuvor*? Zuvor hatte sie versucht, für sich zu behalten, dass das Mittagessen, das ihr die Mutter mitgegeben hatte, demütigend war, sie sagte nur, es sei *abgefahren* gewesen. *Abgefahren*? August kreiste mit dem Finger neben dem Ohr. Ihre Bekannte nickte, sie hatte verstanden und schloss die Augen, so wie sie es in ihrer Ausbildung gelernt hatte – eine eingeübte Aufforderung zum Weitersprechen. Auch August hatte die Augen geschlossen und ließ ihre Erinnerungen Revue passieren.

An einem Tag ein Marmeladensandwich, die Rinde abgeschnitten, am nächsten Tag etwas, worüber sich die Kin-

der gern lustig machten – eine Packung Lebkuchen im Juli, Ostergebäck im Oktober. Manchmal ein Brötchen bestrichen mit nichts Halbem und nichts Ganzem, beispielsweise Ketchup. Und ich erinnere mich daran, wie ich einige Male die Brotdose öffnete und dass darin nur Spiel-Essen lag, ein kleines Lammkotelett aus Plastik, ein Plastikapfel ohne Stiel. Das war der Humor meiner Mutter.

August hatte den Humor nicht verstanden, als sie ein kleines Mädchen war, aber sie hatte damals darüber gelacht. Sie lachten beide, bis etwas in August kaputtging und sie *tatsächlich* weinte, zum letzten Mal, doch sie gab vor, es seien Lachtränen. Danach gingen sie in den Pub. Mehr erzählte August ihrer Bekannten nicht, nicht, wie sie von der Sonne getauft worden war, und auch nicht, dass sie – egal wie weit, weit weg von ihrem Land, von ihrem Zuhause sie war – immer noch nicht den Geruch und Geschmack von Staub und Diesel, Fleisch und schlammigem Wasser, der sich in ihrer grauen Gehirnhälfte eingenistet hatte, loswerden konnte. Dass das Schlimmste, was je geschehen konnte, bereits geschehen war. Und damit Schluss.

Das Nashorn in der Zeitung machte August bewusst, dass sie nie im Zoo gewesen war, nie ein Nashorn in natura gesehen hatte – es hätte ebenso gut ein Dinosaurier sein können. Die Zeitung listete noch andere in der jüngsten Zeit ausgerottete Lebewesen auf. Einfach so, dachte sie, *zack! Weg!* Und was Poppy betraf: Ihr Großvater Albert Gondiwindi existierte nicht mehr. Nie wieder würde Albert Gondiwindi über die Erde wandeln, und auch kein Spitzmaulnashorn. Sie legte einen Arm voll Hölzer in den Eisenofen, so dicht davor, dass sich ihr Gesicht von den ersten gierigen Flammen rötete. Poppy Albert pflegte zu sagen, die Böden müssten mehr brennen, ein gleichzeitig ungezügeltes und kontrolliertes Feuer, ein Widerspruch in sich. Aber er sprach von einem anderen Land, nicht von dem, das August seit zehn Jahren kannte – den rund ums Jahr feuchten Grasfluren, den fremden Wäldern mit ihren Ulmen, Eschen, Sykomoren, Haselnüssen und Silberweiden, die in stille Kanäle tunkten. Wo sich kleinere Vögel in gedämpften Farben zusammenscharten und wo niemals Feuer züngelten. Wo der Himmel in die Spiegelfläche eines steinernen Brunnens hineinpasste, angefüllt mit Regenwasser. Wo niedrige Morgenwolken Taschenspielertricks ausführten und der Tag es nie ganz schaffte, vor der Nacht da zu sein.

Sie wusste, dass sie einst mit dem geliebten Land vertraut gewesen war, wo die Sonne mit der offenen Hand auf die dürre Erde einschlug, sie wusste auch, dass sie für das Begräbnis zurückkehren würde. Zurückkehren voller Scham darüber, sich davongemacht zu haben, an den heruntergezogenen Mundwinkeln der anderen würde sie deren Enttäuschung bemerken, zurückkehren und versuchen, alle Dinge zu finden, die sie zigtausende Kilometer entfernt nicht hatte finden können.

August fand eine Vertretung für ihre Arbeit als Tellerwäscherin, packte die einzige Tasche, die sie besaß, und ehe sie die Maschine bestieg, schaltete sie ihr Telefon ganz aus. Während des Fluges behielt sie auf dem Bildschirm an der Kopflehne das Navigationssystem im Auge, sah die Zahlen erst ansteigen und dann stetig bleiben, das Flugzeug über das Trickfilmmeer gleiten. Am anderen Ende, nachdem es eine bestimmte Höhe erreicht hatte, kreuzte es die Zeitachsen, sank auf neue Koordinaten, sie hoffte, es reichte, um diese Reise auszuradieren. Die Tatsachen zu löschen, die Bestattungsriten, die ausgeführt werden mussten, zu streichen, alle Löschungen auszulöschen und ebenso die auseinandergebrochene Familie, die sie einmal waren, so wie seit einem Jahrhundert: gottlos, in Sozialwohnungen und überall im Land verstreut, und dann fragte sich August, ob es genug Erinnern gab, das man löschen konnte. Während des Fluges träumte sie von Poppy Albert. In dem Traum war er gesichtslos, doch sie wusste, dass er es war. Sie waren mitten in einer Unterhaltung angelangt; wie sie dorthin – auf das Feld – gekommen waren, wusste sie nicht. Er sagte ihr, dass viel dafür sprach, Geschichten zu haben, die eigene Geschichte, die eigene Kindheit zu kennen, aber dass auch das Vergessen etwas für sich habe. Zwar war es am Anfang des Traumes, doch wie am Ende eines langen Gesprächs hatte er sie bei der Hand genommen und gesagt: *Es gibt eine Art Gedächtnisfolter, wenn du die Erinnerung zulässt, wenn du die Vergangenheit einlädst, sich an dich zu schmiegen, so tröstlich wie ein Blutegel.* Er sagte ihr noch mehr – dass ein Fußabdruck in der Geschichte tausend Echos habe, dass es tausend Schlachten gebe, die täglich gefochten würden, weil die Menschen nicht vergessen konnten, was passiert war, ehe sie geboren wurden. *Es gibt nur wenige Dinge, die schlimmer sind als die Erinnerung, aber auch nur wenige, die besser sind,* hatte er gesagt. *Sei vorsichtig.*

Drei

Yarranbaum, Speerholzbaum oder Hickoryakazie – *yarrany*
Das Wörterbuch besteht nicht nur aus Wörtern. Auf diesen Seiten gibt es auch kleine Geschichten. Nach Jahren mit dem zweiten großartigen Buch habe ich die beste Methode ergründet, es zu lesen. Beim ersten Mal bin ich die Lektüre angegangen wie die der Bibel, von vorn nach hinten. Zuerst die Wörter mit *Aa* – da findet man *Aaron,* den im Buch Exodus, Bruder des Moses, Begründer der jüdischen Priesterschaft. *Aardvark* – Erdferkel, dieses Tier mit röhrenförmiger Schnauze, das die Ameisen Afrikas frisst. Es gibt auch Abkürzungen wie *AA, Anonyme Alkoholiker* – wo Menschen Heilung von der Flasche suchen. Das versetzte mir einen Schlag in die Magengrube. Meine Mummy sagte: „Der Aborigine ist ein Bild des Jammers, mein Sohn." Sie meinte, alle fühlten sich immerfort durch sie beleidigt, egal, was sie tue, deshalb gestatte sie sich das Beleidigendste, was sie sich ausdenken konnte – und sie griff nach dem Gift, das die anderen mitgebracht hatten, und zog in die Stadt.

Ihr könntet das Wörterbuch weiter so lesen – von vorn nach hinten, pfeilgerade –, oder ihr könntet zu *aardvark* gehen, dann zu *Afrika* springen, dann zu *Kontinent,* zu *Nationen,* zu *Kolonialismus,* dann einen Sprung hinüber zu *Empire* machen, wieder zurück zu *Apartheid* in Abschnitt A; die fand in Südafrika satt. Noch eine andere Story.

Als ich beim Buchstaben W im *Oxford English Dictionary* war, hätte da *wiray* stehen müssen, das heißt „nein". *Wiray* gab es allerdings nicht, aber ich dachte, ich schreibe es da hin. *Weizen* gab es zwar, aber als ich weiterblätterte, gab es nicht unser Wort für Weizen, kein *yura*. Deshalb überlegte ich, ich mache meine eigene Wörterliste. Wir haben kein Wort mit Z in unserem Alphabet, glaube ich, daher dachte ich, ich fange von hinten an, in Anspielung auf die rückständige Whitefella-Welt, in der ich aufgewachsen bin, und fange bei Y an – *yarrany*. Das ist also das Es-war-einmal für euch. Sprecht es aus – *yarrany,* das ist unser Wort für den Speerholzbaum: Und daraus habe ich einmal einen Speer angefertigt, um einen Menschen zu töten.

Vier

Das Flugzeug kam zum Stehen, August ging von Bord und wurde von der Hitze erschlagen, siebenunddreißig Grad – Badewannentemperatur. Sie war zwar in diese Hitze hineingeboren, doch nicht mehr daran gewöhnt. Hier, so erinnerte sie sich, war der Sommer keine Jahreszeit, sondern eine Ewigkeit. Im Terminal überzog sie ihr Konto, als sie einen preisgünstigen Wagen auslieh, und fuhr sieben Stunden lang von der Küste weg Richtung Westen, über die Stadtautobahn, über den Hinterland-Highway und schließlich den Broken Highway, und gelangte zu den Außenbezirken von Massacre Plains. Der Broken Highway durchschneidet geradewegs die sandig knospenden Kornfelder, das Meer frischgeschorener Schafe und das Eichengestrüpp, das angefangen hatte, die trockeneren Tonböden zu überwuchern. Der größte Unterschied zwischen früher und heute zeigte sich nicht nur an dem noch matteren Vieh, den noch durstigeren Pflanzen und der außerordentlichen Hitze, die sich im Binnenland festgesetzt hatte, sondern auch daran, dass dieses Wetter nahe daran war, in Verzweiflung umzuschlagen.

Schilder mit der Aufschrift *Achtung, unwegsame Straße* warnten August vor ihrer Ankunft in den Plains. Sie registrierte die ersten sichtbaren Anzeichen der Hitze, die vom geplatzten Asphalt abstrahlte, und die karge, unheilverkündende Landschaft abseits der Straße. So weit landeinwärts war alles noch brauner, strohtrocken.

In der Stadt Massacre Plains waren etwa zweitausend Menschen samt ihren Kindern und Kindeskindern zu Hause. Die halbe Stadt – die Ehefrauen – stand hinter den Ladentheken, und die andere Hälfte – die Ehemänner – war selbstmordgefährdet wegen der Verschuldung ihrer Farmen, und die meisten Söhne und Töchter, verführt von Löhnen, die das Existenzminimum abdeckten, unterschrieben Verträge als Kadettinnen und Kadetten bei der Army. Alle schleppten sich bis zu den alljährlichen Renntagen durch die Langeweile. Einige kamen mit dem Arbeitslosengeld aus, andere hatten eine Beschäftigung, doch nur wenige hatten einen Beruf.

Der Murrumby teilte die Menschen in der Stadt. Die Beinamen waren den Supermarktregalen entlehnt: Milchschokolade hießen die Gondiwindi von der alten Mission nördlich der Stadt, die Blackfellas wohnten südlich der Stadt in ihren Sozialwohnungen im Vegemite Valley, gemünzt nach dem salzigen Brotaufstrich, dunkel wie Melassesirup. Im Stadtzentrum wohnte die entsprechend ihrer eigenen Übereinkunft so bezeichnete Mittelklasse und wurde als Minties tituliert, benannt nach den gleichnamigen weißen, klebrigen, einzeln in Papier gewickelten Pfefferminzbonbons. Die Häuser der Minties hatten Türklingeln und verschlossene Tore. Nur im Vegemite Valley standen die Haustüren weit offen. Zuneigung und Zank verkehrten ungehindert zwischen dem Hausinneren und der Straße. Durch einige Türen traten des Öfteren unerbittliche Diözesanpriester ein, es waren Zugänge zu zerrütteten Verhältnissen, wo schamerfüllte alleinerziehende Mütter schweigsame Jungen aufzogen, die später im Leben wütend wurden.

August wusste nicht alles und erinnerte sich nicht an alles, was den Menschen von Vegemite Valley angetan worden war. Ihr Gedächtnis hatte sich zwar dazu bequemen können, die schlechten Gedanken zu begraben, doch war es verlässlich genug, auch die guten zuweilen zu unterdrücken.

Draußen in der Mission Prosperous hatte ein Eukalyptuswäldchen zwei Jahrhunderte lang alles in Erinnerung behalten. Nicht von allem, was die Bäume gesehen hatten, hatte August eine Ahnung. Sie erinnerte sich nicht an die Whirly-whirlies, Sandhosen, die Staub über die Weiden wirbelten, jene kleinen harmlosen Tornados, die in ihrer Kindheit fast eine Dauererscheinung waren. Die meisten Farmhäuser in Massacre Plains waren ans Stromnetz angeschlossen und brummten unaufhörlich; andere weiter draußen, so wie Southerly und Prosperous, erwachten mit dem knatternden Start des Generators zum Leben. Sie erinnerte sich an das ständige Tuckern. Und sie erinnerte sich – beziehungsweise wollte sich erinnern – an die Frische des Murrumby. Poppy nannte den Murrumby immer das *Große Wasser*, einst war es durch das Land geflossen, von einem Bundesstaat zum anderen, von Süden nach Norden. August hatte nur eine schwache Erinnerung an den Fluss, da das Wasser nicht mehr floss, seit sie ein kleines Mädchen war, und das nicht nur, weil der Staudamm gebaut worden war, sondern auch, weil der Regen verschwunden war. Und einige meinen, da in der Gegend genügend Menschen Tränen vergössen, fühlte sich der Murrumby nicht mehr gebraucht.

August hielt vor dem Abzweig an, um Vorräte zu besorgen, sie wollte zwar keine Zigaretten kaufen, ahnte aber, dass sie es doch tun würde. Der Gemischtwarenladen war außen mit grüner Gaze verhängt, wie eine Kunstinstallation, dachte sie. Auf dem Bürgersteig lagerte auch grünes Netzmaterial zum Verkauf; riesige Rollen lehnten aneinander wie Stoffballen, oder – wie sie sich vorstellte – wie Menschen, die sich auf einem sinkenden Schiff an die Reling drängen. Neben den grünen Ballen standen Kisten mit Plastik-Kabelbindern, in denen sie dieselben wiedererkannte, die Polizisten immer an den Wochenendabenden mit sich führten.

Beim Hinausgehen nestelte sie an dem Netz, das über den Ladentüren hing, und traf auf einen anderen Kunden, der mit Schlüsseln in der Hand den Laden betrat. Es war ein älterer Mann, er stolperte erschrocken rückwärts, als August den Fliegenvorhang zur Seite zog.

„Entschuldigung", beteuerte sie und streckte ihm die Hand entgegen, die er aber nicht nahm. Er fand ohne ihre Hilfe wieder festen Halt und musterte kurz ihr Gesicht.

„Nun, Sie müssen ein Gondiwindi-Mädchen sein", meinte er übertrieben freundlich.

August nickte kurz und drückte den Einkaufsbeutel an die Brust, das Kinn in die hineingestopften Lebensmittel getaucht.

„Ein Gondiwindigesicht erkenne ich immer." Er lächelte leicht, als wäre es ein Kompliment. „Richten Sie unser Beileid seitens der Kirche aus."

„Das tue ich. Danke ..." Sie war sich nicht sicher, was für eine Höflichkeitsbezeigung gegenüber jemandem angebracht war, den sie nicht kannte, und beließ es bei einem „Sir, danke, Sir".

August hatte sich schon abgewandt, als der Mann in die Luft griff, als flöge ihm ein nachträglicher Gedanke davon. „Gott segne Sie", fügte er hinzu. August verspürte ein ausgesprochen grässliches Kribbeln, und sie schmeckte den Azetongeruch seiner Haut. Ohne ein weiteres Wort entfernte sie sich. Einheimische, die sie in keinerlei Weise beachteten, trugen Ballen für ihre eigenen Läden davon. Ein paar Männer hockten bei ihren Pick-ups neben den Zapfsäulen und brachten Gazestücke an den Luftfiltern an. August ließ den klaren blauen Himmel auf sich wirken – die Heuschrecken würden erst später eintreffen.

Aus dem Mietwagen sah sie das Stadtzentrum an den Horizont geschmiegt. Dort hatte sich, seit sie weggegangen war, viel zugetragen. Entgangen waren August fast alle Geburten, Sterbefälle und Eheschließungen. Genügend Zeit war vergangen, um die Stadt fast ganz zu vergessen, auch wenn sie sich ein lebhaftes Interesse an den Ort bewahrt hatte, an dem ihre Schwester vom Erdboden verschluckt worden war. Einmal im Monat hatte sie Nana – ihre Großmutter – und Poppy angerufen, die Datenbank der Vermissten geprüft und ihrer Mutter Briefe geschrieben – ohne Antwort. Sie las im Internet die amtlichen Bekanntmachungen der Gemeinde, die Fortschritt versprachen, der nie eintraf: die schnelle Bahnverbindung, ohne die man aber immer weiter zurechtkommen musste, die ländliche Universität, deren Fertigstellung endlos auf sich warten ließ, der verzögerte Ausbau der Bibliothek. Selbst nachdem August der Stadt den Rücken gekehrt hatte, wollte sie ein Teil von ihr bleiben. Nach einiger Zeit hatten sich die Leute offensichtlich daran gewöhnt, dass die Schwestern weg waren, und genau so, wie August auf eine Nachricht über Jeddas Rückkehr erpicht war, hatte sie darauf gehofft, dass jemand um ihre eigene Wiederkehr bat. Weder das eine noch das andere traf ein.

Vom Gemischtwarenladen fuhr sie zwei Kilometer den langen Hang hinunter zur letzten Abbiegung und von dort noch zwei weitere bis zur Farm Prosperous. Sie hielt mit dem Mietwagen neben den beiden Zinkbriefkästen an und schreckte dabei einen Schwarm Galahs – Rosakakadus – auf. Sie bemerkte, dass nur die Gelben Eukalyptusbäume entlang des ausgedehnten Randstreifens größer und ausladender geworden waren, dort wo einst die Fahrbücherei den Schotter aufspritzen ließ. Ihre Straße hatte sich zu weit abseits der Stadt befunden, als dass der Eiswagen sie aufsuchte, doch zweimal monatlich kam die Fahrbücherei mit ihren schräg emporstrebenden Regalen und Zeitschriftenständern, die mit langen elastischen Bändern festgezurrt waren. August spähte durch die Pfefferminzbäume und lenkte das Auto im Kriechtempo an den Rosen vorbei, die von der Gabelung des Grundstückes an auseinanderliefen, dort wo die Zufahrt sich in den unbefestigten Fahrweg zum Prosperous House, das zwanzig Meter von der Straße entfernt stand, und den anderen Zweig der Gabelung teilte, eine hundert Meter lange betonierte Piste hinauf zum Southerly House. Southerly House war wie immer frisch gestrichen und hatte neben sich ein Obstgärtchen. Hinter dem Eingang und den Gebäuden erstreckte sich ein riesiges Feld, fünfhundert Morgen reifer Weizen, bis hin zu den Kuppen der Bäume, die die Erinnerung bewahrten, jene Eukalyptusbäume, die sich am Fluss versammelten.

Die Gondiwindi hatten schon immer an verschiedenen Stellen am Murrumby gelebt. Während der letzten anderthalb Jahrhunderte lebten sie zehn Kilometer nördlich der Stadt in Prosperous, unter dem dreihundert Meter hohen Felsen Kengal. Von jedem Punkt des Grundstückes aus konnten die Gondiwindi, wenn sie bei der Feldarbeit eine Pause machten und nach Norden schauten, den aschgrauen granitenen Kengal unveränderlich vor dem sich ständig verändernden Himmel erblicken.

Zu ihrer Rechten stand die umfunktionierte, jetzt baufällige Kirche von Prosperous. Nur eine kleine Gemeinde würde hineinpassen, wo früher gerade einmal dreißig Kirchenbänke den Raum ausfüllten. Wie gespreizte Puppenglieder waren die ebenerdigen Erweiterungen an den Körper von Prosperous angefügt worden. Das Dutzend Hütten, die ursprünglich über das Grundstück verstreut standen und wo einst Kinder schliefen, war zu Hügeln und Feuerholz zusammengefallen.

Rote und orangefarbene Blütenwedel von Zylinderputzerbäumen hingen trotzig im stillen, heißen Nachmittag. Banksienblüten drückten die Zweige nieder und ließen Saft in den Gemüsegarten vor der Veranda tropfen. Die einst gepflegten Gemüsereihen waren verkümmert. Tomaten vertrockneten vor dem Pflücken in der Sonne. Gartenfächerschwänze ließen ihre Federn zwischen dem ermüdeten Jasmin und der Lilly-Pilly-Myrte erzittern. Die Pinienbretter am Haus, von der Hitze verzogen, waren zersplittert, die Farbe war mit der Zeit abgeblättert. Staub bedeckte die Fenster, Ziegel rutschten von ihrem vorgesehenen Platz. Alles war gelbgrün, krank von heißen Düften. Es fiel ihr schwer auszumachen, wo Prosperous House anfing und wo der verwahrloste Garten aufhörte. August schweifte über das Grundstück und hielt nur inne, um dem vertrauten Klang zu lauschen, der die Welt umhüllte, dem Raspeln der Zikaden und dem Peitschenknall des Wippflöters.

Sie sah sich um nach dem Blechschuppen, der sich hinter die Traktoren mitten ins Feld duckte, fünf Morgen entfernt. Hielt Ausschau nach dem Dach des Schafstalls, den Metalldächern der Hochsilos, den Armen der übrig gebliebenen Bäume, die einen natürlichen Pfad bildeten, den man entlanggehen konnte. Sie wusste, dass man auf den ersten Blick oder mit den Augen eines Fremden nicht alles hier bemerken würde. Nicht so, wie sie und ihre Schwester einst alles kannten, nicht die Geheimverstecke oder die Dinge, die man begehrte oder essen konnte, falls man wusste, wo man suchen sollte. Nicht die Knochen von Dingen, die sie noch erkennen konnte. Sie suchte mit dem Blick alles nach Jedda ab. Nach der für immer verschwundenen Jedda.

Sie drehte noch eine Runde über das Gelände von Prosperous und gab acht auf Schlangen, auf die Schattenwesen, die bei Tage erscheinen, und nachdem sie das Gelände durchstreift hatte, rief sie in Richtung der hinteren Veranda. Ein zusammengerollter Kelpiehund hob den Kopf von einem der zwei Rohrsessel und gab kläffend Antwort, dann legte er die Schnauze auf die Pfoten, als wäre er arbeitsscheu. August beugte sich hinunter und tätschelte den Hund zwischen den Ohren. Sie holte ihre Tasche aus dem Auto und kam zurück, öffnete die Tür und ließ zum ersten Mal nach über zehn Jahren die Fliegentür hinter sich zuklappen. Das Fliegengitter traf auf den Rahmen und schlug noch einmal federnd an, während sie die Schlüssel auf die hölzerne Anrichte fallen ließ, die grobklotzig und vor Staub starrend dastand und längst einmal gebeizt werden müsste. Sie stieß die Tür zu dem großen Zimmer auf, vollgestellt mit Papp- und Umzugskartons, warf einen Blick in die Räume im Erdgeschoss und ins Bad. Draußen lief der Kelpie neben ihr her am leerstehenden Anbau für die Arbeiter entlang. Sie lugte in den kleinen Gartenschuppen, und als sie schließlich zaghaft nach Nana rief, hörte sie, wie eine Stimme zurückschrie: „Jedda?“

„Ich bin’s, Nan, August.“ Sie erspähte sie, wie sie die Zitrusbäume umrundete, einen Korb mit Wäscheklammern an sich drückend. „Es tut mir leid wegen Pop, Nana.“

August sah ihre Nana zusammenzucken und bereute es, ihr so eine banale Beileidsformel an den Kopf geworfen zu haben. Ihre aufgewühlten Gemüter kamen zur Ruhe, als Elsie August instinktiv an den Armen zu sich zog, wie einen mit den Händen aus dem Wasser eingeholten Fang, und sie aufs Ohr küsste. Sie legte ihrer Enkelin die Hand an die Wange und schaute sie an, als wollte sie sich versichern, dass sie nicht die verlorene Schwester war. Mit ihren arthritischen Fingern fuhr sie zu den Vertiefungen am Schlüsselbein und flugs von oben bis unten die Arme entlang, bis August ihren Körper der Vermessung entzog. Wie Prosperous, wie August sah auch Elsie nun anders aus, gealtert, verblüht.

August fiel ein, dass sich die Familie, nachdem Jedda allzu lange verschwunden war, abkapselte, ihre Traurigkeit war wie ein Stillleben. Doch das lag – so wusste sie damals – daran, dass sie noch ein Kind war und ihre Nana und ihr Poppy einen Grund hatten, nicht der Verzweiflung zu erliegen. Jetzt dagegen gab es keine kleinen Kinder weit und breit, denen die große Trauer, die von einem Menschen Besitz ergreifen konnte, Furcht einjagte. Doch Elsie war nicht bei der Hoffnungslosigkeit angelangt, das Gewicht des Todes ihres Mannes hatte sie noch nicht vollständig gebeugt.

Vielmehr hatte Elsie an jenen ersten Tagen nach Alberts Tod gefühlt, dass er noch da war, in einem anderen Zimmer des Hauses ein Schläfchen hielt, im Garten arbeitete oder draußen auf der Straße Rad fuhr, um das Altern der Knie hinauszuzögern. Elsie konzentrierte sich auf ihre Enkelin – so lange hatte sie sie nicht zu Gesicht bekommen. Sie fand es schwierig, August anzusehen und sie gleichzeitig nicht anzusehen, denn Elsie erkannte, wie krank sie sich gemacht hatte, wie sie die ganze Zeit in einem Jungenkörper Zuflucht gesucht hatte.

Elsie deutete August, ihr ins Haus zu folgen, und August nahm ihre ausgestreckte Hand, als sie eintraten. Drinnen stellte ihre Nana den Klammernkorb auf dem Esstisch ab und setzte sich auf das Sofa. Sie sah verwirrt aus, war aber wieder ganz bei sich, als August näher zu ihr trat.

„Ein Tässchen Tee, Nan?"

Elsie nickte und stand auf und führte August, um die Taille gefasst und an sie gelehnt, dabei tupfte sie sich mit dem Daumen die feuchten Augen. August wusste nicht, ob aus Enttäuschung oder aus Sorge, und Elsie war sich auch nicht sicher.

„Milch und Zucker?"

Gemeinsam bereiteten sie den Tee zu. Elsie bewegte sich mühelos in der Küche, sie hatte Probleme mit den

Handgelenken, aber ansonsten war sie gesund. August sah zu, wie sie den Kochtopf nahm und ihn auf die Anrichte stellte, und sie erschauderte, als Elsie einen Augenblick lang nur hineinstarrte. „Kann ich helfen, Nana?“

„Kannst du“, sagte sie nach dieser ungewissen Pause, in der sie an das Fleisch und die zwei Gemüsesorten für das Abendessen gedacht hatte. „Hol mir die Bohnen aus dem Kühlschrank, und du kümmerst dich um die Kartoffeln.“

Die Bohnen wurden mitsamt einem Schälmesser gereicht, und Kartoffeln fanden sich im Schrank unter der Spüle, wo sie schon immer waren. Elsie holte einen Stuhl mit gerader Lehne heran, setzte sich und schnitt die Enden der grünen Bohnen ab. Sie versuchte, August stumm im Auge zu behalten, die Lippen aufeinandergepresst beim Anblick dessen, was aus ihr geworden war; sie wollte sie zum Sprechen bringen. Denn warum sollte Elsie das Wort ergreifen? Schließlich, dachte sie, hatte sie hier ausgeharrt, all die Jahre, in denen August zu jung zum Fortlaufen war, und dann all die Jahre, in denen sie alt genug und imstande war, sie zu besuchen, es aber nicht tat. Elsie dachte erneut, dass Augusts Appetitlosigkeit ihre frühere Schönheit ruiniert hatte, und August, die mitbekommen hatte, dass sie eingehend taxiert wurde, drehte sich weg von ihrer Nana und sah zur Hintertür hinaus, wo der Hund döste.

„Wie heißt der Kelpie?“

„Spike. Dein Pop hat ihn letzten Monat für mich gekauft. Sie ist ein braves altes Mädchen.“

August war begierig darauf, Fragen zu stellen, aber mit der Tür ins Haus fallen wollte sie nicht. Nach einer Weile hielt sie es nicht mehr aus.

„Kommt Mum?“

„Ich denke mal, sie bekommt Freigang, aber warten wir’s mal ab.“

„Geht es ihr gut?“

„Seit Ewigkeiten nicht, Mädchen.“

„Kommen alle? Zur Bestattung und allem drum herum?“

„Ja, Liebes. Hol mal die Butter.“

August öffnete den Kühlschrank, brachte die Butter zur Spüle und machte sich wieder ans Kartoffelschälen.

Elsie seufzte laut. „Leute aus der Großstadt nehmen das Haus, Augie.“

„Wie bitte?“, fragte sie, nicht sicher, ob sie recht gehört hatte.

„Der Stadtrat meint, daran lässt sich nichts ändern. Wir haben Nein gesagt, aber in der Bürgerversammlung vor zwei Monaten hieß es, es führt kein Weg daran vorbei.“ Sie erhob sich vom Stuhl und ging wieder zum Sofa, erschöpft von all dem Traurigen, das an die Oberfläche trat. „Es ist nicht euer Land, sagen sie, nicht mal dieses Häuschen. Es gehört der Krone oder so ähnlich. Hol mal Salbei aus dem Garten, Liebes.“

August kehrte mit einer Handvoll Kräuter in die Küche zurück. „Wie das?“

„Keine Ahnung, August. Sie haben uns nur gesagt abzuwarten ... Jedenfalls ist es das, was sie *mir* gesagt haben.“

„Ich bleibe bei dir, wenn du willst. Soll ich dableiben, Nana?“

„Stell keine dummen Fragen“, antwortete Elsie, wobei ihr die Augen zufielen, und damit war das Gespräch beendet.

August nahm ihr Gepäck und die Lebensmittel mit in das Zimmer im Dachgeschoss, das jetzt als Arbeitszimmer diente. Alberts Papiere und Bücher lagen auf der Glasplatte eines Schreibtischs aus Korbgeflecht ausgebreitet. Sein Schachbrett lag da ohne Figuren, in einer Schale daneben die Holzfiguren. August erinnerte sich daran, wie er es ihr beibrachte und sie schimpfte, wenn sie eine Figur berührte, aber es sich dann anders überlegte. *„Hoppla – du hast es angefasst, nun musst du es auch bewegen.“* Im Buntglasfenster über dem Schreibtisch fehlte ein Stück, ein Blütenblatt der Lutherrose. Es war ein kleines Fenster, armlang. August schoss die Frage durch den Kopf, was Gott von ihr halten würde. Was Poppy wohl von ihr dachte, da oben oder da unten bei Gott? Umgehend leuchtete ihr ein, dass es Fragen ohne Antwort gab, Straßen ohne Ziel. Die Religion hatte sie und das Haus vor langer Zeit im Stich gelassen. August sah schon vor sich, wie demnächst Menschen über das Haus hereinbrechen würden, alle, die sie einmal gekannt hatte, würden sich einfinden. Sie erfasste das Zimmer in allen Einzelheiten. Sie dachte bei sich, *ich* kenne diesen Ort, aber hier gab es früher ein Doppelstockbett; damals waren *wir* hier. In Gedanken hatte sie die zehnjährige Jedda vor sich, im Gegenlicht, wie sie aus der Dachkammer rennt, die Treppe hinunter und durch die noch nicht abgeernteten Felder. Die Traktoren näherten sich dem November, als wäre das Jahr ein Lied und die Ernte der Refrain. Danach rannten die Schwestern wieder durch das Feld, wenn der Weizen zu kurzen Stoppeln abgemäht war, das wildschweinborstige Feld ihrer Kindheit.

Fünf

Gelbohr-Rabenkakadu – *bilirr* *Bil-irr* wird am Ende gerollt, der musikalischste Teil eines jeden Wortes ist das *„rr“* – mir fällt kein anderes ähnliches Wort in Australien ein, in Schottland dagegen könnte ich es mir vorstellen, denn man spricht dort nicht mit flachen Zungen. *Bilirr* – das ist ein gerollter Trillerlaut, bei dem die Zungenspitze nah an den Zähnen vibriert. Der *bilirr* ist ein prächtiger Vogel, stark, adlergleich. Schwarz wie eine Feuerstelle, die gelben Federn sind beim Flug zu sehen. Den Gelbohr-Rabenkakadu habe ich mein ganzes Leben lang beobachtet. Alle Gondiwindi liebten den *bilirr*. Bevor sie auf der Prosperous Farm lebte, hatte meine Mummy in Tent Town gelebt, vier Meilen flussabwärts, wo sie mich im flachen warmen Sand gebar, unter dem Krächzen des *bilirrs*.

Nachdem Tent Town plattgemacht, die Mission in eine Farm umgewandelt und ich und alle anderen Kinder verschleppt worden waren, erinnere ich mich, wie ich vor das Jungenwohnheim hinaustrat und unter dem Schild stand, das draußen hing – *Denk Weiß. Handle Weiß. Sei Weiß.* Ich schaute zum blauen Himmel auf und ließ den Blick wieder sinken. Als ich ins Tal hinunterblickte, sah ich eine Frau auf mich zukommen, sie wandelte geradewegs durch den Drahtzaun, der das ganze Haus umgab.

Ich lief durchs Gras zu ihr und sagte: „Guten Tag.“

Die Geistfrau trug nichts in den Händen, sie zeigte sie mir, sie sah ein bisschen wie meine Mummy aus und sagte: *„Wanga-dyung.“*

„Was bedeutet das?“

Sie antwortete: „Es bedeutet verloren, aber nicht für immer.“

Ich sagte okay, und sie trug mir auf, das Wort zu üben. Ich prägte mir diese Begegnung ein als meine erste mythische Reise überhaupt, denn als ich mich umdrehte, um keine zehn Schritte entfernt ins Haus zu treten, hing der Himmel tief und grau. Die Frau war verschwunden, nur ein *bilirr* hockte auf dem Zaun. Mir war klar, der Himmel konnte nicht noch vor ein paar Sekunden wolkenlos gewesen sein, und in diesem Augenblick erkannte ich, dass ich es war, der unterwegs gewesen war, nicht die Welt.

trotzdem, falls, dann, als, damals – ***yandu*** Als ich das erste Mal *yandu* hörte, kam es in einem Durcheinander daher, es war, wie das Fleisch in einer Wörtersuppe zu entdecken, es herauszufischen und zu betrachten. Damals kamen meine Ahnen jeden Tag zum Jungenwohnheim. Eine ganze Schar von ihnen, alte und junge, sogar kleine Kinder erschienen beim Klohäuschen oder irgendwo sonst – neben meinem Kopfkissen, wenn es Zeit zum Schlafengehen war, oder morgens beim Bettenmachen. Sie sahen mich an und winkten mir zu, riefen mich zum Fluss hinaus. Der Fluss erschien immer dort, wo wir gerade waren. Dann sind wir umhergelaufen und haben über dies und das geredet, und diese Ahnen sprachen mit mir auch Englisch, sodass sie mir alles übersetzen konnten. Nachts gab es ein Feuer, manchmal ein Corroborree, und eine üppige Mahlzeit aus Känguruschwanz garte auf den Kohlen, oder auch Aale aus dem Fluss. Es war also am Lagerfeuer, wo ich das Wort *yandu* aufschnáppte – alle gaben Geschichten über dieses oder jenes Tier zum Besten, über diesen Fella oder jene Frau. Es wurde viel gescherzt und gelacht. Mein Ururgroßvater war mit dabei, meistens redete nur er. So hörte ich allmählich die Musik der Sätze heraus, die Pausen, die *d*-Laute, die einander in seinem Mund anrempelten. Meistens kam ich dort, wo alle mit mir am Feuer saßen, nicht zu Wort, aber wenn doch, wenn ich das Wort *yandu* aufspürte, dann wartete ich auf die erste Pause in seiner Erzählung, und war sie da, dann sagte ich „*Yandu*", und er fragte: „Wenn was?" „*Yandu*", wiederholte ich und wünschte mir, dass er mir die Bedeutung erklärt – er aber legte nur den Arm um mich, lachte und klopfte mir auf die Schulter. Er sagte: „*Yandu*, Sohn, ist der Klebstoff für deine Geschichten." Daran erinnere ich mich.

ernten, die Füße beugen, auftreten wie beim Zu-Fuß-Gehen, auch lang, groß – *baayanha* „Ernte" ist ein komisches Wort. Auf Englisch ist es die Ernte, das, was sich der Mensch von der Erde nehmen kann, worauf er gewartet hat und Anspruch erhebt. Eine Weizenernte. In meiner Sprache ist es das, worin man nachgibt, die Bewegung, der Raum zwischen den Dingen. Es ist auch die Bewegung von Baiame, denn Sorge, Alter und Schmerz beugen und führen zum Nachgeben. Die Körper derer, die verstorben sind, wurden mit gebogenen Gelenken begraben, selbst wenn sie gebrochen werden mussten. Ich glaube, es war eine Beugung in Demut, so wie wir die Knie beugen und unseren Kopf beugen. Beugen, nachgeben – *baayanha*.

jüngere Schwester – *minhi* Ich machte mich auf, die Viehherden zusammenzutreiben, es war in der Zeit, als die Dürre immer wieder zuschlug und das Skelettkraut – der Große Knorpellattich – uns um die Ernte zweier Jahre brachte und es auf keiner Farm Arbeit für uns gab. Ich liebte den Viehtrieb, da oben im Sattel sitzend, den breitrandigen Stetson auf dem Kopf, wenn ich im Vertrauen auf mein Pferd die Herde zum Wasser führte. Es waren schöne Jahre, und erstmals im Leben schloss ich Freundschaften. Über so vieles wollte ich mit Menschen reden. Ich fragte einen umherziehenden Viehhirten aus unserer Gegend nach seiner Familie und inwiefern sie mit meiner verwandt war. Ermüdet von meinem Redefluss, drehte er sich zu seinem Pferd um und zog die Steigbügel durch die Schlaufen. Ich habe gelernt, dass sich viele Männer von der Farm und draußen im Busch gern einem Tier oder einer Maschine zuwenden, um ihr Gesicht zu verbergen, ehe sie mit ihrer Wahrheit herausrücken. „Die Stammbäume von Leuten wie uns sind doch jetzt nur noch Sträucher, oder?", antwortete er. „Jemand stutzt sie ordentlich." Nie vergaß ich diese Worte, weil sie wie traurige Gedichte klangen. Und ich schätze, was er sagte, stimmt auch, denn in all den Jahren, die ich lebe, habe ich so viele Menschen verloren, die mich ausmachen. Meine Mummy, meinen Daddy, meine Cousins und Cousinen und meine kleine Schwester, meine *minhi*. Als ich klein war, im Jungenwohnheim, habe ich nie unsere Leute am Fluss aus dem Gedächtnis verloren. Es kam mir vor, als ob der Mond jede Nacht ans Fenster des Schlafsaales kam, um mich an meine Familie zu erinnern. Dann dachte ich an meine *minhi* im Mädchenhaus am anderen Ende des Landes, und mein Urin lief wie Quecksilber über die mit Sackleinen bezogene Pritsche auf den steinernen Fußboden und weckte meine Kameraden. Schließlich war ich erst drei Jahre alt. Ich vergaß sie nie. Sie war noch ein Baby gewesen, Mary, als wir beide weggebracht wurden; das ist eine traurige Geschichte mit Happy End, denn wir fanden uns wieder. Sie ist anders als ich, wir umarmen uns nicht und sind nicht so liebevoll, wie ich es gern wollte. Aber wir sind wieder Bruder und Schwester geworden, was sehr kostbar ist. Ich bin wieder der große Bruder geworden, und sie meine *minhi*.

Sechs

August und Elsie brachten es dann doch nicht über sich, etwas zu essen, und Elsie, die eine weitere Nacht ihr Ehebett mied, war auf der Couch eingeschlafen. August ging aufs Feld und sah, dass die Fenster des Farmarbeiteranbaus verdunkelt waren. Sie dachte an den Samstag, wenn sie sich alle versammeln würden, und stellte sich die Lampen wieder angeschaltet vor. Nachdem Jedda verschwunden war, kamen keine Arbeiter mehr, die Türen des Gebäudes blieben seitdem geschlossen und die Lichter aus. Elsie und Albert hatten auch in den Predigt- und Karateraum vor dem Haus Stille einkehren lassen. Alle Fotos von Jedda wurden abgenommen, eingehüllt und weggelegt. Und mir nichts, dir nichts wurde aus dem Zuhause nur noch ein Haus, eigentlich redeten sie niemals wieder über Jedda Gondiwindi. Anfangs hatten die Leute auf der Straße den Kopf geschüttelt, die Mütter geweint, und beim Nachmittagstee hatten sich die wenigen, die vorbeikamen, laut gefragt, wie so etwas Schlimmes hatte passieren können. Wie rätselhaft es doch war, dass sie sich so in Luft auflösen konnte. Es gab Gemurmel und Tränen, aber niemand hatte eine Antwort. Danach war die Kindheit nicht mehr so unbeschwert, sie war voller Gefahr. Kinder wurden von der Schule abgeholt, Eltern führten ehrenamtlich Listen mit Namen und kontrollierten die Bushaltestellen, nur wenige durften allein zu Fuß nach Hause gehen, und auf der Straße zu spielen war meist verboten. Im Frühjahr verkaufte niemand den Touristen am Straßenrand violette Sträuße von Patersons Fluch – dem Wegerichblättrigen Natternkopf. Das Typische an einem Städtchen wie Massacre Plains ist, dass die Bewohner die Ihren lieben. Beziehungsweise wenn sie sie nicht lieben, dann halten sie ihnen zumindest die Treue und verteidigen sie gegenüber der Außenwelt: vor ortsfremden Unruhestiftern, Touristen, dem großen Geld. Aber die Gondiwindi gehörten nicht zu ihresgleichen. Nie hatten die Leute sich vergewissert, ob es seine Ordnung hatte, wenn sie einen oder eine Gondiwindi allein nach Hause laufen sahen. Nur zweimal in jener nervenaufreibenden Woche blitzte in den Nachrichten eine Aufnahme von Jedda aus der Schule im Fernsehen auf, und Jedda wurde wie jene verloren gegangenen Kinder, mit brauner Haut wie sie, zu einem Rätsel, das man erst erfunden hatte, um es dann wieder zu vergessen.

Aber die Gondiwindi (und ebenso die Coes, Gibsons, Grants und jede Familie wie sie) konnten nicht vergessen. Die Haare der Frauen der Familie bekamen einen Stich ins Silberne, und schon im Jahr darauf sahen Augusts Tanten alle um die Köpfe herum alt und grau aus. Alle Frömmigkeit, alle Fröhlichkeit eines vollen Hauses wichen stummen Räumen, verkümmerten zu weißem Lärm. Der Lärm der Gedanken, in denen alle Fragen neu in Szene gesetzt und aller Argwohn neu geprobt wurden. In dem zuvor komatösen Tal, in dem die Stadt lag, rauchten die Köpfe, in denen alle möglichen Gedanken gewälzt wurden. Das Herz von August, gerade mal neun Jahre alt, zog sich in die Länge wie ein Kaugummifaden, bis es zerriss. Und es blieb zerrissen.

Als August dann aus Massacre Plains geflohen war und sich etwas Ähnliches wie ein Leben zurechtgezimmert hatte, antwortete sie immer, wenn jemand sie nach Geschwistern fragte, sie habe eine Schwester, aber nie sagte sie, dass sie vermisst wurde. August richtete ihr einen Raum im Universum her, wo sie ihrer Vorstellung nach hätte sein können: Mit zwanzig war Jedda an einer fernab gelegenen Universität, mit dreißig erwartete sie ihr erstes Kind in der

Großstadt. Manchmal antwortete August auch einfach, sie sei tot. Leben und Tod sind endlich, der Schwebezustand nicht; von einer Verschollenen will niemand etwas wissen. Von jemandem, der einfach verschwunden ist.

Jetzt auf dem Feld kribbelte ihr die Haut, dieses ausgedehnte Organ, das sich alles merkt, was einmal geschehen ist. Sie grübelte über das, was ihre Nana gesagt hatte, dass sie das Haus verlieren würde, dass alle Gondiwindi für immer von hier abziehen müssten. Und selbst wenn ihr jetzt die schlechten Erinnerungen langsam wieder in die Haut sickerten, kam es ihr nicht rechtens vor, von diesem Ort vertrieben zu werden. Nicht, dachte sie, falls sie ganz zurück bis hin zum Flussufer oder noch weiter zögen, wie ihr Poppy immer gesagt hatte. Die Luft veränderte sich, eine Bö zog an den Bäumen, und August schaute auf von dem dunklen Feld, wo die Sterne verborgen waren. Dass es regnen könnte, war als schlichter Geruch, als ein guter Geschmack auf der Zunge zu spüren. Sie streifte die Schuhe ab, sekundenschnell war der Erdboden um sie herum von frischen Wunden durch den plötzlichen starken Regen bedeckt. Es war ein Wolkenbruch. August kam in den Sinn, was ihr Poppy zu sagen pflegte, dass Regenfall nach einer Trockenperiode die perfekte Voraussetzung für gute Weizenerträge sei, aber ebenso für Heuschreckenplagen. Er sagte dann schlicht, *manchmal gibt es überhaupt keinen Lichtblick.*

In den vier Wänden ihres früheren Zimmers rauchte sie und blies den Rauch durch die Lamellen am Fenster, ihre Finger spielten mit der Zigarettenschachtel. Ihr Mund verlangte nach mehr, er sehnte sich nach einem unbekannten Balsam, nicht nach einem Kuss, einer Mahlzeit oder einem Getränk, sondern nach etwas lange Verweigertem. Von klein auf hatte sich dieses Verlangen, etwas Vollständiges auf der Zunge, in ihrem Hals zu spüren, immer tiefer in sie hineingeätzt. Das Empfinden, dass nichts jemals treffend ausgesprochen wurde, dass sie in sich selbst unbehaust war. Dass sie das Zuhause durch die Augen aller anderen, aber nicht durch ihre eigenen sah. Dieses Empfinden hatte bereits eingesetzt, bevor Jedda von der Bildfläche verschwand.

Sie drückte die Zigarette aus, sah zu dem Klotz von Fernseher, der in der Zimmerecke einen neuen Platz gefunden hatte. In demselben Fernseher, der mal unten gestanden hatte, hatte der Nachrichtensprecher anfangs die Leute ermuntert, ihre Grundstücke abzusuchen, ihre Tümpel, Silos und aufgegebenen Brunnen. Einige Leute suchten mit Hunden. In den ersten Wochen war August zu den Ebenen des Poisoned Waterhole Creek gelaufen und hatte schwesterlos Wurzeln und Knollen gegessen. Sie zog Rindenstreifen vom Stringybark-Eukalyptus ab und ließ das Papier auf der Zunge schmelzen. Saugte an den Rohrkolben des Schilfes. Sie fühlte sich getrieben, Erde zu essen, immun zu werden, damit es nicht wehtat, sie musste sich den ganzen Erdflecken einverleiben, von dem Jedda verschwunden war. *Für immer?* Wenn sie die ganze Erde aufessen, in der Erde aufgehen könnte, meinte sie, dann würde sie nicht auch so verschwinden. Einen Monat später, als Jedda immer noch vermisst wurde, taufte Albert persönlich August unter der brütenden Sonne auf dem Acker, und sie weinte dabei. Alle hatten sich eingefunden und sprachen über die *heilige Kindheit. Die Kinder*, beteten sie unaufhörlich daher, und Poppy goss ihr Wasser über den Kopf und trug die Absolution der Toten vor:

„Lasset die Kindlein zu mir kommen, denn ihnen gehört das Himmelreich. Denn Dein ist das Reich und die Kraft und die Herrlichkeit, im Namen des Vaters, des Sohnes und des Heiligen Geistes, jetzt und von Ewigkeit zu Ewigkeit. Amen."

Er erklärte August, es sei zu ihrem Schutz, und sie, die zwischen seinen Händen das ganze Gewicht des Blutes in ihren Kopf strömen spürte, sah die Welt so, wie sie nach ihrem Dafürhalten schon immer war – verkehrt herum, auf den Kopf gestellt.

Sieben

Krieg – *nadhadirrambanhi* Es gab hier einen großen Krieg, so kam letzten Endes die Stadt zu ihrem Namen. Er dauerte hundert Jahre. Jeder kämpfte in diesem Krieg, sogar die Ghans und die Bahngleisputzer waren da und kämpften an der Seite der Gondiwindi. Es ging damit los, dass es die Gondiwindi satthatten, dass die Siedler Besitz von ihrem Land ergriffen, ihre Knollen ausgruben und die Beweidungswirtschaft ruinierten, die sie seit Ewigkeiten ausgeübt hatten. Die Gondiwindi waren doch Bauern – Bauern und Fischer –, sie hatten den Boden schon lange kultiviert, sie blieben sogar über die seltenen Winter da. Sie hielten sich warm, indem sie ihre Possumfellmäntel von innen nach außen wendeten und sich Pelikanfett auf die Haut rieben.

Als die Gondiwindi also die Nase voll und Hunger hatten, weil die Kängurus nicht mehr in ihre Jagdgründe kamen und weil ihre Überlieferungen besagten, dass sie auch bei Veränderungen zu diesem Land gehörten und dass sie den Boden nach ihrem Bedarf nutzen konnten, da verlegten sie sich auf Rinder. Mit ihren Mischlingshunden und Dingos trieben sie sie zusammen und verfolgten die Färsen, bis sie ermüdeten, bis eine Jagd daraus wurde und sie die Färsen mit dem Speer erledigten. Diese Kühe müssen verängstigt gewesen sein, es war also gut, dass man ihr Fleisch nicht verzehrte – es wäre zäh wie ein Kotelett aus dem Jungenwohnheim gewesen. Sie aßen das Fett, die Leber und das Knochenmark. Die Siedler wurden mächtig sauer, weil die Gondiwindi ihre neuen Zäune nicht respektierten. Dann kam der Gegenschlag. Tausende starben, selbst die Babys der Gondiwindi. Ja, der Fluss färbte sich rot vom Blut, die Erde verwandelte für alle Zeit ihre Farbe von Gelb zu Rosa. Massacre Plains war geboren, und die Gondiwindi, die in einen Gewehrlauf geblickt hatten, fürchteten sich.

Wasser – *galing, guugu, ngadyang* Der Reverend verzeichnete es in seinem Tagebuch als *culleen* – er hörte zu, dieser Fella, so gründlich er konnte. Ich bin mein Lebtag nah am Wasser gewesen, und die Unseren kommen auch aus dem Wasser. Zuerst wurden wir aus Quarzkristall geboren, das ist festes Wasser, wir sind dem Schnabeltier verwandt, es ist das Tier des Wassers, und dann haben meine Frau Elsie und ich Missy und Jolene und Nicki gezeugt, die am Ufer des Flusses, des Großen Wassers, geboren wurden – am Murrumby.

großes Wasserloch, abwärts fließendes Wasser – *nguluman* Es gibt so eines, am Rand des Weizenfeldes, einen Katzensprung vom Murrumby entfernt. Das Wasserloch füllt sich nie mehr ganz. Wenn der Fluss überhaupt in die Gänge kommt, dann rinnt er nur dürftig, das ganze Ding wird nie tief genug, um das Sumpfland aufzufüllen und in das Wasserloch zu sickern. Sie nennen dieses Wasserloch Poisoned Waterhole Creek.

Gold-Akazie, Akazie – *yulumbang* Die Ahnen haben mir von Pflanzen und Bäumen erzählt und wie man sie verwendet. Sie haben gesagt, dass die Pflanzen schwanger mit Samen seien, dass die Pflanzen unsere Mütter seien, deshalb sollte ich sie nur für die Gondiwindi und nicht zum Verkaufen nutzen, nur zum Leben. Denkt daran, egal wo ihr seid und Bäume und Pflanzen anfasst, sie sind heilig. Die *yulumbang* ist eine großartige Pflanze für viele Dinge, die grünen Samenkörner können in ihren Kapseln über dem Feuer geröstet werden, dann esst ihr sie, wie ihr Erbsen esst. Wenn ihr sie röstet und Paste daraus macht, schmeckt die wie Erdnussbutter. Das helle Harz der *yulumbang* kann wie ein Lollipop gelutscht werden, aber nicht das dunkle – das ist nämlich zu bitter. Dieses Harz nennt man *mawa.*

schwach, hungrig, bedrückt – *ngarran* Dieses Wort solltet ihr nie zu laut sagen, denn es wird euch hart treffen. Wenn ihr etwas aussprecht, dann werdet ihr manchmal zu dieser Sache. Als August ankam, um bei uns zu leben, schrie und weinte sie, sie brüllte: „Ich habe Hunger", aber sie war *ngarran,* sie war all diese Dinge. Ich wusste, dass sie das Leben und auch die Vergangenheit *ngarran* gemacht hatten. Wir sagten dann, *Bring deine Stimme zum Schweigen, sie sagt dir etwas Irriges.* Jeder kann das sagen, *Ich bin nicht ngarran,* ich habe die Kontrolle – ich kann es so klein machen, dass es auf meiner Handfläche Platz hat. Ich glaube nicht, dass es immer funktioniert, aber es gibt dem Geist eine Chance zum Atemholen. Letztendlich gehört *ngarran* zum Leben – ausschalten können wir es nicht, es verflüchtigt sich nicht von heute auf morgen, aber wir können ihm befehlen, es soll in der Zwischenzeit Ruhe geben.

heil/heilen, wiedergutmachen – *maranirra* Wenn es ein Dorf braucht, um ein Kind aufzuziehen, dann braucht es auch ein Dorf, eines fallen zu lassen. Es wurden Fehler gemacht, und jetzt möchte ich *maranirra.* Wir alle sollten *maranirra.*

Weizen – *yura* Mein ganzes Leben dreht sich um *galing* und *yura.* Sogar im Jungenwohnheim mussten wir immer über die Mahlzeiten den Segen sprechen, zu denen es meist Johnnycakes und schweres Brot gab. Wir beteten dann immer „Komm, Herr Jesus, sei du unser Gast, und segne, was du uns bescheret hast." Ich betete es ganz gern laut.

Viele Menschen kennen den Weizen aus eigenem Erleben, nicht nur in diesem Land hier. Jeder kennt Brot in der einen oder anderen Form. Die Gondiwindi hatten ihre eigenen Mehlsorten, die auf ihren Körper abgestimmt waren. Wir haben auch immer auf den Weizenfeldern gearbeitet, auch mein Daddy, seiner ebenso, und wenn sich die Welt mal nicht mehr dreht, dann wäre es das letzte Korn auf Erden, schätze ich. Die Anbauflächen von Prosperous waren fast überall fruchtbar, aber obwohl unsere Leute auf reichen Böden lebten, wurden wir nie reich.

Wo ist dein Land? – *dhaganhu ngurambang* Bei der Frage geht es eigentlich nicht um eine Stelle auf der Landkarte. Wenn unsere Leute fragen, *Wo ist dein Land*, dann geht ihre Frage tiefer. *Wer ist deine Familie? Mit wem bist du verwandt? Sind wir verwandt?* Ich habe da eine Geschichte über jemanden gelesen, der eine Landkarte im Maßstab 1:1 schaffen wollte, sodass die Karte alle Meere und alle Berge und alles Land in tatsächlicher Größe bedecken würde. Die Mädchen mussten lachen, als ich ihnen davon erzählte – stellt euch vor, ihr lauft darunter einher und haltet euch im Dunkeln das Ding über den Kopf? So etwa funktioniert eine Landkarte, sie schaltet das Licht aus, und man sieht nichts mehr. Die Landkarte ist es nicht, dieses Land besteht aus undenkbaren Entfernungen, aus Orten, an die ihr nur auf einer mythischen Reise gelangt. Indem man unsere Sprache spricht, die Berge ins Dasein singt.

Behälter oder Schale aus ausgehöhltem Holz oder Rinde – *guluman* Elsie und ich, wir feierten unseren Hochzeitstag, als die Enkelkinder noch klein waren, Mary hütete sie inzwischen. Wir nahmen den Greyhoundbus, wie sie es in amerikanischen Bluessongs machten. Wir fuhren die ganze Strecke bis Alice Springs und dann zum Uluru – mitten ins Land. Dort haben wir ein paar waschechte Blackfellas kennen gelernt, und es gab auch Frauen, die sich ihre eigenen *gulumans* anfertigten, wir kauften einen und nahmen ihn mit. Das brachte mich auf die Idee, in Prosperous selbst so etwas zu machen. Der *guluman*, den wir nach Hause mitbrachten, erinnerte mich an das, was die Ahnen mir gezeigt und gesagt hatten, dass unsere Familie ihre eigenen *gulumans* hatte, um Fische zum Wasserloch zu tragen. Unsere Leute hatten auch einmal Fischfarmen! Nach dieser Reise war der *guluman* das Mahnmal einer weit größeren Erzählung unserer Leute – vom weiten Weg bis dahin, dass wir uns auf uns selbst zurückbesinnen konnten, wieder auf unsere Kultur stolz sind.

Welt, in der ganzen Welt, überall – *bangal-ngaara-ngaara*

Einmal tauchten die Geister auf, als ich Aufgaben erledigen sollte, und los ging es, das Tanzbein schwingen. Bis dahin war ich nie tanzen gewesen, ich muss etwa dreizehn Jahre alt gewesen sein. Meine ganze Familie war beim Corroboree, da haben sie mir den Tanz der Krähe beigebracht. Alle tanzten wir, und dabei flogen wir in den Himmel und taten, was Menschen nicht können. Wir waren *bangal-ngaara-ngaara*, und die Ahnin, meine Urururoma war da, sie belehrte mich über das Sterben. Wir flogen, und sie sagte: „Niemand stirbt jemals." Ich sagte: „Ich bin mir sicher, das tun sie, denn mein Daddy ist gestorben." Da riss sie mit ihrer Klaue eine Feder aus meinem Flügel und sagte: „Das bist nicht du. Wenn ich dir alle Federn ausreiße, bist du es nicht." „Was ist denn ich?", sagte ich, und sie sagte: „Du bist nur Elektrizität, und Elektrizität kann nicht sterben. Du gehst irgendwohin, aber deine Feder ist nicht du." Wir kamen bei unserem Tanz an tausendundeinen Ort, und sie zeigte mir, dass Staub nur dort zu Staub wird, wo wir ruhen – irgendwo auf der Erde, im Wasser, oder zu

Asche verbrannt. Sie sagte nur: „Jetzt sind sie Erde, sind Wasser, sind Blitze.“ Danach flogen wir zum Feuer zurück. Meine Ahnen tanzten die Nacht hindurch, und wir aßen am Feuer Quandongfrüchte. Sie waren süß, und noch lange nach der Nachspeise blieb ich wach. Dann wurde es aber Zeit für mich zum Schlafen, und sie brachten mich ins Jungenwohnheim zurück. Als ich in jener Nacht im Bett lag, hatte ich große Angst, dass ich sterben würde, dass sie mir nicht ohne Grund das Sterben vorgeführt hatten. Aber ich starb nicht in jener Nacht, ich glaube, sie wollten mir nur Verschiedenes sagen, aber nicht immer so, wie ich es mir vorgestellt hatte. Ich begriff, dass ich auf dem Weg war, zu lernen, das brauchte ja in keiner bestimmten Abfolge zu geschehen, sie brachten mir einfach das bei, was ich tagein, tagaus brauchte, nicht nur das Eine, vor dem ich mich fürchtete.

Acht

Augusts Esszwang setzte ein, bevor sie bei Nana und Poppy einzog. Im Haus ihrer Eltern gab es nicht viel Essbares für ein Kind, nur Fleischwurst, falls sie Glück hatten, Weißbrotscheiben, die allzu schnell alle wurden, vergammeltes Obst, zum Wegwerfen bestimmt, sowie Lebensmittel von der Tafel, die erst noch verarbeitet werden mussten. Jedda und August bedienten sich alle Nasenlang von ungekochten Spaghetti, deren Enden sie in den Zucker stippten und zu Brei zerkauten. Sporadisch, alle paar Monate, tauchte Käse auf. Ein großes Stück Cheddar, in Alufolie und weicher blauer Pappe verpackt. August wartete ab, bis die Eltern sich vor dem Fernseher eingerichtet hatten, und huschte über den Flur zum Kühlschrank. Zuerst hebelte sie den Stecker aus der Wand, huschte um den Kühlschrank herum und öffnete, ohne befürchten zu müssen, dass das Licht anging, mit einem sachten Plop die Tür. Dann biss sie Brocken um Brocken vom Käse ab, bis er alle und sie selbst vor Verzückung den Tränen nah war.

Wenn Augusts Eltern den Kühlschrank leer vorfanden, schimpften sie laut und knallten die Türen. Ihr Vater, der ein strenges Gesicht hatte, legte seinen Ledergürtel ab, formte ihn zu einer runden Schlinge, rechts und links mit den Händen haltend, und schlug *knall!* die Lederbänder zusammen. Aber nie schlug er sie. Er jagte den Mädchen nur einen Schrecken ein. Die Eltern wuschen ihr den Mund mit schwarzer Seife und Wasser aus und sagten: „Wo zum Teufel kommst du her! Kommst du aus der Gosse?“ Sie wusste zwar, dass es nicht so war, aber auch, dass ihre Frage in Wirklichkeit in eine andere Richtung ging. Sie wusste, wo sie zur Welt gekommen war, die Geburtsurkunde lag geschützt in einer Kunststoffhülle unter der unteren Koje des Doppelstockbettes. Sie wusste, August

Gondiwindi war am 1. April, an dem man andere veräppelt, auf der Entbindungsstation von Massacre geboren (mit den Füßen voran, erzählte ihr später Nana). Eltern: Jolene Gondiwindi, arbeitslos. Mark Shawn, arbeitslos. Geschwister: Jedda, zwölf Monate.

Die Familie war für die ersten Jahre von Massacre Plains fünf Stunden südlich nach Sunshine gezogen, in die langen Reihen heruntergekommener Häuschen aus Faserzementplatten, wo auch ein Teil der Familie ihres Vaters wohnte. Immerzu hatten sie Besuch. August wusste noch, dass sie immer hinhorchte, was da geredet wurde. Alles zu Hause war Jedda und August fremd, nicht nur das Essen und die Unordnung der Tage, es fühlte sich an, als wäre das Leben von einem großen Geheimnis gedämpft. Sie machten einfach mit, streckten die Hände aus und baten die Besucher um zwanzig Cent oder einen Kaugummi, wenn diese wollten, dass die Mädchen weggingen. Sie sammelten ihre Beute ein und rannten in den kleinen Hof, bauten Zelte aus Tischdecken, spielten Tanzlehrerinnen, Jedda die Ausbilderin, August die Schülerin. Drinnen im Haus konnte August mit ausgestreckter Zunge den Zigarettenqualm und den Fliegenspray in den Räumen schmecken. Alles wollte sie damals kosten, sogar die beißende Luft.

Dass sie Sunshine verließen und wieder in Prosperous House landeten, lag daran, dass sämtliche Scherben ihrer Kindheit sich übereinanderhäuften. Wo sie doch tausendfach vom Lehrer aufgefordert wurden, sich von ihren Eltern pünktlich zur Schule bringen zu lassen, und dass diese dies und das unterschreiben oder sie abholen sollten, weil der Schulwächter nicht den ganzen Nachmittag am Tor auf jemanden warten konnte. Meist waren ihre Eltern mehr wie Spielgefährten, besonders die Mutter. Jolene kuschelte sich an sie, wenn sie high war, spielte mit ihnen, wenn sie betrunken war, und rannte mit ihnen im Haus zwischen den feuchten Wänden herum, die bei ihnen Asthma auslösten und wo sich der Schimmel wie ein unansehnliches Muttermal in den Falten der Tapeten und an den Decken ausbreitete.

Wenn die Schwestern so spielten, war alles total in Ordnung.

Früher oder später verließ ihre Mutter das Zimmer. Dann drang durchs ganze Haus nichts an ihre Ohren außer den Rolling Stones, und Jolene vergaß, ihnen das Abendbrot zu verabreichen, dann gingen sie hin und scheuchten sie hoch. Sie brauchte eine Ewigkeit, denn in so einem Zustand verlegte sich die Mutter immer auf das Hausgemachte und fing in der letzten Minute damit an, auf halbem Wege verlor sie den Faden und döste ein. Jedda und August stellten das Essen fertig, während sie schlief, sie bereiteten sich ihre geliebten Bohnen auf Toast zu, und wenn sie aufwachte, hatten sie bereits ihre Teller abgewaschen und die Zähne geputzt und wurden ins Bett gesteckt. Zuerst deckte Jedda August zu, dann sich selbst. Stunden später kam Jolene und gab ihnen einen Kuss auf die Stirn, entwirrte ihre Haare und strich sie ihnen aus dem Gesicht. August tat so, als schliefe sie. Sie liebte sie in diesem Moment mehr als alles in der Welt. Ihre Eltern waren niemals gemein und schlecht, nur zerstreut, zu jung und unerfahren, blutige Anfänger, dachte sie.

Aber dann, in einem Winter, umhüllte ungewöhnlicher Nebel die Außenbezirke, und es schneite zum ersten Mal seit Jahrzehnten. Jedes Ziegeldach war weißgefroren, nur ihres nicht. Die Polizei nahm davon Notiz, als sie an jenem bitterkalten Morgen vorbeifuhr. Im Haus entdeckten sie unter einer Luke fünfundneunzig Marihuanapflanzen, die durch wärmende Leuchtstoffröhren am Leben erhalten wurden. Als die Polizisten vor die Tür traten, klopften sie so laut, dass die Mädchen zitterten. Den Eltern wurden Handschellen angelegt, sie wurden abgeführt, später ins Gefängnis, das alles noch vor dem Frühstück. Am nächsten Tag stand das Haus in der Zeitung, und der Sozialarbeiter fuhr sie in die Notunterkunft für Kinder. Dort zitterten sie tagelang, bis ihre Nana und ihr Poppy vorfuhren und sich nicht vom Fleck rührten, bis die Mädchen in Sicherheit waren. Während Elsie und Albert weg gewesen waren, zogen sich Spinnweben in den Winkeln, Schlangen erkundeten das leerstehende Haus, und der Whirly-whirly kündigte sich an, um Kinder zu verscheuchen. Doch das Duo kehrte als Quartett zurück, auf dem Weg zurück nach Prosperous sangen sie Kinderlieder und spielten „Ich sehe was, was du nicht siehst". Von da an lebten sie bei ihren Großeltern Albert und Elsie, August ab acht Jahren und Jedda ab neun Jahren, wieder in Massacre's Prosperous House, der zu Farmarbeiterquartieren umfunktionierten Missionskirche, die eine alte zitronenfarbene Farbschicht trug und einen Anbau für die Schafscherer hatte. Fünfhundert Morgen Land, das die Vergangenheit nicht abschütteln konnte und wo alles schiefgegangen war. Immer aufs Neue. Sie waren zu ihrem Geburtsort zurückgebracht worden, und es schien, als ob aus ihrem Leben das Bestmögliche geworden wäre.

August glaubte fortan, nichts könnte sich mehr so sehr verändern wie zu dem Zeitpunkt, als sie acht Jahre alt war.

Sie irrte sich.

Neun

beten, sich tief verneigen – *dulbi-nya* Ich schätze, Aboriginals liebten den Herrn, den der Reverend ihnen brachte, so sehr, weil sie ihn im Leben so sehr brauchten. Wahrscheinlich meinten wir immer, dass es etwas Besseres geben *musste*. Die Anbetung fiel uns leicht – also kam uns die Nachricht von einem Fella namens Jesus aus der Wüste auf der anderen Seite der Welt, der alle Anleitungen zum Aufstieg in den Himmel hatte, sehr gelegen. Der Haken daran war, dass man dem Aborigine die Welt, die er am besten kannte, nicht mehr überließ – keine Sprache, kein Jagen, keine Zeremonien mehr. Nichts mehr von unseren Überlieferungen, das Recht der anderen wurde uns als alleiniges aufgezwungen. Wir hätten gerettet werden sollen, stattdessen blieben wir in Knechtschaft. Trotzdem beteten wir, beugten uns nieder, *dulbi-nya*. Das hatten wir bereits früher getan vor der freigebigen Honigbiene, dem großzügigen Possum, der liebenden Sonne, dem im Überfluss vorhandenen Wasser – unser Leben war schon viel, viel früher angefüllt mit *dulbi-nya*.

unter der Erde – *ngunhadar-guwur* Was ist dort unten? Warum will diese Bergbaubande alles herausreißen, und warum gehört ihnen dann alles? Ich finde, all dieses glänzende Zeug *ngunhadar-guwur* sollte niemandem gehören, nur unserer Mutter. Ich finde, diese Reichtümer sollten zurückkehren, als Balsam für die Wunde. Seltsam, oder? Dieses Wort schon, *Vermögen*. Ich glaube, so ein Wort haben wir gar nicht.

verstehen – *gulbarra* Damit verbringen wir unser ganzes Leben, wir versuchen zu verstehen und verstanden zu werden. Wenn man sich aber zwischen dem Jungsein und dem Altsein bewegt, dann ist das die Zeit, in der man gründlich nachdenkt. Allmählich begriff ich, dass die Welt nicht erst mit meiner Geburt begann. Das wird uns in einem bestimmten Moment im Leben klar – wenn wir erkennen, dass sich Teilungen vollzogen haben, als wir in der Kette von Leben und Tod noch Fischmilch waren. Bald werde ich eine komplizierte Welt verlassen, eine Welt in Aufruhr, ich sehe so viele Kämpfe. *Liebe deinen Nächsten*, das ist ein Gebot aus der Bibel, *bilingalgirridyu ngaghigu madhugu* – das ist unser Gebot. Man kann es so übersetzen: *Ich sorge für meinen Feind*. Beides bedeutet *gulbarra*.

Lehrer – *yalmambildhaany* Meine Bildung habe ich im Jungenwohnheim bekommen. Jedenfalls sagt man mir, dass es Bildung war. Ich habe dort schreiben und lesen gelernt, aber nicht so, wie ich es jetzt kann – die englische Hochsprache habe ich erst später gelernt. Damals schrieben wir nur solche Sprüche, wenn wir auf unseren Schreibtafeln die Handschrift lernten: *Ich sitze gern in der Sonne. Gott hat die Sonne geschaffen*. Unsere *yalmambildhaany* hieß Ma'am Sally-Anna Mathews, und sie besaß auch das Wesen einer Person, die zu solch schönem Namen passte. Ma'am Mathews hatte in der Tasche Jod und Lutschbonbons, um alle Bestrafungen durch den Schulleiter zu lindern, der nach seinem Belieben Tau und Regen niedergehen ließ. Sie umarmte uns sogar! Was für ein Ereignis war das, gedrückt zu werden, für Kinder wie uns, die wir keine Eltern um uns hatten. Ich glaube, meine Schwester Mary wurde nie im Mädchenhaus in die Arme genommen, denn sie erstarrte immer, wenn sie jemand liebevoll umarmte. Es tut mir leid für meine Schwester, dass sie nicht einen einzigen Hoffnungsschimmer wie Ma'am Mathews hatte – eine gutmütige, wenn auch fehlgeleitete *yalmambildhaany*.

Zeit, vor langer Zeit – ***nguwanda*** Nicht immer ist es gut, weit zurückzublicken. *Nguwanda* war eine Zeit des Friedens, sagt man mir. In den Geschichten anderer Menschen war *nguwanda* auch friedvoll, so sagte man ihnen. Auf vielerlei Art verändern sich die Dinge für immer, darum ist *nguwanda* wichtig – aber nur zum Begreifen, nicht dass man im Voranschreiten innehält und komplett umkehrt.

zurückkehren – ***birrabuwuwanha*** Ich war kein sehr guter Vater. Entweder war ich abgelenkt, oder ich habe draußen auf dem Feld gearbeitet. Als die Farm zu guter Letzt stillgelegt und der Grund und Boden als Pachtobjekt ausgelost wurde, ließ Bernard Falstaff, ein anständiger Mensch, die Gondiwindi weiter in ihren Schuppen wohnen, den Acker bestellen und sich um das Vieh kümmern, im Gegenzug erhielten sie eine Art Eigentumsrecht an Prosperous. Es sprach sich herum, dass ein Vorarbeiter für die Saisonarbeiter gesucht wurde. Zum ersten Mal, seit ich verschleppt worden war, ritt ich nach Prosperous hinaus. Die Ahnen begleiteten mich und sprachen mit mir, als ich mich dorthin auf den Weg machte. Sie sagten, ich würde jetzt *birrabuwuwanha,* und einige waren besorgt, andere glücklich. Ich redete mit dem alten Falstaff, der ein gelehrter Mann war, mir später das Schachspiel beibrachte und sich nicht für die Landwirtschaft begeisterte. Er fragte, ob ich schon verheiratet sei. Ich antwortete ihm, nein, aber eines Tages hoffte ich doch zu heiraten. Er stellte mich ein, damit ich die Arbeiter beaufsichtigte und mich um die alte Kirche kümmerte. Keine fünf Jahre später lernte ich Elsie kennen, und wir richteten uns in eigenen vier Wänden, unserem Winkel ein. Auch wenn ich kein fürsorglicher Daddy war, hatten es die Mädchen dort, wo wir wohnten, gut, denke ich. Mr. Falstaff ließ mich Bäume pflanzen und unseren Winkel nach eigenem Belieben gestalten. So also kam es dazu, dass wir heimkehrten, auf dem Land blieben, dank Mr. Falstaff konnten wir alle *birrabuwuwanha*. Und wie herrlich es auch die Ahnen dort fanden, wir brauchten nicht einmal in den geheimen Busch gehen, sondern konnten an Ort und Stelle bleiben, und sie zeigten mir alles, was ich finden musste.

Salzbusch – *bulaguy, miranggul* Es gibt den Old-Man-Salzbusch, den Baumwoll-Salzbusch, den kriechenden Salzbusch, den dornigen und den rubinroten Salzbusch. Er ist gute Naturnahrung: Mit den Blättern des Old-Man-Salzbusches kann man Fleisch würzen, die Stämme und Blätter des rubinroten Salzbusches kann man wie Gemüse kochen und essen; die Beeren sind groß und rot und süß. Die Ahnen haben den gesamten Salzbusch auf verschiedene Weise genutzt. Die Pflanze entzieht der Erde auch Salz, beim Wachsen kann sie den Boden heilen. Das ist schon was.

Baumsaft – *dhalbu* Der *dhalbu* des Blutholzbaumes rettete einigen Gondiwindi das Leben. Als man uns zusammentrommelte, um uns abzutransportieren und die Bibel zu lehren und zu Hilfsarbeitern und Hausangestellten auszubilden, bekamen meine Großtantchen Angst und flüchteten. Versuchten ihre Babys mit heller Haut im Busch zu verstecken. Einige kamen tatsächlich davon und wurden nie wieder gesehen. Andere schafften es nicht rechtzeitig und tarnten ihre Babys als Vollblutkinder, indem sie sie mit *dhalbu* dunkler bemalten. Einige wurden später gefangen genommen. Sie streifen in der Nähe des Flusses herum, der erscheint, wenn ich mit den mit Blut und Baumsaft beschmierten Ahnen unterwegs bin, sie haben sich vor aller Augen unsichtbar gemacht, fürchten sich aber trotzdem.

sagen, sprechen, erzählen – *yarra* Ich bat Doktor Shah zu *yarra* – mir all die schlechten Nachrichten mitzuteilen. Er kam meiner Bitte nach. „Keine Bange", sagte ich zu ihm, als er mir den Platz im Hospiz von Broken anbot. „Ich verlasse die Welt genauso, wie ich gekommen bin – am Fluss." Er diskutierte nicht groß mit mir, nur kurz, ich denke, weil er dazu verpflichtet ist, aber dieser Fella kennt mich schon lange, folglich erledigten wir das wie Männer, schüttelten einander die Hände, dann ließ er mich ziehen. Elsie weint, seit wir nach Prosperous zurückkamen, ich habe ihr schönes Gesicht sanft in die Hände genommen und gesagt: „Bist du nicht froh, dass du so einen feinen Kerl wie mich gefunden hast?" Sie nickte, auch wenn sie gleichzeitig weinte und lachte, dass es mir durch Mark und Bein ging. „Schon an dem Tag, als wir uns kennenlernten, Elsie, wäre ich als glücklicher Mann gestorben, und nun gehört uns die ganze Zeit gemeinsam. Haben wir nicht Glück?", fragte ich. Dann küssten und umarmten wir uns, küssten und umarmten uns, bis ihr aufging, dass wir noch am Leben waren und immer noch einander in den Armen lagen. Als sie wieder ihren Frieden gefunden hatte, ging ich raus, meine Arbeit zu Ende zu bringen.

einen Fisch schuppen – *ginhirmarra* Die Ahnen zeigten mir alles, was mir im Jungenwohnheim nicht beigebracht wurde: Sie lehrten mich Männerangelegenheiten; wo man Nahrung findet und die Namen und Verwendung aller Pflanzen und Tiere. Am liebsten verspeiste ich Flussaal und Murrumby-Dorsch. Ihr könnt den Aal oder überhaupt den Fisch – *guya* – im Ganzen, so wie er ist, auf die heißen Kohlen legen und die Haut aufbrechen, wenn er gar ist. Ihr könnt ihn so, wie er ist, drauflegen oder zuerst mit einem scharfen Messer schuppen und ausnehmen. Ihr nehmt die stumpfe Seite des Messers und schabt die

Schuppen auf den Kopf zu, wascht den Fisch und lasst den Kopf dran. Von der Stelle unter dem Schwanz bis zur Bauchmitte schneidet ihr ihn auf, entfernt die Innereien und wascht ihn noch einmal. Die Haut geht ab, wenn er gar ist. Wenn ihr den Fisch esst, dann ist es wichtig zu wissen, wie ihr mit ihm umgeht, nachdem er für euch gestorben ist.

Narben oder Markierungen, kleine Vertiefungen in Folge der Pocken – *gulgang-gulgang* Etliche Ahnen, die mich aufsuchten, hatten sie auf ihrem Körper, nicht jeder, aber viele. „Was ist das?“, fragte ich, als ich klein war und noch nicht gelernt hatte, dass man andere nicht nach dem fragt, was im Gesicht oder am Körper anders als bei anderen ist. Eine meiner Großtanten antwortete, es handele sich um *gulgang-gulgang*. Dann zeichnete sie mit dem Ende eines Stockes aus dem Feuer ein Bild. Sie zeichnete es beim Sprechen oben an den Himmel, und alle Sterne waren verpflichtet, ihr zu helfen, ihre Geschichte zu bebildern. Sie berichtete mir, die Krankheit sei mit dem Wind, mit den Hirten und in der Wolle ihrer Schafe gekommen, und es sei damals kalt gewesen. „Tag für Tag und Nacht für Nacht war es eisig, selbst wenn die Sonne sich zeigte. Alle hatten Schüttelfrost. Sie konnten auch nicht darüber reden, denn ihr Mund war voller Blasen, obwohl sie doch nichts Heißes aus dem Feuer gegessen hatten. Einige konnten nichts sehen, weil sich die Blasen auch in ihren Augen ausbreiteten. Die Pocken bedeckten die Füße und die Hände und das Gesicht, alle anderen Körperteile nicht so sehr – es war also schwer zu gehen, etwas anzufassen oder zu essen. Unmöglich zu sehen. Nun, jeder wurde damals krank, viele Menschen starben“, sagte sie. „Für immer?“, fragte ich. Und sie sagte: „Niemals für immer, aber bei so vielen Babys, Nannys und Poppys, bei den Schwachen war es trotzdem noch nicht die rechte Zeit zu gehen. Die alten

Leute, die Alten mit dem Mund voller Dinge, die sie andere noch lehren mussten.“ – „Das ist traurig“, sagte ich, und Großtantchen sagte: „Sag ihnen, dass ich es dir erzählt habe, dann tun sie nie wieder so etwas.“ – „Wem soll ich es sagen?“, fragte ich, und sie sagte: „Erzähl einfach die Wahrheit, und irgendjemand wird es schon hören.“ Ich vermute, genau das tue ich nun, endlich.

Zehn

An Dr. George Cross,
Britische Ethnografische Gesellschaft

Von Reverend Ferdinand Greenleaf, 2. August 1915

I

Ich spürte das große Bedürfnis, mich an Sie zu wenden, noch zu so später Stunde und – wie sich plötzlich offenbart – zu einem so späten Zeitpunkt in meinem Leben. Das letzte Mal sprachen wir miteinander vor vielen Jahren, im Bankettsaal der einer Fata Morgana gleichenden Weltausstellung in der faszinierenden Stadt Chicago. Ich denke an jenen Abend, der von goldener Wärme umhüllt war, wobei ich damals noch ein verwirrter Mann Gottes und des Empires war. Wir sprachen von Ihrer Gattin, der ich hiermit ebenso wie Ihrer Familie in dieser unruhigen Zeit meine besten Wünsche sende. Ich sehe mich in der Pflicht, darzulegen, warum ich es abgelehnt habe, mit den Messwerten meiner Bewohner zur Ausstellung von New South Wales beizutragen, die Einzelheiten aus dem Leben meiner Brüder zu katalogisieren, damit sich vor der Kulisse des Lake Michigan alle Welt daran weidet. Wenn ich zurückschaue, ja, dann sind sie fürwahr meine Brüder – wir sind einander verbunden durch das, was wir in all den Jahren gemeinsam durchgemacht haben. Natürlich habe ich damals nichts davon erwähnt, das täte niemand unter den gegebenen Umständen. Ja, *kein Mensch* würde all das weitergeben, was ich erfahren habe. Denn vielleicht wäre es der sicherste Weg, das großartige Werk, das wir hier vollbracht haben, zu zerstören, indem ich *alles berichten* würde. Aber, verehrter Dr. Cross, wir leben jetzt in anderen Zeiten. Ich gebe zu, dass ich auf einigen Seiten die Einträge in meinem Tagebuch gestrichen und zeitweise nicht alle Ereignisse verzeichnet habe – muss denn um jeden Preis nichtssagender Unsinn darinstehen? Doch all die Ereignisse sind mir noch greifbarer gewärtig als alles zuvor oder danach. Erst heute dachte ich wieder daran und fragte mich kurz, ob sie nicht zu Papier gebracht werden sollten, bevor ich meinen noch lebenden Körper ausliefere. Vielleicht.

Wenn ich diese Welt verlasse, liegt meine Hoffnung darin, dass dies alles zu etwas diente, zur Rettung in kleinem Umfang, und dass die Arbeit, die noch getan, und die, die ungeschehen gemacht werden muss, weiter gedeiht und jene Elenden von sich selbst errettet werden, selbst wenn meine Zweifel stärker als die Hoffnungen bleiben.

Sie, Dr. Cross, dürften meine letzte Hoffnung sein. Wie es aussieht, zieht es mich dahin, die Vergangenheit auszulöschen, indem ich sie Ihnen erzähle. Ach, die gegenwärtige Lage ruft lange geleugnete Wahrheiten wach. Nach Jahren habe ich erkannt, dass in Zeiten der Bedrängnis der Mensch entweder still oder gesprächig wird, und da ich, was Letzteres betrifft, in Not bin, hoffe ich, Sie vergeben mir solche gotteslästerliche Schwäche. Vielleicht bin ich an einen Punkt der Einsicht gelangt, an dem ich alles aufs Spiel setzen muss, um gehört zu werden. Daher habe ich keine andere Wahl, als die Dinge niederzuschreiben, deren Zeuge ich selbst war, und die, von denen ich nach meiner Ankunft erfahren habe, dass sie in diesen dunklen Gegenden geschehen sind. Dr. Cross, ich hoffe, diese Worte mögen in Ihrem Einflussbereich zu jemandem durchdringen, der die Situation wieder in Ordnung bringt. Eine Katastrophe ist über die Kirchengemeinde von Massacre Plains hereingebrochen, und überdies über die anständigen Eingeborenen, unter denen ich lebe. Sie sind für mich der letzte Vorposten der Vernunft.

Bevor ich festgenommen wurde, habe ich versucht, meine persönlichen Habseligkeiten zusammenzusammeln. Dabei beförderte ich die frühen Aufzeichnungen der Mission sowie die Bibel meiner Kindheit zutage, die außer Vater und Mutter das Einzige war, mit dem ich auf der *Skjold*, dem letzten Schiff zur Kolonie, nach Australien kam. Die *Skjold* befuhr die Meere, die uns wenig gewogen waren. An Bord befanden sich außerdem der Tischlermeister Huber und der Müllermeister Schmitt. Die beiden habe ich in deutlicherer Erinnerung als meine Eltern oder mich selbst – vielleicht, weil so viele auf der Reise in das Neue Land ums Leben kamen und weil es immer Mr. Huber und Mr. Schmitt waren, welche die Särge anfertigten und das Erdmöbel zu Wasser ließen. Bei genauer Überlegung nehme ich an, jene Kisten dürften die stümperhaftesten Stücke gewesen sein, die sie je geschaffen haben.

Versteckt in meiner Kinderbibel lag ein Zeitungsausschnitt, der die vielen im staubigen Landesinneren verbrachten Jahre überlebt hat, ausgeschnitten aus der *Gazette* an meinem dreizehnten Geburtstag 1851. In verständlichem Englisch las man da die Nachricht, dass der Physiker Jean Bernard Léon Foucault sein Pendel vom Dach des Pariser Panthéons in Frankreich herabgelassen hatte und damit bewies, dass die Erde sich dreht. Ich muss mich auf meine frühesten Hoffnungen zurückbesinnen, um herauszufinden, warum ich von allen Ausschnitten, die mein Vater von Zeitungen für mich aufhob, die an meinem Geburtstag erschienen, ausgerechnet diesen einen aufbewahrt habe, aber die Antwort weiß ich: weil auch ich immer etwas beweisen wollte. Dass das Himmelszelt sich dreht, dass es sich drehen kann und allen Menschen Licht schenkt. Sogar den Menschen hier.

An den Wassern des ewig fließenden Murrumby dieses Landes habe ich mich nahezu vierunddreißig Jahre lang abgemüht, die Bedingungen für die eingeborenen Stämme zu verbessern. *Hier*, an einem befremdlichen Ort: glühend heiße Tage, kühle Nächte, Weiden und mehr Vieh, als das Auge erfassen kann, angefüllt mit einer Pflanzen- und Tierwelt, die man allein durch die Fantasie klassifizieren könnte. Dazu kommen andere Merkwürdigkeiten, wenn auch jenseits des Vorstellbaren, welche Taten einschließen, die zu finster sind, als dass man sie in Worte fassen könnte. Das alles bezieht sich auf die jüngste Vergangenheit, da sich die Regierung gewaltsam die Mission Prosperous aneignete. Nach der Richtschnur der Bibel habe ich mein Bestes gegeben – alle Taten stehen letztendlich allein für sich vor dem Richter.

Vor einem Monat kam durch die Hände des Vorstehers der Postbehörde die einzig gute Nachricht von meinem Bischof, eine Taschenuhr als Anerkennung meiner Verdienste. Sie war aus Silber und wog schwer in der Hand, bevor sie konfisziert wurde; egal, sie hätte nicht für Stolz gesorgt, wenn man die Jahre bedenkt, die nach alldem noch kommen. Vielleicht bereue ich es, die Mission Prosperous aufgebaut zu haben, wo ich lange hart zu arbeiten gedachte, um denjenigen, denen wir so viel verdanken, für die wir aber so wenig getan haben, die Wohltaten des ruhmreichen Evangeliums unseres Gütigen Herrn zu gewähren. Welche Ironie liegt schon in der Namensgebung der Mission selbst, da doch mein Ehrgeiz, was das Prosperieren der Mission betraf, zu all meinen Fehlern führte.

So geschmacklos diese Ansicht auch ist, und aus Gründen, die ich selbst nicht ganz verstehe, gibt es keinen anderen Ort, an dem ich lieber wäre. In der Nacht vor meiner Vertreibung träumte ich, dass ich etwas bauen wollte, doch mit zwei linken Händen, die, sosehr ich darum flehte, nichts gemäß Weisung zuwege brachten. Die Aufgabe schien sich unendlich in die Länge zu ziehen. Der Traum fand sein Ende, als ich von Geräuschen der Stadtbewohner aufwachte, die sich vor meiner Hütte versammelt hatten. Ich glaube, sie schleiften Waffen an der Außenwand entlang. Dann waren sie wieder abgezogen, aber ich fürchtete, ich könnte aufgrund dessen, wer ich bin und was ich getan hatte, selbst am Pfefferbaum hängen, und auch jetzt habe ich Angst, ich könnte hängen, mit Draht umwickelt. Da die Zeit schwer auf mir lastet, habe ich beschlossen, nicht einer zu sein, der im geheimen Busch aufgehängt oder hinter den Stacheldraht des Internierungslagers geschickt wird, ohne *alles* gesagt zu haben, was er sagen muss. Ohne zu sagen, wie alles Unrechte als Recht akzeptiert wurde. Egal welcher Untergang mich ereilen wird, lege ich hier mein Gelöbnis ab: Ich werde mit der ungeschminkten Wahrheit herausrücken, selbst wenn es darauf hinausliefe, dass es meine letzten Worte sind. Die Umstände erfordern es.

Elf

Anfangs, als August und Jedda in Prosperous eintrafen, waren sie ganz durcheinander von dem chaotischen Kommen und Gehen im Haus: montags und dienstags Müttergruppen, an den Mittwochnachmittagen Karateunterricht, donnerstags Handarbeiten, freitags Bibelstunde, samstags Feld- und Gartenarbeit; der Sonntag war ein freier Tag. Am Vormittag war für Elsie, Albert und die Mädchen der Kirchgang angesagt, danach bereitete Elsie noch vor dem Mittagessen den Nachmittagstee vor, für den Fall, jemand kam vorbei, was auch fast immer geschah. Manchmal Fremde, alte Leute, die Albert auf langen Spaziergängen über das Grundstück führte. Elsie buk einen großen gedeckten Ananaskuchen, Lamington-Biskuits mit selbst geraspelter Kokosnuss oder Scones mit Sahne, die sie selbst in einem gekühlten Metallbehälter schlug, als sie noch keine steifen Hände hatte. Elsie war die Kapitänin des Hauses und Albert der Geschichtenerzähler, aber es war das Essen, für das sie lebten, das Essen, das sie mit jeder Person teilten, die im Haus oder davor verweilte oder arbeitete – das Essen war der Mittelpunkt.

Elsie hatte versucht, August dazu zu bringen, normal zu essen, aber etwas Animalisches kam stets über sie, selbst wenn sie im Innersten sicher sein konnte, sie bekämen *Jede. Einzelne. Mahlzeit* verabreicht. Also brachte Elsie Jedda und August bei, nach ihrer Art zu kochen und mehr als bloß Toast, Pasta und Kartoffeln zuzubereiten, was sie schon konnten. In nahezu tadellosem Zustand hatte Elsie die siebenundzwanzig Bände von *Internationale Küche – einmal um die ganze Welt* auf dem Büfett aufgereiht. An Wochenenden und abends ließ sie die Mädchen auf hohen Hockern neben der Küchenspüle Platz nehmen, so als würden sie die Beichte ablegen. Mit aufgekrempelten Ärmeln – Schürzen seien überflüssig, meinte ihre Nana, denn „Wir machen's ganz exakt, seht ihr?“ Aber nichts wurde abgemessen, nur über den Daumen gepeilt – eine Prise, eine Handvoll, ein Löffelchen, ein Klecks; einer Eieruhr bedurfte es ebenso wenig. Dann schälten sie dies und das, zerschnippelten es mit daraufgepressten Daumen. August erinnerte sich, dass die besten Aufträge das Verrühren mit Butter oder das Einrühren von Kakao waren, weil man dann die Schüssel auslecken konnte. Band eins bis Band fünf, die ihre Nana am meisten benutzte, trugen den Titel *Hausmannskost*, aber ihr kam es vor wie ein bisschen von allem: Shepherd's Pie, Fettuccine, Vol-au-vents mit Spargelcreme, Satay-Hähnchenspieße, Feta-Spinat-Taschen und – eines ihrer Leibgerichte – Currywürstchen mit Reis. Bei Currywürstchen mit Reis bekamen sie weiche Knie. Das war, bevor Jedda und August sich in den Schafstall auf der anderen Seite von Southerly schlichen, wo Dutzende Lämmer kastriert wurden, die Hufe der Kleinen von den Querbalken des Stalles hingen, Blut an den Beinen herunterlief und die Lämmer nach ihren Müttern blökten. Daraufhin wollten die Mädchen als Erste in der Familie nie wieder Tiere essen. Band sechs bis zehn war italienisches und spanisches Essen, Band elf bis sechzehn französisches und südamerikanisches, Band siebzehn bis zweiundzwanzig war afrikanische und asiatische Küche, Band dreiundzwanzig bis siebenundzwanzig *Nachspeisen aus aller Welt*. Wenn sie sich gelehrig anstellten und hilfsbereit und höflich waren, dann durften Jedda und August zwei Kugeln Vanilleeis direkt aus dem Behälter essen. Angerichtet mit eingemachten Pfirsichen und Himbeersoße, ganz genauso wie das Bild in Band sechsundzwanzig, Seite fünfzehn.

Else lehrte sie auch, wie man vor dem Haus Leute begrüßte und sie in den großen Raum geleitete, wo sie in der King-James-Bibel Textstellen unterstrichen. In denselben Raum kam auch Tante Missy und unterrichtete Karate, Jedda und August durften daran teilnehmen. Sie waren nicht die besten Schülerinnen – August verfiel in Tagträume, und Jedda schlenkerte zu locker mit Armen und Beinen, daraus wurde dann ein Tanz, und schon war sie aus der Tür geschwirrt. Zappelte den Korridor entlang, eine Melodie im Kopf. Nie konnte sie stillhalten, immer tanzte sie nach Lust und Laune und bewegte sich zu einer Musik, die niemand außer ihr hören konnte.

Bei Nana und Poppy bekamen sie Haarwäschen in gehöriger Zahl verpasst, die Großeltern redeten mit ihnen, überwachten ihre Hausaufgaben. Und doch konnten sie sie nicht vor allem bewahren – nicht vor den Bulldoggenameisen, den Pythons oder der Sonne ohne Sonnenschutz, auch nicht vor einem entzündeten Zahn, wenn sie nicht daran dachten, zweimal täglich die Zähne zu putzen. Ebenso wenig konnten sie sie vor Mrs. Maine beschützen, der Lehrerin, die August Kopfnüsse verpasste, wenn nicht prompt die Antworten kamen, und vor Ashlie aus Jeddas Klasse, die gemein und niederträchtig war und ihr absolut grundlos auf die Schuhe spuckte. Auch nicht vor ihren Gefühlen, als die Eltern gar nicht wiederkommen konnten. Als man sie zum Hinsetzen aufforderte, um ihnen diese Schwindelei aufzutischen, dass ihr Daddy im Himmel gebraucht werde und ihre Mummy noch auf dem mühevollen Weg der Besserung sei, jedoch noch nicht aus ihrem Gewahrsam herauskönne.

Es stimmte, alles veränderte sich, als August acht Jahre alt war.

Aber mit neun änderte sich alles noch mehr.

Als sie neun war, kehrte sich schlagartig die ganze Welt von innen nach außen.

Nachdem sie neun geworden war, konnte sie die Dinge bis auf die Knochen sehen, mit Röntgenblick, die Wurzeln der Pflanzen, das Innere des Himmels und all die Schwarzen Löcher und brennenden Sterne. Nachdem sie neun geworden war, sah sie die Riemchen und Zahnrädchen in den Gehirnen der Menschen, ihre Skelette und Adern, das Blut und die Herzen und die ganze Stadtluft, die durch ihre Lungen strömte. Es war zu spät, um sich jemandem anzuvertrauen. Wie sie sich davor fürchtete, aus dem Haus zu gehen, aber noch mehr davor, dazubleiben. Wegen der Dinge, die sie dort sah, Dinge, die ihre Zunge veränderten. Dinge, die tot und begraben waren.

August erwachte spätmorgens mit Quecksilbergeschmack im Mund. Als ihre Augen noch geschlossen waren, waberten Gerüche durch das offene Fenster, die große morgendliche Erwärmung der ersten verzehrbaren Dinge zog von draußen herein. Das Öl in den Eukalyptusbäumen, die Früchte des *karrajong*-Baumes, die aufbrachen, das heiße, die Samen entblößende Fruchtfleisch, Banksienblüten schwer von Zucker, der dicke Saft, der von verklebten Staubgefäßen, Blütennarben und Fruchtknoten tropfte. Der Ast hatte unter dem Gewicht einen kritischen Zustand erreicht, ebenso wie die Stadt, so schien es. Die Tage wurden heißer. Andere Schwaden zogen durchs Hausinnere, Dettol und heißer Dampf vom Treppenhaus her – Seife, Pinie und Rizinusöl. Dettol war der altvertraute Helfer an den Wochenenden, die dem Saubermachen zum Opfer fielen. Schlaftrunken nahm August das Zimmer wahr. Das Zimmer und all die lärmigen Jahre der Kindheit, die ihr durch die Finger geronnen waren. Nach dem Aufstehen zog sie sich langsam an, beim Auftreten knarrten die Dielen. *Alles fällt auseinander*, dachte sie, *Fenster, Wände, Böden*. Sie stellte sich vor, wie das Haus in den alten Zeiten zusammengeschustert worden war, mit Leim und Sackleinen, später mit Spachtelmasse und Gipskartonplatten, während die Gondiwindi schon darin wohnten.

In Gedanken fuhr sie mit den Fingern durch die tiefen Furchen der feuchten Bodenbretter, hoppelte auf allen vieren treppauf wie damals, als sie Kinder waren. Sosehr sie sich in den paar Tagen, die sie wieder hier war, heimisch fühlte, begriff sie doch, dass sie jetzt, nach der langen Zeit, die vergangen war, hier ein Gast war. Es gab eine ganze Welt, die sie nur *früher einmal* kannte. Sie wünschte sich nichts sehnlicher, als in die Zeit, bevor sie neun Jahre alt war, zurückversetzt zu werden, in jene Zeit, bevor sie eines Morgens aufwachte und die fremdartige Last auf der Haut bemerkte, die sie mit sich herumtrug. Bevor sie ihren Körper kannte und all den Schmerz und die Freude und den Durst und den Hunger und die Erschöpfung und den Schweiß und das Blut und die Scheiße und die Dinge, die ihr Körper schmecken konnte.

Beim Hinuntergehen hielt sie sich am Geländer der frisch gewischten Treppe fest und ging über den sauberen Flur zur Küche. Sie machte Kaffee und schlich auf Zehenspitzen, vorbei an Elsie, die wieder auf der Couch eingedöst war, in den Garten. Sie nahm den Himmel wahr, nach dem heftigen nächtlichen Wolkenbruch blau und makellos, als wären die Wolken geflohen, beschämt, weil sie die Bauern in der Nacht aus den Betten gescheucht hatten, hinaus in die ängstlich bangenden Weiten, wo sie inständig darauf hofften, dass noch mehr Regen kam.

Ihre Nana schlief weiter, selbst als die Sonne strahlend und schnell aufgegangen war und das Haus erhitzte. August nahm sich einen Kaffee mit hinaus und entdeckte Eddie, der den Hügel vom Southerly House herunterkam, durch das Pfirsichheidegesträuch stapfend, die Schultern vor

Schweiß glänzend, Schultern, die sich zu einer ganz neuen Dimension ausgewachsen hatten, dachte August.

Die Brust wurde ihr eng, und als er nahe genug war, rief er laut: „Fremde".

August lachte in sich hinein und wusste nichts darauf zu antworten. Es gab nichts zu sagen, es gab keine Kindheit mehr, keine Jedda, keinen Poppy Albert, nur den Spuk der Vergangenheit. Eddie sah August aus seinen blauen Augen an und setzte zu einer Umarmung an.

August war nicht an ihn gewöhnt, darum war die Umarmung, für die sie sich gewappnet hatte, eher unbeholfen als teilnahmslos. Es war so lange her, dass sie so selbstverständlich, so familiär gedrückt wurde, dass sie trotz des Gefühls, Angelhaken steckten ihr in den Eingeweiden, und trotz des plötzlichen Blutgeruchs lächelte.

„August Gondiwindi", sagte er, ihr gerade in die Augen blickend. „Ich fasse es nicht."

„Höchstpersönlich", gab sie zurück, dem Blickkontakt ausweichend. „Aber mit einem ziemlichen Jetlag."

Eddie Falstaff, Erbe des Southerly House, ihr alter Freund, ihr erster *echter* Kuss. Eddie war immer in Massacre aufgefallen, noch mehr als ein Gondiwindi. Schon damals war er groß gewachsen und mit einem entsprechenden Körperbau ausgestattet. Er war in einer flüchtigen Zeit des Überflusses geboren, als Kinder in Massacre durch puren Zufall eine Periode des Regens und der Fülle erlebten. Zwei gute Jahre lang pflückten die Menschen reife Rosenäpfel von den Zweigen, holten sich verfärbte Zähne unter Maulbeerbäumen, stopften sich nur so die Nahrung in den weit geöffneten Mund. Rund ums Jahr wetzten von Mücken zerstochene Beine abends unter dem Sternenhimmel, peitschten durch üppigen Weizen, durch Gerste und Raps. Als es trockener wurde, erinnerte sich August, und Eddie Falstaff zehn, knapp elf war, posaunte er unter seinen Schulkameraden herum, zu Hause im Keller hätten sie eine goldene Kanone – *so groß!* –, wobei er drei Kumpels mit ausgestreckten Armen nebeneinanderstellte. Die Lüge vergaß er wieder, bis zu der Feier an seinem elften Geburtstag, als nach Geburtstagskuchen und Sackhüpfen die Jungs wie aus einem Munde seine Mutter anbettelten: „Wann kriegen wir die goldene Kanone zu sehen?“ Eddies Mutter legte den Kopf schief und formte vor Eddie lautlos die Worte: *„goldene Kanone?“*, bevor sie im Haus verschwand und es ihm selbst überließ, sich aus dem Schlamassel herauszuwinden. Später erzählte Eddie August davon. Doch sie wusste es bereits, da sie sich in den Büschen versteckt und alles verfolgt hatte. August sei nicht zur Geburtstagsfeier eingeladen worden, weil das anderen Leuten Unbehagen eingeflößt hätte, so hatte seine Mum es Eddie erklärt, und das hatte er ihr ausgerichtet. Louise Hong vom chinesischen Restaurant Hong könne nicht hingehen, folglich auch August nicht. Eddie meinte, seine Mutter redete über Mädchen-Keime, aber August wusste, dass es um etwas anderes ging.

Eddie Falstaff brauchte nicht zu lügen, was den Hausrat bei ihm zu Hause anging. Selbst während der Dürre war er das fast reichste Kind von Massacre Plains, gleich nach den Gadden-Kindern, die die örtliche Autowerkstatt betrieben. Die Gaddens, die es zu jedem Grand Prix mit den feinsten Holden- und Ford-Sportwagen zu tun hatten, wenn schlagartig hunderttausend Auswärtige in Bomberjacken Massacre heimsuchten und auf den Tribünen krakeelten. Das war der Höhepunkt eines jeden Kalenderjahres und hielt die Region während der mageren Zeiten wie eine notdürftig geölte Maschinerie am Laufen. Eddies Familie gehörte das Getreide der Farm Prosperous, tausend Stück Vieh und auch die Apotheke in der Stadt, ehe sie abbrannte.

„Wie geht's deinen Leuten so?", erkundigte sich August, an die Säule der Veranda gelehnt.

„Ach, was soll man machen ... sie sind alt. Mum ist im Krankenhaus von Broken."

„Geht es ihr einigermaßen?"

„Krebs."

August schaute zu Southerly hinauf, sie hatte Mrs. Falstaff vor Augen, wie sie ihren immerwährenden Frühjahrsputz erledigte, den Reisigbesen hochhielt und damit Spinnweben vom Sims fegte. „Das tut mir leid", sagte sie.

„Das mit deinem Pop tut mir auch leid, aye."

„Danke, Eddie."

„Ich muss ein paar von seinen Büchern zurückbringen, die ich mir geliehen hatte, und noch so Sachen ..."

„Bücher?"

Er warf einen Blick auf das Weizenfeld. „Tja, dein alter Pop muss auf mich abgefärbt haben."

August hob überrascht die Augenbrauen.

„Er war doch hier draußen und schrieb an seinem Buch, oder?" Eddie wies auf die Klappstühle, die nie zusammengefaltet wurden.

„Ein Buch?"

Er hielt die Hände gespreizt vor dem Gesicht. „Große Sache."

„Was steht da drin?"

„Keine Ahnung. Er hat daran geschrieben und die bei ihren Vermessungen beobachtet."

„Die?"

„Rinepalm – Tagebau." Er rieb die Fingerspitzen aneinander, wie man auf Geld hindeutet.

„Das haben mir Nana und Poppy nie erzählt."

„Vermutlich, weil man dagegen nichts machen kann. Das ist ein Zinnabbauunternehmen, eins von den ganz großen. Umgeschaut haben sie sich überall, aber hier haben sie sich festgesetzt. Die Stadt hat ihnen den roten Teppich ausgerollt. Schau mal!“ Er wies aufs Feld hinaus, wo August nur die rostbetüpfelten Spitzen der Weizenhalme sehen konnte.

„Ich sehe nichts“, erklärte sie.

„Schau mal an meinem Finger entlang. Da.“ Mit der freien Hand zog er sie an sich heran, damit sie sah, was er sah. Und da erkannte sie es, so etwa einen halben Kilometer entfernt, drei Metallkuppeln, die aussahen wie Stecknadelköpfe.

„Was ist das?“

„Bohrstellen – Vermessung oder so was, schätz ich mal ...“ Er ließ den Arm sinken und wich zurück. „Die werden bald da sein, dann kannst du sie ausfragen. Hast du auch die auf dem Kengal gesehen?“

„Wen?“

„Demonstranten.“ Er lächelte und riss die Augen auf. „Sie versuchen schon seit Monaten, hier reinzukommen!“

Ein Auto kam auf dem Kiesweg von Prosperous angefahren. August konnte die vorn sitzenden Leute nicht erkennen und wandte sich wieder Eddie zu, aber der war bereits von der Veranda heruntergetreten.

„Bis bald, Augie“, sagte er und machte sich unter dem noch immer zunehmenden Licht auf den Rückweg nach Southerly.

„Ja, ich komm dich bald besuchen“, rief sie ihm hinterher, und er hob im Gehen zustimmend die Hand.

Aus dem Auto stieg die schwere Gestalt von Großtante Mary. August bemerkte auf der Stelle, dass sich die Trübsal Jahr für Jahr tiefer in ihr Gesicht eingeschrieben hatte, der Mund bog sich nach unten wie das Maul eines alten Murrumby-Dorsches. Tante Missy war auch dabei. August fand, sie wirkte weniger rüstig als früher und sogar noch grauer um den Kopf herum. Sie war noch immer groß, aber das traf auf jeden zu, alle hatten noch ihre frühere Körpergröße.

„AUG-UST!“, riefen sie gleichzeitig.

August hatte sich in Großtante Marys Nähe immer unbehaglich gefühlt, nicht nur, weil sie so direkt war und ihr ihre spitzen Worte immer wehtaten, nicht nur, weil ein durchdringender Blick von ihr sie zutiefst beunruhigen konnte, sondern weil sie nichts begriffen hatte von dem Bösen, das ihr eigener Sohn in sich trug, und August gleichzeitig glaubte, dass sie mit ihr mitfühlen musste, weil ihr Junge nicht mehr da war.

Großtante Mary und Tante Missy eilten schweigend ins Haus, die Köpfe gesenkt, als wäre ihnen mit dem Schließen der Autotüren, mit dem letzten dumpfen *Wums* klar geworden, dass Poppy Albert tot und dies der einzige Grund für Augusts Rückkehr war.

„Wie geht es dir, Liebes?“, fragte Mary.

Unter der Markise umhalste Tante Mary kurz August, und die fasste ihr scheu an die Taille, als vollführten sie einen langsamen Tanz.

„Nichte“, sagte Tante Missy, ehe auch sie sich August zu einem Tänzchen zuwandte. August ließ sich in ihre Arme fallen. „Du bist ein Winzling in meinen Armen!“, sagte sie und beugte sich zurück, die Choreografie abbrechend, hielt August an den Ellbogen und schüttelte sie ein wenig, als könnte sich ihr Leib wie eine magische Schneekugel verändern und zurückverwandeln.

„Els ist wach?“, fragte Tante Mary, als sie durch die offene Hintertür ins Haus trat.

„Schläft auf der Couch.“

„Guter Flug?“, erkundigte sich Missy, ließ sie los und musterte sie stattdessen von Kopf bis Fuß.

„Bin noch müde, aber es war okay.“

„Wie viele Stunden hat es gedauert?“, fragte Missy mit weit aufgerissenen Augen.

„Ich habe nicht mehr mitgezählt.“ August lächelte, und Missy stupste sie scherzhaft.

Sie gingen eine nach der anderen hinein. Noch schlief Elsie auf der Couch, die Decke zerknautscht zu ihren Füßen. Tante Mary stand in der Küche, die Kaffeebecher vor sich haltend, und nickte August zu, als wäre das schon die Antwort.

„Schwarz, kein Zucker – danke“, flüsterte August und schritt gemächlich die Treppe zum Dachgeschoss hoch, um Zigaretten zu holen. Und auch, dachte sie, um *jenes Buch* zu finden.

Das Buch, wiederholte August in Gedanken und machte sich an die Inspektion des Zimmers. *Große Sache*, hatte Eddie gemeint. Sie durchstöberte die Papiere auf dem Schreibtisch. Was genau sie in dem Buch zu finden hoffte, wusste sie nicht mit Sicherheit. Doch spürte sie, dass Poppy etwas gewusst hatte und ihr etwas mitzuteilen hatte. August fühlte, dass nur er hatte nachvollziehen können, warum sie sang- und klanglos aufgebrochen war, gleichzeitig war er es, der selbst nie ohne einen Abschiedsgruß davongegangen wäre. Sie fühlte, dass ihr Poppy der Einzige war, der, wenn auch nur in stillschweigender Übereinkunft, wusste, warum sie nicht dageblieben war.

Das Buch kam gleich nach dem Essen, als August klein war, dann übernahm es die Führung. Ihre Bücher unterschieden sich jedoch von Poppys. Die Fahrbücherei war bestückt mit vergilbten Taschenbuch-Liebesromanzen, Krimis mit Eselsohren und beliebten Kinderbüchern. Die Mitarbeiter fanden immer ein Buch für sie. Zuerst all diese Möglichkeiten, all diese Happy Ends, danach eine Zeit lang in exakter Aneinanderreihung die Fortsetzungsromane, eine Abfolge von Welten, bis sie mehr brauchte oder aus den Büchern herauswuchs. Man empfahl ihr *Gänsehaut*, *Der Babysitter-Club* bis hin zu Roald Dahl, Judy Blume, C. S. Lewis, Tolkien, Austen, Dickens, Faulkner. Aber in keinem Buch der Fahrbücherei fand sie jemals sich selbst oder ihre Schwester. Kein Mädchen wie August und Jedda Gondiwindi, niemals. Sie hatte Romane aus dem neunzehnten Jahrhundert gelesen, Figuren, in denen Gut und Böse deutlich aufscheinen, Bücher, in denen sich die Zeit ebenmäßig über ein Leben verteilt, und dann die Bücher, in denen die Figuren beides sein konnten und die Zeiten wechselten. Auf jenen Seiten entdeckte sie ab und an solche Personen, wie es sie auch in ihrer Kindheit gab, in der Stadt, wo ein Menschenleben vor sich hindümpelt, eine Drehung vollführt und vorbei ist. Sie liebte ihre Bücher, die Seiten angefüllt mit zahlreicher Gesellschaft, wenn sie ganz allein war, wo sie doch nur eine spärliche bewegliche Habe besaß, die oft verloren ging, unter Wasser gesetzt wurde oder nicht wieder zurückgegeben wurde, aber so eine Angewohnheit hatte, sich selbst auszuwechseln. Sie war ihres Großvaters Enkelin, dachte August und betrachtete die tröstlichen Stapel der Bücher ringsum.

Alberts Schreibtisch schien mit lauter Krempel übersät – Stromrechnungen, Bücher über Vögel und Bienenzucht, Kinderlexika, Broschüren des Nationalen Getreidebauernausschusses, Mitteilungen von lokalen Getreidemärkten, Tabellen für das Besprühen von Feldern aus der Luft, Bibeln, Wörterbücher. Aber in dem Chaos lag Methode, an allem klebten Haftnotizen, die wie unleserliches Geschreibsel anmuteten, aber in Alberts persönlicher sorgsamer Schrift verfasst waren, in der Handschrift ihres Poppys. Auf einer stand *Abschnitt 116 der Verfassung – Einwilligung in die Zerstörung* und war mehrfach unterstrichen, doch lag sie neben einem Packen Bücher ohne Hinweis darauf, auf welche sie sich bezog. Mit einem Mal wurde es August schwindlig, sie legte die Hände auf die Glasplatte und rollte den Kopf in den Nacken. Der Schreibtisch verschob sich unversehens unter dem Druck ihres

Fliegengewichts. Sie inspizierte die anderen Möbelstücke genauer: das leichte Einzelbett, den Spanholzschrank, und dachte auch an das Erdgeschoss. Das gesamte Mobiliar konnte man mit wenig Anstrengung bewegen, nichts in diesem leicht verstaubaren, leicht zu vergessenden Haus war fest im Boden verankert.

„Kaffee ist fertig!“

Der Kaffee stand einsam da. Die Aunties waren draußen auf der Veranda, Elsie war aufgewacht und bei ihnen. August nahm einen Plastikstuhl mit hinaus, um sich dazuzugesellen.

„Geht's dir besser, Nana?“, fragte sie, als sie zu ihnen trat.

Elsie brummelte, verzog die Lippen zu einem Lächeln und nickte, alles gleichzeitig.

„Was hast du denn so getrieben im *sonnigen* England?“, fragte Tante Mary schief grinsend und stellte ihre Kaffeetasse ab.

„Meistens Geschirr abgewaschen.“

„Scheint denn da auch mal die Sonne?“, erkundigte sich Tante Missy und verscheuchte einen Grashüpfer von ihrem Kopf.

August schaute in ihre Kaffeetasse und schüttelte den Kopf. Sie überlegte, dass dort natürlich die Sonne schien, aber es hatte sich wie ein langer Winter angefühlt. Jedes Jahr, das sie in England verbracht hatte, redeten die Einheimischen über den herannahenden Winter, als wäre es eine verwirrende Angelegenheit, dabei war sie selbst jederzeit bereit für die Linderung, die die Kälte mit sich brachte, als hätte sie immer schon dem Reif auf dem Dach aufgelauert. Tatsächlich erinnerte sich August nicht an die Sonne in England; dafür erinnerte sie sich an Dinge, die sie nicht in Massacre verorten könnte, die tiefhängenden Wolken vom späten Vormittag an bis in den frühen Abend. Die kahl werdenden Bäume, das Eis an den Fenstern. Die schmalen Gassen, die steinernen Gebäude und die kunstvollen alten Gegenstände, die sie hier zu Hause nicht hatten.

„Joey wird am Samstag dabei sein", sagte Tante Missy, die auf ihr Handy blickte, und damit war August in die Familienangelegenheiten einbezogen.

„Wie geht es ihm?"

„Na, super." Tante Missy rutschte mit ihrem Stuhl näher an August heran, während Tante Mary in den Gemüsegarten hinuntertrat. Tante Missy legte ihr Handy zwischen sie beide. „Er hat eine App gemacht, die Idee kam ihm im Jugendknast. Dort durfte er sich mit dem Computer und solchen Sachen befassen. Echt gut." Anmutig strich sie mit den Fingern über das Display und suchte nach der Erfindung von Augusts Cousin. „Die ist richtig gut, sie heißt *Fang sie dir*. Das ist ein Spiel, wo man Kolonisatoren bekämpft. Du kannst dir deine Waffen aussuchen und das Land, für das du kämpfen willst, und noch mehr." August äugte zwischen die Finger ihrer Tante, als mit einem Mal auf dem Display farbige Lichtimpulse aufblinkten und das Handy zu einem glatten Stein in ihrer Hand wurde. „Fuck, die Batterie ist alle", sagte Tante Missy, pfefferte das Handy in ihre offene Handtasche und starrte in die Ferne. Dann stieß sie einen tiefen Seufzer aus, als ob sich, dachte August, ihr Körper plötzlich wieder daran erinnerte zu atmen. „Dad hatte ein gutes Leben", schickte Tante Missy ihrem Seufzer hinterher, verschränkte die Arme und tippte sich mit den Fingern auf die Ellbogen. „Und auch ein hartes Leben."

Tante Mary zog an den schlanken Stielen der Kartoffeln am Rande des Gartens. August stellte sich Jedda vor, *glaubte* einen Augenblick lang, sie sähe sie und sich selbst hier mit nackten Beinen, wie sie Hühnereier im Garten verbuddelten, um Eierpflanzen zu ziehen, so wie sie es immer getan hatten, bevor ihre Kindheit verpfuscht wurde. Und dann, *Simsalabim!*, verschwanden sie und Jedda.

Kopf und Schultern in die Arbeit getaucht, rief die Tante nach den dreien auf der Veranda. „Das muss alles weg, Els. Räum es alles raus und in die Kisten, bevor –"

„Bevor was?", unterbrach August, über sich selbst erstaunt.

Tante Mary warf einen Stiel hinter sich und streckte den Rücken, die Hände in die Hüften gestemmt. „Vor dem Umzug, Liebes", sagte sie.

„Es ist also amtlich – Nana muss aus dem Haus raus?"

„Jepp."

„Ich verstehe nicht, warum. Wegen des Bergbauunternehmens, oder? Aber die sind doch bloß draußen auf dem Feld, nicht?" August nickte in die Richtung, in die Eddie gewiesen hatte.

„Weißt du, was sie abbauen wollen, Aug?" Tante Mary machte große Augen und zog das Kinn an die Brust, als wartete sie mit einem Knüller auf. „Z-I-N-N, Zinn. Weißt du, wie das aussieht?" Sie lachte kopfschüttelnd. „Das Ganze ..." – sie streckte die Arme zur Seite, mit gespreizten Fingern, dann drehte sie sich einmal um sich selbst und beschrieb dabei mit den Füßen schlurfend einen Kreis – „ist verloren."

„Wie viel davon?"

„Zwei Kilometer."

„Das können sie nicht."

„Die können das."

„Southerly?"

„Futsch."

„Ihnen gehört doch das Land?"

„Nee."

„Warum?"

„Pachtland der britischen Krone, neunundneunzig Jahre lang."

„Wann?“
„Als Eddies Großvater aus dem Krieg kam, glaube ich.“
„Welcher Krieg?“
„Der Erste.“
„Und was wird aus dem Weizen?“
„Was glaubst du, wie viel sie für eine Tonne bekommen?“
„Keine Ahnung.“
„So gut wie nix.“
„Wie sieht eine Zinnmine aus?“
„Großes Loch.“
„Ist es schlimm?“
„Weißt du noch, *Der Zauberer von Oz*?“
„Ja.“
„Erinnerst du dich an Blechmann?“
„Ja.“
„Tja, also es gibt einen Grund, warum er kein Herz hat, Liebes.“
„Was soll das heißen?“
„Dass Zinn für niemanden und nichts Gegenliebe übrighat.“

August nahm einen Schluck Kaffee und sah zu Elsie, die ihnen zuhörte. August spürte, dass ihre Nana jung und alt zugleich war, aber das wurde dadurch kaschiert, dass sie bis zum Rand mit der Art von Traurigkeit gefüllt war, die dem Gesicht ein jenseitiges Aussehen gibt, als wäre sie vom Fluss Styx zurückgekehrt. Elsie sah August direkt an, einen Moment lang bekam sie keine Luft, dann legte sie die Hand an den Mund und blinzelte. Kämpfte erfolgreich die Tränen nieder. Tante Missy legte ihrer Mutter die Hand in den Schoß und zwinkerte August zu. „Mal sehen, ob sie es schaffen, dass wir zuerst gehen.“ Nur für ihre Nichte ließ sie ein freches Grinsen aufblitzen.

„Weißt du denn, wohin, Nana?“, fragte August.
„Noch nicht, Schatz.“

August suchte nach Worten, aber alle kamen ihr plump vor. Sie wollte die Hand ihrer Nana in die ihre legen, sie küssen, ihr sagen, dass sie nicht zuließe, dass sie ihr Haus verlöre, dass sie alles ins Lot bringen würde. Aber das stimmte nicht. August hatte nichts von Belang beizutragen, ihr war bewusst, sie hatte nicht ihren Beitrag geleistet; hatte nicht in diesem mit den Jahren altersschwachen Haus gelebt, war nicht auf den Straßen gewesen, wo sie hätte zusammenzucken und schwören können, Jedda erblickt zu haben, war nicht in der Stadt geblieben, in der sie jedes Lächeln vorhersehen konnte. August hatte den Schmerz ausgeblendet, durch den sie alle eigentlich hätten verbunden sein sollen. Sie konnte die Schuld jetzt schmecken, sie kroch aus der Kehle und quoll um die Zunge herum, zähflüssig und nass und schwarz und dreckig wie Diesel. Sie sah sich um nach der Quelle des Geruchs und Geschmacks, aber weit und breit war kein Motor in Betrieb.

„Ich brauche eine Zahnbürste und ein bisschen anderen Kram.“ Sie stand da und fasste nach der Rückenlehne des Stuhls. „Braucht ihr was aus der Stadt?“

„Nein, danke, Augie“, sagte Elsie, als August den Stuhl anhob, mit dem freien Arm leicht Tante Missy berührte und Tante Mary zuwinkte. „Wir sehen uns am Samstag“, sagte sie, und ihre Tanten entgegneten wie aus einem Munde *„Ja, Liebes“*. Damit entließen sie sie, und die eine beugte sich wieder über das Beet, die andere über ihre Handtasche, sobald August sich umgedreht hatte.

Zwölf

Reverend Ferdinand Greenleafs Brief an Dr. George Cross, 2. August 1915, Fortsetzung

II

Einst war ich ein einfacher Geistlicher, und 1880, vor fast fünfunddreißig Jahren, eröffnete ich die Lutherische Mission Prosperous für die eingeborenen Bewohner jener Ortschaft, wo man Viehzucht betrieb, und ihrer Umgebung.

Offiziell gelangt unsere Mission jetzt unter die Amtsbefugnis des Aborigine Protection Boards und wird dann, wie ich annehme, als Farm betrieben, zweifellos aus dem Grund, damit das Kind Gottes von Nutzen sein kann und die Lehren der Bibel sowie der Unterricht in Mathematik und Englisch möglicherweise zugunsten anderer, wirtschaftlicher orientierter Zwecke hintangestellt werden, wie es der Fall ist bei den Farmen und Reservaten im Distrikt, von denen ich weiß. Als ich von den anstehenden Veränderungen erfuhr, hätte ich die Mission verlassen können, wo ich doch so wenig unternommen habe, um den Eingeborenen, die mir zutiefst ans Herz gewachsen sind, Erleichterungen zu verschaffen. Ich hätte mich in ein kleines Häuschen zurückziehen und den Rest meiner Tage auf einem friedvollen Fleckchen Erde verbringen können, wenn auch die liebe Seele keine Ruhe fände. Leider Gottes scheint es so, dass die Vergangenheit nicht erledigt ist und dass ich wegen des Krieges leiden muss, den Großbritannien meinem Geburtsland erklärt hat – eine Situation, bei der ich nicht mitreden konnte. Doch sind es nicht meine Landsleute deutscher und preußischer Abstammung, die an diesem Krieg auf Distanz am meisten leiden müssen. Es sind, wie ich in diesem Brief im Einzelnen ausführen werde, die Eingeborenen – *nichts als Kinder!* –, die in die Knechtschaft gezwungen werden, weil die Regierung will, dass sie die Lücke an Arbeitskräften in der Industrie schließen sollen. Ich fordere Sie hiermit auf, das, was ich auf diesen Seiten im Detail ausführe und womit ich nicht einverstanden bin, eingehend zu prüfen.

Wie ich zuvor erwähnte, landete meine aus der preußischen Provinz Sachsen stammende Familie hier mit der *Skjold* im Oktober 1841. Mein Vater wollte sich aufgrund seiner umfangreichen Erfahrungen mit der Bodenbearbeitung und Tischweinkelterei den Winzern anschließen. Meine Mutter – in ihrer Rolle als Hausfrau und mit dem starken Rückgrat einer Einwanderin – stand ihm bei, mit noch zwei fleißigen Händen. Auf dem Ochsenkarren unternahmen wir die erste Reise durch das Binnenland in Richtung Süden, auf der ich von meiner Mutter und meinem Vater unserem Schicksal entgegengeführt wurde. Auf dieser Reise sah ich leibhaftig, wohl noch mit unbescholtenen Blicken, die Eingeborenen im Stand der Natur, inmitten des Grüns und der Fülle des Landes. Es hinterließ einen idyllischen Eindruck in mir. Als wir schließlich unser neues Zuhause erreichten, gab es dort bereits eine bestehende Gemeinde guter Menschen, die unsere Sprache sprachen. Die Einwohnerschaft des Ortes setzte sich aus jenen zusammen, die vor religiöser Verfolgung aus Preußen und Deutschland geflohen und ebenso willens wie fähig waren, in diesem großartigen Land, einem Land, das den Vertriebenen Möglichkeiten und Sicherheit versprach, ein neues Leben zu beginnen.

In unserer neuen Heimat wurden uns fünfzig Morgen Land zugesprochen, und Vater räumte die Steine vom Gelände, fällte Bäume und grub die Stümpfe aus, bis der Boden geebnet und zur Bestellung bereit war. Da er keinen Pferdewagen hatte, war seine Arbeit mühselig, und doch war er voller Vertrauen, dass unsere kleine Familie wachsen und dieses Land seine geliebte und endgültige Heimat werden würde. Mutter trieb in der Stadt am Mittwochnachmittag, wenn alle Hausfrauen ihre Butter, Käse und Bienenwaben aus eigener Herstellung zum Verkauf brachten, ihren eigenen Handel. So war die Woche auf zweierlei Art von der Nahrung eingeteilt, von der Messe am Sonntagmorgen bis zum Lebensmittelmarkt, und ich, ich war immer ins Bibelstudium vertieft.

Sehr einvernehmlich mit den anderen lebten wir uns in der Stadt ein. Meine frühen Jahre waren damit ausgefüllt, in der Schule Englisch zu lernen und es zu Hause mit meinen Eltern zu sprechen; nur bei bestimmten Gelegenheiten, wenn sich die Winzer und ihre Familien zu gemeinsamen Mahlzeiten oder zum Gebet versammelten, wendeten wir die Sprache meines Geburtslandes an, oder wenn wir bei seltenen Gelegenheiten über die Politik eines Landes diskutierten, das wir alle einvernehmlich in der Vergangenheit verorteten. Mit etwa fünfzehn frommen Familien pflegten wir Umgang. Alle sprachen flüssig Englisch, ihre Interessen sollten sich frei entfalten in dem trefflichen Land, in dem wir uns niedergelassen hatten und wo wir unter der britischen Flagge mit vollem Herzen den Gesetzen unter Queen Victoria die Treue geschworen hatten. Als weiteres Zeichen unseres Respekts vereinbarten meine Eltern bald schon, unseren Namen zu anglisieren – bei unserer Schiffspassage waren wir ins Logbuch des Schiffes mit dem Namen eingeschrieben, unter dem man uns kannte: *Grünblatt*, doch ab dem ersten Tag des Monats Juni im Jahr 1844 hatten wir offiziell den Familiennamen Greenleaf angenommen. Diese Einzelheit nenne ich ausdrücklich, weil sie der Wahrheit entspricht und weil angesichts der Zustände, denen wir uns jetzt gegenübersehen, daran erinnert werden muss.

Als ich erwachsen geworden und bereit war, das Wort Gottes zu achten und mich der Welt zu stellen, war ich ein Mann Gottes geworden. Aufgrund der unermesslichen Weite Australiens und weil es bei Lehrlingen Gottes meist so ist, zog ich im wilden Landesinneren von Farm zu Farm. Als ich allein über riesige Entfernungen von Tausenden von Meilen reiste, um den unbestechlichen Samen des Evangeliums unter weißen Siedlern auszustreuen, kam ich unerwartet in Berührung mit den Schwarzen von Massacre Plains. Dort fand ich sie in einem erschütternden Zustand. Ich suchte ihre Lager auf und betrat ihre elenden *gunyahs* aus Rinde und Zweigen, wo sie unter beengten und ordinären Bedingungen schliefen. Ich lief von einem Verschlag zum anderen, wild durcheinander über eine Quadratmeile verstreut, und jedes Mal traf ich auf dieselbe Misere und auf dasselbe Leid. Es passierte, dass bei meinem ersten Besuch in einem Lager die Kinder vor mir wegrannten, von meiner Gegenwart verängstigt, während sich ihre Mütter – einige selbst noch Kinder, Gott sei es geklagt – wie die wilden Tiere in ihren Verschlag kauerten, offensichtlich aus Furcht vor meiner geisterhaften Erscheinung. Solche Hilflosigkeit, solch Leid, verursacht von Christlichen Weißen Männern! Doch war diese Situation, wie ich bald aus glaubwürdiger Quelle und aus persönlicher Anschauung lernte, nur ein Hinweis auf das ungeheure Ausmaß an Ungerechtigkeit, die im ganzen Landesinneren herrschte. Ich glaube, es war damals, nachdem ich diese abgrundtief hoffnungslosen Existenzen gesehen hatte, dass ich mich veranlasst sah, den Aborigines in den Lagern zu helfen. Dessen war ich mir sicher, so wie ich des Heiligen Geistes sicher war, wo doch meine Berufung durch den Hl. Judas höchstselbst mich dorthin geleitet hatte.

Die Lager, von denen ich spreche, wurden an den Rändern der Stadt eingerichtet, und nichts, was auch nur entfernt an eine Siedlung erinnern könnte, hätte in den Augen eines Außenstehenden wohl unansehnlicher sein können als das Gebiet von Massacre Plains. Eine Stadt zwischen lauernden Hügeln, die von grauen vulkanischen Gesteinsbrocken bedeckt waren, spärlich bewachsen bis auf die großen weißen Bäume, die in einem Umkreis von Hunderten von Meilen aufragten und auf die einstigen Anstrengungen hinwiesen, Landwirtschaft zu treiben. Im Vergleich mit den feuchten Kolonien im Süden wirkte diese hier auf mich wie ein kompromissloser, von Mühsal geprägter Landstrich, der nur taugte für die Squatter, die keine Wahl hatten. Ein Unterschied wie Tag und Nacht zu den quirligen Städten des Südens, wo die Hügel und Berge üppig bewachsen und die Äcker auf Sonne und häufigen Regen, auf anhaltend günstiges Wetter eingerichtet waren. In Massacre Plains hingegen waren nur wenige Häuser errichtet worden; zwei Hotels und drei Geschäfte, jedes in trockene Hitze und einen wolkenlosen Himmel getaucht. Auf ausdrückliche Empfehlung hin begab ich mich zu dem vornehmeren der beiden Hotels, in dem vom ortsansässigen Polizeivorsteher ein Zimmer für mich reserviert worden war, welches das Höchstmaß an Reinlichkeit und Bequemlichkeit bot, das man sich erhoffen konnte.

Anschließend meldete ich mich bei dem gerade unpässlichen Bischof, den ich bald als Gentleman im wahrsten Sinne des Wortes wertzuschätzen lernte. Meine erste Pflicht hatte mit meinen Aufgaben als Geistlicher zu tun, als ich zum Besuch eines sterbenden Burschen gerufen wurde. Im Anschluss ritt ich zusammen mit einem ortskundigen eingeborenen Führer zwei Stunden lang flussabwärts den Murrumby entlang zu einer Farm, wo ich den Gottesdienst abhalten sollte. Nach der Rückkehr zu meiner Unterkunft berichtete ich der Hausherrin, was ich an diesem Tag gehört und gesehen hatte. Darauf entgegnete sie: „Reverend Greenleaf, oft habe ich nachgedacht, was für eine Sünde es für Pfarrer sein muss, durch diese Gegenden zu kommen und nie ein Wort an die armen Schwarzen zu richten. Ich kann Ihnen versichern, dass Sie von allen Geistlichen, die sich hier blicken ließen, der erste sind, der sich überhaupt um sie schert. Wenn sich doch irgendein Pfarrer guten Willens ernsthaft der Sache annehmen würde, dann könnte man die Regierung zu Maßnahmen bewegen, die ihre Lebensverhältnisse erleichtern."

Es folgte ein langes Gespräch, in dem diese Dame, seit zwanzig Jahren in Massacre Plains wohnhaft, ein Bild malte, das sehr traurig stimmte. Auf dieses Gespräch hin ging ich in mein Zimmer, das Herz beladen mit der Not und den Entbehrungen dieser unglücklichen Menschen.

Ich fiel auf die Knie und flehte weinend Gott an: „Oh Herr, zeig mir Deine Wege, lehr mich Deine Pfade, sag mir, was ich für diese zu Grunde gehenden Aborigines tun kann." Die Antwort bekam ich nicht unmittelbar, doch ich wusste, dass mir Führung zuteilwerden würde, wenn ich dem richtigen und gerechten Pfad folgte. Gefasst erhob ich mich, dem Göttlichen Willen ergeben, aber ich sah es zu jenem Zeitpunkt noch nicht als meine Pflicht, Missionar zu werden. Hätte ich damals geahnt, welche Bürde auf mir lasten und mich später in die Erschöpfung treiben würde, wäre ich wohl in jener Nacht gar nicht erst niedergekniet. Hätte ich die dunklen Taten erahnt, und hätte ich den Worten des Apostels Johannes Beachtung geschenkt, als er sagte: „Die Menschen lieben die Finsternis mehr als das Licht, denn ihre Werke sind böse." Und hätte ich erkannt, dass trotz der lotrechten Sonne des Binnenlandes mit ihrer schwindelerregenden Helligkeit kein Licht von der Großen Sonne der Gerechtigkeit niederkam. Stattdessen versteckten sich im grellen Licht Ansichten, die den Prinzipien der Gerechtigkeit zuwiderlaufen. Hier grassieren die schändlichsten Missetaten, die der Mensch je an seinem Nächsten verübt hat, und *das macht Unzählige trauern.* Zu diesen abscheulichen Unmenschlichkeiten, verübt von weißhäutigen Christen an ihren dunkelhäutigen Brüdern, um Land und Wohnsitz zu erbeuten, zum Zwecke „friedlichen Erwerbs", zählen Gefangennahme, Ketten, lange Gewaltmärsche, Auspeitschen und Tod am Wegesrand. Und falls jemand all das überlebt, erwartet ihn das weitaus grausigere Schicksal, dann wird er nämlich wie ein Ackergaul an den Meistbietenden verkauft, um als unbezahlte Arbeitskraft zu schuften.

Wie konnte es kommen, dass Australien, angeblich die neue Heimat von Freiheit und *Licht*, zu einem Schauplatz von Unterdrückung und Grausamkeit verkommen ist? Ein Land, nicht nur von unserem Großen Gott gesegnet – mit wolkenlosem Himmel, mit verbreitetem Wohlstand und Glück für diejenigen, die das Privileg besitzen, es sich zu eigen zu machen –, sondern darüber hinaus ein Land, das sich dazu bekennt, die edlen Institutionen Großbritanniens hochzuhalten, jene frommen und philanthropischen Einrichtungen, die nicht nur England zu Ehre und Ruhm gereichen, sondern den Rest der Welt vor Neid erblassen lassen – dieses Land ist so von dunklen Taten überschattet? Wie konnte aus einem Land, das solcherart von den natürlichen Verhältnissen und von Göttlicher Vorsehung gesegnet ist, die Brutstätte der Ungerechtigkeit werden? Wie konnte es kommen, dass der Ehrlosigkeit der Rücken gestärkt wird? Was ich gesehen habe, ist der schändlichste Fleck auf der Ruhmesfahne Australiens. *Wenn* ich das gewusst hätte, dann wäre ich an jenem Abend nicht niedergekniet. Ich hätte ausgerufen *Oh Herr!*

Dreizehn

überall chaotisch verstreut – *dandan* Die Ahnen kommen nie, wenn der Whirly-whirly im Anzug ist. Der Whirly-whirly wird von einigen Leuten Staubteufel genannt, weil er alles herumwirbelt und wild durcheinanderbringt. Wir nennen sie *dandan* – es sind böse Geister, die durch die ganze Welt Tunnel graben und Kohlenstaub, Sand, Erde, Wasser und Schnee aufstieben lassen. Zweimal im Leben habe ich sie gesehen. Das erste Mal als kleiner Junge, als wir den Zug zur großen Stadt nahmen, um bei der Sesquicentenary Flower Show – der Blumenschau anlässlich des einhundertfünfzigsten Jahrestages der Ankunft der First Fleet – vor der Menschenmenge aufzutreten. Unser Auftritt hieß „Die Entwicklung Australiens“, und ich stellte den Halbblutjungen Nummer zwei dar, die anderen Jungs spielten die Vollblutjungen eins und zwei, Quadroonjungen eins und zwei, Octoroonjungen eins und zwei, und die großen Jungs spielten Priester und Schuldirektor, einer auch den Gouverneur. Wir mussten uns wie Adelige benehmen, besonders die Octoroonjungs, die Vollblutjungs dagegen gar nicht. Am Ende waren wir die Zweitplatzierten. Den ersten Preis gewann die in Szene gesetzte Landung des Schiffs *Endeavour*. Am Ende des Tages brach ein großer Whirly-whirly von hinten in die Bühne ein, die Koori-Darsteller mussten von den Betreuern hinaufgeschubst werden, so verängstigt schauten sie drein. Sogar die Erwachsenen. Ich fragte Tommy, den Octoroonjungen Nummer eins, warum alle erschrocken waren, er hatte keine Ahnung, deshalb fragte ich meine Ahnen, sobald ich sie das nächste Mal aufsuchte. Sie sagten mir: „Das ist ein böser Geist, und wenn du ihm nahekommst, dann fängt er dich. Komm uns nie besuchen, wenn du mitbekommst, dass ein Whirly-whirly-Mann sich in der Nähe herumtreibt und *dandan* macht.“ Jahrelang bekam ich keinen Whirly-whirly mehr zu Gesicht. Aber dieses Durcheinander habe ich mein Leben lang gespürt. Ich glaube, wir alle. Jahre später kam der *dandan* nach Prosperous und richtete sich dort für eine lange Zeit ein, sehr lange. Danach habe ich keine mythischen Reisen mehr unternommen.

suchen, sich umschauen – *ngaa-bun-gaa-nha* Als ich fünfzehn wurde und für das Jungenwohnheim zu alt, blieb ich trotzdem weiter ein Staatsmündel und arbeitete auf den umliegenden Grundstücken. Mit neunzehn wurde mir meine Hundemarke ausgehändigt. Damit konnte ich über eine gewisse Entfernung zur Feldarbeit gehen, um Fleisch und Salz zu verdienen, oder zum Viehtrieb. Ich zog weit umher und hielt Ausschau nach Arbeit, aber meistens *ngaa-bun-gaa-nha* ich nach meinem Zuhause.

Meer – *murriyan* Wir sind nie ans Meer gefahren. Als Erwachsener dachte ich immer, es seien nur die weißen Familien, die zum Urlaub ans Meer fuhren. Nicht einmal mit meinen Ahnen bin ich an den Strand gereist, hoch oben über dem Meer reisten wir, aber nie spürte ich die Brandung an meine Beine schlagen, so wie ich es im Fernsehen gesehen hatte. Ich werde die Welt verlassen, ohne es je ans Meer geschafft zu haben, aber das ist in Ordnung für mich. Vieles habe ich nicht getan, was aber mein Leben keineswegs schlechter gemacht hat. Nie bin ich mit dem Flugzeug geflogen, nie in ein anderes Land nach Übersee gereist, anders als August. Ich habe nie unter dem Haus gelegen, bin nie aufs Dach von Prosperous House geklettert, habe im wirklichen Leben nie eine Oper erlebt oder ein Musikinstrument spielen gelernt. Ich kann mich über dieses Leben nicht beschweren – schließlich bin ich einer, der mythische Reisen unternimmt. Wenn ich etwas hätte ändern können, hätte ich es jedoch getan. Ich wäre ein Junge mit einer Schwester und einer Mummy gewesen, vielleicht gar mit einem Daddy, und wir hätten Ausflüge ans *murriyan* unternommen. Soweit es meine mythischen Reisen angeht, bin ich nie meiner Mummy und meinem Daddy begegnet.

Schatten, Böses – *nguru* Ihr könnt nicht viel gegen die Familie sagen – die Menschen beunruhigen sich dann oder fühlen sich bedroht, wenn ihr sie als Gruppe angreift. Ich vermute, weil die Gruppe es sich nach allem, was passiert ist, nicht leisten kann, noch jemanden zu verlieren. Deshalb habe ich Mary nie gesagt, was wir von Jimmy hielten. Elsie hörte nicht auf ihre Intuition, und so nahmen wir meine Schwester Mary auf, an ihrer Seite war immer auch der kleine Jimmy. Ich war verblendet davon, Familie mehr als Tugendhaftigkeit zu wollen. Was mit Jimmy nicht stimmte, kann ich nicht genau festmachen. Er ist nicht ausgeflippt oder hat mit Sachen um sich geschmissen, stattdessen hütete er Geheimnisse und hegte große Verachtung gegenüber Menschen, egal wohin er ging. Später wurde aus ihm ein durchtriebenes Bürschchen, immer schlagfertig, immer den passenden Spruch auf der Zunge. Ich habe keine Ahnung, woher er das hatte, denn meine Schwester war immer durch und durch herzensgut und arbeitsam gewesen. In ihrer Art zu leben und zu arbeiten steckte Ehre. Essen auf den Tisch zu stellen ist für manche Menschen der größte Liebesdienst, den sie vollbringen können, gleichwohl ist es Liebe. Nun, wir wussten davon nichts, aber er hatte von Anfang an einen Whirlywhirly in sich, *nguru* und *ngarran* ebenso.

singen – *babirra* Es ist nichts dabei, so hieß es, mach einfach den Mund auf, und dein Körper wird folgen. Tja, so einfach ist es nicht, oder? Nicht für die Ohren der anderen, die in der Nähe sind. Das Gute daran, nah am Feld zu leben, ist, dass man sich weit genug entfernen und sicher sein kann, dass kein Mensch einen hört. Immer, wenn ich im Leben weinte, hatte es mich überkommen, als ich zu singen begann. Ich konnte zwar nie den Ton halten, aber das ist nicht der Grund, warum wir etwas ausprobieren, nicht die Perfektion. Am Ende des Tages ist Perfektion nur eine unwichtige Meinung von jemandem, und ohnehin gibt es nicht viel von Menschen Gemachtes, das vollkommen ist. Ich habe mal ein Sprichwort aufgeschnappt: *Wunden können nur durch denjenigen geheilt werden, der sie einem beigebracht hat*. Ich wette, dass der, der das als Erster gesagt hat, nicht gut singen konnte. Singen ist ein Balsam für den Sänger, und wenn der Sänger dazu noch die Tonlage halten kann, dann ist es auch für den Zuhörer ein Labsal. Jedes Lied ist recht, dem Acker ist es ganz gleich. Manchmal, wenn ich nicht mehr weiterweiß, singe ich die Lieder aus dem Gottesdienst, eine kurze Zeile kommt mir in den Kopf: „Oh Jesus, zeige mir den Weg … wir gehen zum Fluss hinab zum Gebet …“ Ich singe leise oder laut und trete nach dem Staub, und die Tränen kommen einfach, wenn sie bereit sind. Manchmal höre ich einen Refrain im Radio, der setzt sich wochenlang als Ohrwurm fest, und den nehme ich mit hinaus. Auch die Geister, die Ahnen, brachten mir Lieder bei, und dann hört sich mein Gesang an wie etwas, was euch nie zuvor zu Ohren gekommen ist, tiefe Töne, die von den Füßen aus einsetzen, und die hohen, die sich in der Brust verdreifachen und mein Herz beben lassen. *Babirra* ist gut, es ist Nahrung, die ihr nicht seht, die euch aber trotzdem sättigt.

Erdreich, Erde, Boden – *manhang* Im Küchengarten zogen wir robuste Gemüsesorten wie Kartoffeln, Karotten, Cassava, die Ableger bekamen wir von dem chinesischen Händler, den es regelmäßig durch Massacre führte, wo er Bestellungen entgegennahm, zumeist von den Leuten aus der Stadt. Solange es Prosperous gab, hatten unsere Leute vieles entbehrt, wir aber nicht; als Elsie und ich hier wohnten, steckten wir alles in die Erde, darauf häuften wir guten Mist, gruben um und zupften täglich das Unkraut, um unsere Nahrung anzubauen. Als ich geboren wurde, nach dem Krieg, gab es weniger Männer zum Arbeiten, also arbeiteten die Frauen genauso hart. Während der sommerlichen Regenfälle bauten sie Mais an, hohe Stängel mit butterfarbenen Kolben. Aber den Sommerregen bekamen sie später nicht mehr. Ich glaube, deshalb wandte sich die Stadt dann Jesus zu, der durch Johannes 7:37 sagte: *Wen da dürstet, der komme zu mir und trinke.* Wer aber glaubte, wer das Gottvertrauen in das Ende der Dürre hatte, *von dessen Leib werden Ströme lebendigen Wassers fließen.* Aber das Wasser kehrte nicht zurück.

In den naturwissenschaftlichen Büchern der Stadtbibliothek habe ich schließlich über die Böden gelesen. Schreckliche Pflanzen breiten sich auch hier aus, eingeschleppte Unkräuter. Das übelste wurde ursprünglich von einer Lady angebaut, Mrs. Paterson, unterhalb des Hume-Wehrs. In dem unschuldig wirkenden Garten an ihrem Häuschen pflanzte sie eine hübsche Blume mit lila Blüten, und bald schon verbreitete sie sich und brachte den weidenden Tieren auf dem gesamten Kontinent den Tod. Der Name dieser bösen Pflanze ist Patersons Fluch, Wegerich-Natternkopf, und diesem Mistding ist nicht beizukommen. Es gab noch andere, es gibt sie immer noch – Kaplöwenzahn, Skelettkraut – der Große Knorpellattich –, Wilder Rettich, Dreiblatt-Feuerkolben, Ray-Gras, Flug-Hafer und jetzt auch noch diese Baumwolle. Sie alle saugen das Gute und das Wasser aus dem ohnehin ausgetrockneten Boden.

Heute steht immer irgendetwas im Wege. Auch damals schon, als der Erdboden versauerte und ständig Kalk herbeigeschafft und über die Berge gebracht werden musste, um diesem Ort wieder Leben einzuhauchen. Doch aus diesem Teufelskreis gab es kein Entrinnen – dem Boden das Gute entziehen und dann versuchen, es in Form von Chemikalien zurückzugeben. Ich habe mal gelesen, dass das Erdreich die gleiche Zahl an Mikroben enthält, wie es Sterne im Weltall gibt, und wenn man den Boden bearbeitet, dann nimmt man mitsamt den Nährstoffen die Chancen, dass es regnet. Ja, das hat mich umgehauen – nur weil wir etwas nicht wissen, bedeutet es nicht, dass wir immer eine Antwort finden. Aber ich habe sie gefunden. Sobald man einen Zipfel dessen, worüber man ansatzweise Bescheid weiß, zu fassen bekommt, findet man schrittweise immer mehr Puzzleteile. Fällt einem ein Teilchen zu, dann spornt einen die Welt an, nach den anderen fehlenden Einzelheiten zu suchen. *Manhang* – dorthin gelangt der Körper zu guter Letzt, und alles andere, von *manhang* bis zu den Sternen, bleibt für die Ewigkeit mit unserem Geist am Leben.

Vierzehn

Zehn Minuten waren es mit dem Auto auf der Landstraße in die Stadt. Am Rastplatz bremste August kurz ab, er war unbelebt, aber aus alter Gewohnheit huschte ihr Blick hinüber. *Dort hatten wir nach Jedda gesucht – einen Schuh, ein abgerissenes Stück Kleidung, ein ausgerissenes Haar.* Gefunden wurde nichts, weder die Gummisandalen, die Jedda an jenem Tag trug, noch ihre Schuluniform. Beim Fahren war August vom Straßenrand abgelenkt, von überfahrenen Tieren und Fetzen zerrissener Reifen und von dem Knoten in ihrem Bauch. Panikartig durchzuckte sie der Gedanke, unvermittelt anzuhalten, die Wallabyknochen und die schwarzen Gummistücke zu durchwühlen. Sie stellte sich vor, wie sie den Müll mit dem Fuß auseinanderschob und dabei auf das übersehene Becken eines Mädchens stieß. Aber sie fuhr nicht an den Rand. *Ich bin nicht verrückt*, redete sie sich zu. *So etwas macht nur eine Verrückte*, und gleich darauf fragte sie sich, wozu es gut sein sollte, Jedda zu entdecken, Jedda in Gestalt von Knochen, Knochen, an denen keine Krähen mehr herumpickten. Darin läge kein Trost für alles, was sie verloren hatten.

Auf der Zunge hatte sie den übelkeiterregenden Schwefelgeschmack der Welt, die hinterm Fenster vorbeizog, und ihre Gedanken machten einen Sprung zu ihren Büchern in England – denen, die sie liebte und die sie in diesem Zustand besänftigen würden: Khayyam, Yeats, Plath, Borges, Rumi. Sie hatte Worte des Dichters Tagore unterstrichen, der schrieb: *Jedes Kind wird mit der Botschaft geboren, dass Gott das Vertrauen in den Menschen noch nicht verloren hat*. „Aber was hat es zu bedeuten", diese Frage richtete sie laut an die Straße, „wenn ein Kind verschleppt wird?" Sie wusste, der Mensch war es, der die

Schuld trug. Sie wusste, sie selbst war schuld. Sie konnte ihre Gedanken nicht beruhigen. „Gute Gedanken“, sagte sie laut, und sämtliche schlechten Erinnerungen gerieten ohne zeitliche Ordnung wirr durcheinander. *Denk an etwas Angenehmes,* so beschwor sie sich selbst, als wollte sie von einem dunklen Schiff aus ein Leuchtfeuer entzünden.

Zerquetschte Heuschreckenleiber beschmierten die Windschutzscheibe. Sie sah in ihnen mythische Tiere, Röntgenaufnahmen von Garnelengliedern, Libellenflügel, essbar für Menschen und Kröten.

Heuschrecken? So weit in den Süden kamen sie früher nie. Aber nach dem Staudamm schon. *Ja, auch damals,* antwortete sie selbst. Der Staudamm konnte den Fluss nicht komplett aufhalten, er konnte ihn nur kontrollieren. Nichts brachte den Fluss ganz und gar zum Halten. Der Fluss krümmt die Zeit, und das, was am Fluss passierte, begleitet uns für alle Ewigkeit. *Für alle Ewigkeit?*

August und Jedda verfolgten die Wanderroute der Heuschrecken, mit ihren kindlichen Fingern über die dicke Glasscheibe des Fernsehers fahrend, im Osten des Landes hinunter in Richtung Massacre. Mit Buntstiften zeichneten sie Bilder von Agakröten, die hinter den Heuschrecken her waren. Die Kröten waren langsamer, holten sie nie ganz ein. Die Heuschrecken kamen, fraßen und verzogen sich, und die Kröten folgten ihnen. Diese Kröten schauten sich verdutzt um, mit knurrendem Magen, und verschlangen stattdessen die einheimischen Mäuse und die Blauzungenskinke. August erinnerte sich noch daran. Erinnerte sich, wie sie die Hunde ins Haus drängen mussten, die Arbeitshunde, die nichts mehr liebten, als Kröten zu fangen, aber sich damit unvermeidlich die eigenen knurrenden Mägen vergifteten. Schließlich war das Land ein Experiment im Überleben der Stärksten, der in die

Irre Geratenen. Darwin war sogar der Name einer Stadt im Norden. *Denk an etwas Angenehmes.*

Flammenbäume wanden sich im heißen Wind, als sie die High Street hinter sich ließ und sich nach Vegemite Valley wagte, wo auf den Straßen keine Kinder spielten. August fuhr an Tante Marys Haus vorbei, wo sie ihren Sohn großgezogen hatte und dessen Tür immer für den Priester offenstand. Sie fuhr im Schritttempo, warf Blicke in die tiefen Wunden der Häuser ihrer Cousins und Großcousinen und missratenen Schulkameraden. Sie sah niemanden. Sie kam an einem Haus vorbei, das mit Windspielen und Hängepflanzen dekoriert war und vor dessen zugezogenem Fenster zur Straße ein Schild stand: TORE VERSCHLIESSEN. Sie fuhr an den Bordstein heran, um den kleinen Schriftzug am unteren Rand des Schildes zu entziffern: VERPISST EUCH RINEPALM. Sie hatte das zermürbende Gefühl, beobachtet zu werden, und blickte zum Nachbarhaus hinüber, wo tatsächlich der Schatten einer am Fenster stehenden Person auszumachen war, die ihr vage von der Schule her bekannt vorkam. Das Gesicht des Mannes war steinern. Plötzlich gesellte sich ein anderer zu ihm ans Fenster, und sie behielt sie im Visier, ebenso wie die beiden sie im Visier behielten.

Sie fühlte sich nicht wie die zornige Jugendliche, die durchgebrannt war und von der man Kenntnis nahm, sondern wie die traurige Hülle einer Frau, durch die man hindurchsah. Wie ihre Mutter. Sie verschloss die Tür, setzte zum Wenden an, etwas verunsichert, aber ohne Furcht, und traute sich noch einmal in die High Street, wo sich Leute scharten, die sie überhaupt nicht kannte. August hatte die Absicht, ohne anzuhalten an den Stühlen des neuen Cafés vorbeizufahren, die kunterbunt verteilt unter riesigen Schirmen auf dem Bürgersteig standen, vorbei an den Kinderwägen und den Kleinkindern und ihren Eltern, an den Läden, die alle ehemaligen Baulücken füllten. Sie wollte am Kaufhaus mit seiner breiten Schaufensterfront vorbeifahren, die sich über die ganze Länge des Blocks streckte. Weder der Coffeeshop noch das Kaufhaus waren mit grünen Netzen verhängt. August fuhr an den cremefarbenen Sandsteingebäuden vorbei, die schon am längsten dort standen, noch mit der alten Beschriftung über der inzwischen neuen Apotheke an der Wand. Daneben befand sich das Immobilienbüro, in dessen Fenster ein ZU-VERKAUFEN-Schild hing. Über dem Immobilienbüro war ein verblichenes Schild in einem altertümlichen Schrifttyp an die Wand gepinselt: HOF- & FARMBEDARF: WIR HABEN VORRÄTIG – EISEN. KALK. ZEMENT. STACHELDRAHT. ZÄUNE. EISENTORE ETC. Die neuen Läden und die alten standen Schulter an Schulter, als wären Hoffnung und Verzweiflung Falschspieler an einem gemeinsamen Tisch.

Eigentlich wollte sie weiterfahren, aber sie war nicht dazu in der Lage. Sie ertrug es nicht, dass ihre Mutter in fortwährender Haft saß. Sie grübelte darüber nach. *Was, wenn sie mich nicht wiedererkennt, wenn sie ohne mich glücklich ist, wenn sie eine Enttäuschung ist, wenn sich ihr Zustand nie verbessert, sogar verschlechtert hatte?* Gegenüber dem mittigen Grünstreifen, der die High Street in Ost und West teilte, schaltete sie die Zündung ab. Das war wie früher geblieben, diese Teilung gab es immer schon, aber eines war ihr nie aufgefallen: In der Mitte stand die einzige Statue von Massacre. Ein Soldat in metallener Montur, behängt mit Munition und Schlapphut, auf sein Gewehr gestützt. Den Kolben auf ein nasses Grasbüschel gestützt, das grün funkelte, nicht annähernd so wie das fahle Grün, das sich im übrigen Massacre ausbreitete. In diesem Moment senkte ein Stadtgärtner seine Gartenschere an den Fuß der Waffe und beschnitt feierlich den Grassaum um die Bronzestatue herum.

Der Stadtgärtner hatte etwas Elegantes an sich, alles an seinem Verhalten gegenüber der Statue atmete Respekt – seine Ähnlichkeit mit dem Soldaten, seine körperliche Stärke und jugendliche Frische, zog Augusts Aufmerksamkeit auf sich. Die Bronzestatue hatte eine aufgeworfene Brust, unbeirrt hielt der Soldat den Blick weit nach Norden gerichtet. Sie wusste, dass für einige junge Menschen eine Kleinigkeit schon etwas war, auf das sie sich freuen konnten.

Da fiel ihr Blick auf ein Rolltor, das gerade über der Ladenfront heruntergelassen wurde, und hastig sprang sie aus dem Auto, um noch vor der Mittagspause in die Apotheke zu kommen. Sie griff nach der billigsten Zahnbürste und suchte die Decke nach Brandflecken ab. Nirgendwo gab es schwarze Rauchspuren, die ganze Decke war hell gefliest, die Regale bis oben hin mit Medikamenten und Snacks gefüllt. Beim letzten Mal waren Eddie und Joey mit von der Partie gewesen, aber nur Joey wurde erwischt, als es brannte. Sie verscheuchte den Gedanken, bezahlte und nahm den Beutel.

Um die Ecke herum hielt sie Ausschau nach einem schwarz, rot und gelb gestrichenen holzverkleideten Gebäude. Es war noch da. Außer in Prosperous hatte sie hier in der Kindheit die meiste Zeit zugebracht, in den Räumen des Medizinischen Zentrums und des Land Councils, wo sie nach der Schule mit den anderen Kindern in der Autowerkstatt malte, wo ihnen Zahnlöcher gefüllt und Zähne gezogen oder ärztliche Atteste darüber ausgestellt wurden, dass sie zu traurig waren, um in die Schule zu gehen. Alle trudelten hier ein, um zu klatschen und zu tratschen, sämtliche Aboriginals, die in den Plains wohnten, die Gibsons, Coes und Grants aus dem Valley. Die Familien kamen hier zusammen und suchten gemeinschaftlich Zuflucht, standen um den Grill herum, legten verkohlte Würstchen diagonal auf ihre Weißbrotscheiben, rechts und links von Soße flankiert. Sie spielten Australian Football, und jeder sprang in die Höhe, um den Ball zu berühren, jubelte, kickte, fiel hin. August fragte sich, ob hier jemand über den Tagebau auf der Farm Bescheid wusste oder ahnte, was mit ihnen geschehen würde – den Gondis auf der alten Mission. Vielleicht gab es jemanden unter ihnen, der ihr erzählen würde, was für ein guter Mensch ihr Großvater gewesen war. „Was für ein angesehener, ehrenwerter Mann", hieß es früher. Sie äugte durch die verdunkelten Fenster. Leer. Auch das letzte Möbelstück war weg, der Raum war ausgeweidet von der Decke bis zum Boden. Ein leicht verstaubares Haus. Als ihre Augen sich adaptierten, konnte sie sich selbst sehen, aber als eine andere Person – als Kind auf der Straße in der Spiegelung des Fensters, als erhaschte ihr jüngeres Ich einen flüchtigen Blick auf den Menschen, der eines Tages aus ihr werden würde. Das Mädchen sah enttäuscht drein, weil es, wie August vermutete, zu spät war, sie war bereits zu diesem Ding geworden. *Denk an etwas Angenehmes.*

„August?"

Im Spiegel des Fensters erkannte sie Alena Dimitris volle Lockenmähne. Sie war weder Freundin noch Feindin gewesen, einfach nur eine Mitschülerin an der Oberschule. Alena kam auf sie zugewackelt, so schnell, wie sie konnte, streckte August die Hand entgegen, den Ringfinger abgespreizt, und teilte ihr mit, dass sie vor kurzem James geheiratet habe, den Gadden-Jungen. „Gerade erst am vergangenen Wochenende!", strahlte sie. „Hab dich ja ewig nicht gesehen!"

Das stimmte, sie hatten sich nicht gesehen, seit August mitten im Schuljahr in der Pause aus der Schule entwischte. Danach tauschten Alena und die anderen Achtklässler Gerüchte darüber aus, was August Gondiwindi wohl zugestoßen sei. Das unwahrscheinlichste Szenario wurde dann mehr oder weniger als Wahrheit akzeptiert – dass sie ausgebüxt sei, um sich einem Zirkus anzuschließen, sonderlich, wie sie war. Alena schaute sie nun mit einem kleinen Überbleibsel von Mitleid an, und mit einer gewissen Besorgnis, als könnte die Tragödie der Gondiwindi ansteckend sein.

„Wie geht es dir?", fragte August, nahm die entgegengestreckte Hand und ließ sie wieder fallen. Bei dem Blick auf den vollen Bauch zwischen ihnen sah sie das Baby vor sich, den gebogenen Rücken, ein Röntgenbild, das unschuldig im Fruchtwasser schaukelte.

Alena rieb sich den Bauch, hielt ihn mit den Händen wie eine Wassermelone. „Bin hier hängengeblieben – und du, du bist wieder da?"

„Auf Besuch", antwortete August und sah Alena jetzt ins Gesicht.

„Was für eine Erleichterung! Die Stadt ist ein Kaff."

„Schlimmer als damals?"

„Dieses Nest ist inzwischen keinen touristischen Abstecher mehr wert, so viel steht fest."

„Und du bist also jetzt Mrs. Gadden, ja? Haben die noch immer mit protzigen Rennwagen zu tun?", fragte August lächelnd, demonstrativ auf den Ring schauend.

„Weißt du, was jetzt noch die Stadtkasse füllt? Nichts, außer wenn sie einmal im Jahr Schafe exportieren. Das war's, Autorennen bringen nichts. Alle lauern sie auf die Mine."

„Weißt du was über die Mine?" Augusts Lächeln gefror.

„Die liegt doch in eurer Richtung, oder?"

„Auf der Farm, ja."

„Was Verrücktes, willst du was Verrücktes hören? Gerade gestern dachte ich an dich!"

„Wirklich?"

„Hast du Zeit für einen Kaffee?" Sie wies mit dem Daumen auf das große Café.

„Ich kann nicht, leider", wies August sie ab. „Jetlag." Aber sogleich erkundigte sie sich mit dem Rest ihrer Manieren: „Und wie läuft's bei dir so?"

„Ich unterrichte nur bis zum Mutterschaftsurlaub, ich bin Aushilfslehrerin in der staatlichen Schule, Sechsjährige meistens, erste Klasse." Sie strich sich erneut den Stoff über der Wassermelone glatt. „Und da habe ich gestern in der Schule an dich gedacht."

„Ach ja?"

„Ja, wir haben diese Aktivitätenkits bekommen, unterschiedlich je nach Klassenstufe. Die kommen von dem Bergbauunternehmen."

„Was ist da drin?"

„Ach, eigentlich nur Kinderkram, aber weißt du, ich habe den Antrag für das Bergbauprojekt gesehen. Mein Göttergatte freut sich auf den Arbeitsvertrag, der bald kommt – aber, tja, ein Haufen Grüne macht ein Riesengeschrei."

„Aber was hat das mit der Schule zu tun?"

„Keine Ahnung, Grundschulpropaganda. Die Kinder sollen kleine Gegenstände aus Pappe basteln und so tun, als stellen sie sie in die Erde, und dann gibt's diese Multiple-Choice-Fragen: *Was ist so toll daran, eine Mine zu haben? A. Arbeit. B. Arbeit. C. Arbeit*?"

Sie warf lachend den Kopf in den Nacken, ihre Lockenmasse wogte schwungvoll von der Unterhaltung fort.

„Du willst die Dinger also wirklich sehen? Ich kann sie vorbeibringen – du bist bei deinen Großeltern einquartiert?"

„Ja. Na ja – Poppy ist gestorben."

„Ich habe davon gehört." Sie verzog das Gesicht zu einer Grimasse des Widerwillens. „Es tut mir leid." Sie seufzte, als wollte sie für sie beide seufzen.

August spürte, dass ihr der Jetlag *tatsächlich* zu schaffen machte. „Ich muss los, ich muss Nana helfen." Damit hob sie die Hand und hielt wie zum Beweis den Beutel von der Apotheke hoch.

„Kommt sie zurecht?"

„Ja, alles okay", nickte August und ließ den Beutel sinken.

„Dann bringe ich das Zeug am Montag vorbei?"

„Kein Problem."

Sie drückte kurz Augusts Schultern und gab ihr ein Küsschen auf die Wange.

Bevor August zum Mietwagen zurückging, warf sie noch einmal einen Blick in die leeren Fenster des Medizinischen Zentrums der Aboriginals; sie stieß Luft vor dem Glas aus, ein heißer Atemstoß, der in der trockenen Luft nicht dampfte. Als sie auf die Straße trat, kam ein viertüriger Pick-up vorbeigefahren, allzu dicht, allzu langsam. Unter den getönten Scheiben zogen sich in diskreter silberner Schrift die Wörter RINEPALM MINING über die gesamte Länge der weißglänzenden Karosse, die in Richtung Stadtrand schwebte.

Nach der Rückkehr malte sich August aus, dass sie in der folgenden Woche nicht wieder nach London fliegen, nicht mit dem Zug nach Guildford und nicht mit dem Taxi zum White Horse nach Shere fahren würde, nicht ihren Rucksack die Metalltreppe an der Rückseite des English Pubs hochtragen, schlafen, aufwachen würde, wieder und wieder. Dass sie nicht vor der nächsten Arbeitsschicht die Bücher mit den Eselsohren, Bücher von fernen Dichtern streicheln, nicht die Hände ins brühendheiße Abwaschwasser tauchen und angebackene Soße und Yorkshirepudding von den Tellern kratzen würde. Nicht zurück in den Geruch von schalem Bier und gestärkten Schürzen. Das, so schwebte ihr vor, würde sie nicht mehr machen.

Als sie in Prosperous vorfuhr, konnte sie die drei Bohrstellen auf dem Feld sehen, auf die sie schon hingewiesen worden war, die Dächer der daneben parkenden hochbeinigen Pick-ups von Rinepalm. Das Geräusch herumgeschobener Gegenstände drang aus dem alten Predigtraum. August trat an die Tür und sah, wie Elsie gerade den Deckel von einem Umzugskarton abhob.

„Ich bin wieder da, Nan."

Ihre Nana machte in ihrem langärmligen schwarzen Baumwollkleid, das die nackten Fußknöchel umspielte, einen lebhaften Eindruck. Sie schaute zu August hoch. „Ed war da und hat nach dir gefragt."

„Ich treffe mich später mit ihm. Kann ich dir helfen?"

„Mhm."

Elsie kniete sich auf den Teppich, August auch, zwischen ihnen türmte sich ein Berg Stoff, zu Quadraten zerschnitten. Elsa nahm ein gerahmtes Foto von Albert und legte es in die Mitte des Stoffs, dann wickelte sie es ein wie in eine Windel. Sie hatten nie Fotos in runden Rahmen besessen, so wie diese altertümlichen ovalen Bilder von den Ahnen, wie sie August in England gesehen hatte. Jahre bevor Elsie die Müttergruppen in ebendiesem Raum angeleitet hatte, wo die jungen Mädchen miteinander schnatterten und das Zusammenfalten von Stoffservietten übten. Die Mädchen, die nur wegen kostenloser Fertiggerichte kamen und deren Widerwillen geschürt wurde, wenn sie die mit frommen Bildern behängten Wände erblickten. Dann gingen sie meist in die Küche, Elsie und ihr Publikum aus frischgebackenen Mums, während sich ihre verblichenen Kinderwagen auf der Veranda aneinanderdrängten. In der Küche führte ihnen Elsie vor, wie man Äpfel ungezuckert dünstete oder salzfreies Gemüse für das Baby pürierte. *Das Baby braucht weder Salz noch Zucker, ist das klar, Mädels,* trichterte Augusts Nana ihnen ein. *Salz und Zucker sind gar nicht gut für die lieben Kleinen.*

Elsie beugte sich über den Umzugskarton und legte das in Stoff eingeschlagene Foto von Poppy hinein. August nahm das nächste Foto, darauf sah man eine Gruppe von Personen in knielangen Shorts und Hemden mit halblangen Ärmeln, die neben einem Bus standen. Sowohl Nana als auch Poppy waren dabei, auch wenn sie abseits standen. Sie wusste, dass es sich um den Freedom Ride handelte. Das Foto in seinem großen Rahmen hatte immer im Wohnzimmer an die Wand gelehnt gestanden, von Ziergegenständen umgeben, als wäre es das Herzstück des Hauses.

„Soll ich das auch einwickeln?“

„Ja, bitte.“

„Wie war es damals?“

Nana sah einen Augenblick lang auf das Foto in Augusts Händen, dann wandte sie ihre Aufmerksamkeit wieder dem zu, das sie vor sich hatte. „Holprig.“

„Ach ja?“

Elsie kniff angestrengt die Augen zusammen, als wollte sie sich erinnern oder auch die Erinnerung loswerden. Schließlich sagte sie: „Wir hatten Hoffnung, dass die Menschen glücklich würden.“

„Wie meinst du das?“

„Wir waren jung und voller Hoffnung, vermute ich.“

„Und jetzt?“

Sie sah auf das Foto und das Stoffstück, an dem sie sich gerade zu schaffen machte, und presste die Lippen zusammen. „Ich glaube, Menschen müssen etwas anderes erschaffen, was sie glücklich macht.“

„Hast du Poppy dort kennen gelernt?“

„Genau an dem Tag.“ Elsie lächelte und gab sich der Erinnerung hin. „Und am selben Tag bin auch ich weggegangen.“

„Wann habt ihr euch wiedergetroffen?“

Nana hüllte weiter Bilder ein und plauderte. „Eigentlich war geplant, dass ich durchs ganze Land reise. Aber dann lernte ich Alb kennen, und die Liebe warf uns einen Knüppel zwischen die Beine.“

„Hast du es jemals bereut? Aus der Stadt hierher auf die Farm zu kommen?“

„Nein, wo doch auch die Kinder so schnell da waren.“

August nickte nur, Elsie rappelte sich hoch und bewegte sich zum Wohnzimmer, von wo sie mit einem breiten *coolamon* in den Händen zurückkehrte. Sie hob ein Stück Stoff dafür auf.

„Den habe ich immer geliebt. Hat Poppy den gemacht, oder ist er ein Artefakt?“

„Der? Nein. Den hat Poppy nicht selbst angefertigt.“

„Wo kommt er her?“, hakte August nach.

„Dein Poppy und ich sind weggefahren, wir sind an unserem Hochzeitstag mit dem Greyhound verreist, als ihr noch klein wart, wir fuhren ins exakte Zentrum von Australien – die dort einheimischen Frauen haben ihn angefertigt.“ Elsie hielt ihn hoch und lächelte. „Was für ein Anblick – diese rote Erde überall und diese Blumen. Das war etwas ganz Besonderes für uns. Als wir wieder zu Hause waren, hat dein Poppy sich gleich darangemacht, seine eigenen *coolamons* zu bauen – er nannte sie *gulumans*.“

August berührte den Rand des *coolamons*, das dünne, raue, rohe Holz, das in einem langen Bogen in eine längliche Schale abfiel, die über den ganzen langgestreckten Boden mit komplizierten, einander überlagernden ockerfarbenen und weißen Mustern bemalt war. Elsie umhüllte den *coolamon* mit Stoff. „Du willst ihn nicht unverpackt lassen?“

„Ich glaube, bald muss ich den ganzen Hausrat einpacken. Das hat alles sowieso keine Bedeutung mehr, diese *Dinge*. Es ist seine Geschichte, sie verschwindet mit ihm.“

„Gibt es irgendwelche Artefakte? Von den Gondiwindi?"

„Ich glaube nicht. Hier wurde einmal Krieg geführt gegen die indigene Bevölkerung. In diesem Krieg war die Kultur das größte Opfer, weißt du? Diese ganzen Dinge." Sie hielt den eingewickelten *coolamon* vor sich. „Tja, die Kultur verfügt nun mal über keine Armee, so ist es doch?", sagte sie.

August kaute auf ihren Wangen und machte sich daran, den nächsten Bilderrahmen in Stoff zu wickeln.

Elsie streichelte Augusts Ohr. „Trauere nicht um sein Leben, August. Er hatte ein sehr glückliches Leben. Wir sind nicht mehr die Opfer in dieser Geschichte – verstehst du das?"

In ungezwungenem Schweigen verrichteten sie weiter ihre Arbeit. Der Geschichtenerzähler war Poppy gewesen, nicht Nana.

Als die Eieruhr in der Küche klingelte, klappte Elsie den Kartondeckel zu, stand auf und lehnte sich kurz in den Türrahmen, August zugewandt.

„Bitte sei kein Opfer, Augie. Damit macht man es sich zu leicht. Ich habe nie zugelassen, dass Alb diesen Weg einschlägt. Das Land, die Erde ist jetzt das Opfer, die bräuchte meiner Meinung nach eine Armee. Die Erde ist in Gefahr."

„Nana?" August lief ihr nach. „Warum kannst du die Mine nicht aufhalten? Warum können die Leute nicht dagegen protestieren? Ist es nicht das, was du willst? Das meintest du doch – ihr wart voller Hoffnung?"

„Ich glaube nicht, Aug", erwiderte Elsie, als sie die Küche betrat. „Zu viele wünschen sich, dass es so kommt, alle in der Bürgerversammlung waren für die Mine. Alle, Schatz, sogar Ed."

„Der Eddie von Southerly?", fragte August, als sie ihrer Nana in die Küche folgte.

Elsie nickte. „Das ist eben der Fortschritt, nicht wahr?"

Elsie wusch sich die Hände in der Spüle und ließ eine Schüssel mit kaltem Wasser volllaufen, August stand an die Wand gelehnt.

„Wir haben es gemacht“, fuhr Elsie fort. „Wir haben auf der Straße demonstriert, für unsere Rechte und gegen die Kriege in Übersee. Wir haben mit Blumen protestiert, dagegen, dass der Fluss gestaut wird, friedliche Proteste.“ Sie schaute aus dem Fenster nach hinten hinaus. „Wir haben auf der Straße Blumen getragen. Als sie in der Hitze die Köpfe hängen ließen, warfen wir sie an den Straßenrand.“ Sie nahm einen Eiswürfelbehälter aus dem Gefrierschrank und bog ihn über der Schüssel, sodass die Würfel hineinfielen.

„Es ist wohl zu spät, Aug. Wir sind ja nur ein paar kleine Leute.“ Sie goss das Wasser aus dem Kochtopf ab und legte die dampfenden Eier in das Eiswasser.

August trat zu Elsie an das Spülbecken. „Ich finde es nicht richtig, ich finde, man muss was unternehmen. Es leuchtet mir nicht ein.“

Um die Temperatur einzuschätzen, befühlte Elsie die Eier mit den Fingerspitzen wie ein Ouijabrett. „Du kannst den Hungernden nicht abverlangen, in Hungerstreik zu treten, meine Kleine. Aber ...“ Elsie zauderte einen Moment, dann klopfte sie mit dem Daumen auf eine Eierschale und brach sie auf.

„Du meinst, weil sie in der Stadt Arbeit brauchen?“

„Auch das. Vergiss es, Augie, das ist längst in Sack und Tüten.“

Sie legte das erste geschälte Ei auf ein Stück Küchenpapier.

„Du hast *aber* gesagt? Aber was?“

„Aber?“ Elsie gab die Frage an August zurück und antwortete nur ungefähr: „Man lebt nicht nur vom Brot allein.

Das ist alles. Du solltest dir mal die Beine vertreten. Warst du denn schon am Fluss, seit du wieder hier bist?“

„Ich mach einen Spaziergang, ja“, stimmte August zu und zerquetschte geistesabwesend die Eierschalen auf der Anrichte.

Dann fasste sie ihre Nana beim Ellbogen und nahm sie fest in die Arme; sie fühlte sich ganz außer Atem, als hätte sie gerade eine Haut abgestreift. Als hätte sie etwas mitzuteilen, endlich, dessen sie aber nicht habhaft werden konnte.

Die Hände im Wasser, summte Elsie den Anfang einer Melodie.

„Ich treffe mich mit Eddie“, sagte August. Sie sah sich zu ihrer Nana um, die mit geübten Händen in der Schüssel die Eier schälte. Sie schaute nicht auf.

Fünfzehn

Reverend Ferdinand Greenleafs Brief an Dr. George Cross, 2. August 1915, Fortsetzung

III

Mitten in der Kornkammer unseres Mutterlandes war mir klargeworden, dass die ersten Landwirte Weizen ausgesät, aber Dornen geerntet hatten. In vielerlei Hinsicht war ich noch ein Baby, als wir nach Australien kamen. Ein kleines, weltfremdes Kind. Mit der Zeit offenbarten mir viele freundliche Bewohner unserer Stadt – deren Weinberge sich stetig weiter ausdehnten und deren Wein jährlich weniger sauer wurde – unser Erbe und wie es dazu kam, dass wir am anderen Ende der Welt gelandet waren. Dass sie, selbst verfolgt und vertrieben, in diesem Land hier Zuflucht suchten und jetzt diese furchtbaren Schikanen erdulden müssen, weil wir aus ebenjenem Land kommen, hat mich zu endlosem Nachdenken über den Menschenverstand gebracht. An dieser Stelle appelliere ich an Ihr Feingefühl: Ich stehe Schulter an Schulter mit meinen Mitbürgern unter der britischen Flagge und bin keine Gefahr für den Staat. Doch was mit Menschen passiert, die bekanntermaßen ebenso wie ich geschlossen zu Großbritannien stehen und ein einfaches, friedfertiges Leben führen, das ist ungeheuerlich und muss deutlich zur Sprache gebracht werden.

Nach zahlreichen Folgebesuchen, die mich durch das Grasland nach Massacre Plains führten, nahm ich es auf mich, dem Kolonialsekretär zu schreiben. Der Brief wurde im Mai 1879 abgeschickt, und nach zweimonatiger Wartezeit erhielt ich eine freundliche Antwort, aus der sein Interesse an meinem Vorschlag hervorging, ein Gnadenhaus einzurichten, und er bat mich um verschiedene Auskünfte, die ich ihm auch, soweit mir erinnerlich ist, zukommen ließ. Sechs Monate nach seinem Antwortschreiben stieß ich bei der Suche nach einem passenden Ort für eine Missionsstation an einer Stromschnelle auf einen abgeknickten Flussabschnitt unter einem steil aufragenden Felsen, der so groß war, dass man sich von seiner Höhe aus auf dem ganzen fünfhundert Morgen großen Grundstück orientieren konnte. Von diesem Stück Land war gerade die Pacht aufgehoben worden, und ich hatte mir Hoffnungen gemacht, dass ich auf diese Weise möglichen Unannehmlichkeiten mit dem dort ansässigen Landbesetzer entkommen konnte, aber als es sich im Distrikt herumsprach, dass ich eine Mission einrichten würde, wurde das nicht positiv aufgenommen. Mit dieser Missstimmung machte ich Bekanntschaft, als ich in dem weniger noblen Hotel in Massacre Plains logierte, da meine bevorzugte Unterkunft bei meinem Kommen geschlossen war.

Ich war auf die Rückseite des Gebäudes geritten, wo sich ein paar raue Gesellen herumtrieben. Ich stieg ab und fragte nach dem Hoteldirektor. Die Männer hatten etwas Befremdliches an sich, und bald ging mir auf, dass sie mehr oder weniger von Schnaps berauscht waren, da sie eiligst Flaschen und Becher von dem Tisch räumten, der im Hintergrund stand. Es war klar, dass ich sie bei ihrem Freizeitvergnügen aufgescheucht hatte, aber sobald ich sie mit den Worten ansprach: „Also Männer, ich sehe ja, was ihr da treibt, ihr braucht keine Ausflüchte zu machen, lasst uns auf den Punkt kommen“, da sammelten sie ihre fünf Sinne zusammen. Ich erklärte, wer ich sei und was ich wolle. Sie führten mich nach vorn zum Hotel, und der Direktor empfing mich freundlich, wobei er sich für die Ungebührlichkeiten in seinem Haus entschuldigte. Als ich ihm meinen Wunsch kundtat, über Nacht zu bleiben, meinte er, ich solle lieber weiterziehen und in dem etwa drei Meilen entfernten Wollschuppen logieren. Aber als ich über meine Müdigkeit klagte, gestand er mir zu, dass ich dableiben könne, dass jedoch jeder Gast sich selbst mit Bettzeug versorgen müsse. Nachdem ich ihm das zugesichert hatte, wurde das Pferd weggeführt, und ich ging in mein Zimmer.

Zu meiner Verwunderung besuchten mich im Laufe des Abends drei der jungen Burschen und erklärten, dass sie sich in der letzten Zeit zum Narren gemacht hätten und ob ich ihnen das Gelöbnis abnehmen könne, dem Trunk zu entsagen. Darüber sei ich sehr erfreut, gab ich zurück. Daraufhin schworen sechs von ihnen dem Teufel Alkohol ab, die einen für ein Jahr, die anderen für ein halbes, aber alle setzten stillschweigend voraus, dass die Abmachung erst ab zwölf Uhr Mitternacht galt, damit sie ihre verfügbaren Vorräte bis zum letzten Tropfen auskosten konnten. Ich richtete mich so komfortabel ein, wie es die Umstände erlaubten, wobei mir das größte Unbehagen der Lärm des Gelages nebenan bereitete, denn kaum hatte ich meine Ansprache beendet, beeilten sie sich, um ihre Flaschen zu leeren, was sie anscheinend auch schafften. Als ich am nächsten Morgen aufbrach, ohne mich über den nächtlichen Krach zu beschweren, sagte der Hoteldirektor, er habe von Leuten aus der Region gehört, ich sei ein hochnäsiger Pfarrer, und er sei froh zu sehen, dass ich es nicht bin. Ich ahnte gar nicht, dass ebendiese Männer, die sich gerade in Abstinenz üben wollten, unser nacktes Leben in der Mission in allergrößte Bedrängnis bringen würden.

An jenem Tag, als ich auf meinem Weg nach Norden an der örtlichen Polizeiwache vorbeikam, traf ich auf mehrere unglückliche Eingeborene, deren Hälse, wie bei Hunden, aneinandergekettet waren. Sie hatten nicht einmal so viel

Bewegungsspielraum, die Schultern zu drehen, da sie nur durch wenige Kettenglieder voneinander getrennt waren, die Hauptkette verband alle und war an einem Baum befestigt. Als reichte das nicht aus, um ihre Flucht zu verhindern, trugen einige der beklagenswerten Geschöpfe Fußfesseln, und in dieser elenden Lage hatten sie offenbar schon stundenlang gesessen, womöglich tagelang. Sie warteten auf die Ankunft des Polizeirichters und sollten vor Gericht gestellt werden, so etwa erklärte es mir der junge Polizist. Auf meine Frage hin, warum sie unbekleidet seien, bis auf einen Lappen, der ihre Scham bedeckte, und in ihrem eigenen Unrat hockten, darüber hinaus angekettet!, gab er mir schlicht zur Antwort, es sei „notwendig". Ich hatte dort nichts verloren und keine Befugnis, einzugreifen, deshalb ritt ich weiter nordwärts auf einer ausgefahrenen Piste, wo es wenig gab, was meine Aufmerksamkeit erheischte, abgesehen vom Gesang der Vögel und ein paar trägen Kängurus. Ab und zu kam ich an einem Trupp Schafscherer vorbei, zu dem jeweils zwangsläufig auch ein eingeborenes Mädchen oder eine eingeborene Frau gehörte. Wenn ich mich kurz den Verantwortlichen vorgestellt hatte, erkundigte ich mich, warum sie Frauen bei sich hatten. Manche antworteten großspurig, dass sie sie wegen ihrer Gelehrigkeit den männlichen Arbeitern vorzögen, während andere ohne zu erröten zugaben, dass sie sie für unmoralische Zwecke hatten.

Das Landstück, das ich ausgewählt hatte, lag in der fruchtbarsten Zone des Murrumby, wo an den Ufern Hunderte robuste Akazien wuchsen, bestens geeignet, als Bauholz eingesetzt zu werden. Die einzige Bedingung, welche die Regierung an mein Unterfangen stellte, war eine ausreichende Distanz zur Stadt, um den Kontakt mit der Weißen Bevölkerung zu minimieren. Dieser Forderung trug ich Rechnung und traf über die folgenden Jahre hinweg weitere Vorkehrungen, um uns möglichst von der Stadtgemeinde fernzuhalten. Am Ende kam es den Missionsbewohnern selbst zugute. Nur anlässlich der jährlichen Gedenkfeiern zum Geburtstag von Queen Victoria ermunterte ich alle, in die Stadt zur Deckenausgabe zu gehen. Ich riet ihnen, anschließend sofort zurückzukehren und sich nicht auf politische Debatten über den Corroboree einzulassen. Es ist eine allgemein bekannte Tatsache, dass sich die Eingeborenen aus der Umgebung während der Decken- und Kleiderausgabe jedes Jahr im Mai zusammenfinden und aufeinander einreden, dass sie ihre Autonomie fordern sollten. Gleichwohl weiß ich, dass sich immer weniger Vertreter dieser Rasse dort versammeln und es jedes Jahr Berichte gibt, denen zufolge der Tod emsig um sich greift. Es heißt, dass sich bald schon die erbärmliche Verteilung von Decken an die einstigen Herren des Landes erübrigen wird. Bei weiterem Rückgang, so heißt es, müssten die Eingeborenen bald ganz vom Antlitz der Erde verschwunden sein. In der lokalen Presse steht, dass bald der Aborigine an den Ufern des Murrumby so selten anzutreffen sein wird wie in den Straßen von Sydney. Im Gegensatz dazu hatte ich noch eine ganze Anzahl scheinbar freier männlicher und weiblicher Schwarzer gesehen, die Steine an den Fluss schafften, mit denen, wie ich später erfuhr, Fischfallen gebaut werden sollten. Die Schwarzen aus der Region, die noch eine Beziehung zum Land zu haben schienen, waren vielleicht die anmutigsten, die mir je unter die Augen gekommen sind, großgewachsen, schlank und wendig.

Mein Freund, Pfarrer Otto Baumann, der seine eigene kleine Mission mit hundert Seelen etwa zweihundert Meilen südlich, vierhundert Meilen entfernt im Landesinneren, an einem von Menschen angelegten See aufgebaut hat, hatte sich zur Verfügung gestellt, da er wie ich von dem

Ehrgeiz beseelt war, dass die Mission Prosperous noch im selben Jahr fertiggestellt würde. Mit Gottes Gnade und mit meinem schmalen Gehalt als reisender Geistlicher waren Baumann und ich in der Lage, die Arbeit entschlossen in Angriff zu nehmen, wir fällten Bäume und bereiteten das Holz zum Bauen vor. Innerhalb eines Monats waren zwei Hütten nahezu fertiggebaut – für die eine wünschte ich mir ein Schwarzes Ehepaar als Bewohner, die andere hatte ich für mich selbst vorgesehen; nun war es also an der Zeit, mich nach unseren künftigen Hauseigentümern umzusehen.

Zusammen mit Baumann entdeckte ich südlich des Flusses ein kleines Lager von Frauen und Kindern und versuchte sie zu überzeugen, mit uns zu kommen. Die Frauen hegten großes Misstrauen gegen mich, woraus ich schloss, dass sie zuvor keine erfreulichen Begegnungen mit weißen Männern gehabt hatten. Sie schienen nichts von meiner Sprache zu verstehen, und natürlich verstand ich ebenso wenig von der ihrigen. Das bereitete mir großen Verdruss, und obwohl Baumann es mit ein paar spärlichen Brocken versuchte, die er sich in der Region angeeignet hatte, rückte niemand mit einer Antwort in dieser Sprache heraus, und so zogen wir von dannen, ohne die Frauen und Kinder in unserer Obhut mitzunehmen. Baumann schlug vor, ich solle mir ein wenig von der Sprache der Schwarzen von Massacre Plains aneignen. Und sie in die Predigten einbinden, falls ich sie tatsächlich zur Bibel bekehren wolle. Ich habe mir damit im Lauf der Jahre Mühe gegeben. In jenen frühen Tagen widmeten Baumann und ich uns weiter dem Bau der Mission und wir errichteten ein Schulhaus für den geplanten Unterricht. Schon nach zwei Monaten musste Baumann zu seiner eigenen Mission zurückkehren, sodass ich auf mich allein gestellt blieb, und ich machte mich ans Werk, das Korn auszusäen, das ich für günstiges Geld erstanden hatte.

Man hatte mir sehr ans Herz gelegt, über eine stetige Vorratsquelle zu verfügen, folglich teilte ich von den fünfhundert mir zur Verfügung stehenden Morgen fünfzig ab, die nahe am Flussufer lagen, um dort versuchsweise Nutzpflanzen anzubauen. Ich legte einen Gemüsegarten an, dessen Boden sich wie flockige Asche umgraben ließ. Orchideen, Lilien und Moose gediehen zwischen den merkwürdigen, Körner tragenden Halmen, die hier und da an einigen Flecken am Fluss wuchsen. Als ich mich später danach erkundigte, bezeichneten die Eingeborenen das Gras als *gulaa* und deuteten dabei auf ihre Münder, als ob es essbar sei. Das Stroh dieses Getreides der Eingeborenen drosch ich, schaufelte es in Erdlöcher und warf alles dazu, was meines Wissens verrotten und zu Dünger werden würde. Das alles grub ich mit dem Gras unter, und nachdem ich das Bruchholz vom Acker geräumt und verbrannt hatte, hob ich auch dessen Asche darunter. Dann hackte ich den Boden, nie mehr als sieben, acht Ruten am Tag. Ich hatte den Boden nur oberflächlich aufgekratzt, aber wenn ich es fachgerecht tat, kam es vermutlich dem Pflügen nah. Dann ließ ich den Boden so lange wie möglich unbearbeitet, der Luft und der Sonne ausgesetzt, und kurz vor der Aussaat wendete ich ihn erneut. Sobald ich den Weizen gemäht hatte, wendete ich den Boden nochmals und zerkrümelte ihn fein, dann säte ich Rübensamen, wodurch der Boden aufgelockert und für das kommende Jahr vorbereitet wurde. Durch dieses Verfahren nahm der Schlick nach dem jährlichen Umgraben im Laufe der Zeit eine gute Farbe an. So ähnelte er nicht dem Weinberg meines Vaters, der schrecklich trocken gewesen war und dreimal im Jahr umgegraben werden musste. Es gelang mir, einen örtlichen Siedler zu verpflichten, mir zwei Blackfellows aus seinem Besitz zu überlassen, damit sie mich unterstützten. Sehr bereitwillig machten sie sich ans Werk und bauten, zogen Zäune, arbeiteten im Garten, rodeten und halfen mir bei der neuen Ernte. Von den Arbeitern lernte ich ein paar ihrer Grußformeln, die ich eifrig in meinem Tagebuch notierte, und ich bemühte mich fortan, sie in ihrer Sprache zu grüßen, was sie sehr zu freuen schien. An den Abenden nach der Arbeit in der Mission oder wenn ich in den Plains unterwegs war, las ich diese Wendungen beim Licht der Harzlampe, und wenn ich mich schlafen legte, dachte ich über alles nach, was ich erlebt hatte, und dankte Gott für das Stück Land, das ich besaß, um den armen Obdachlosen dort eine Zuflucht errichten zu können.

Sechzehn

Traumpfade, Songlines – *yarang gudhi-dhuray* Bedeutet Gesang, der einen Weg beschreibt, und ***birrang-dhuray-gudhi*** bedeutet eine Reise, die von einem Gesang angeleitet wird. Diese Pfade sind unsere frühe Kartierung. Sie vermessen unsere Orte, unsere unvorstellbaren Entfernungen, und sie werden als Geschichten in Liedern und durch Tänze weitergegeben. Die Pfade gibt es, aber manchmal geht das *gudhi* verloren. Die Gondiwindi haben das *gudhi* verloren, erst jetzt kommt es zu uns zurück.

Sternbild Kreuz des Südens – *gibirrgan* Manchmal kamen nur die Frauen zu mir und holten mich, dann liefen wir zum Flussufer und setzten uns ans Feuer. Sie brachten mir bei, wie man bis tausend zählt, indem man die Sterne zählt. Begonnen haben wir mit den weniger hellen, ich habe sie an meinen Zehen abgezählt, mit jedem Gelenk an den Beinen, dann die helleren, die habe ich an Armen, Ellbogen, Fingern abgezählt, dann die hellsten an meinem Gesicht, *tipp tipp tipp* an der Nase, den Augen, dem Kinn und den Ohren, die ganze Nacht. Die allerhellsten Sterne waren *gibirrgan* – das Sternbild Kreuz des Südens, das auf der Flagge dieses Landes abgebildet ist, es besteht aus fünf strahlenden Sternen in der ungefähren Form eines Kreuzes. Die Frauen haben mir einmal die Geschichte von *gibirrgan* erzählt, sie fingen an mit „Als die Welt jung war“: Nguwanda – ein großer Führer eines Stammes, der keine Söhne hatte, aber vier schöne Töchter – wurde immer älter. Da er bald von ihnen gehen würde, versammelte er seine Töchter um sich und sagte ihnen, er werde von ihnen gehen, da seine Tage zu Ende seien, aber er wolle seine Töchter nicht schutzlos zurücklassen, da sie keinen Bruder hätten, der auf sie aufpasse. Er sagte: „Ich will, dass ihr mit mir kommt und am Sternenhimmel wohnt, ich habe mit einem klugen Geistmann gesprochen, der bereit ist, euch allen zu helfen, damit ihr mit mir im Himmel lebt." Als ihr Vater starb, suchten sie den klugen Geistmann auf, der an einem Feuer saß und eine lange silberne Schnur aus den drahtigen silbernen Haaren drehte, die er aus seinem Bart gezupft hatte. Als die Töchter begriffen, dass die einzige Möglichkeit, zu ihrem Vater zu gelangen, darin bestand, an dieser Schnur zum Himmel zu klettern, wurden sie noch ängstlicher. Schließlich überzeugte sie der silberbärtige Mann, es sei eine sichere Sache, sie würden das obere Seilende erreichen und bei ihrem Vater bleiben, und der sei der hellste Stern, der Zentaur. Die Sieben Schwestern sind auch dort. Die Griechen nennen sie Plejaden und wir nennen sie Mulayṇdynang.

Selbstmord – *balubuningidyilinya* Wir haben hier die Karatekurse und die Müttergruppe geleitet, aus der der Kochkurs wurde; diese jungen Leute fanden etwas, das sie gern taten, wofür sie ein Händchen hatten und worin sie noch besser werden konnten. Wir haben versucht, die jungen Leute zu beschäftigen. All der *balubuningidyilinya* ist der alte Schmerz, der an die Oberfläche dringt. Mir bricht er das Herz.

Kaninchen, wildes – *wadha-gung* Das Problem waren die Kaninchen, ehe die Myxomatose sie erwischte. Sie wurden von einem Viehzüchter eingeschleppt, der vorhatte, sie für Schießübungen auf seiner Farm zu züchten. Mit zwölf Paaren fing er an, und einige Kaninchenzüchter hatten damit ein gutes Auskommen, aber innerhalb weniger Jahre gab es dreizehn Millionen von diesen Mistviechern. Sie putzten alles weg, die Setzlinge und alles, was auf den Feldern wuchs, auch die einheimischen Pflanzen, die eigentlich für die Kängurus, Bilbys und Wallabys gedacht sind. Dann brachten sie die Füchse ins Land, um die Kaninchen zu jagen, aber stattdessen haben sie die einheimischen Tiere gejagt. Dann haben sie vom einen Ende des Landes bis zum anderen den kaninchensicheren Zaun gebaut, um die Kaninchen von der „Kornkammer des Mutterlandes" fernzuhalten. Da war es längst zu spät, den Zaun zu bauen.

Rabe, einheimischer – *waagan, wandyu* Wenn ihr Massacre Plains kennt, dann wette ich, ihr kennt den *waagan* oder den *wandyu*. Wo immer ihr auch umherstreift, in der Stadt oder im Buschland, könnt ihr sicher sein, dass er euch beobachtet – und vielleicht darauf lauert, dass ihr zu seinem Futter werdet. Wenn auf den Farmen die Mutterschafe Lämmer werfen, müsst ihr ein wachsames Auge haben und die Lämmer von der Weide wegholen. Die Raben fressen sie sonst, sobald sie auf die Welt gekommen sind. Als ich vor sehr, sehr Langem eine mythische Reise unternahm, ist mir einmal eine Geschichte über Wahn, den *waagan* zu Ohren gekommen, der so gern die Pelikankolonien beobachtete. Eines Tages hockte er abseits von einer solchen Schar, wartete und beobachtete. Nach einer Weile trat ein alter Pelikan aus der Gruppe heraus und fragte Wahn, was er da treibe. Wahn antwortete, er habe Hunger, deshalb ging der Pelikan wieder zurück und redete mit den Ältesten, und die erlaubten Wahn, sich zu ihnen zu gesellen und mit ihnen am Feuer zu hocken. Sie boten ihm etwas von dem, was sie hatten, zu fressen an. Nach einer Weile wurde es Zeit, dass die Pelikane sich aufmachten, um wieder Futter für ihre Kleinen in den Nestern in den Bäumen herbeizuschaffen. Wahn hatte vor, die Pelikaneier zu fressen, doch sah er, dass die Küken bereits geschlüpft waren, deshalb belegte er den Baum mit einem

Zauber und schickte die Äste himmelwärts. Die Jungen schrien nach Nahrung, und als die Pelikane kamen, um sie zu füttern, mussten sie an den Bäumen emporklettern, konnten aber ihre Pelikankinder nicht erreichen. Seit der Zeit hüten die Pelikane ihre Jungen in Bodennähe und halten immer Abstand von Wahn – wie auch alle anderen Vögel. Nun, ich liebe den *waagan* und denke, in dieser Story kommt er zu Unrecht schlecht weg. Der *waagan* hat den Ruf, gerissen zu sein, aber das heißt nicht, dass er böse ist. Er hat nicht viele Freunde unter den Vögeln, und meistens bleibt er gern für sich, aber Raben sind ein treuer Haufen. Wenn sie sich paaren, dann halten sie einander an den Schnäbeln fest, wie zu einem langen Kuss, und wenn sie einander umwerben, dann verkrallen sie ihre Füße in der Luft. Schaut, der Rabe hat seinen Gefährten fürs ganze Leben, und ich finde, das ist etwas Gutes – wie der *waagan* seine Familie zusammenhält. Das ist wichtig.

Respekt – *yindyamarra* Mir ist aufgegangen, dass man einige Dinge nicht bekommt, außer wenn man sie selbst auch gibt. Außer man hat die Möglichkeit, zu geben und zu nehmen. Nur Gleichgestellte können Respekt teilen, sonst ist es ein Spiel zwischen Meistern und Sklaven – dann hat immer die eine Seite die Oberhand, wenn sie Respekt verlangt. Aber *yindyamarra* ist noch etwas anderes, es ist eine Lebensart – ein Leben in Güte, Sanftmut und gegenseitigem Respekt. Das scheint mir eine gute Sache, es miteinander zu teilen, unser *yindyamarra*.

Rippe – *dharrar* Im Buch Genesis 2:18–22 heißt es, dass die Frau aus der Rippe des Mannes gemacht worden sei. Elsie sagte: „Das ist ein Haufen Scheiße." Ich habe gelacht. Aber letzten Endes komme ich zur Bibel zurück, denn sie war meine Freundin, als ich noch ein Junge war. Allein die

Güte darin und diese Erzählungen. Ich glaube, ich interpretiere die Worte so, wie ich es will. Die Geschichten meiner Ahninnen und Ahnen und auch die Bibel. Immer wenn wir in unserer Ehe Krach hatten, schrie Elsie herum und zeigte auf ihre Seite. „Ich bin nicht deine *dharrar*! Wenn du Rippchen willst, dann geh zum Fleischer!“ Das ist wirklich eine gute Beleidigung, ich hoffe, wir haben das den Mädchen eingeschärft – nicht irgendjemandes Rippe zu sein.

Fluss – *bila* Jetzt wisst ihr, woher das Wort *billabong* kommt. Von uns. Alles kommt zum *bila* zurück – alles Leben, und damit alle Zeit. Die Traumpfade unserer Familie haben dort ihren Ursprung, unser Leben speist sich von dort, und dort verweilt am Ende unser Geist. Sogar den Reverend zog es an den Fluss, dort rezitierte er Jesaja 44:3, *Denn ich will Wasser gießen auf das Durstige und Ströme auf das Dürre: Ich will meinen Geist auf deinen Samen gießen und meinen Segen auf deine Nachkommen.* Ihr könnt euch nicht vorstellen, wie weh es tut, das Wasser nicht mehr fließen zu sehen.

Bienenkönigin, Biene – *darribun, ngaraang* Die *ngaraang* ist jetzt gefährdet, ganze Kolonien sterben, nur die Bienenkönigin *darribun* ist übriggeblieben, wie auf einem Schachbrett ohne Bauern, wo doch alle Arbeits-*ngaaraang* wegsterben. Die Bienen verschieben das Verlassen des Bienenstockes auf eine spätere Lebensphase, wenn sie erwachsen sind, denn da es weniger Blumen gibt, ist das Einsammeln des Blütenstaubes Schwerstarbeit für die Bienen, und viele verenden vor Erschöpfung, noch ehe sie Honig – *warrul* – produzieren, und kehren nicht nach Hause zurück. Wenn die Pestizide von den Farmen den Bienenstock oder die Bienen belasten, während sie auf Futtersuche ausschwärmen, dann können sie sterben. Das löst eine extrem schnelle, zu frühe Reifung der nächsten Bienengeneration aus, sie verlassen den Bienenstock zu zeitig, noch ehe sie bereit dafür sind, und eine ganze Kolonie geht zugrunde. So verhält es sich auch mit den Gondiwindi, verstreuten Kindern, ohne die Sache, die sie ernährt, ohne Kompass, um nach Hause zurückzufinden.

stiller Ort mit vielen schönen Blumen – *girra-wiiny* Haltet immer die Augen offen für Wildblumen auf dem Land, seien es der Lein oder die Blüten der Gold-Akazie, oder seien es Orchideen und Lilien – sie sind essbar, man nennt sie *dirramaay*. Sie sind nicht nur als Nahrung und Medizin gut, sondern ihre Stiele und Blätter können auch zum Flechten von Körben verwendet werden. Die Blumen machen uns auch auf andere Ereignisse aufmerksam – wenn beispielsweise der *ngawang*, der Glückliche Wanderer – die Korallenerbse – lila blüht, dann wissen wir, es ist die Zeit gekommen, in den Flüssen und Seen den fetten *guya* zu fangen.

Paar, zwei – *bula* Ich war in die Heilige Schrift abgetaucht, wurde aber von der Hoffnung über Wasser gehalten; als wir unseren zweiten Frühling erlebten und wieder zwei Töchterchen in Person von Jedda und August bekamen, da öffneten wir Prosperous für alle Menschen. Die *bula* und ich machten lange Spaziergänge hoch auf den Kengal. Ich erklärte ihnen dann, wie das Volk aus vergangenen Tagen damals durch dieselben Weidegründe dort hinaufwanderte, seine Steinaxt benutzte, ehe weiße Männer ihre eigene Metallaxt mitbrachten, und wo sich Liebende trafen und Markierungen an den Bäumen hinterließen, oder lange, runde Narben, wo sie mit der Axt in die Baumrinde hackten, sie sanft entfernten und sie als lange, runde Schale zum Tragen eines Babys benutzten. Oder, wenn das Holz fest genug war, zum Ausgraben von Wurzeln und Knollen. Ich führte sie an den Fluss, damit sie sahen, wo unsere Ahnen fischten und wo sie die Felsbrocken im blanken Flussbett anordneten, wo zuerst Bewässerung angewendet wurde und wo sie ihre Fischfallen hatten. Das haben sie damals gegessen – Fische aus dem Murrumby, Muscheln aus dem Murrumby, auch Flusskrebse und *yingaa*. Sie aßen auch Kängurugras aus den Ebenen, sie mahlten die Körner und machten ihr eigenes Brot und Kuchen im Erdofen. Sie machten bereits Brot und Kuchen, lange bevor es die klugen Ägypter taten. Die *bula* schauten dann hoch zu mir, mit weit aufgerissenen Augen, das ganze Wunder dieser Welt tummelte sich in ihren Köpfen. Das sind meine zärtlichsten Erinnerungen, wie ich den *bula* zeigte, von welch großartigen Ahnen von vor langer Zeit sie stammen.

Elternteil, wie Eltern sein – *buwubarra* Elsie und ich waren *buwubarra* für diese süßen *bula*.

Siebzehn

August ging der Zufahrtsstraße entlang nach Southerly hinauf. Um das Southerly House herum war ein Streifen grünes Gras. Im Falstaff-Garten gab es keine einheimischen Pflanzen, nur Hecken, Tulpen, ein halbes Jahrhundert alte Rosenbüsche und den Obstgarten. Das Haus trug einen kürbisfarbenen Anstrich mit grauen Zierleisten; früher hatte die Farbe alle paar Jahre gewechselt: Eukalyptusblau der Marke Dulux, Dulux Crèmefarben, Dulux Terrakotta. August hatte das Haus der Falstaffs damals immer eingehend betrachtet. Sie hatte sich in den Büschen versteckt oder versucht, auf die eine oder andere Weise durch die Tür ins Haus zu gelangen.

Es hatte größere Unterschiede zwischen Southerly und Prosperous gegeben, aber es waren die kleineren, die man an den Außenwänden bemerkte: Die Giebelenden trugen kunstvolle Muster, das Gebälk zierliche Schnitzereien, die Zierleisten waren poliert, es gab zwei Springbrunnen, Solarleuchten im Garten und einen mit zweifarbigen, diamantförmigen Kieselsteinchen ausgelegten Pfad, der zur Veranda führte, und sie hatten einen gelben Gartenschlauch, der penibel aufgerollt an einer speziellen Halterung am Haus hing. Sie hatten schon immer einen mit „Willkommen" beschrifteten Fußabtreter an der Haustür, der den Eindruck machte, als wäre er nie benutzt worden. Heute gab es keinen Abtreter mehr, Southerly hatte sich verändert, der Grasstreifen war ins Kraut geschossen; Eddie scherte sich nicht darum. Der Rasentrimmer stand jetzt zum Verkauf. Wie ein Kruzifix auf dem Altar lag er auf der Pritsche des Pick-ups. Es hatte keinen Sinn, Gras zu mähen, das sowieso bald nur noch Abfall wäre. Eddie sah August näher kommen und umschlang mit den

Armen seinen Brustkorb, um auf sie zu warten. Sein Leben lang hatte er auf sie gewartet.

„Hab deine Nan gesehen – ihr geht's anscheinend gut?"

August kam herauf, bis sie das Grundstück von Southerly erreicht hatte. „Sie hält sich beschäftigt, ich denke, das ist ihre Art, damit klarzukommen."

„Und wie bist du zurechtgekommen ... die letzten zehn Jahre?" Er reckte die Arme und zog sich ein Hemd über den Oberkörper, der seit Teenagertagen fülliger geworden war. Er sah sie an, die ihn dabei beobachtete, und sein Gesicht errötete. Das Gesicht – wie August bemerkte – eines erwachsenen Mannes und nicht mehr das eines Jungen.

August hörte im Ohr ihren Puls, schaute weg und setzte sich auf die Stufe. „Womit?"

„Mit allem ... Du weißt schon ..." Eddie verstummte, setzte sich neben sie. „Hast du mal was von deiner Mum gehört?"

Hatte sie nicht, schon vor Jahren hatte sie aufgehört, es zu versuchen. Sie vermutete, dass ihre Mutter vor Scham im Erdboden versunken war, weil sie die Grenze zwischen traurig und wahnsinnig überschritten hatte.

„Nah." Sie langte in ihre Hosentasche und zündete sich eine Zigarette an.

Eddie stupste sie an. „Rede weiter." Sie reichte ihm das Päckchen und ein Streichholzbriefchen.

Er zündete seine Zigarette an und warf einen verstohlenen Blick auf ihre Schenkel, nackt von den Shorts abwärts.

„Isst du viel?" Er konnte es sehen.

Der Puls wurde zu dumpfen Schlägen in ihren Ohren, ihr Ton abwehrend. „Ja."

„Du siehst anders aus."

„Wie meinst du, ich bin anders?" Sie wusste zwar, dass es stimmte, aber nicht, inwiefern. Sie wusste nicht mehr, was sie in den Augen der anderen gewesen war. Es kam ihr vor, als wäre sie über das letzte Jahrzehnt zu der Person geworden, die sie jetzt war, ohne dass sie es sich hätte aussuchen können. Als ähnelte sie ganz und gar nicht ihrem Gesicht und ihrem Namen von früher. Als ob sie sich nicht an ihr Selbst erinnern konnte, so wie es eigentlich sein sollte.

„Du bist noch du selbst, das meinte ich nicht negativ. Du siehst nur verändert aus."

„Du auch", erwiderte August, sprach aber nicht laut aus, dass sie es für eine Verbesserung hielt.

„Du hast einen Pommy als Macker, nehme ich mal an?"

„Nein." Zwischen ihnen war etwas festgefahren. Die alten Zeiten, die keiner von ihnen wieder hervorkramen wollte. All die unsagbaren Dinge.

Er fuhr fort: „Dass du ausgerechnet nach England gegangen bist, kann ich gar nicht fassen!" Eddie band seine Schnürsenkel auf und schleuderte die Stiefel von sich.

„Warum?", sagte sie und hatte dabei im Hinterkopf, dass sie als Kind und auch noch mit achtzehn gedacht hatte, in England würden Kinder rein zur Welt kommen, mit Teatime und Schuldirektoren, mit langen Socken und Bonbons und Miniatur-Segelbootrennen auf vereisten Flüssen. Kindheiten wie in den alten Büchern, die sie gelesen hatte.

„Was weiß ich, weil es nicht deiner Herkunft entspricht. Weil Australien immer noch rosa ist."

„Was soll das heißen – Australien ist rosa?"

„Auf der Weltkarte – da ist es immer rosa, oder? Du bist britische Staatsbürgerin, selbst wenn du eine Gondi bist!"

Daraufhin lachte er, aber August konnte nicht lachen. Solche Späße hatten sie als Kinder gemacht, aber sie war ihnen entwachsen. Als er Augusts gefrorene Miene sah, wünschte sich Eddie, er hätte nichts dergleichen gesagt. Er fing an, sich das Hemd bis zum Hals zuzuknöpfen, um die Provokation mit Flanell zu verdecken.

„Entschuldige, nur ein Spaß."

„Warum bist du denn hier geblieben?" August zog an der Zigarette.

„Wegen des Ausblicks, und wer sonst soll denn bleiben? Kein Schwein."

Sie blies den Rauch in die Hitze, weg von dem Gespräch.

„Also hast du nun einen Fella, oder was?"

„Kann dir das nicht egal sein?"

„Es ist mir nicht egal", sagte er und suchte ihren Blick – ihren Blick, der seinen traf. Einen Moment lang musterten sie sich gegenseitig. Dann neigte sich Eddie Augusts Lippen entgegen, als deutete ihr kleiner Bogen eine Einladung an.

Und sie küssten sich, einfach so. Es reichte, dass ihre Lippen sich berührten, dass ihre Gesichter einander so nah kamen und groß wurden, dass sie einen Augenblick lang das Sonnenlicht abblockten, ein klitzekleiner Waffenstillstand.

Sie drehte sich weg, drückte die Zigarette aus und stand auf. „Ich muss los." Dann machte sie sich auf den Weg zum Prosperous House. „Und Nan helfen."

„In Ordnung", sagte er verwirrt, aber sie war schon zu weit entfernt, um es zu hören.

„Kann ich helfen?"

Elsie stellte August einen Topf mit Zwiebeln vor die Nase. Sie kochten den ganzen Nachmittag und die Hitze trug Duftschwaden des trocknenden Weizens ins Haus. Elsie ließ August den weißen Klebreis zubereiten und schaltete sich nur ein, um einen Klecks Kokosmilch in das trübe brodelnde Wasser zu spritzen. Dann ließ sie August die harten Karotten und den Schwarzrettich in Würfel schneiden und Koriander und Frühlingszwiebeln vom Beet pflücken. Elsie übernahm das Umrühren und fügte den braunen Zucker, Anis, Ingwer und eigens dafür bestellte rote Paste sowie Fischsoße hinzu. Sie ließ die Hähnchenteile in die Soße fallen. Wenn Augusts Nana kochte, strahlte sie. Nun schüttelte sie das orange-schwarze Döschen über dem Topf, woraufhin das ganze Haus intensiv nach Keen's Currypulver roch.

Der Küchenduft ließ August an die Kinder in der Schule denken, die sich die Nase zuhielten, wenn sie sich hinsetzte, um ihr warmes Mittagsmahl zu essen, die Schüler, die sie anglotzten, vor sich ihre eigenen kreisrunden Schinkenbrote mit abgeschnittenen Rinden, ihre Tüten Salz-und-Essig-Chips, ihre kleinen Saftkartons. Da waren noch andere Kinder, die ebenso große Augen machten: Jody, die ihre Mittagspause damit zubrachte, andere um „einen Bissen" oder „zehn Cent für ein Wurstbrötchen" anzubetteln; Luke, dessen Mum im Motel des Ortes arbeitete und der immer kleine Butterwürfel und ein einzelnes Brötchen dabeihatte und im Schulhof saß, wo er sich ein Sandwich zurechtmachte. Da war auch Augusts Freundin Louise, die aus einer durchsichtigen Plastikschale kalte Nudeln mit Essstäbchen aß. Wenn sie über die Unterschiede in der Schule nachsann, dann bestanden die Abstufungen damals nur zwischen *arm* und *noch ärmer.* Valley-arm, Mission-arm oder Vorstadt-arm. Da ist was dran am Essen, dachte August, die nicht mehr ausgehungert war, aber immer unersättlich bleiben würde; es machte die Menschen voneinander verschieden oder einander gleich.

Eddie war in eine andere Schule gegangen. Ob er wohl seit der Schulzeit an mich gedacht hat?, fragte sie sich. Hatte er wirklich ihr zu früh gebrochenes Herz haben wollen, dem schon Teile abhandengekommen waren? Oder hatte er sie nur küssen wollen, weil er bekümmert war, weil er auch Jedda und Poppy gekannt hatte, weil alles wieder von Neuem anfing oder endlich seinen Schluss fand?

Sie wusste es nicht. Es bewegte sie, aber sie versuchte, es von sich zu schieben. Nicht jetzt, nicht bei allem anderen, um das sie sich kümmern musste.

Später trafen Tante Missy und Tante Mary ein, ebenso Tante Betty und Tante Nora, die erst mit Poppy zusammen und dann ohne Poppy aufgewachsen waren, auf der Farm und dann woanders. Elsie wischte sich die Hände ab, legte den Holzlöffel auf die Spüle und holte Bettwäsche. Sie reichte August den Stapel gewaschener Laken und schickte sie hinaus, um im Anbau die Betten herzurichten, während sie und die Aunties weiter das Essen zubereiteten.

An den Türen des Anbaus waren Bolzenschlösser, denen die Bolzen fehlten; innen war jede Oberfläche dick mit Staub bedeckt. August, die in den meisten Bereichen des Pubs tätig gewesen war, auch in den Gästezimmern, wusste, wo sie anfangen musste. Sie öffnete zuerst die Fenster und ließ die Türen weit offenstehen. Draußen schüttelte sie die Kissen auf, brachte sie wieder hinein und versteckte den Gilb in gemusterten Bezügen. Sie wendete die eingedrückten Matratzen, breitete die steifen Laken darüber und stopfte sie fest, wobei ihr durch den Kopf ging, wie viele wohl hier schon genächtigt hatten. Sie fegte den Fußboden, hängte die Wolldecken draußen über die Leine und klopfte sie mit dem abgenutzten Besen, bis sie von allen Hautschuppen und Staubflocken befreit waren. Eine nach der anderen schaffte sie die Decken hinein, legte sie akkurat zusammengefaltet auf die Laken, klappte das Laken um und zog es zu einem einladenden Dreieck über jede Decke. In den schattigen Ecken des Gartens, der Prosperous umgab, schnitt sie ein paar Stängel einheimischer Orchideen ab, dabei bemerkte sie Eddie nicht, der auf dem Feld arbeitete. Auf alle vier Nachttische stellte sie die Blumen in mit Wasser gefüllte Gläser.

Einer der Nachttische hatte eine verdeckte flache Schublade mit einer kleinen Rille vorn. August ruckelte an der Schublade, bis sie herauskam. Eine Heilige Bibel lag darin. Sie nahm sie heraus und setzte sich auf das gemachte Bett. *Das ist ein Buch,* hatte ihr Poppy mit unerschütterlicher Bestimmtheit gesagt, als er ihr das erste Mal eine Bibel in die Hände gelegt hatte: *Ich will, dass du es liest, als ob jeder Satz darin eine Lüge ist, und wenn du irgendetwas Wahres findest, dann sollst du es aufschreiben.*

Sie wusste nicht, ob es eine Falle oder eine Herausforderung war, aber er versicherte ihr, dass sie für jedes Mal, wenn sie recht hatte, eine Dollarmünze bekäme. In seiner Vorstellung war das eine Therapie im Zusammenhang mit Jeddas Verschwinden. August erinnerte sich, dass sie über die Sommerferien ein halbes Schulheft vollgeschrieben hatte und sich am Ende auf eine ansehnliche Summe Bargeld freute, mit dem sie sich Süßigkeiten kaufen könnte. Für ihren Fleiß belohnte Poppy sie mit zwei Dollar. August hatte die Heftseiten durchgeblättert, auf denen sie die Zitate notiert hatte, und fand an zweien von ihnen das „Ja" von ihrem Poppy, der die entsprechenden Wörter mit einem Stift eingekreist hatte. Sie erinnerte sich jetzt nur noch an das erste Zitat. Es war aus dem Buch der Sprüche, *Tod und Leben stehen in der Zunge Gewalt.*

August trug die Bibel aus dem Anbau heraus und warf sie in die rollbare Mülltonne neben dem Haus. Das war keinesfalls das Buch, nach dem sie suchte.

Elsies Energiepegel hatte sich seit Augusts Eintreffen verändert. Sie lud bei vollem Betrieb ihre Batterien auf und lief auf Hochtouren wie ein Zug, der bergan fährt, dann langsamer und wieder geräuschlos wird, wenn er abwärts saust. Nachdem sich die Aunties in die Betten im Anbau zurückgezogen hatten, aßen weder Elsie noch August das

Curry, stattdessen bereiteten sie abwechselnd füreinander Tee zu. Am Abend kochten sie noch ein wenig, einen Eintopf und eine Gemüselasagne. Alle Gerichte wurden gekühlt und luftdicht in Tupperware verpackt und für das Abschiedsmahl in den Kühlschrank gestellt.

Von dem Wein, den sie aus der Stadt mitgebracht hatte, füllte August zwei Gläser. Eines davon leerte sie rasch an der Spüle und füllte es erneut in einem manierlichen Maß. Elsie bügelte ellenlange weiße Tischtücher, die auf dem Esstisch ausgebreitet lagen. Das Bügeleisen dampfte, während sie sich die Hände massierte und darauf wartete, dass die Schmerzen in den Fingerknöcheln nachließen. August stellte das Weinglas ab und machte Elsie mit einer Kopfbewegung darauf aufmerksam. „Ich kann das Bügeln für dich übernehmen", schlug sie behutsam vor, sie wollte ihrer Nana nicht das Gefühl geben, sie würde es selbst nicht bestens hinbekommen.

Elsie nahm mit der einen schmerzenden Hand das Glas und riss mit der anderen die Schnur aus der Steckdose. „Hast du heute schon etwas gegessen?"

August hatte sie dasselbe fragen wollen, aber sie ließen beide die Frage im Raum stehen. Diese traurigen, schrumpfenden Frauen.

„Sollen wir uns nach draußen setzen?", sagte August stattdessen und schob die Glastür auf.

Sie ließen sich auf den beiden gleich aussehenden Gartenstühlen nieder, deren Weidenskelette mit Fleeceüberwürfen gepolstert waren. Spike tappte auf die Veranda und sank auf Elsies Füße.

„Hat Poppy an einem Buch geschrieben? Eddie sagte mir so was."

„Nein, er brachte etwas zu Papier, eine Art Wörterbuch – er versuchte, sich Wörter ins Gedächtnis zu rufen. Er hat einen Monat lang oder länger daran gesessen."

„Kann ich es sehen?“

„Ich weiß beim besten Willen nicht, wo es ist, Augie. Schau in seinem Arbeitszimmer nach, ich würde es auch gern mal sehen.“

Sie nippten an ihrem Wein. „Ich schaue noch mal nach“, sagte August.

„*Yingaa,* das war eines der Wörter, die ich ihn auf die Blätter schreiben sah.“

„*Yingaa*?“

„Das bedeutet Yabby, der Busch-Hummer, weißt du ...“ Elsie nahm ein Schlückchen und ergänzte begeistert: „Bei unserem ersten Rendezvous aßen wir Yabbies.“

„Du und Pop?“

„Er hat mich hier rausgebracht.“ Elsie hielt ihr Glas vor sich in die Dunkelheit. „Es war das erste Mal, dass ich Prosperous besuchte. Er hat mich zum Teich geführt und mir alles über *yingaa* erzählt. Als Stadtmädchen, das ich damals war, hatte ich keine Ahnung von Yabby-Krebsen, ich hatte noch nie welche gegessen! Kaum hatte ich das gesagt, eilte er zurück zum Haus und ich hinterher.“ Elsie drehte sich auf dem Stuhl zur Küche um. „Drinnen fängt er an, den Mülleimer da durchzuwühlen“, lachte sie. „Als Alb zu mir aufsah, muss ich ganz schockiert ausgesehen haben! Ich fragte mich, *Was sucht dieser Mann da im Abfalleimer?* Dann hielt er triumphierend zwei Kotelettknochen hoch, und wir liefen mit einem Stück Schnur von der Wäschespinne wieder zum Teich zurück. An jedes Ende band er einen Knochen und warf die Schnurenden ins Wasser, wir gingen außen herum und zogen an der Schnur unsere Köder im Wasser neben uns her. Als es zweimal an der Oberfläche zuckte, zeigte er mir, wie ich die Schnur aus dem Teich herausziehen sollte, und siehe da – das war mein erster *yingaa*-Schmaus.“ Augusts Nana schüttelte den Kopf und nahm wieder einen Schluck, August zulächelnd. „Darüber hat er geschrieben!“

„Was für ein Fang", sagte August, und die zwei lachten.
„Warum bist du zu Pop zurückgekommen?"

Elsie überlegte einen Augenblick. „Wahrscheinlich, weil ich gemerkt hatte, dass dein Pop und ich gemeinsam etwas Gutes auf die Beine stellen konnten. Dass unsere Liebe von der Welt abprallen konnte, und ich war eben in dem Alter, schätze ich mal. Ich war offen für ihn und wusste vom Fleck weg, dass er mich liebte, dass er mich nicht heruntermachen würde."

„Heruntermachen?"

„Wir waren doch beide Koori und würden uns gegenseitig Mut machen, weil wir beide wussten, dass wir das brauchten."

Ihre Herzensgüte machte August traurig, sie hatte ihre eigene Mutter vor Augen und wie viel bei ihr schiefgegangen war. „Warum hatte Mum so viel Pech, wo ihr zwei doch so gut miteinander wart?"

Ihre Nana schüttelte den Kopf. Sie hatte keine Antwort, und während sie noch darum rang, gingen im Anbau die Lichter aus. Sie schauten beide zu den dunkel gewordenen Fenstern hinüber, die Aunties waren schlafen gegangen. „Wer kommt morgen noch?", fragte August, die begriffen hatte, dass ihre Nana die hoffnungslose Frage nicht beantworten wollte. Oder nicht konnte.

„Nur die Familie – der Mob von hier und da. Onkel Fred müsste kommen, denke ich, ganz aus dem Norden von den Zuckerrohrfeldern. Erinnerst du dich noch an ihn?"

„Eigentlich nicht. Nur an seinen Arm, und dass er uns mal Bananeneis mitgebracht hat."

Elsie trommelte mit den Fingern an ihr Glas. „Früher hielt ich ihn für den erbärmlichsten Mann der Welt, aber heute mag ich ihn. Er ist der ältere Cousin von deinem Pop."

„Was ist eigentlich mit seinem Arm passiert?", fragte August, durch den Wein mutig geworden.

„Er kam vom Kriegsdienst zurück. Dort war er nicht verwundet worden, aber es gab das Gerücht, ein Granatsplitter oder so etwas hätte ihn getroffen. Nach der Heimkehr plagten ihn gewaltig die Schmerzen im Arm, eine Nervenschädigung oder so was. Die Ärzte waren bald mit ihrem Latein am Ende, dann war er bei Spezialisten im ganzen Land. Keiner konnte sich einen Reim darauf machen, Paracetamol konnte auch nichts ausrichten. Am Ende wollte er sich den Arm abnehmen lassen. Er arbeitete sogar mit dem schlimmen Arm und schnitt Zuckerrohr, damit er Geld ansparen und die Amputation selbst bezahlen konnte. Aber kein Arzt fand sich dazu bereit, weil die Hand ja noch funktionierte. Da kam er eines Tages darauf, sich den Arm selbst abzutrennen ...“ Elsie schüttelte den Kopf, ihr Gesicht verfinsterte sich. „Das, was wehtut, sieht man nicht immer. Er kaufte sich eine Axt und Lukenfeder oder was auch immer, machte Feuer in einem Blechkübel, schnitt sich mit einer selbstgebauten Guillotine die Hand ab, versengte die Blutgefäße und warf seine Hand ins Feuer, damit sie nicht mehr angenäht werden konnte.“

August stockte der Atem und sie schrie fast, das Gesicht vor Entsetzen verzerrt. „Was zur *Hölle*?“

Elsie fuhr gelassen fort: „Dann haben sie ihm in seinem Sinn den restlichen Arm abgenommen, und jetzt ist er so ein glücklicher Fella. Das zeigt doch ...“

„Was zeigt das?“

„Was die Menschen tun, um von Schmerzen befreit zu werden.“ Elsie rieb ihre Fingerknöchel am Knie.

„Hack dir ja nicht die Hände ab, Nan!“

Irritiert blickte Elsie August an, und dann lachten beide los. Als sie sich vor Lachen ausgeschüttet hatten, sagte Elsie: „Du bist schon immer eine gute Seele, mein Mädchen – du weißt, du kannst mit mir über alles reden, okay.“

Das war eine Feststellung; sie wollte August nur versichern. „Ich weiß“, sagte August, bestätigt und zugleich bestätigend. August wusste, dass ihre Nana nicht mehr ihre Beschützerin war, dass sie ihre Vertraute sein könnte, aber noch wusste August nicht, wie sie sich ausdrücken sollte. Auf dem Feld brummte es in einer Art klopfendem Rhythmus. Die Heuschrecken hatten sich zu ihrem Nachtmahl niedergelassen. Die Mondsichel stand am Himmel, kein Licht fiel auf das alte Feld.

„Auf Alb“, sagte Elsie und hob ihr fast volles Weinglas in die Dunkelheit.

„Auf Pop“, sagte August, die Hand hochgereckt, und das Silber des Silbermondes krümmte sich am leeren Glas.

Achtzehn

Reverend Ferdinand Greenleafs Brief an Dr. George Cross, 2. August 1915, Fortsetzung

IV

Als das Getreide heranwuchs, besuchte ich immer wieder das Lager der Schwarzen und überließ ihnen Weizensaaten und knorrige Karotten aus dem Gemüsegarten. So baute ich die vertrauensvolle Beziehung auf, die wir bräuchten, um die Mission zu besiedeln. Nach vielzähligen bescheidenen Besuchen meinerseits trafen allmählich aus der Umgebung Eingeborene ein, nachdem sie vernommen hatten, für sie sei eine anständige Behausung hergerichtet; sie kamen in Gruppen von zweien bis zu zehn, um Schutz und Nahrung in der Mission Prosperous, unserem Gnadenhaus zu finden. Während der Ernte des darauffolgenden Jahres segnete der Herr uns mit den ersten einer ganzen Reihe von Geburten in der Mission. Ein kleines, hübsches Halbblut-Mädchen kam im Dezember 1881 zur Welt, und ich notierte ihre Geburt in meinem Logbuch. Ihr wurde gute Gesundheit und ein christlicher Name verliehen – Mercy.

Die Unterkünfte waren beengt, unsere Mittel schmal, aber so viele bedauernswerte Frauen und Kinder zu sehen, halb verhungert und nackt, rührte an mein tiefstes Mitleid, und ich sah mich gezwungen, sie aufzunehmen, auch wenn ich anfangs nur auf verheiratete Paare gesetzt hatte. Das Stadtbewohner hatten mich vorgewarnt, die Eingeborenen würden nie in den Quartieren schlafen, die ich für sie zu bauen vorhatte, aber als die zweite und die dritte Hütte fertig waren, sah ich befriedigt, wie die Eingeborenen glücklich ihre eigenen Wohnstätten in Besitz nahmen. Eine regelrechte Gemeinde schoss im einsamen Busch aus dem Boden, dazu gehörten mein eigenes Haus, das Schulgebäude (das auch als Kirche diente), fünfzehn Zweiraumhütten für Ehepaare, ein Schlafsaal für fünfzig Mädchen und alleinstehende Frauen, ein weiterer für die gleiche Anzahl an Jungen und alleinstehenden Männern, ein Vorratsspeicher, drei Abtritte und zu guter Letzt ein Haus für den Lehrer, denn nach dem zweiten Jahr sah ich mich gezwungen, die Aufgaben als Lehrer abzugeben, und sicherte ab, dass dieser verantwortungsvolle Posten von meinem gebildeten Freund aus dem Süden, Hans Keller, übernommen wurde. Dadurch hielt ich mir den Rücken frei, um den männlichen Bewohnern bei der Errichtung von Zäunen um die Mission herum zur Hand zu gehen, damit unsere Pflanzungen und das Grasland vor fremden Viehherden geschützt waren. Über die Jahre habe ich sie oft dabei beobachtet, wie sie mit selbstsicherer Leichtigkeit und größter Anmut auf die wenigen damals noch stehenden Eukalyptusbäume kletterten und das reißende Wasser des Flusses durchquerten, und ich war froh zu erleben, wie sie sich mit Begeisterung auf meine klaren Anweisungen hin an die Arbeit machten.

Wir hatten kein regelmäßiges oder sicheres Einkommen außer den Zuwendungen für meine Tätigkeit als Pfarrer, deshalb lebten wir oft von der Hand in den Mund. Wegen meiner häufigen Abwesenheit bestimmte ich Keller dazu, mich als Leiter der Mission zu vertreten.

Mitunter hatten wir weder Hammelfleisch noch Weizen, ganz zu schweigen vom Lebensnotwendigsten. Aber wenn auch unsere Arbeit während der ersten Monate reine Plackerei war und die Entbehrungen weiterhin zahlreich blieben, machten uns diese Widrigkeiten nicht annähernd so zu schaffen wie das grausame Verhalten der Leute aus dem

Umland, Menschen, die sich zum Christentum bekannten. Mit der Zeit ging mir auf, dass sie nur auf eines versessen waren: nach ihrer eigenen Art mit den Eingeborenen umzuspringen. Dieses gemeine Pack ließ nichts unversucht, die Mission zu zerstören und die Schwarzen auseinanderzutreiben, deren Zahl sich nun nach knapp zwei Jahren auf über neunzig Seelen belief, darunter vierzig eingeschriebene Schüler, von denen dreißig den Unterricht besuchten.

Eines Tages, im dritten Jahr des Bestehens der Mission, während meiner Abwesenheit aufgrund einer Hochzeit, schickte ein Individuum, das als Gentleman galt, eine Kiste Gin ins Lager der Frauen. In einem kleinen Lager, nur eine Meile vom zentralen Platz der Mission entfernt, fuhr der „Gentleman“ dann damit fort, sie alle betrunken zu machen, dazu lud er seine Kumpanen ein. Keller ließ mich wissen, dass wahrhaft böse Szenen folgten – Ausschweifungen unverheirateter ebenso wie verheirateter Männer aus der Stadt gegenüber den unglückseligen Frauen und Mädchen. Bei einer anderen Gelegenheit, wiederum während meiner Abwesenheit, versorgte der Wirt des weniger noblen Hotels, in dem ich einst logiert hatte, das Lager erneut mit Alkohol. Er rief die Weißen Männer herbei, nach meinem Dafürhalten waren es dieselben, die bei mir dem Alkohol abgeschworen hatten, und wie mich Keller wieder informierte, fanden ähnliche Ausschweifungen statt. Am nächsten Morgen kehrte ich ins Lager zurück und sah mit eigenen Augen alte und blutjunge Mädchen in einem heillosen Zustand der Trunkenheit. Ein armes Geschöpf mit einem Halbblut-Säugling an der Brust taumelte auf mich zu. „Was hast du getan, Daisy?“, sagte ich. „Ich habe getrunken, *gudyi*.“ – „Wer hat dir das Getränk gegeben?“ – „Mr. Murry“, womit sie den Wirt meinte, den ich ja schon kannte. Daisy war ganz aufgelöst und flehte um meinen Schutz. Sie sagte, sie habe das Getränk nicht haben wollen, aber sie hätten sie dazu genötigt, und dann hätten sie sie noch gezwungen, ihre schändlichen Untaten zu erdulden, bevor sie sich davonmachten. Daisy hatte blaue Flecken und Schwellungen im Gesicht, dazu war ihr ein Zahn ausgeschlagen worden. Ich hielt es für das Beste, Daisy, die nach meiner Schätzung fünfzehn Jahre alt war, in den Hauswirtschaftsdienst zu schicken, und so kam sie zu einer Familie, die ich für gute Christen hielt und die im Norden wohnte. Daisys Familie war darüber sehr bekümmert, aber ich rechtfertigte meinen Entschluss damit, dass die Familie mir aufgrund handfester Empfehlungen bekannt sei und dass Daisy zu ihren Lieben auf Besuch kommen würde.

Ich beschaffte uns auch eine Feuerwaffe von Baumann, der mir vorführte, wie man Schießpulver ins Gewehr stopft und selbstsicher zielt. Nur noch in den dringendsten Fällen gestand ich mir zu, in der Ausübung formaler Pflichten als Geistlicher die Mission zu verlassen.

Ich wollte nicht fort von der Mission, doch manchmal hatten wir keine Wahl, sofern es um unsere Geldmittel ging. Nach der Rückkehr machte ich jedes Mal die Runde bei allen Bewohnern der Mission und ließ sie wissen, dass ich wieder da war. Damit beruhigte ich diejenigen, denen ich versprochen hatte, sie zu beschützen. Einige Monate später wurde ich abends von den Mädchen aufgeweckt, die zu meiner Hütte gerannt kamen, um Schutz zu suchen, da böse Weiße Männer in den Schlafsaal eingedrungen waren. Ich stürmte in das Mädchenquartier, verscheuchte die zwei Bestien und beeilte mich, auf mein Pferd zu steigen und die Angreifer zu verfolgen.

Vier Meilen ritt ich, ratlos, was ich tun würde oder könnte. Obwohl ich sie am Ende nicht zu fassen bekam, war es, denke ich, den Missionsbewohnern klar, dass ich zu meinem Versprechen stand, sie zu beschützen.

Nach vielen friedvollen Monaten ereignete sich ein weiterer bedauerlicher Zwischenfall, als ein junger Siedler von der benachbarten Farm am helllichten Tag vorsätzlich auf den Missionsplatz geritten kam. Nachdem er die Steigbügel vom Sattel losgerissen und damit in der Luft herumgefuchtelt hatte, schwor er, den Erstbesten, Schwarz oder Weiß, der es in seine Nähe wage, zu töten. Nachdem er uns eine halbe Stunde lang in Schreckensstarre versetzt hatte, drohte er, die Mission auseinanderzunehmen, und falls ich die Mission nicht verließe, würde ich mich einem Aufstand der männlichen Stadtbewohner gegenübersehen. Sie würden das Recht selbst in die Hand nehmen. Es lag offensichtlich an den fleischlichen Gelüsten dieser Männer, dass die Schwarzen zu einem Leben in der Unordnung der offenen Lager zurückkehren sollten. Sie duldeten niemanden, der sich bemühte, den armen Schwarzen Menschen „Frieden und Wohlwollen" zu bringen, denn es war allgemein bekannt, dass der abscheuliche Handel mit den Körpern und Seelen der Eingeborenen schon Routine war, bevor ich dort eintraf.

Nachdem ich zum wiederholten Male brieflich um das Einschreiten der Polizei ersucht hatte, das jedoch nie stattfand, übernahmen wir selbst sämtliche Sicherheitsvorkehrungen. Ich stellte sicher, dass die Bewohner sich nicht mehr von der Mission entfernten. Ich sorgte dafür, dass eine Lehrerin, die uns aus Sydney geschickt wurde, die Tage der Mädchen füllte: mit Schulunterricht, der das größte Gewicht hatte, zuweilen mit Lektionen in den Grundfertigkeiten des Kochens, Saubermachens und Nähens, wie in den meisten Einrichtungen üblich. Am Ende des Tages stellten wir sicher, dass die Kinder die ganze Nacht hindurch in den Schlafsälen waren. Mit Hilfe der männlichen Missionsbewohner verstärkten wir unsere Zäune, und über dem Haupthaus prangte das Gelöbnis unserer Einheit. Mit dem Beitel aus dem Holz herausgestemmt und in abgeflammten Buchstaben hieß es da:

Allein durch Gnade
Allein durch den Glauben
Auf Grundlage allein der Heiligen Schrift

Ich trat einen Schritt zurück, um das Schild nach dem Aufhängen zu begutachten, und war in der Tat sehr zufrieden damit. Denn tief in meinem Herzen, das vor Furcht zitterte und so auf Vorsicht getrimmt war, hoffte ich, dass es uns beschützen würde in dem Sturm, der sich, wie ich ahnte, zusammenbraute.

Neunzehn

spielen – *girinya* Als wir Jungen im Heim waren, spielten wir Cricket, Handball, Murmeln, Bockspringen und Speerspiele. Die Speere bastelten wir aus Rohrkolben oder Grasbäumen, die wir an Steinen gespitzt hatten und an die wir mit Fäden, die wir aus Decken gezogen hatten, Steinchen banden. Ein Junge spielte dann das Känguru, der andere Junge schleuderte die Speere. Unsere Spielzeugspeere versteckten wir unter der Hintertreppe, wo wir uns nebeneinander aufstellten, die Hand ans Herz gelegt, und „God Save the Queen" sangen. Nichts ist immer nur schrecklich, nicht einmal in den schlimmsten Zeiten. Als Kind findet man immer Wege, zu spielen, *girinya*.

Schnabeltier – *biladurang* Es gibt eine Geschichte über *biladurang* und wie es kam, dass es das Schnabeltier nur in diesem Land gibt – aber die beginnt mit einem Entchen namens Gaygar. Einst, vor langer Zeit, gehorchte Gaygar nicht den Ältesten und war respektlos gegenüber den Werten ihrer Familie. Sie verließ den gefahrlosen See und schwamm in den Bach, weg von ihrer Familie in Gewässer, wo Enten nichts zu suchen hatten. Dort wurde sie von einer Wasserratte gefangen, die Bigun hieß, und die hielt sie monatelang in einem Bach fest. Als sie floh und zu ihrem See zurückkam, hatten alle Enten, auch Gaygar, Küken. Als die Verwandten Gaygars Junge sahen, schüttelten sie die Köpfe und befahlen ihr, dass sie weggehen müsse, denn wenn sie dableibe, würde ihrer Familie Schlimmes widerfahren. So lotste Gaygar ihre seltsamen Jungen durch die verzweigten Wasserwege, durch Flüsse und angestaute Teiche. Schließlich fand sie einen Flecken, wo ihre Jungen glücklich waren. Aber für Gaygar war es zu kalt, da sie kein Fell wie ihre Kinder besaß.

Als Gaygar starb, blieben ihre Kinder in den kühlen Flüssen, alle mit Schwimmhäuten an den Füßen, mit Schnäbeln und mit Fell bedeckt. *Biladurang.*

Maskenkiebitz – *didadida* Dieses Wort lernte ich im Jungenwohnheim. *Didadida!* Wir schrien es laut und flitzten herum, mit Gerten durch die Luft peitschend, um sie wegzuscheuchen. Die meisten Leute stimmen wohl darin überein, der Regenpfeifer sei der schlimmste Vogel auf Erden, schlimmer als Geier und Elstern. Ich wette, jeder Australier weiß das. Sie schießen dir ins Gesicht, wenn du dich ihren Nestern näherst, aber selbst wenn du ausreißt, jagen sie dir unablässig hinterher. Allerdings muss ich sagen, als ich selbst Vater wurde, kreisten meine Gedanken wieder um den *didadida*, und wie sie doch nur ihre Jungen beschützen. Der *didadida* – das klingt sogar wie ein Name, den kleine Küken ihren tröstenden Eltern geben.

Polizist, Polizistin – *gandyan, gandyi* Ich bin schon netten und miesen begegnet. Das Problem bei der Begegnung mit miesen *gandyans* ist, dass sie bewaffnet sind, nicht nur mit Schusswaffen; heutzutage auch mit Elektroschockern. Sozusagen ein tödlicher Stromschlag aus der Hosentasche. Als ich ein Kind war, hieß es noch von allen Seiten: „Wink doch mal dem Polizisten." Ich glaube, wenn Menschen ein Kreuz an ihre Hauswand malen oder sich etwas ans Revers heften oder eine Binde um den Arm wickeln, dann sagen sie in Wirklichkeit: „Schießen Sie nicht auf *mich.*" Und mit derselben Absicht haben wir ihnen zugewinkt. Sogar den Mädchen und den Enkeln habe ich es beigebracht: „Schaut mal, winkt dem Polizeiauto!" Natürlich war es anders, wenn ich allein war und einen *gandyan* sah – dann wurde ich regelrecht unsichtbar.

alter Mann – *dyirribang* Ich wurde zwischen dem Frieden und dem Krieg geboren, genau zwischen dem Gedanken, der den Handlungen vorausging, und den Schatten, die später folgten. Als die Soldaten, die überlebt hatten, das erste Mal nach Hause zurückkehrten, bekamen sie unseren Boden zur Pacht, im Rahmen eines Siedlungsprogramms für Veteranen. *Dyirribang* Falstaff, dieser Fella beging einen Fehler, er bekam das Land der verlassenen Farm als Pachtobjekt und versäumte die Abzahlung des Grundbesitzes. Er verpasste die Zahlungen der Ablösesumme, mit denen er den Grund und Boden nach australischem Recht für immer zu seinem eigenen hätte machen können. Die Falstaffs schafften es nie, das Land zu erwerben, und danach auch die Gondiwindi nicht – die Regierung besaß es neunundneunzig Jahre, lange genug, um der nächsten Generation einen Defekt einzupflanzen. Eddie wird es noch zu spüren bekommen, wie es sich anfühlt zu leben, ohne einen Ort oder ein Feld sein Zuhause nennen zu können. Durch dieses Schlupfloch konnte der Tagebau sich dort breitmachen, er glitt hinein wie eine Schlange – schlimmer noch als eine Schlange –, bereit, um Millionen, Milliarden oder noch mehr einzuheimsen für ein paar raffgierige Konsorten.

Australische Elster, Flötenkrähenstar – *garru, wibigang, dyirigang* *Garru* ist ein Botenvogel. Sie können brutal wie der Maskenkiebitz sein, aber die Ahnen sagten, sie bringen spirituelle Botschaften, und dass die *garru*s sich liebend gern unterhalten, wenn man sie einmal für sich gewonnen hat. Das habe ich also versucht, und jetzt kommen sie hierher in den Garten, wenn sie nicht gerade brüten, und ich sage *garru nguyaguya milang mudyi* – Elster, mein schöner Freund, und daraufhin ist er ganz entspannt und sanft. Er erzählte mir von seinem Ahnen, der ersten Elster, und wie wichtig es sei, dass er seine Kinder vor dem Waran beschützt, und deshalb sei er eben so, wie er ist, und ich sagte, dass ich ganz und gar verstand.

Briefträger, Bote (mit einem Botenstab) – ***dharrang-dharrang*** Julie von der Stadtbibliothek – eine weise und freundliche Frau – beförderte im Bücherkatalog Teile für mein Puzzle zutage, die ich andernfalls nie gefunden hätte, sie übergab sie mir wie einen Botenstab aus alter Zeit. Was sie mir zeigte, half mir, mein Wörterbuch zusammenzutragen, half mir, das Bild richtig zusammenzusetzen. Julie war meine *dharrang-dharrang.*

Markierungen oder Spuren, Abdrücke vorbeikommender Objekte – *murru* Das sind die Spuren, die Schlangen, der Waran, die Vögel und wir hinterlassen, wenn wir kreuz und quer durch die Welt ziehen. Wir alle lassen *murru* hinter uns, also hinterlasst eine behutsame *murru.*

Zwanzig

Tagelang schlug im Binnenland die Hitze zu; die Einwohner von Massacre tratschten über den Tagebau und wie schlecht er für die Umwelt sein würde, die anderen erwiderten bissig, dass sie Jobs bräuchten. Dennoch waren sich alle streitenden Parteien darüber einig, dass ihnen noch mehr zustand. Nachdem sich am Vorabend einem Virus gleich das wahre Gerücht bis ins Valley und in die Hinterstraßen ausgebreitet hatte, dass Rinepalm Mining im Rathaus einen Tag der offenen Tür veranstaltete, stürzten Männer und Frauen, obwohl kurz vor dem Hitzschlag, aus ihren Häusern und eilten in die Stadt. Spät am Abend, als die Leute müde waren und ihren Durst stillten, auf neue Arbeit hoffend, sangen sie angeheitert zur Musik in den Jukeboxen mit, einige krakeelten auf dem Bürgersteig, und schließlich verschwanden alle wieder in die Nacht.

Gleich als Erstes am Samstagmorgen, während Elsie und August draußen um die Feuergrube herum zwei Reihen Stühle aufstellten, traf eine Frau vom Krematorium von Broken ein. Sie stand neben Prosperous House, in den Händen eine Holzkiste, nicht größer als ein Schmuckkästchen. August sah die Frau an, es wurde ihr eng um die Brust, und das traurige Gefühl, das sie beschlich, schnürte ihr den Hals zu. Elsie stellte noch einen Stuhl an seinen Platz, rang die schmerzenden Hände, trat erhobenen Hauptes zur Begrüßung auf die Frau zu und unterzeichnete die Papiere. Tante Missy kam die Verandastufen herunter und legte ihrer Mutter den Arm um die Taille. August konnte den Anblick nicht ertragen; sie richtete die letzten Stühle aus und suchte das Weite in Richtung Fluss. Ihre Nana hatte sie ermuntert, zu gehen, aber August war bislang nicht dazu gekommen. Außerdem wollte sie nicht sehen, dass gar kein Wasser mehr da war. Sie strich mit den Fingern über die überreifen Weizenkörner, die widerstandslos auf den Erdboden fielen. Um die Bohrstellen des Bergbauunternehmens herum war der Weizen abgemäht, die Stoppeln sahen aus wie ins Land geätzt. Weiter draußen war der Weizen auf einer Fläche, die etwa der von Prosperous House entsprach, plattgewalzt, Rohre ragten empor, gesichert mit Schraubmanschetten, ein einzelnes Rohr mit einer Verschlusskappe stand in der Mitte der Skulptur, Stacheldrahtzaun sicherte das Ganze, und ringsherum hingen daran Warnschilder. August kam nicht näher an die hohen Rohre heran, die von fern wie Stecknadelköpfe ausgesehen hatten. Der Boden um jedes Rohr herum war von Arbeitsschuhen zertrampelt und von achtlos hingeworfenen Metallteilen bedeckt. August fragte sich, worin hier die angezeigte Gefahr steckte, sie stellte sich Gase vor, unter den Rohren komprimiert, leicht entflammbare Saurierknochen und Kohlen, das Aufsteigen sämtlicher Elemente des Periodensystems mit ihren Ordnungszahlen. Sie malte sich aus, in die Zinngrube zu stürzen, *alles ist dann weg,* im freien Fall einen Kilometer in die Tiefe.

Sie lief querfeldein über die Fläche, die sie noch vom Murrumby trennte. Die Erde zwischen den Weizenreihen war von der Trockenheit rissig, sie erspähte darauf etwas im Sonnenlicht Schillerndes, eine aus dem Boden ragende Scherbe. Sie langte hinunter, um sie aufzuheben, ein Stück Quarz, wie sie nun erkannte. Sie hielt den Kristall in der Hand und sah sich nach Prosperous um; das Haus war nicht weit entfernt, nicht so weit weg wie in der Erinnerung, die in ihren Kopf hineinplatzte wie ein unerwünschter Gast.

An Ostern hatte Tante Nicki den Mädchen zwei große, in farbige Folie verpackte Eier geschenkt. August aß ihres auf der Stelle, aber Jedda wollte nicht, sie hütete ihres eine

Woche lang noch eingewickelt in der Tiefkühltruhe. Dann leckte sie mal daran, tags darauf biss sie ein Häppchen ab. Diese Rationierung zog sich monatelang hin. August war zunehmend auf dieses Ei fixiert, das da lagerte, und lüftete fast jeden Tag den Deckel der Gefriertruhe, um danach zu sehen.

Eines Tages hatte sie genug. Die Schwestern kamen gerade von draußen und versuchten, sich gegenseitig ein Bein zu stellen. August sah sie beide heute noch vor sich, hier wo sie jetzt stand. Als Jedda sich gebückt und ein Stück Quarz in ihren Eimer gelegt hatte, schrie August: *„Lauf!“* August hörte Jedda hinter sich herrennen, die Schätze in ihrem Plastikeimer schepperten. Beim Sprint heckte sie einen Plan aus und verstellte gekonnt ihre Stimme, als Jedda hinter ihr auf die Veranda zustürmte.

„Schlange, Schlange!“, kreischte August.

„Wo? Wo?“ Jedda blieb wie angewurzelt stehen, auf den Zehen schlich sie sich ans Haus heran.

„Die ist mir gerade über den Fuß gekrochen, ich schwöre, direkt unter die Stufen da“, August zeigte hin, verstummte, und wie erwartet bückte sich Jedda, um nachzusehen. „Ich glaube, sie hat mir Gift oder so was auf den Fuß gespuckt, ich wasche es mal ab“, ergänzte August und nahm die Stufen langsam. „Weißt du, ich habe gehört, wir kriegen es neuerdings hier in der Gegend mit Braunschlangen zu tun, die verbreiten sich – wusstest du das, Jedda?“

Und kaum war August durch die Hintertür im Haus, schob sie mit einem Ruck die Glastür zu und ließ das Schloss zuschnappen. Als Jedda das Schnappen des Schlosses hörte, schaute sie auf.

August kicherte und rannte zum Gefrierschrank, aus dem sie Jeddas kostbares Osterei herausholte. Jedda drohte ihr hinter der Glastür.

„Rühr es ja nicht an! Ich schlag dir dein Gesicht ein!“

Aber August zog die Folie vom oberen Ende des angebissenen Eis ab und begann, davon abzubeißen.

„August, ich bring dich um, ich verspreche, ich bring dich um!“

August konnte nicht mehr an sich halten. Stück für Stück stopfte sie sich in den Mund, die gefrorene Schokolade zersplitterte an der Zunge, war schwierig zu schlucken.

Jedda geriet in Wut, stieß all die Flüche aus, die ihr eine Ohrfeige eingebracht hätten, wenn Nana und Poppy zu Hause gewesen wären. Sie warf sich mit ihrem ganzen kleinen Körper gegen das Glas. August lachte und aß, so schnell sie konnte. Nun nahm Jedda einen langen Anlauf und warf sich gegen die Tür. Sie schlug sich Nase und Lippe ein, August sah ihr blutverschmiertes Gesicht, einen Streifen Blut auf dem Glas. August versuchte, einen kühlen Kopf zu bewahren, *okay, okay*, und stopfte das letzte Stückchen Ei wieder in den Gefrierschrank. Sie bereitete sich an der Hintertür vor, war bereit, das Schloss aufschnappen zu lassen und sogleich in Deckung zu eilen. Aber Jedda hatte bereits im Gartenbeet einen großen Stein gefunden und hievte ihn so hoch, wie sie konnte, als ginge ihre Raserei vollends in dieser Handlung auf. Jedda schleuderte den Stein in die Glastür, diesen Stein, der wahrscheinlich so schwer wie sie selbst war. Die Glastür zersprang und streute schillernde Splitter auf das Linoleum. Sie hatten sich Ärger eingehandelt, alle beide gleichermaßen, und mussten dafür ohne Ende Geschirr spülen. Bis es ein Ende gab.

August schluckte die Erinnerung hinunter, warf den Quarzkristall wieder zwischen die Weizenstoppeln und ging zur Flussböschung, an die Linie, von der an der Wasserpegel gesunken war, immer tiefer bis auf den bloßen Sand am Grund. Die Wurzeln des Weißen Eukalyptus baumelten von den Uferflanken ins Leere herab. Die Bäume hatten schon aufgehört, Blätter zu treiben, als August fortging. Keine Koalas kletterten mehr den Stamm hinauf, um Nahrung zu suchen. Für das Schnabeltier gab es nirgends eine Möglichkeit zu schwimmen.

Sie ging den Murrumby entlang Richtung Norden, wo das Wasser einst floss. Im Flussbett sah sie Muschelberge und abgestreifte Heuschreckenpanzer. Quer durch die Sohle des Flusses lagen reihenweise große Steine, einst als Fischfalle aneinandergereiht. Sie schritt durch eine weiche Sandmulde, wo sich eine Schar orangefarbener Monarchfalter niedergelassen hatte; als sie vorüberging, flatterten sie aufgeschreckt davon. Das Rauschen des Buschlandes schwoll an, ein Brummen, eine anhaltende unsichtbare Aufregung der Insekten in den Bäumen, wie Schallwellen aus dem All oder von U-Booten, die nur von Feinden, Walen oder Delfinen ausgemacht werden könnten, dachte August. Durch die Rote Schmuckzypresse zeichnete sich der Kengal ab, an einer Seite wie zu einer Woge aufgetürmt und an der anderen sanft zu einem Plateau hinabgleitend. Es wurde kühler, als sie in die Richtung wanderte, die einst flussaufwärts war. Weiter oben hatten die Pinien ihr grünes Dach behalten; Vögel riefen, *Wahn*, die Krähe krächzte, Kookaburras hüpften von Ast zu Ast und lachten an diesem späten Vormittag. Ein langsamer Waran wandelte den Stamm eines knorrigen Eukalyptus hinunter. Er sah breit und sattgefressen aus. *Taugt so nicht zum Essen,* pflegte ihr Poppy zu sagen, *Man muss sie fangen, bevor sie fressen, sonst schmecken sie nach totem Fleisch.* August hatte deutlich seine Stimme im Ohr. Der Waran zuckelte an ihr vorbei, als wüsste er, dass sie wusste, aber Waran hatten sie sowieso nie gegessen.

Daran erinnert sie sich: Wie sie und Jedda den geheimen Busch finden, auf der Suche nach der Stelle, die niemand sonst sehen konnte. Damals konnten Kinder mutig sein. Sie konnten ans Ende von Massacre rennen, ohne von Bauern oder verwilderten Tieren verfolgt zu werden, sie kletterten und konnten das auch gut, besonders Jedda. Gebrochene Knochen waren die Bausteine für ein Kinderleben im Busch. Trotzdem war es August meist nicht ganz geheuer im Busch – sie fühlte sich, als würde ihr die Luft abgeschnitten, weil sie immer wieder in der Erwartung eines Unglücks den Atem anhielt. Aber sie hielt es aus, zusammen mit Jedda, gemeinsam hatten sie eine Oase im Unterholz gefunden.

Kleine Rinnsale zuckten, wollten sich im rötlicheren Sand in die Länge zu ziehen. Sie lief weiter, und durch die Baumkronen konnte sie violette und blaue Zelte ausmachen, die auf dem abgeflachten Gipfel des Kengal aufgestellt waren. Neben den Zelten sah sie ein paar herumstehende Personen. Eine von ihnen winkte ihr zu – ein großer Schwenk mit dem Arm. August hob auch den Arm demjenigen zum Gruß, der da oben stehen mochte, ganz automatisch, drehte sich in die Richtung um, aus der sie gekommen war. Als sie losgehen wollte, hörte sie ein *Hey* und schaute zurück, erneut bewegte sich der Arm und winkte sie hinauf zu der Gruppe. Es gab doch genug Leute, um Zelte aufstellen zu helfen, dachte August, also folgte sie weiter dem Fluss, kroch durch den Zaun des Altöldepots und stieg auf den Höhenrücken.

Nach einem kurzen Aufstieg kam eine junge Frau etwa im selben Alter wie sie heruntergestiegen, auf August zu, vorsichtig am steilen Abhang die Balance haltend.

„Wie geht's?“, grüßte die Frau lächelnd und schlug sich Fliegen aus dem Gesicht. Bevor August antworten konnte, fügte sie hinzu: „Willst du Tee?“ August zuckte mit den Schultern, folgte ihr hinauf und drehte sich unterwegs um, den Blick auf Prosperous unter ihr gerichtet. Von hier aus konnte sie die hintere Seite des Hauses erkennen, auch wenn die Aunties sie hier nicht sehen würden. Sie dachte an Jedda, wie sie durch die Kasuarinen-Bäume auf den Kengal stieg, nach Falkennestern Ausschau haltend, auf Falken lauernd. Sie dachte an ihren Poppy, der zur Bogong-Gebirgskette in der Ferne zeigte, aber sie und Jedda konnten sie selbst nie wirklich erkennen.

Der Frau hingen rechts und links zwei lange Zöpfe auf die Brust, sie trug Cargoshorts, die bis zum oberen Rand der Oberschenkel gingen; lange Strümpfe umringelten ihre Beine bis unter die Shorts. Zwischen ihre Brüste fielen ineinander verschlungene Lederbänder, Halsketten aus Metall und ein Fernglas in Tarnfarben.

„Was macht ihr hier?“, wollte August wissen, als sie die Menschenmenge und die Zelte erblickte, die von Prosperous aus dem Blick verborgen waren.

„Ich bin Mandy“, brachte die Fremde vor, „und die Leute sind Wasserschützer, hier um den Tagebau aufzuhalten.“

August lachte über ihre Offenheit. „Da habt ihr wohl gesehen, wie viel Wasser im Murrumby ist?“

Mandy lachte nicht; stattdessen sprach sie weiter, als hätte sie die Weisheit mit Löffeln gefressen. „Dieser Felsen, der Kengal, ist genau genommen ein vulkanisches Filtersystem für den Fluss. Er ist ein natürlicher Quellfilter, vierhundert Millionen Jahre alt. Tatsächlich filtert er weiterhin das Grundwasser – *einen halben Kilometer* unter der Erdoberfläche.“ Sie musterte August mit beleidigter Miene, und August fragte sich, was sie von ihr wollte. „Aber du musst das ja wissen.“

„Nein“, sagte August, „aber was unternehmt ihr denn, um das Wasser zu schützen?“

„Wie meinst du das?“

„Ich meine – wie *schützt* ihr denn das Wasser?“

„Wir halten einfach den Tagebau auf.“

„Aber wie?“

„Direkte Aktion.“

„Was ist das?“

„*Blockadia*. Wir ketten uns an die Maschinen – aber bald werden massenweise Menschen dazukommen. Unsere Netzwerke kommen mit dazu.“

„Netzwerke?“

„Die Hüter der Erde.“

„Du?“

„Und sie.“ Sie deutete zum Lager. „Wir halten das ganze Jahr Ausschau nach Projekten, die wir ins Auge fassen, und dann, wenn wir sie brauchen, treffen unsere Unterstützer ein und machen mit. Normalerweise bin ich Wächterin der alten Wälder, aber dann ist uns zu Ohren gekommen, dass gerade das Projekt mit der Zinnmine durchgezogen wird – also, jepp.“ Sie nickte und hakte die Daumen in die Gürtelschlaufen ihrer Shorts.

„Zu welchen Leuten gehört ihr?“, fragte August. Sie nahm mit einem Nicken von einer anderen Frau Tee entgegen und nippte daran.

„Was meinst du?“

„Ich meine, seid ihr Koori oder was?“

„Nein, das ist mir nur eben nicht egal.“

„Das ist nett.“

„Glaubst du, ich bin dazu nicht berechtigt?“

„Das habe ich nicht gesagt, ich sagte, es ist nett – es ist schön, dass dir die Sache nicht scheißegal ist.“ August lenkte ihren Blick woandershin, versuchte, Eddie irgendwo um Southerly zu sichten.

„Ich habe mitbekommen, wie du neulich angekommen bist.“

„Du hast mich gesehen?“, fragte August.

„Entschuldige“, lachte Mandy und hielt das um den Hals geschlungene Fernglas hoch, „viel zu sehen gibt's hier sonst nicht.“

August ignorierte das Fernglas und ließ den Blick über das Camp schweifen. Sie hatten Gaskocher, zig Milchkästen, mit allen möglichen Dingen vollgestopft, zwischen den Zelten verstreut, Liegestühle, aufgespannte, behangene Wäscheleinen. Es waren etwa zehn Leute, sie spielten Karten in der behelfsmäßigen Küche, zwei große weiße Plastikfässer waren mit Trinkwasser und Wasser zum Kochen beschriftet, Zwiebeln und Bananen hingen an den Zeltstangen, und noch mehr Milchkisten.

„Wisst ihr, dass das Privatgelände ist?“, fragte August schließlich.

„Du meinst das *Öldepot*?“

„Ja.“

„Die können mich am Arsch lecken, ehrlich gesagt. Es dürfte nicht mal ein Scheißöldepot geben, weißt du, an einer heiligen Stätte.“ Sie kratzte sich umständlich am Hals und starrte auf August.

„Wer hat euch gesagt, dass es eine heilige Stätte ist?“ August wusste zwar, dass Poppy eine Geschichte über den Kengal kannte, aber nicht für alle Orte hatte er eine Geschichte bei der Hand.

„Ich habe eine Studie über Kulturerbe aus den achtziger Jahren gefunden. Da ist alles kartiert, falls du dir's anschauen willst.“

„Ich glaube dir“, sagte August, schüttete den Rest Tee zwischen die Steine und reichte Mandy die Tasse.

„Hör mal, wenn du kommen und ein bisschen abhängen willst, wir sind immer da.“ Mandy legte die Hände zusammen wie zum Gebet.

„Vielleicht.“ August fühlte sich von dieser Frau klein gemacht. Sie setzte sich in Bewegung, den Berghang hinunter, Mandy lief auf dem undeutlich auszumachenden Pfad neben ihr her.

August wusste nicht, wie sie es ansprechen sollte, aber sie hatte keine Lust, mit dieser Frau zusammen zu gehen, sie blieb nur kurz stehen: „Tschüss dann." Dann ging sie einen Schritt weiter und fügte hinzu: „Heute ist eine Beerdigung, also schaut bitte nicht zu unserem Haus runter, okay?"

„Klar doch, wir spionieren euch ja nicht aus oder so, ich habe dich eben bloß bemerkt." Sie reckte den Hals vor, um Augusts Blick einzufangen. Die Merkwürdigkeit der Situation ließ August erstarren. Mandy streckte die Hand aus und strich August die Haare hinter das Ohr. August zog sich der Magen zusammen, die Hüften taten ihr plötzlich weh. „Du hast so schöne Augen", sagte Mandy, um August dazu zu bewegen, in die ihren zu schauen.

Augusts Atem setzte eine Sekunde lang aus. Oder zwei. Und dann stapfte Mandy einfach wieder auf den Berg.

August setzte ihren Weg nach unten fort, ihr war übel, und zugleich war sie aufgeregt. „Mandy", sagte sie im Gehen, den Abhang hinunter, durch den Zaun, den Seitenstreifen der Upper Massacre Road entlang bis zur Einfahrt von Prosperous, vorbei an den aufgereihten Pfefferminzbäumen, den Autos, die ungeordnet vor dem Haus abgestellt waren. *Mandy*, die seltsame Frau auf dem Berg.

An der Hintertür zog August ihre schmutzigen Schuhe aus. Im Haus und im Hof wuselten Menschen herum, die Feuerholz machten, Klappmöbel aufstellten und über das versengte Gras redeten, das sich wie Besenreiser ausbreitete. Die Aunties stellten Essteller auf die Tische, überall, wohin sich auch ein Stuhl quetschen ließ. Kinder tobten herum, Babys schaukelten auf Schößen und purzelten irgendjemandem in die Arme, unterbrachen in ihrer Quirligkeit die Gespräche. Man rief laut „Augie", und August winkte zurück, sie wollte sich nicht unterhalten und verzog sich schnell in die Küche, wo die alte Tante Betty gerade Tante Missy schalt: „Warum trägst du nicht den Hut, den ich dir zu Weihnachten geschenkt habe?"

„Eigentlich trage ich nicht ständig Hüte, Aunty."

„Nun, dann will ich ihn wiederhaben, wenn du ihn nicht tragen willst!"

Tante Missy drehte sich von Tante Betty weg, sie war mit einem Tablett voller Curry-Eier-Sandwiches zugange. „Jetzt geht's schon wieder los", murmelte Tante Missy August im Flüsterton zu, „Jesus, rette mich."

August grinste, drängelte sich durch das Gewühl, vorbei an Elsie, die Onkel Fred gerade erklärte, dass der Kulturerbeverein vorbeikommen und das Buntglasfenster herausbauen wolle: „Jedes Stück einzeln, für uns. Ein Fachmann, meinten sie. Als wäre es das Einzige, was sich hier draußen zu bewahren lohnt." Onkel Fred schüttelte den Kopf und rieb sich vor Verwunderung mit dem guten Arm den Nacken.

August wand sich hinter den beiden vorbei und stieg ins Dachgeschoss, um sich umzuziehen. Als sie die Tür zumachte, hörte sie Tante Missy und Tante Betty lachen. Sie dachte, wie doch jede Familie ihre eigene besondere Sprache hat. Ihren eigenen verschrobenen Humor, der in der Vergangenheit feststeckt. Der Gondiwindi-Humor, das wusste sie, bestand aus Gezank, bis man in Gelächter ausbrach. Sie riss sich die Shorts und das T-Shirt vom Leib, schnappte sich den schwarzen Slip vom Wäschestapel und schlüpfte hinein. Sie zog die schwarze Bluse und einen langen Rock an und schlang die Bänder ihrer sauberen schwarzen Espadrilles um die Fußgelenke. An der Tür hing an einem gewachsten Faden ein Spiegel an einem dicken Nagel. August starrte hinein, schob sich das Haar hinters Ohr und zog es wieder hervor, das Büschel, das Mandy angefasst hatte. Sie trug Mascara auf und fuhr sich mit getöntem Lippenbalsam über den Mund. Sie schaute sich nicht lange an, das hatte sie noch nie getan. Etwa seit sie neun war, ihrer Sehschwäche wegen. Und weil sie das, was sie sah, nicht leiden konnte. Sie überlegte, dass sie wahrscheinlich nie länger als *One Mississippi, two Mississippi, three Mississippi* sich selbst oder irgendwem sonst in die Augen oder wenigstens in eine Kamera geschaut hatte. Wann auch immer sie sich fotografieren ließ, drehte sie im letzten Augenblick das Gesicht zur Seite und war daran gewöhnt, dass alle ihr zuriefen: „August, du hast es verdorben!"

Heute würde man nicht fotografieren. Sie schlang sich das Samttäschchen um den Leib, steckte die Zigarettenschachtel ein und zog eine Handvoll Papiertaschentücher aus der Schachtel auf dem Schreibtisch, die sie ebenso in die Tasche stopfte. Sie war noch nie bei einer Beerdigung gewesen. Für Jedda hatte die Familie keine ausgerichtet – sie hätte ja noch am Leben sein können.

Wieder unten betrachtete August die Kollektion Weinflaschen, die in der Spüle in einem Bad aus Eis standen, das fast geschmolzen war; normalerweise, wenn sie sich so wie jetzt fühlte, würde sie ihre verschriebene Arznei schlucken, aber stattdessen ließ sie ein Glas Wasser volllaufen und trank es, an die Anrichte gelehnt. Als es fast leer war, schüttete sie den Rest ins Becken. Jedda hatte das immer so gemacht, auch ihre Mutter. Am Vorabend hatte August ihre Nana vor dem Schlafengehen dasselbe tun sehen und sie gefragt, warum alle diese Angewohnheit hatten, den letzten Rest wegzuschütten. „Nun", Nana überlegte kurz, „ich denke mal, wir haben das so gemacht, weil das Haus mal aus einem Wassertank versorgt wurde, da blieb immer ein Bodensatz im Glas, deshalb trank man nie den letzten Rest." Diese Eigenheit hatten sie alle übernommen.

Draußen steckte sich August eine Zigarette an. „Bleib uns vom Leib mit deinen Kippen, Womba!", rief ein Onkel, der vor dem Fernseher saß, wo ein Cricketspiel lief. Sie hielt den Atem an und rannte in den Garten hinaus.

Die Sonne stand hoch, nichts warf einen Schatten. Eine weiße Plastikmarkise ohne Seitenwände war über den Klapptischen gespannt, die sich unter den Speisen bogen, geschützt durch Fliegenhauben. Ein Stapel Plastikteller und Plastikbesteck standen am Tischende, eine Reihe kalter Bierflaschen schwitzte in der Hitze vor sich hin. Von den alten Lautsprechern des tragbaren CD-Players her bemühte sich Archie Roach um Gehör. Ein Grillblech wurde mit Stahlwolle geschrubbt, das darauf geschüttete Wasser zischte, Dampf stieg von den angekohlten Stellen hoch. Die Menschen fanden sich zu zweit oder zu dritt nah beim Haus zusammen und führten unbeholfene und trübselige Gespräche. In einiger Entfernung wartete nah der ersten Weizenreihe die Feuergrube auf ihren Einsatz. Ab und an war ein leise glucksendes Lachen zu hören, das jemandem herausrutschte. Poppy hatte ein ganzes Erwachsenendasein erlebt und überlebt, es gab eine Fülle an Geschichten, die man einander erzählen konnte. Tante Missy berichtete Eddie von der Zeit, als sie klein war und ihr Dad sie vor der Schule zum Aalfischen mitnahm. „Glitschige Viecher. Dein Großvater hatte ein drei Meter langes Aluminiumboot, aber viel benutzt wurde es nicht außer von meinem Dad. Wir holten es raus, wenn der Stausee über die Ufer trat. Ich weiß noch, es war früh am Morgen. Erst die Arbeit, dann das Frühstück, sagte er uns immer, selbst an einem Samstag.“

„Mum auch?“, fragte August.

Eddie lächelte August zu und richtete seine Aufmerksamkeit wieder auf Missys Erzählung.

„Ja, deine Mum war da, Aunty Nicki auch“, antwortete Missy und legte den Arm um Augusts Schulter. „An diesem Vormittag sollten wir nur die Mückenlarven vom Ufer einsammeln. Wir schoben die Schaufel tief in den Sand und beförderten ihn ganz schnell hoch, damit die Würmer gar nicht erst wussten, was vor sich ging, schütteten den Sand in ein Sieb und ließen ihn durchrieseln, bis sich nur noch die Würmer am Siebboden wanden. Kennst du dich aus mit dem Würmersammeln, Eddie?“

Eddie schüttelte langsam und lachend den Kopf.

„Ach, ihr Milchgesichter!“, sagte Tante Missy und knuffte eine andere Aunty neben sich in die Seite. „Wir hatten also einen Eimer voll Würmer und verstauten das Angelzeug im Boot und stießen uns vom Ufer ab. Befestigten unsere Haken, warfen die Schnüre aus, und im Nu ruckte es heftig an Jolenes Schnur. Dad schrie: *Jetzt musst du schnell sein, Jolene!* Sie schaffte es nicht, also übernahm Dad und zog so einen Riesenaal ins Boot! Wir duckten uns kreischend ins Heck, der Aal drosch wild auf den Schiffsrumpf ein. Dad griff nach seinem Messer und machte sich daran, die Schnur durchzuschneiden, da schnappte ihm der Aal mit seinem großen Maul das Messer weg und versetzte damit Dad einen Schnitt in die Hand! Wir haben noch mehr geschrien, überall war Blut, dazu der Aal mit dem blutigen scharfen Angelmesser im Maul!“

Noch andere Familienmitglieder standen inzwischen um Missy herum und lauschten mit begeisterten Gesichtern ihrer Geschichte. „Dad griff nach der Wurmschaufel. *Augen zu, Mädels!,* rief er laut. Das haben wir aber nicht gemacht, wir schrien, aber wir schauten trotzdem.“

„Was ist dann passiert?“, fragte August.

„Er hat ihm glatt den Kopf abgeschlagen! Zuhause hängte er auf, was vom Fisch übrig war, und häutete ihn, dann übernahm Mum, und fast zwei Wochen gab es Auflauf mit Aal.“

„*Burramarramarra* – bei diesen Aalen muss man fix sein!“

„Was heißt das, Uncle?“, fragte Missy Onkel Fred.

„Flink mit den Händen sein – die Hände springen lassen.“ Fred fuchtelte mit seiner heilen Hand und dem heilen Arm, um den imaginären Fisch zu packen. „Das *sind* glitschige Scheißkerle.“

„*Burramarramarra,* oh ja!“, stimmte ihm Tante Missy lachend zu. In dem kleinen Grüppchen wurde vor sich hin gelacht, es war eine gute Story. Poppy war der Faden, der die Familie zusammenhielt. August sah, wie sie lachten, alle zusammen, und bezweifelte, dass sie einen von ihnen jemals wiedersehen würde.

Sie trat an den Tisch mit dem Essen und den Getränken. In der Plastikhülle eines Brotes aus dem Supermarkt waren Fliegen gefangen, hektisch krabbelten sie über die Kruste. August öffnete die Tüte, und sie schwirrten fort. Als sie vom Tisch aufschaute, fiel ihr Blick auf ihren Cousin Joey.

Als sie ihm zuletzt begegnet war, hatte er sich eine elastische Krawatte vom schlechtesten Anwalt der Gegend ausgeliehen und lief im Gänsemarsch hinter einigen Jungs wie er selbst in das steinerne Gerichtsgebäude hinein, aus dem er nie wieder auftauchte. Vier Jahre Jugendknast, davon eines, das er, nachdem er siebzehn geworden war, im Erwachsenengefängnis in Penn Town absaß. Dabei hatte er noch Glück gehabt – alle anderen Cousins kamen als Erwachsene vor Gericht, so hieß es. Sie war an dem besagten Abend dort gewesen und schwänzte die Schule, sie wollte bei dem Prozess dabei sein, der den halben Vormittag lang lief, beim Getratsch und den Styroporbechern mit Tee, die auf der Treppe des Gerichts herumgereicht wurden. Nach dem Prozess war sie nach Prosperous zurückgekehrt, sie schrieb am selben Tag eine Nachricht für Nana und Poppy und riss mit ihrer Geburtsurkunde aus. Sie trampte in einem Gigaliner über den Broken Highway bis ans andere Ende des Landes. Bekam einen Job, Reben stutzen in den Weinbergen, Obst pflücken, im Zelt schlafen, sie sparte Geld und setzte sich ins Flugzeug, eine Beschäftigung mal hier, mal da und schließlich außerhalb von London. Und das ist alles, was sie jemals gemacht hatte: Aushilfsjobs und fliehen. Sie stand mit leeren Händen da.

Joes Bart war lang und spärlich, als hätte er darauf beharrt, dass er wachsen sollte, wo immer es ging. Die Haare standen steif wie kleine Finger von der Spitze des Kinns und an beiden Mundwinkeln von den Oberlippen ab.

„August!", rief er, als er mitbekam, dass sie ihn sah. Er schoss von seinem Plastikstuhl hoch und auf sie zu. Diesmal trug er einen richtigen Anzug mit Krawatte. Er legte August den Arm um den Hals.

„Lange nicht gesehen!"

„Eine Ewigkeit nicht." Es tat so gut, Joe zu sehen, fand sie.

„Komm, schau dir mein Auto an." Er führte sie mit der Fackel seines Biers, das er vor sich hielt. „Ein Mazda MX-5, Aug. Habe ihn gekauft, weil ich jetzt – falls du's noch nicht gehört hast – Geschäftsmann bin." Er trat zurück und knöpfte seine Anzugjacke ein bisschen auf, das Kinn in den Himmel gereckt.

„Wo hast du den denn geklaut?"

Er überhörte ihren bissigen Kommentar, zu viel hatte er mitzuteilen.

„Hat Mum dir meine App gezeigt? Ich sahne ab, Cousine. Fünfstellige Zahlen."

„Du Glücksritter!" Sie lächelte ihn schräg an.

„Aug, ich schwör dir bei Gott, im Jugendknast habe ich sozusagen drei Uniabschlüsse erworben! Nichts zu tun dort, außer lesen. Ich habe über Mabo gelesen. Dieser Typ, was für ein schlauer Fella. Jedenfalls hat Pop mich besucht. Wir haben uns gegenseitig was zugeschmuggelt, Ideen geschmuggelt. Jahrelang habe ich ihm in den Ohren gelegen: *Pop! Du musst unser Land zurückfordern, nach dem*

Native Title! Pop fragte, wie viel von dem, was auf der Farm wuchs, meiner Schätzung nach einheimische Vegetation sei. Ich meinte, halbe-halbe. *Versuch's noch mal,* sagte er. Ich sagte darauf, ich habe keinen blassen Schimmer. Er sagte, es sind fünf Prozent! Gut, diese Idee haben wir also verworfen. Aber dann bekam ich dort kostenlosen Computerunterricht – nun ja, gegen eine kleine Gebühr wegen der öffentlichen Sicherheit. Ich wollte nur raus und Geld verdienen, weißt du? Ich stand in den Startlöchern ... Von Pop kam die Idee für das erste Spiel – hast du's gesehen?" Er sog tief die Luft ein und stieß sie wieder aus. „Und, wie geht es dir so?" Er nahm ein Schlückchen von seinem Bier und ergänzte: „Verdammt, ist das eine Hitze!" und zog sein Handy aus der Tasche. Aber irgendetwas an ihr ließ ihn aufmerken, sodass er das Handy gleich wieder in die Jacketttasche steckte.

„Geht's dir gut? Du bist ein bisschen anders, Aug."

„Ich habe dich nicht gesehen, seit wir Teenager waren! Du siehst auch verdammt anders aus!"

„Nah, ich meine traurig. Du wirkst echt traurig."

„Pop."

„Ach komm, wir besingen ihn, wir feiern ihn heute und tragen ihn auf Händen, sei nicht traurig, Cousine."

„Vielleicht fühle ich mich nur seltsam, ich weiß nicht. Die Dinge ändern sich. Ich fühle mich, als würde ich nur durchs Leben treiben oder so. Als wäre ich mein Leben lang eigentlich nicht ich selbst gewesen."

August öffnete ihre Handtasche, nahm noch eine Zigarette heraus, klopfte mit dem Filter auf die Motorhaube und zündete sie an. Sie war den Tränen nah. Nie hatte sie Poppy über Politik reden hören, aber mit Joey hatte er über den *Native Title*, das indigene Landrecht gesprochen; es war, als hätte sie diese Seite von ihm ganz verpasst.

„Ich denke, uns Blackfellas geht es allen heutzutage so, aber man muss immer nach vorn schauen. Was sagte

Poppy noch, als ich ihn das letzte Mal sah? Ein chinesisches Sprichwort, ach ja! Da heißt es, *Ein Fella knüpft ein Netz, der andere Fella steht bloß rum und hofft auf guten Fang. Rate mal, wer die Fische kriegt?* Man muss ein Netz machen, darauf kommt es an im Leben, oder?“ Joey lächelte, dass seine weißen Zähne blitzten.

„Ist das so?“ August brachte ein winziges Lächeln zustande.

Joey hatte einiges gewusst, als sie Kinder waren, noch vor den anderen wusste er, dass Erwachsene lügen, dass sie gemein und böse sein können. Noch vor den Mädchen hatte er gewusst, dass den Polizisten zuzuwinken keinen Unterschied zwischen Leben und Tod macht, und er hatte gewusst, dass Prosperous etwas Besonderes war, noch bevor es August bewusst wurde. So, wie sie die Welt roch und schmeckte, so erlauschte er sie.

„Weißt du viel über den Bergbau?“, fragte August.

„Scheiß Arschlöcher, ja.“ Er trat zurück und zeigte mit seinem Bier zum Kengal. „Und diese verfickten Hippies auf einer *heiligen Stätte*. Pass auf, die haben Läuse, diese dreckigen Arschlöcher.“

Er senkte die Stimme, sprach aber ebenso hastig weiter. „Das ist ein Geschäft, klar? Falstaff ist knapp bei Kasse, sie rufen bei einem Unternehmen an, das Kohleflözgas fördert, und laden sie zu sich ein! Die rücken also zur Messung an; Gas gibt es zwar nicht, aber juhu, da unten gibt's ein verficktes Mekka aus Zinn. Und dann die Falstaffs so: ‚Ach nee, wir wollen das Haus nicht verlieren.‘ Etwa sechs Monate später hat das Unternehmen irgend so eine Gesetzesauslegung hervorgekramt, wonach es sich sowieso um *Regierungsland* handelt, somit kriegen die Falstaffs nicht mal ein Stückchen vom Kuchen ab. Na ja, sie kriegen wahrscheinlich nur den Wert von Southerly House, gut für sie, denke ich. Ich meine, die ganze Story mit der Mine und den Falstaffs, die 99-jährige Pacht entdecken, das hätte sowieso passieren können, aber sie haben sich sozusagen das eigene Grab geschaufelt. Das ist doch deprimierend, nicht? Zu wissen, dass dieser Ort bald ein Riesenloch sein wird.“ Joey hörte auf zu quasseln und deutete mit seinem Bier. „Schau, Rosie ist da.“

Seine kleine Schwester spielte mit ihrem Handy auf den Verandastufen.

„Wie alt ist sie jetzt?“, fragte August.

„Zehn, bald fünfundzwanzig, laut Mum. Sie hat ein Bild von Beyoncé in ihrem Portemonnaie, betet sie an wie eine Heilige. Sie ist ein feiner Kerl, hat sich einen Tag, nachdem sie *Harry Potter* gelesen hatte, im Schrank eingeschlossen und herausgekriegt, dass sie keine echte Hexe ist. Sie bringt mich zum Lachen.“ Er knuffte August, weil er sie zu der Person, die er einmal gekannt hatte, wiedererwecken wollte.

„Hast du mit Eddie Kontakt?“ August zeigte auf das Feld, wo Joe und er, wie sie sich erinnerte, jedes Wochenende und die Schulferien verbrachten, reihenweise Getreide mähten, um sich ein Taschengeld zu verdienen, und dann im Busch verschwanden.

„Ich habe ihn letztens gesehen. Wir sagen hallo, wenn wir uns über den Weg laufen, eine kleine Stadt ist das hier, aber, du weißt schon ...“

„Was?“

„Er hat mich in den Knast gebracht, nicht? Hast du mal was von deiner Mum gehört?“

„Nein, du?“

„Was – von *deiner* Mum? Ich kann mich gar nicht mehr an sie erinnern.“

„Hörst du was von deinem Dad?“

„Guter Witz. Nah.“ Joey spuckte hinter sich auf den Boden.

Aunty Nicki schlenderte mit zwei Gläsern Weißwein hinaus zu dem improvisierten Parkplatz. August fand, sie sah umwerfend aus, mit roten Stöckelschuhen und ärmellosem Etuikleid, das bis zu den Knien reichte.

Sie beugte sich vor und umarmte Joe und August, die Hände mit den Gläsern in der Luft.

„Geht's euch beiden gut?"

Joe schob sich an sie heran. „Uns geht's gut, Aunty, ich erzähl Aug gerade was über Eddies Familie und über meine."

Tante Nicki reichte August ein Glas Weißwein.

„Danke", sagte sie. „Stimmt das? Dass sie den Tagebau selbst eingeladen haben?"

Tante Nicki lehnte sich an Joes Auto.

„Bergbau – nichts anderes ist in aller Munde, nicht wahr!" Sie legte August die freie Hand auf die Schulter. „Schau mal, es ist kompliziert. Weißt du, dass ich jetzt beim Stadtrat arbeite?"

August schüttelte den Kopf, während Joey sich entfernte und ihr zurief: „Bin gleich zurück, brauch noch ein Bier."

Tante Nicki sprach weiter. „Nun ja, der Antrag wurde vor ein paar Jahren eingereicht. Es gibt etwa zehn Farmen mit Kohleflözgasvorkommen; nun haben aber ein paar Landwirte in Massacre etwas dagegen, sie sorgen sich um den Grundwasserspiegel oder dass das Ding ein Leck haben könnte, was ja manchmal vorkommt, dann muss die Familie ins Hotel gehen. Anderen sagt es zu, weil sie eine kleine Entschädigung bekommen, denn die Dürre hält jetzt schon lange an, nicht nur die Ernte geht ein, auch das Vieh, und die Leute brauchen Geld. Tja, Eddies Familie hat ja nur erlaubt, dass sie sich dort die Lage anschauen, das war's. Die andere Option wäre gewesen, alles abzuriegeln, aber sie haben sie kommen lassen. Das ist okay –

das ist höflich, könnte man es nennen. Das Problem ist, sie sind dort sozusagen auf eine Goldader gestoßen. Also sind beide Häuser verloren. Das war's. Albert, er hat sich bemüht, den Stadtrat dazu zu bewegen, die Sache zu begutachten, er meinte, das Gelände habe kulturelle Bedeutung, durch die vernarbten Bäume oder das Haus selbst." Tante Nicki schaute zu Prosperous. „Aber sie müssen sich nicht damit befassen, es sei denn, der Stadtrat setzt es auf die Tagesordnung. Verstehst du?"

„Also *geht* Nana wirklich? Wann?"

„Nun ja, nächste Woche. Nächste Woche sind alle weg. Nana wird es gut gehen, sie wohnt dann bei Mary."

„Joe hat den Native Title erwähnt. Dass er mit Pop darüber gesprochen hat, Anspruch auf das Land geltend zu machen."

„Das wird nie durchgehen, ich sag dir auch warum: Es gibt keine Artefakte. Kein Wasser im Murrumby, keine Fische – Fischfang hieße nämlich, Nana oder jeder andere, der hier lebt, würde eine kulturelle Anbindung an das Land aufrechterhalten müssen, um an die ... ‚Ressourcen', verstehst du? Dazu kommt, es gibt hier keine Sprache. Die Sprache unseres Volkes ist ausgestorben, niemand benutzt sie mehr, also können sie auf dem Regierungsformular dort ein Kreuzchen machen, wo es heißt ‚Verlust der kulturellen Anbindung'. Verstehst du?"

„Poppy hat uns ein bisschen beigebracht."

„Dieses Lied mit Kopf, Schultern, Knien, Zehen? Ja, das hat er mir auch beigebracht. Aber ich meine ja Sprache, die mit diesem Ort, mit der Landschaft verbunden ist."

„Nana sagte mir gestern Abend, dass Poppy an einem Wörterbuch geschrieben hat."

Aunty Nicki schüttelte den Kopf, dann antwortete sie. „Selbst wenn, wird es nichts ändern. Sie sind in der Mission großgeworden, denk dran, und die Sprache war nicht erlaubt. Alles unter Queen und Kirche hier.“ Sie zeigte zum Glockenturm, krumm und rostig, der über Prosperous aufragte. August wollte ihr ins Wort fallen, sie berichtigen, ihr sagen, wie sie Poppy gehört hatte, als sie klein war, wie sein Zungenschlag sich veränderte, dass sie Wörter gehört hatte, die keiner außer ihm zu kennen schien. Aber sie sagte nichts.

„Wann kehrst du wieder nach England zurück?“, fragte ihre Tante, sie leckte den Finger an und tupfte sich Staub vom Kleidersaum.

„Bald.“

„Wie wunderbar, in Übersee leben. Ich wette, du kannst es nicht erwarten, zurückzukehren.“ Tante Nicki lächelte und nahm Augusts Hand, sie gingen auf die versammelten Gondiwindi zu, die die Verandastufen heruntergingen, ein langsamer und trauriger Schwarm. „Komm jetzt, es ist Zeit, Abschied zu nehmen.“

Einundzwanzig

Reverend Ferdinand Greenleafs Brief an Dr. George Cross, 2. August 1915, Fortsetzung

V

Über die Jahre schwankte unsere Zahl weiterhin. Eingeborene, die nicht wussten, wohin, verschlug es von benachbarten Flüssen zu uns, einige waren Hunderte Meilen zu Fuß unterwegs gewesen und der Gefangennahme entgangen, um unsere Mission mit eigenen Augen zu sehen. Auch wenn uns einige Männer von sich aus wieder verließen, blieben doch viele Familien da, und ohne viel Aufhebens trafen wir Absprachen, wie wir sie unterbrachten. 1886 sandte ich einen Brief an das Ministerium für das öffentliche Schulwesen, in dem ich auf den anhaltenden Mangel an Ausrüstung hinwies und dem ich eine sorgfältig aufgestellte Liste mit Gegenständen anfügte, die wir dringend benötigten: Lebensnotwendiges, Zucker, Tee, Tabak, aber auch Bretter, Eisen, Türen, Fenster für das Schulhaus. Sechs Monate später telegrafierte das Ministerium und kündigte einen Besuch an, bei dem zur Bewilligung der finanziellen Mittel unsere Fortschritte inspiziert werden sollten. Augenblicklich trommelte ich die Kinder zusammen, und eine Woche lang übten wir tagsüber und an den Abenden Bibelzitate, bis viele sie in- und auswendig aufsagen konnten. Das Wort Gottes wurde wahrhaftig ihrer Füße Leuchte und ein Licht auf ihrem Wege! An dem großen Tag rannte die kleine Mercy ohne jede Schüchternheit auf die Inspektoren zu und zupfte am Ärmel eines dieser Herren. Sodann rezitierte sie selbstbewusst, ohne dass ich ihr hätte Mut zusprechen müssen, William Hicksons Version von „God Save the Queen“. Drei Stunden später, am Ende der Inspektion, wurde ich informiert, dass alle Materialien geliefert würden, dazu werde uns noch ein Zimmermann zur Verfügung gestellt. Sie hatten die Wichtigkeit und den unverkennbaren Erfolg der Tagesschule anerkannt und darüber hinaus – ich denke, dank der süßen Mercy – beschlossen, sie zur öffentlichen Schule zu erheben, wodurch, wie man uns versprach, für unsere Einrichtung alle Begünstigungen gesichert wären, die jede Weiße Schule in der Kolonie genoss. An jenem Abend quoll meine Seele über vor Freude und guten Vorsätzen, stundenlang dankte ich auf Knien.

Und doch verzögerte sich die Lieferung der so dringend gebrauchten Dinge immer aufs Neue. In jenem Sommer war es sehr trocken, die Ernte verkümmerte – nicht etwa, weil es an Erntearbeitern mangelte, sondern wegen der schieren Gewalt der Sonne. Unsere wenigen Schafe waren am Verhungern. Ich betete um Hilfe und Führung – und siehe! –, Hilfe und Führung kamen!

Ein alter Blackfellow kam zu meiner Hütte und sagte: „Viele Fische unten im Fluss."

Zunächst schenkte ich ihm keine Beachtung, aber als er es nochmals und nochmals wiederholte, sagte ich: „In Ordnung, morgen schicke ich einen Reiter."

Daraufhin wurde er ganz aufgeregt. „Sie nicht schicken Pferde, Sie schicken großen Wagen mit mir."

Das Selbstbewusstsein des alten Mannes ließ mich aufhorchen, und eingedenk der Möglichkeit, dass der Herr Sorge für uns traf, genehmigte ich eine Fischfangexpedition. Am nächsten Morgen führten uns vier Männer und der alte Jacky zu einem Flussabschnitt, der sich unterhalb des Kengal zu einem Nadelöhr verengte. Als wir über einen Steilhang, den ich noch gar nicht kannte, am Fluss angelangt waren, streiften drei der Blackfellows die Kleider ab, hüpften unbekümmert von der Böschung hinunter, sprangen ins hüfthohe Wasser und fingen augenblicklich an, mit Speeren Fische aufzuspießen. Dergleichen hatte ich noch nie erlebt. Die drei mit Speeren Bewaffneten überließen dem alten Jacky, ihrem Gefährten Wowhely und mir das Auflesen und Einsacken, und innerhalb weniger Stunden hatten wir etwa sechs Zentner geborgen. Nachdem wir Gott gedankt hatten, kehrten wir zur Mission zurück und sorgten in der Siedlung für allgemeinen Jubel. Auf der Stelle legten die Frauen zwei Drittel des Fangs zum Trocknen und Konservieren beiseite.

Als wir uns am Abend daran gütlich taten, waren Hans Keller und ich uns von Herzen einig, dass wir gesegnet waren. Ich fragte ihn, ob er es in diesen mageren Zeiten für richtig halte, dass wir den Eingeborenen wieder gestatteten, auf ihre althergebrachte Art zu leben, damit wir uns weiter selbst versorgen könnten. Da sein Appetit gestillt war, sah er kaum Probleme darin.

Von jenem Tag an beobachtete ich begeistert die Fähigkeiten der Blackfellows. Sie zeigten mir die Knollen in der Nähe des Flusses, die wir über dem Feuer rösten und essen konnten, und eine Art einheimische Kartoffel, die die Frauen zerstampften, worauf sie aus dem Gemüse einen leichten, lockeren Kuchen buken. Ich lernte mehr von ihrer Sprache und stellte über die Jahre eine Liste mit 115 Wörtern auf, die ich hier anfüge, und im Gegenzug lauschten sie mit derselben Inbrunst meinen Predigten. Wenn auch nicht ohne Schwierigkeiten in der Sprache. Mir wurde klar, dass es in den Predigten nicht die Empfindungen waren, die uns trennten, sondern die Wörter. Das sagten mir die Blackfellows, als ich ihnen Gott erklärte; sie sagten *Baymee* zu mir, runzelten die Stirn und nickten mit der für die Situation gebotenen Ernsthaftigkeit. Und so – nach reiflicher Überlegung und großer Enttäuschung – betete ich und fragte den Herrn: „Warum bin ich nur mit Christus in Paulus verborgen? Warum können sie nicht mit *Baymee* in

Gott verborgen sein?“ Ich entschied mich für die Antwort, dass ich mit den Wörtern beweglich umgehen sollte. Dass ich gewissermaßen für eine Übersetzung offen sein sollte.

Ich traf mich also mit den Männern im Geheimen und predigte über *Ihn*, weder den Herrn noch *Baymee*. Ich gab die tapferen Geschichten und den Zauber der Schöpfung wieder, und sie nickten und hörten zu, hingerissen von den Erzählungen. Niemals erzählte ich Baumann, oder Keller oder einem Kirchen- oder Regierungsvertreter, der die Mission besuchte, davon, nachdem ich diese Entscheidung getroffen hatte. Anfangs hielt ich *Baymee* für ihr Wort für Gott, doch im Innersten ahnte ich, dass es das nicht war. Ich glaube, ich wusste immer, dass wir in Abwesenheit meines Gottes ihren eigenen Gott priesen. Wo war denn schließlich der Herr Jesus in all den Jahren gewesen?

Für unsere Nahrung waren wir vollständig von unserem eigenen Land abhängig, die Lieferungen vom Ministerium für das öffentliche Schulwesen tauchten *nie* auf, und ich hatte die offizielle Kirche für Prosperous noch immer nicht fertiggebaut. An der östlichen Fassade hatte ich die Rose aus Buntglas noch nicht eingebaut. Wenigstens floss der Fluss, wenn er fließen sollte, und ging die Sonne jeden Tag auf und unter; wenigstens konnten sie mir ihren Gott zeigen, *Baymee* stießen sie hervor. *Baymee* sagten sie, wenn sie auf das hinaufdeuteten, was sie Kengal nannten – die riesige granitene Erscheinung, die sich nördlich von Prosperous auftürmt. Ich nahm sie dann beim Arm und richtete ihn so aus, dass er einen Zoll weiter in die Höhe zeigte, sodass ich meinem Glauben gemäß behaupten konnte, wir zeigten nun zum Himmelreich, aber ihre Arme sanken immer ein Stück tiefer, wenn ich losließ, und sie korrigierten die Ausrichtung auf fünfundvierzig Grad, ihre Finger an der Spitze des Kengal – *Baymee*, bekräftigten sie kategorisch.

Zweiundzwanzig

Medizinmann, Priester, spirituell begabter Mensch – *guradyi, gudyi, guraadyi* Das ist, wenn der *gudyi* von der Kirche bei jemandem zu Hause aufkreuzt und in den Familien alles in Ordnung bringen will. Es gab eigentlich nur einen einzigen guten weißen *gudyi*, von dem ich gelesen habe, und das war Greenleaf. Die Medizinmänner meiner Ahninnen und Ahnen haben mir die Pflanzen gezeigt, die unserem Volk am allerheiligsten sind. Das, was Joey und die jungen Leute wissen müssen, steht alles hier geschrieben. Es gibt keine *guradyi* mehr, deshalb müssen unsere Nachfahren an ihren Platz treten. Den Raum beanspruchen, wo die Schande hauste, wo Dinge verloren gingen, wo wir von unserer Kultur ferngehalten wurden.

Mund – *ngaan* Benutzt euren Mund, sprecht unsere Wörter laut aus – manchmal liegt ihr richtig, wenn ihr es einfach ausprobiert. Es gibt nasale Laute, die ihr im Nasenhintergrund hervorbringt, wie „*ny*" – das aus einem „*n*" gemacht ist und ein bisschen kompliziert, besonders am Wortende. „*Ng*", das bei englischen Wörtern normalerweise am Ende auftaucht, tritt bei unseren am Anfang auf – und wird aus dem „*n*" gemacht. „*Nh*" hört man im Englischen überhaupt nicht – es ist wie Atemholen, manchmal innerhalb eines „*n*"-Lautes und manchmal danach. Dann gibt es noch Hemm-Laute – die bildet ihr nah am Herzen, wie „*dy*", das abhängig vom Wort wie „*j*" oder „*t*" klingt. „*Dh*" hört sich an wie „*d*" oder „*dy*" oder „*dth*"; dann gibt es noch „*b*", „*g*" und „*d*", die wie im Englischen „*p*", „*k*" oder „*t*" klingen. Es gibt auch Wörter, die lange Vokale enthalten wie „*uu*", „*ii*". „*Uu*" hört sich an wie das „*oo*" im Wort *book* und „*ii*" wie „*ee*" in *feel*. Der Rest ist nur das Fühlen der Wörter.

Rätsel, heilig, Geheimnis – *ngayirr* Das Wort *Rätsel* und das Wort *Geheimnis* haben in der alten Sprache dieselbe Bedeutung, das darf man nicht vergessen. Mir fallen Hunderte Gründe dafür ein, warum ich am Leben bin, warum Dinge geschehen sind, warum die Zeit unser Leben begrenzt, unsere Mutter aber unendlich ist. Aber in Wahrheit ist alles nur eine Frage.

Beine, lange Beine haben – *buyu-wari* Lange Beine haben – das trifft genau auf die Gondiwindi zu! Ihr kennt das doch, ihr schaut auf eure Schatten, und die Beine sind ganz lang? So sahen wir schon immer aus, wenn wir einfach so dastanden. Ob uns das zu großen Läufern macht, kann ich nicht sagen, aber wir waren immer in der Lage, Dinge zu erreichen, die sich in der Höhe befinden.

Glück, Vorsehung – *mugarrmarra* Vor Jahren kamen die Whirly-whirlies nach Prosperous – sie blieben dort mehr als dreißig Jahre. Als die Whirly-whirlies sich schon die zweite Woche bei uns herumtrieben, fuhr ich mit dem Fahrrad zum Lebensmittelmarkt in Massacre und kaufte Milch und für einen Dollar ein Rubbellos mit der Harbour Bridge darauf. Der Gewinn waren 10.000 Dollar in bar. Die Dame hinter der Theke erklärte mir, was das bedeutete, die Lose seien ganz neu herausgekommen, erst seit einem Monat erhältlich. Nun, ich habe das Los niemals aufgerubbelt. Dieses Los habe ich über all die Jahre aufbewahrt; an dem Tag, an dem die Whirly-whirlies verschwänden, wäre es ohnehin nutzlos. Ich vermute, ich hielt inmitten der Turbulenzen Ausschau nach einem Zeichen. Geld scheint eine Antwort zu sein, die so gut ist wie alle anderen. Ich habe alle Magie verloren. Ich habe jede Hoffnung verloren. Ich habe sogar das Beten verloren, aber ich wollte nicht aufhören, es für meine Familie zu versuchen. Deshalb habe ich nie eine leichte Lösung angestrebt. Ich habe es einfach versucht.

begehren, leidenschaftlich – ***ngurrunggarra*** Meine Ahnen haben mir eine Geschichte über zwei Liebende erzählt, die vor langer Zeit auf beiden Seiten des Murrumby lebten. Der Murrumby war die Grenze zwischen zwei Territorien, beide Gruppen waren freundlich zueinander, obwohl beide streng nach den jeweiligen Stammesüberlieferungen lebten. Der Tag kam, an dem einer der jungen Männer ein schönes junges Mädchen der benachbarten Gruppe erblickte. Er verliebte sich sofort in sie und beschloss, ihr Ehemann zu werden. Unglücklicherweise war dem Mädchen schon ein anderes Schicksal versprochen. Aber die zwei trafen sich heimlich, und viele Treffen vergingen, ohne dass jemand etwas davon wusste. Als sie erwischt wurden, warnten die Ältesten den jungen Mann, nicht das Mädchen zu *ngurrunggarra,* ansonsten würde er eine schwere Bestrafung erleiden. Aber diese zwei waren so verliebt, dass sie beschlossen, auszureißen, selbst wenn sie für immer Außenseiter wären. Sie entschieden, sich am Fluss zu treffen und den Weg nach Norden ins Buschland einzuschlagen. In der Nacht, in der sie weglaufen wollten, wateten sie beide in den Murrumby hinein. Als sie es bis zur Mitte geschafft hatten, ging ein Regen von Speeren auf das Wasser nieder und verwundete sie beide. Die zwei sanken ins Wasser, sich aneinanderklammernd. Und wenn der Murrumby noch Wasser führte, würden sich die Frösche heute noch dort versammeln und von jeder Seite des Murrumby aus zwei verschiedene Melodien singen: die junge Frau und der junge Mann, die einander zurufen und um ihre verlorene Liebe trauern.

sich selbst kennen, im Frieden mit sich sein – ***gulba-ngi-dyili-nya*** Als ich jünger war und mein Körper noch nicht gebeugt, begannen Fremde in Prosperous aufzutauchen. Ich schaute von der Feldarbeit auf und sah jemanden an der Hintertür stehen, meist war es eine Frau, älter als ich, die ihre Tasche an sich presste, nervös unter den Pfefferminzbäumen ging und um sich blickte. Sie kamen zurück, um ihren Frieden zu machen. Ich bot ihnen immer eine Tasse Tee an, und wenn sie Lust dazu hatten, führte ich sie auf dem Grundstück herum. Sie erzählten mir, wie sie den Ort ausfindig gemacht hatten, wie sie sich daran erinnerten, schon einmal hier gewesen zu sein. Einige waren so alt, dass sie sich noch an meine Mutter erinnerten. Sie befreiten sich von ihrem Leben, das sie in Gnade oder Elend verbracht hatten – in beiden Fällen mussten sie sehen, wo alles für sie begonnen hatte. Ich redete dann mit ihnen, nickte und stimmte ihnen zu. Genau das wollten die alten Menschen, die hierher zurückkehrten, jemanden, der ihnen entgegenkam, ihnen glaubte und irgendwie dabei half, die Puzzleteile zusammenzusetzen. *Gulbangi-dyili-nya* ist eine wichtige Arbeit, eine langwierige Arbeit. Jeder Mensch kommt an diese Wegscheide und fragt sich, ob er durch den Bogen der Pfefferminzbäume schreiten soll oder nicht.

Koala – *barrandhang, gurabaan, naagun* Nach ihrer Bustour und all den Scherereien, für die Elsie sorgte, fuhr sie in einem bronzefarbenen Chrysler Valiant nach Massacre Plains. Wir umwarben einander beim Tanz der Aborigines. Dann war Elsie müde vom Tanzen und vom Punsch, also fuhr ich, obwohl ich keinen Führerschein hatte. Wir fuhren vor uns hin, sangen und quasselten, bis es ein lautes WUMS unter dem Auto gab und wir ins Schlingern gerieten. Ich fuhr an den Straßenrand und wir schauten nach hinten, konnten aber nichts sehen. Elsie war beunruhigt, also drehte ich mit dem Auto um, und da lag auf der

Straße ein massiger *barrandhang* – diesen Namen haben mir die Ahninnen und Ahnen genannt. Elsie war erschüttert und wollte das Tier retten. Sie holte eine Picknickdecke aus dem Kofferraum und machte sich daran, das Tier darin hochzuheben, aber in dem Moment schmiegte sich der *barrandhang* – wohl noch unter dem Schock des Unfalls oder auch vollgefressen mit Eukalyptus – an Elsie, die ganz entzückt war, als hielte sie ein Baby im Arm. Das Ganze gefiel mir nicht, aber wir stiegen ins Auto, und mir fiel ein Ort für gerettete einheimische Tiere ein, größtenteils Kängurujunge, die noch lebend im Beutel der Mutter steckten, wenn diese tödlich überfahren wurde. Ich riss mich also zusammen und lenkte das Auto in diese Richtung. Mehrfach warf ich einen Blick zu Elsie, die das Tier immer noch wie ein Baby hielt, aber ich musste nach vorn auf die Straße schauen, um das Auto weiter steuern zu können. Nach etwa einer Stunde fanden wir den Ort, zu dem wir wollten. Es war schon weit nach Mitternacht, als ich anhielt, aber es dauerte keine Minute, bis der alte Bauer mit einer Flinte vors Haus trat. Oh Gott! Ich hielt die Hände hoch wie im Film, fiel auf die Knie und rief: „Wir haben einen Koala überfahren, bitte helfen Sie uns!" Ich schaute rüber zu Elsie, die aus dem Auto gestiegen war, die Picknickdecke war weggerutscht, der unverhüllte Koala umklammerte ihren Hals. Daran war nun nichts Mütterliches mehr, nicht bei diesem halb bewusstlosen Wesen mit Krallen, das gerade zum Geruch einer unvertrauten Frau zu sich kam. Ich und dieser Mann mit dem Gewehr konnten jetzt erkennen, wie riesig das Tier war. Er legte die Waffe sofort weg, und ich stand wieder auf. Elsie war noch ganz hin und weg, ihre Stimme bebte ein wenig: „Alb", sagte sie, „ich glaube, er wacht auf." Nun, dieser Typ bewegte sich sehr langsam auf sie zu, sprach ein paar beruhigende Worte und sagte zu ihr, dass er jetzt den Koala nehmen würde. „Okay? Ich möchte, dass Sie loslassen und sich ganz schnell wegdrehen, wenn ich es sage.“ Sie nickte, denn sie wusste, dass sie in der Klemme steckte. Genau in dem Augenblick, als der Kerl den Koala unter den Achselhöhlen packen wollte, schlug das Ding seine Zähne in Elsie, und die Klauen auch, mit denen es ihr in einem Ratsch das Kleid der Länge nach aufriss, als der Mann den Koala von ihr wegzerrte. Nun, allzu viel Blut klebte nicht an Elsie, der Koala aber war aufgewacht, so viel stand fest, er hielt Arme und Beine von sich gestreckt, laut brüllend! Der Mann rief, dass er am Morgen den Tierarzt holen würde. Elsie und ich kamen ein paar Tage später nochmal vorbei. Dem *barrandhang* ging es gut. Der Farmer ließ ihn wenige Tage darauf wieder frei. Wir waren froh, dass es ihm gut ging, und, ja, Elsie ließ sich nie wieder mit wilden Tieren ein.

Speer mit Widerhaken – *dhulu* Als älterer Mann machte ich mir selbst einen *dhulu*. Das ist nicht lange her.

krank, krank machen – *duri-mambi-rra* Ich versuche und versuche, meine Mutter zu sehen, wenn ich eine mythische Reise unternehme, aber in meiner Erinnerung sehe ich sie nur gehen, in meinen Gedanken ist sie immer besiegt. Ich sehe sie auf dem Feld beim Dreschen, ich sehe sie mit einer Tabaksdose sitzen, nachdem sie einen Scheffel abgearbeitet hat. Ich sehe sie unter dem Baum sitzen, als sie alt war und sich zu Tode trank, der Alkohol hatte sie *duri-mambi-rra*.

unrichtig, falsch – *wamang* Ich schaue hinten aus dem Haus: das Feld, das Getreide, rechterhand in der Entfernung der Teich; die Bäume, die Wäscheleine, linkerhand in der Ferne der Fluss; der Gemüsegarten gleich hier bei mir. Alles scheint klein und überschaubar. Es ist schwer, sich vorzustellen, dass etwas Großes das alles bald verschlucken könnte. Schwer vorstellbar, dass die Probleme zurückkehren und sich hier einnisten. Ich weiß nicht, was an uns den weißen Mann reizt. Die Last, die Last ihrer Erinnerung vielleicht, oder dass wir letzten Endes doch nicht mit dem Licht der Imperien ausgelöscht wurden. An manchen Tagen scheint alles dennoch *wamang*.

Dreiundzwanzig

Joe war bei den Uncles, er trug Äste von Schwarzer Schmuckzypresse und Eukalyptus zur Feuergrube. August sah Eddie mit den Männern zusammen, die ebenfalls trockenes Geebungholz trugen. In seinem Anzug schien er das Selbstvertrauen eines Soldaten zu haben, der in die Schlacht zog, nicht viel anders als die Statue in der Stadt. August dachte über Poppy nach und versuchte sich ihn ebenso jung vorzustellen, dachte daran, dass sie ihn nie richtig gekannt hatte, dass sie nur manches aus seinem Leben wusste, und fragte sich, wie es für ihn als jungen Mann hier in Massacre wohl war. Elsie wartete beim Feuer. Sie trug ein marineblaues Kreppkleid, das Haar zu einem Knoten im Nacken geschlungen.

August gesellte sich zu den Frauen und Mädchen, die in ihrem Schmerz zusammengerückt waren und seufzten; die Aunties stießen traurige Laute aus, sogar Tante Mary weinte. Die Sonne schien nachzulassen, August kam es mit einem Mal nicht mehr so drückend heiß vor. Vom Wasser des Murrumby her schien eine Brise zu kommen, was aber nicht möglich war. Einmal hatte August Tante Missy von der Trauer erzählen hören, die *flussaufwärts* komme – oder kam sie *unter der Erde* hervor? Sie konnte sich nicht erinnern. Tante Missy drückte Augusts Handgelenk. Missy dachte daran, wie ihr Dad sie zum Fischen mitgenommen hatte, und wie er sie, als sie klein war, den Daumen in den weichen Boden hatte stecken lassen, an ihr vorbeiging und Samen in die Erde fallen ließ, woraufhin Missy sie mit der anderen Hand wieder bedeckte. Tante Mary wiegte sich am Feuer. Sie dachte darüber nach, wie sie beim Weihnachtsessen im Medizinischen Zentrum der Aboriginals zum ersten Mal ihren Bruder wiedersah, wie Verwandte sie über den Rasen zueinanderführten, und dass sie nicht wussten, ob sie sich vor lauter Freude umarmen oder tanzen sollten. Sie dachte daran, wie sie ihren eigenen Sohn begraben hatte, wie sehr sie ihn geliebt hatte, mehr, als sie ihn lieben zu können geglaubt hatte, mehr, als sie zu lieben gelernt hatte. Und Tante Nicki, die Augusts andere Hand losgelassen hatte, bat mit geschlossenen Augen den Herrn, den sie nie um etwas gebeten hatte, dass er dieses Kapitel ihrer Leben beendete. Amen.

Nana nahm den Cousins und Uncles die Äste der Schwarzen Schmuckzypresse, des Eukalyptus und des Geebung ab und schob ihre Enden ins Feuer. Die Männer und die Jungen sahen aus der Distanz zu und warteten ab. Als die Äste schon rauchten, aber noch nicht brannten, traten alle näher, und Nana teilte das Holz aus, bis sie nichts mehr in den Händen hielt. August betrachtete nur alles aus der Distanz.

Sobald Nana das Schmuckkästchen mit der Asche nahm, wurden alle leise, aber Musik kam von ihren Füßen, als Nana die Asche ins Feuer streute. Die Flammen stiegen und sanken. Sie ging ins Weizenfeld, ließ den grauen Staub aus dem Kästchen eine Spur neben sich ziehen. Nana ließ das Kästchen auf den Boden fallen, öffnete die Arme ganz weit und bewegte sich mit geschlossenen Augen zu den persönlichen Liedern ihrer Ehe. Elsie dachte an Albert, an seinen freien Geist, der flog, der durch die Lüfte zischte, so wie er es immer behauptet hatte. Wie ein Pfeil durch ein schweres Herz glitt der lange, elegante Körper des Vogels in den Chor des Schluchzens und landete draußen am Teich. Elsie öffnete den Mund, und ein tiefer Laut kam heraus, Worte, die sie, ohne dass es ihr bewusst war, wie die Jahre angesammelt hatte. August starrte weiter hinaus zu dem Teich, während sich die Zeremonie fortsetzte und Rauch aufstieg, über die Ebene fegte.

Dann schien die ganze Welt still zu stehen: Die Zikaden verstummten, die Blätter hörten auf zu rascheln, die Stühle knarrten nicht mehr.

August schmeckte und roch nichts. Sie erspähte den einsamen Vogel am Rande des Teichs, der tanzte, wie ihre Nana, die innehielt, als sie es sah. Es war, als ob der Vogel sich auf das Feuer zubewegte. Auch alle anderen schauten hin.

Es war ein Brolgakranich.

Ein paar Familienmitglieder deuteten in Richtung des Teichs, wo die rote Haube des Brolga stieg und sank und seine weißen und blaugrauen Federn sich öffneten und wieder zusammenfielen. An der Wasserkante tanzte er auf seinen sehnigen Beinen, dünn wie Stöcke, und mit abgeknickten Knien. Er schlug mit den Flügeln und zeigte ihre schwarze Unterseite. Wenn er den Kopf senkte, meinte August, sein gelbes Auge zu sehen. Er stieß einen Trompetenruf aus, das Krächzen schwoll und schwoll. Dann tauchte der Schnabel hinunter zum Boden – und hoch, nach oben gingen die Flügel, der lange Vogelkörper erhob sich, seine Beine kreisten in der Luft, bevor er wieder fiel. Als der Brolga aufschlug, rauschte erst der eine, dann der andere Flügel durch den Rauch, der über das Feld zog. Ein Bein angewinkelt, dann dazu auch das andere, sodass der Brolga einen Augenblick lang von der Luft getragen wurde, und als darauf sein Körper, seine Atome und Moleküle auf den Erdboden trafen, hob sich der Kopf in einer Schwade aufsteigenden Staubes. Eines ums andere Mal wiederholte der Brolga den Tanz. Da war Musik. Alle waren still, schauten zu, mit einem Mal erkannten sie nicht die Freiheit des Vogels, sondern seine Zugehörigkeit. Elsie fiel auf die Knie und schluchzte und wimmerte wie nie zuvor. Auch August erkannte in dem Vogel noch etwas anderes. Ihre Beine fühlten sich schwer an und sie fiel zu Boden, die Augen auf den Vogel geheftet. *Jedda*, dachte sie, *Jedda*.

August sah sie tanzen, ihre kindlich schmalen Hüften, die langen in der Luft wogenden Glieder. Sie konnte Jedda sehen, wie sie ihn am Arm nahm, als er August durch die Haare fahren wollte. *Wohin ging Jedda mit ihm? Wer war er?* Sie versuchte sich zu erinnern, aber konnte nicht. In diesem Wachtraum, diesem lebendigen Echo, spähte August über das Bett, um zu prüfen, was da zu sehen war, und schaute auf den Fußboden ihres gemeinsamen Zimmers. Unter dem Doppelstockbett lagen die Kassetten über den Teppich verstreut, mit Marker beschriftet: Spice Girls, Hanson, TLC. Sie sah all ihre Bücher und Figürchen und eine Kassette auf dem Kissen von Jeddas Koje, darauf stand *Brief an die Prinzessin*. Das war kein Lied, es waren die von ihnen im Geheimen aufgezeichneten Botschaften an Prinzessin Diana von England. Sie nahmen oft Geschichten für sie auf. *Wahre Geschichten?* August und Jedda schauten gerade Balletttänzerinnen im Fernsehen zu, als die Nachricht gesendet wurde, dass Prinzessin Diana gestorben war. Warum, dachte sie, sah sie das jetzt vor sich? War sie nicht wegen Jedda nach England gegangen?, fragte sie sich und sah sich in Gedanken in ihrem gemeinsamen Zimmer um. War sie nicht ihretwegen zum Buckingham Palace geflogen? Hatte sie in all den Jahren rein gar nichts gemacht? Hatte sie nicht nur Geschirr abgewaschen wie damals, als sie Kinder waren und die Hausarbeit erledigten? Hatte sie sich nicht immer ungesund ernährt? Hatte sie sich nicht weggeworfen, um auf ewig ein Mädchen zu bleiben, damit sie *für immer kleine Mädchen blieben*? Der Zementblock ihres Gedächtnisses, diese glatte Platte in ihrem Kopf bekam Risse, die graue Wand zerbröselte, und alles, was sie sah, war die tanzende Jedda. Die Musik zu Jeddas Tanz. Singende Mädchenstimmen: *Kopf, Schultern, Knie und Zehen*, sangen sie, *Balang gaanha bungang burra-mi, bungang burra-mi, bungang burra-mi …*

Sie sah die kleinen Mädchen vor sich. August wollte aus dem Stockbett fallen und die beiden umarmen, aber als ihr Kopf sich ihnen näherte, fiel ihr der Hals schwer herunter wie ein Körper auf Drogen, ein Verstand im Meer, und damit war sie wach, wieder auf dem Feld. Der Brolgakranich faltete und entfaltete sich durch seine Bewegungen, *Kopf, Schultern, Knie, Zehen* ... in die Luft stoßend ... in die Erde pickend. Wieder und wieder stieg der Körper aus dem Staubfeld, als würden Zukunft und Vergangenheit aufeinanderprallen.

Dann nahten von Westen her die Gefährten des Brolga, hundert Segel, ins gelbgrüne Meer geworfen. Sie folgten denselben Bewegungen, schlugen Rad mit ihren sehnigen Beinen, aber der erste Kranich tanzte am beeindruckendsten: Er stach aus dem Zug heraus, spreizte die Flügel am weitesten auseinander.

August spürte, wie ihr Gesicht feucht wurde. Eine Segnung durch all die Worte, die nicht gesagt zu werden brauchten, legte sich über den Garten. Es war, ganz schlicht, ganz schmerzhaft, die Endlichkeit einer Zeit. Von jeher hatten sie sich Frieden gewünscht, oder glücklich zu sein, und das sind gute Wünsche, besonders für Kinder, aber eines ums andere Mal waren sie in die Vergangenheit zurückgerissen worden, dorthin, wo aller Schmerz wohnt. Sie fragte sich, ob jeder Mensch vom Kindsein heimgesucht wurde. Heimgesucht von dem Gefühl, ungeschützt zu sein. Sie waren nicht vor allem geschützt gewesen, erinnerte sich August, nicht vor den Worten, die ihnen von den anderen Stadtbewohnern entgegengeschleudert wurden, nicht vor den schiefen Blicken, nicht vor den Geschichtsbüchern in der Schule und den Lügen, nicht vor den Leuten in ihrem Umfeld, deren Seele in tausend Teile zersprungen war, und jetzt konnte sie sich deutlich erinnern – wie sie ganz und gar nicht vor allem geschützt waren, nicht einmal vor Onkel Jimmy Corvette, der gern zu ihnen ins Bett kroch, wenn es niemand mitzubekommen schien.

Sie hörte Gospelmusik, die gar nicht da war. Unter dem Dachvorsprung hervor, die Stufen herunter und in das alte Feld strömte die Musik, ließ schlummernde Samen in ihren Samenhülsen und die Samenhülsen an den Zweigen rascheln und die in den Bäumen feststeckenden Zweige beben. August sah zurück zur Veranda von Prosperous und sah Nana und Poppy an jenem Abend vor sich, schick angezogen für die Wohltätigkeitsveranstaltung, den Mädchen zum Abschied zuwinkend. Das war das Jahr, in dem der Gospel nach Prosperous kam, und waren Jedda und August nicht ganz aus dem Häuschen? Nana und Poppy hatten einen funkelnagelneuen CD-Player gekauft, um damit freitags den Anfang und das Ende der Bibelstunde mit Musik auszuschmücken. Poppy sagte, es sei *Gottes Wille*, und drückte den Play-Knopf. Die damals noch jüngere Nana war mit Gott einer Meinung, lächelte aber und zwinkerte ständig den Mädchen zu, was Gottes Wünsche betraf. Sie ließen die Musik in jeden Winkel des Hauses dringen. Sie öffneten sogar die Fenster, und August hatte gesehen, wie der Gospel aus Prosperous strömte wie der Rauch von etwas, das auf dem Herd angebrannt war. Jene klagenden, singenden Stimmen, die auf der Farm ihr Lager aufschlugen.

Niemand wusste damals, was Jimmy Corvette war – er war doch nur Babysitter an jenem Abend, oder? Er sagte, er habe ihnen einen Film mitgebracht, ob sie den anschauen wollten? Der war auf einer Videokassette. August wusste nicht mehr, welchen Titel der Film hatte, aber freigegeben für Kinder war er nicht. Den Mädchen gefiel er nicht, er irritierte sie, Jedda und August drückten einander die Hand unter der Decke, während Onkel Jimmy ihnen in einem fort mit den Fingern durch die Haare fuhr. August spürte Popcornhülsen zwischen den Zähnen, als er seinen Mund auf ihren drückte. Jedda schaute weg, und dann schaute August weg.

Beim Frühstück am nächsten Tag hielt Poppy neben den Cornflakes und der Kaffeekanne die Zeitung vor sich und vermeldete jedem, der zuhörte, dass in einem Land namens Philippinen eine Statue der Jungfrau Maria Blut weinte. August dachte bei sich, dass die Jungfrau Maria gewusst haben musste, was sie hier durchmachten. August fragte sich damals, ob sie jemals wieder würde weinen können. Sie malte sich aus, wenn ja, dann wäre es auch Blut, aber sie glaubte sich in keinem Fall einen Blutstropfen abpressen zu können. Sie war für immer verändert, sie spürte, dass sie an jenem Tag begraben worden war und begraben bliebe, alle Tage, die noch kommen würden, unter hundert Matrjoschkapuppenhüllen, tief unter dem Holz und Lack. Und nie wieder wollte sie Gospelmusik hören.

Nach ein paar Wochen geschah es zum zweiten Mal, *war es nicht so*? Aber Jedda führte Onkel Jimmy Corvette weg von August. Jedda rettete sie.

Ihr Kopf fühlte sich an, als spürte er ihren restlichen Leib, als würden Dinge einsinken und ihre Gefühle heraussickern, wie ein Sieb, das in eine Schüssel mit Kuchenteig gefallen war. Sie setzte sich auf die sandige Erde, weinte. Alle Gefühle krochen ihr über den Körper, überallhin, als erweckten sie bewusstlose Nerven der Haut, die erwachenden Untoten. Ihr Mund, ihre Kehle, ihre Nase – selbst ihre Ohren fühlten sich an, als wären sie nass vor Tränen. Ein Wort fiel ihr ein, vollständig ausformuliert, sie wusste, was es bedeutete: *burral-gang* – der Brolgakranich. Sie wusste nicht, woher sie das Wort kannte, aber sie kannte es. *Burral-gang*. Die Brolgas beendeten ihren Tanz. Sie war es, die tanzte. Jedda und ihre Freunde setzten sich in Bewegung und flohen von der Weide, auf dünnen Beinen galoppierten sie südwärts, weg von ihnen allen, bevor sie vollständig aufflogen. August zog die Finger durch die Erde, nur die Oberfläche aufkratzend. *Poppy*, sagte sie laut; *Jedda*, sagte sie in ihrem Inneren.

Sie schloss die Augen, ein Damm war gebrochen, gebrochen ihre kleinen Herzen, Herzen so zerbrechlich geboren wie Ton. Die Hände flach auf dem trockenen Erdboden, die Augen von Tränen geblendet, fühlte sie sich, als wäre sie wieder zu Hause, wieder auf dem Land, zu dem sie gehörte. Gleichzeitig dachte sie, dass dies der traurigste Ort auf Erden war.

Vierundzwanzig

Reverend Ferdinand Greenleafs Brief an Dr. George Cross, 2. August 1915, Fortsetzung

VI

Verzeihen Sie bitte meine langatmigen Abschweifungen, ich möchte Ihnen und denjenigen, die mein Bericht sonst noch erreicht, einfach alles illustrieren, damit Sie sich ein angemessenes Bild von unserem Missionsleben machen können.

Unser Alltag in der Mission Prosperous hatte Ordnung und Anstand, die Gemeinde, mit den jungen Männern errichtet, die inzwischen Väter geworden waren, und deren Kinder, die auf gottgefällige Weise aufwuchsen, mit Schulbildung und gut behütet; einige Mitglieder ihrer Familie waren zwar wild geblieben und nicht willens, sich unserer Mission anzuschließen, aber sie besuchten uns in friedlicher und wohlwollender Absicht.

Allerdings hörte und sah ich im Laufe der Jahre, wie eine Zunahme des Native-Labour-Systems in den Plains stattfand, und wir bekamen weniger Besuch. Daher lebten auch weniger junge Männer in der Mission, da sie gefangen genommen und – das wage ich zu behaupten – gewaltsam gezwungen wurden, Übereignungspapiere zu unterzeichnen, die sie unmöglich verstehen konnten. Ferner wurden sie dadurch zum Eigentum eines Fellows auf einer Farm. Wenn sie später wegliefen, was sie mit großer Sicherheit taten, wurde ein Haftbefehl gegen sie erlassen und die Polizei mobilisiert, sie wurden gejagt oder aufgespürt, mitunter hier in der Mission, zur Polizeiwache gebracht und wochenlang angekettet, ehe sie zu jenen scheußlichen Farmmännern zurückgeschafft wurden, die triumphierend mit den Abschriften des Masters and Servants Acts herumfuchtelten. Auf diese Weise wurden die mir so lieb gewordenen Familien zerbrochen, um deren Unversehrtheit ich mich so bemüht hatte.

Im sechsten Jahr unserer Mission hatten wir eine engmaschige und, soweit das möglich war, geschützte Gemeinschaft von Webern, Fischern, Kindern Gottes, Bildung und guter Vorsehung – zwei aufeinanderfolgende Jahre lang hatten wir reiche Ernte an bestem Weizen. Es gab Geburten, und natürlich starben einige alternde Bewohner. Ich war überrascht zu erfahren, dass die Eingeborenen große Ehrfurcht vor den Toten hegten, ich erlaubte ihnen, ihre privaten Zeremonien durchzuführen, bevor wir die Särge zusammennagelten, und steckte in einem kleinen Wäldchen einen Friedhof ab. Es erleichterte mich sehr zu wissen, dass diejenigen, die in der Mission starben, sich zuvor hatten taufen lassen, einige noch auf dem Sterbebett und auf meinen Zuspruch hin, doch immer mit ihrer vollen Zustimmung.

Zum Wechsel ins siebte Jahr der Mission schien sich in der Gemeinde von Massacre Plains ein tiefer Riss aufzutun. Soziale Auseinandersetzungen nahmen einen zunehmend feindseligeren Charakter an; die Regierung ging vehement gegen eingewanderte Goldsucher vor, und das *Worker*-Mitteilungsblatt hatte innerhalb eines Jahres drei Ausgaben herausgebracht, die die Spaltung zwischen den sogenannten *Silvertails* und *Hoi-polloi* entfachten. Doch beide gesellschaftlichen Lager waren sich wohlgemerkt einig in ihrem Vorurteil gegenüber dem Eingeborenen.

Eines Abends riss eine Gruppe weißer Männer die Umzäunung nieder und brach in unser Reservat ein. Ich schlief in meiner Hütte, erwachte vom Gegröl der Reiter, die schrien, sie wollten „Rache" nehmen und „Auge um Auge" walten lassen. Sogleich zog ich mir Pantalons und

Stiefel an, holte das Gewehr ganz oben aus dem Regal und stürzte in den Hof. Die Mädchen und Frauen schrien und rannten, zunächst zur Männerhütte; aber als sie sahen, dass die Weißen Männer sie verbarrikadiert und die Unterkünfte der Männer mit ihren Fackeln in Brand gesteckt hatten, rannten sie mir in einem Schwarm entgegen. Ich ließ sie vorbei, und die Frauen und Mädchen strömten in meine Hütte, um Schutz zu finden. Die eingeborenen Männer sprangen aus den Fenstern ihres Quartiers in den Hof, als das Feuer schon züngelte und Flammen aufloderten. Ich forderte eine Erklärung von den Einbrechern, was sie bei uns zu suchen hätten; so berauscht sie auch vom Alkohol waren, hielten sie sich doch auf den Pferden, mit Peitschen bewaffnet, und packten ihre Gewehre mit alarmierender Dreistigkeit. Die sechs johlten, einander übertönend, unsere Schwarzen – „Nigger" nannten sie sie – hätten ihre Rinder mit Speeren erlegt, und ihren gereizten Gesichtern konnte ich ablesen, dass ich mich hier weder auf die Vernunft noch auf die Heilige Schrift berufen konnte. Dass sie an jenem Abend allein auf rachsüchtigen Mord aus waren. Die Blackfellows hatten sich unterdessen von ihrer großen Hütte entfernt, um sich im Busch zu verstecken.

Ich ging auf die Weißen Männer zu, die weiter auf ihren Pferden saßen, und richtete die Gewehrspitze auf ihre Tiere. Ich forderte sie auf, zu verschwinden, sonst würde ich die Behörden herbeiholen. Ich gebe zu, meine Hände zitterten und meine Nerven waren angeschlagen. Ich fühlte mich schrecklich überfordert. Der unbewaffnete Keller brachte inzwischen jene verängstigten Kinder, die nicht mehr in meine Hütte passten, im Schulhaus in Sicherheit. Ich hielt das Gewehr an der Schulter und versuchte einigermaßen nicht damit zu wackeln, da galoppierte einer der Weißen Männer, vom Licht des Feuers angestrahlt, auf seinem Pferd über den Platz, preschte auf mich zu und trat mich mit einem Stiefel auf meinen Kopf zu Boden.

Bis zum Ende unseres Martyriums lag ich bewusstlos unter offenem Himmel auf dem Boden unseres offenen Platzes. Als ich, umsorgt von Keller, wieder zu mir kam, schwebte von den Männerunterkünften nur noch Asche in den Himmel. Ein Pferd lag neben dem Feuer, getötet durch einen Speer in die Brust. Die Weißen Reiter waren geflohen, sie hatten zwei Frauen mit sich genommen, sehr zum Leid der Bewohnerinnen, deren Wehklagen bis weit hinter die Akazien schallten.

Keller berichtete mir sofort, dass man einem Blackfellow, der die Entführung der Frauen verhindern wollte, eine Viehpeitsche um den Hals geschlungen und ihn am Sattelknopf befestigt etliche Runden rücklings und bäuchlings über den Hof geschleift hatte, bevor er erschossen wurde. Ich erinnere mich, dass es sogar durch den Rauch hindurch stark nach Blut roch. Zerstreut berührte ich meinen Kopf, aber der Blutgeruch war nicht mein eigener. Ich stand auf, um dem verletzten Blackfellow zu helfen. Ich torkelte auf die am Boden liegende Gestalt zu, fiel auf meine Knie und war traurig, dort Wowhely zu erkennen, einen guten und ehrbaren Mann, etwa halb so alt wie ich, meinen Freund. Als er mich näher kommen sah, sagte er, dass er Angst habe. Eine Lache aus Dunkelheit hatte sich über seine Brust gebreitet und die Hände seiner Brüder und die meinen verfärbt. Ich begriff, dass ich nur noch zum Sprechen des Gebets brauchbar war. Ich sagte zu ihm: „Du brauchst dich nicht zu fürchten, denn der Herr Jesus ist immer bei denen, die auf Ihn vertrauen und die so wie du, Wowhely, durch das dunkle Tal gehen."

Ein Lied drang nun aus den Mündern der Männer, es stieg von Wowhelys leblosem, blutigem Leib auf und schien Licht in den nächtlichen Himmel zu tragen, ein Lied, das ganz sicher die Engel dazu brachte, ihre Gesichter zu bedecken und zu weinen. Am nächsten Tag hielten die Eingeborenen für sich ihre eigene Zeremonie ab. Am darauffolgenden Tag betteten wir Wowhelys vorbereiteten und gesegneten Leib in das ewige Zuhause des Friedhofs. Der Friedhof, der an Größe zugenommen hatte, der mit dem Leiden wuchs, das wie ein Heuschreckenschwarm über den Ebenen hing.

Fünfundzwanzig

eggen, pflügen – *gungambirra* Alles, was man braucht, um das Land gut zu bearbeiten, ist hier. Schon vor dem Reverend, der meinte, er bewirtschafte das Land als Erster, kannten wir uns aus mit *gungambirra*.

Loch, das als Schlafplatz genutzt wird – *nguram-birrang* Mit unseren Mädchen sind wir nach Süden gegangen, den Murrumby entlang. Nachdem der Staudamm gebaut worden war, gingen wir mit den Enkelinnen nach Norden. Wir schlugen das Lager weit oben am Fluss Darling auf. Auch viele andere Familien waren dort, ihre Autos aufgetakelt mit Kajaks und Kanus, Angeln, Klappstühlen und Vierpersonenzelten. Das waren die schönsten Zeiten, diese Ausflüge. Etwas anderes sehen, Abenteuer erleben, aufspüren, wo der Murrumby endete, und in späteren Jahren, wo er angefangen hatte. Ich zeigte den Kindern, wie die Gondiwindi früher die Nacht verbracht hatten, ich hob in Ufernähe Erdlöcher aus und zündete am Nachmittag mehrere Feuer an; während sie schon brannten, bereitete ich unsere Feuerstelle für den Abend vor. Dann ging ich flussaufwärts angeln. Als es richtig kalt wurde, alle Kinder in ihre Pyjamas schlüpften und es Zeit war, das Abendessen zuzubereiten, schaufelte ich die Holzkohle aus den anderen Feuerstellen, die ich gemacht hatte, und schüttete sie in das Hauptfeuer. In die kleinen *Gulamon*-Mulden, die ich ausgeschaufelt hatte, legte ich Strandtücher und sagte zu den Kindern, dass sie schlafen gehen sollten. Oh, wie staunten sie da! Eine warme kleine Grube zum Liegen und zum gegenseitigen Witzeerzählen am Feuer, bis es Essen gab und Schlafenszeit war. Als die Mädchen eingeschlafen waren, lag Joey, auf die Ellbogen gestützt, noch wach in seiner Mulde, und wir führten Jungsgespräche, bis das Feuer ausging und die Milchstraße über uns sich wie ein Film abspulte.

hohler Baum, der in Brand gesetzt wurde, Rauch, der oben herauskommt – *dural* Mein Vorfahre, ein Großgroßgroßonkel von mir, nahm mich eines Tages zu einem Spaziergang mit. „Wir gehen Abendessen besorgen“, sagte er mir. Ich muss wohl elf gewesen sein und war damals schon an mythische Reisen gewöhnt. Also mein Großgroßgroßonkel, der sagte, dass sein Name Cooradoc war, zeigte auf einen toten Baum, dessen Äste abgebrochen waren und dessen Stamm ganz grau war. Uncle Cooradoc klopfte mit seiner Axt an den toten Baum, und zurück kam ein trippelndes Geräusch. Dann machte Uncle mit Feuersteinen und langem Gras ein Feuer und hackte ein Loch in den Baum. Er reichte mir das brennende Gras und sagte, ich solle es im toten Baum halten. Ehe ich mich versah, kletterte Uncle auf den Baum. Dann sagte er, ich solle das Gras loslassen, was mich erleichterte, denn meine Finger begannen zu versengen. Das Feuer wirbelte rasch durch den hohlen Stamm in die Höhe, und als Nächstes sehe ich Uncle wieder herunterklettern, ein Possum in seiner Hand. „Zeit zum Abendessen“, sagte er und lachte. „Das“, sagte er, während er auf den in Flammen getauchten Baum wies, „ist *dural*. Und das hier?“, fragte er, das Possum zwischen uns haltend. „*Bugari*“, sagte ich.

Heiliger Geist – *mudyigaali* Eines Tages entschied ich, dass ich einen Mann töten könnte. Ich war am Ende meines Denkens angekommen, und am Ende des Denkens wird selbst das Undenkbare zur Möglichkeit. Also kniete ich mich hin, wie ich es als kleiner Junge getan hatte. Ich betete und fragte und versuchte eine Antwort vom *mudyigaali* zu bekommen, aber da kam nichts. Ich ging an den

Fluss und schrie auch nach den Geistern, aber sie kamen nicht, es war immer noch die Zeit des Whirly-whirly. Am nächsten Morgen zerrte ich August vor die Tür. Ich tat ihr nicht weh, ich musste nur irgendetwas tun. Zuvor, als der Morgenstern noch zu sehen war, hatte ich in einem Stahltopf Wasser zum Kochen gebracht. Ich hatte es im Mondschein abkühlen lassen und auch einen Quarzkristall hineingelegt. Am Morgen hatte ich es vergessen, und Elsies Freunde waren zum Morgentee aufgekreuzt. Nun, ich hielt verzweifelt an dem Einzigen fest, was ich tun könnte. Also brachte ich August zum Schuppen der Schafscherer und taufte sie beziehungsweise vollzog das, was ich für eine Taufe hielt. Ich sagte: „Entschuldige, Augie, es ist zu deinem Schutz, Liebling." Und ich goss ihr das Wasser aus dem Topf übers Haar. Das arme Ding, sie weinte, das ist bei Kindern so, wenn die Welt laut und verwirrend wird. Gut, ich umarmte sie und schickte sie weg, später an diesem Tag kaufte ich ihr etwas im Kiosk. Es war ein Schächtelchen mit Miniaturbüchern von Beatrix Potter. Danach plante ich den Mord, den ich begehen würde. Ich konnte das niemandem aufbürden, weder Elsie noch den Ahninnen und Ahnen oder dem *mudyigaali* selbst – es war etwas in dem Teil meiner Seele, der nur mir gehörte.

Pferde, Ort der wilden Pferde – *yarramalang* Wenn ich zum Viehtrieb ging, sattelten wir bei Sonnenaufgang die Pferde, tranken Tee und aßen Johnnycakes, dann zogen wir los und arbeiteten bis zum Sonnenuntergang. Einige Farmen waren größer als zehntausend Quadratkilometer. So eine Landschaft erinnert euch daran, warum die Menschen es für das Land der weiten blauen Ferne halten. Ich habe es mit eigenen Augen gesehen! Die einzige Abwechslung der gewohnten Abläufe waren das Zureiten eines Fohlens oder die Rückkehr zu den kleineren Farmen von Massacre zum Scheren. Ich selbst habe keine Peitsche benutzt, dafür hatte ich Gleichgesinnte in Gestalt zweier Kelpie-Mischlinge. Diese Hunde schliefen sogar im Schlafsack mit mir – jeden Morgen schauten drei Köpfe daraus hervor. Ich las ihnen etwas vor, bevor ihr Arbeitstag begann. Sie arbeiteten ebenso lange wie wir Jackaroos, diese Hunde. Einmal trieben wir einige Tausend Schafe nach Norden und mussten ein Stück durch die Wildnis. Da öffnete sich bei unserem Zug nach Norden ein wunderschönes grünes Tal. Der Bursche, mit dem ich zusammenarbeitete, wollte unbedingt etwas tiefer im Tal weiterreiten, um sich Kühlung zu verschaffen. Ich ließ mich darauf ein, aber warnte ihn, nach einem kurzen Abstecher müssten wir weiter. Wir ritten ins Tal, und da erblickten wir sie, etwa zwanzig wilde *yarraman*, und das hieß, uns erwartete nun keineswegs eine Abkühlung, nicht mit den Hunden und dem Durcheinander, das die Herde verstreut hätte. Es gibt wohl nichts Schöneres auf Erden als eine Herde wilder Tiere. So nennt man diese Orte, *yarraman*-Himmel, *yarramalang*.

Sechsundzwanzig

Sie hatte nur mitbekommen, dass jemand sie unter die Arme gefasst, hochgehoben und in das Zimmer im Dachgeschoss gebracht hatte, wo der Staub mit den Sonnenstrahlen spielte, sodass sich alles wie ein Traum anfühlte. Zu guter Letzt, als sich das Tageslicht verzog, hörte August auf zu weinen. Eddie brachte Wein herein, sie ließen sich volllaufen, und August redete und lachte mit Leib und Seele, dann ging sie wieder aufs Feld. Onkel Eric zückte seine Klanghölzer und schlug sie aneinander, während die Verwandtschaft sang und tanzte, die nächtliche Luft frisches Holz knistern und Funken sprühen ließ und die Erde zusammengeschweißt wurde. Sie schlief den ganzen Sonntag, und niemand kam die Treppe herauf und störte sie, außer Nana. Elsie brachte am Mittag das Frühstück und das Abendessen um Mitternacht, und sie küsste August auf den Kopf, wie ihre Mutter es einst tat, und sagte ihr, dass sie sie liebte und dass sie sich ausruhen solle.

August lag wach, nachdem Nana am Sonntagabend spät zu Bett gegangen war. Sie rappelte sich hoch, duschte und stieg nackt wieder ins Bett. Unter der Decke fuhr sich August mit der Hand über den Arm. Schloss die Augen, umfasste ihre Brüste und fand die Stelle zwischen ihren Beinen, die Linderung verschaffte. Sie hob die Hüften und versuchte, sich besser, ganz, befreit zu fühlen, sich nicht zu schämen. Als sie jünger war, als sie endlich zwei winzige Handvoll Brüste entwickelt hatte, dachte sie an Eddie. *Bitte*, flüsterte sie, an niemanden gerichtet, im Dunkeln. Aber das funktionierte nicht, das war es nicht, was sie brauchte. Stattdessen deckte sie sich zu, schlang wie damals Jedda die Arme um die Deckenlandschaft und weinte nach ihrer Mummy.

Als August am Montagmorgen aufstand, fand sie ihre Kleidung zusammengefaltet, den Papierkram ordentlich gestapelt. Noch einmal durchstöberte sie Poppys Schreibtisch und fand doch nichts außer einige handgeschriebene Sätze von ihm. Sie öffnete den eingebauten Kleiderschrank, der dabei etwas ins Schwanken geriet, Jeddas leerer Drahtkorb stieß klirrend an die hölzernen Kleiderbügel, darunter standen drei große Kartons. August holte sie nacheinander heraus und leerte den Inhalt auf dem Bett aus. Die Kartons steckten voller Sachen aus ihrer und Jeddas Kindheit. Die Kassette war da, *Briefe an die Prinzessin*. Sie fand weitere Kassetten mit Musik, vom Radio aufgenommen, aber nicht den Kassettenrecorder, den sie mal besaßen. Ein Bilderrahmen im Muster der amerikanischen Flagge mit einem Schwarz-Weiß-Foto aus einem Automaten von Jedda, ihr und Mum, in der Mitte gefaltet, damit zwei der Fotos in den Rahmen passten. Sie mussten im Kindergarten gewesen sein, fünf Jahre alt. Sie fand ihre eigene Cabbage-Patch-Puppe und hob ihr Kleid, um zu sehen, ob sie sich richtig erinnerte, dass sie an der Puppe herumoperiert hatten. Eine Naht überzog in einer Linie den Bauch der Puppe. August lächelte. Aus dem zweiten Karton hob sie den weißen Pelzkörper von Mutter Gans heraus. Dieses Kuscheltier hatte ihnen die Mutter einmal aus heiterem Himmel geschenkt. Sie hatte ihnen beiden die Hände unters Kinn gelegt und gesagt: „Für meine Babyschwäne“, und als Mum den Raum verließ, hatte Jedda geflüstert: „Schwanenküken“. „Wieso das?“, hatte August sie gefragt. „Das ist der Name für Babyschwäne“, hatte Jedda geantwortet, sie fischte ein Buch aus ihrem Ranzen und zeigte August eine Liste unter der Überschrift „Tiere und ihre Jungen“. Sie zeigte August das Bild mit den Schwanenbabys. Jedda ließ August mit dem Kuscheltier spielen, während sie laut die Bezeichnungen aller Tiere und ihrer Jungen vorlas. Das Buch fühlte sich magisch an in Augusts Händen, und sie fragte sich, wie sie all diese Dinge von zwei aufgeschlagenen Seiten wissen konnte. Die Augen von Mutter Gans waren starr, sie trug eine pfirsichfarben und blau gemusterte Haube und eine grüngemusterte Schleife um den Hals. Die Spielzeuggans, so entdeckten die Mädchen, las die Geschichten vor, sobald sie die Kassette in den Kassettenspieler unter dem mit Klettverschluss befestigten Flügel geschoben hatten. Ihr orangefarbener Schnabel klappte auf und zu, synchron zu der Geschichte.

Sie fand zwei graue, abgewetzte Agro-Puppen aus dem Fernsehen, worauf sich lauter Cartoons aus dem Samstagvormittagsprogramm in ihrer Erinnerung abspulten. Die Morgenstunden im kuschligen Baumwollnachthemd, die Bettdecken vom Stockbett ins Wohnzimmer geschleift, sich den Schlaf von der warmen, weichen Gesichtshaut rubbeln. Die Gesichter noch rund wie damals als Babys. Die Puppen hatten sie gewonnen. Sie und Jedda hatten Päckchen gepackt und an *Agro's Cartoon Connection* geschickt, eine morgendliche Fernsehsendung, die von einer Dame und einer Puppe namens Agro präsentiert wurde. Jeden Samstag öffnete die Dame Päckchen von Kindern, die Gegenstände gebastelt hatten, und Agro machte dann Witze über seine nutzlosen Stoffarme. In den Paketen befanden sich Kreuzstichstickereien, Schablonen- und andere Zeichnungen. Sie und Jedda baten immer Nana, ihre Kreationen hinzuschicken. Zweimal gab sie nach. Beim zweiten Anlauf gewannen sie zwei Agro-Puppen für ihr Mäuselabyrinth, das aus zusammengeklebten Toilettenpapierrollen bestand und perfekt angemalt war. Das Malen hatte Jedda übernommen, weil sie die Sorgfältigere war. August hatte den Brief dazu verfasst, denn das war die einzige Aufgabe, die übrig blieb.

Lieber Agro, meine Schwester und ich haben dieses Mäuselabyrinth für dich gebastelt. Viele liebe Grüße von Jedda und August

Die Moderatorin sagte: „Die Gewinner des heutigen Preises sind ein Bruder und eine Schwester aus Massacre Plains", woraufhin Jedda und August *Oh Nein* stöhnten, August mit dem Fuß aufstampfte und Jedda sich mit einem Karategriff aufs Bein hackte, so wütend waren sie, dass ein Bruder und seine Schwester statt ihrer beider den Sieg davongetragen hatten. Aber dann sprach die Moderatorin ihre Namen aus, und sie sprangen und kreischten, dass ihre Nachthemden nur so über die Bäuche hochflatterten. Die Werbepause setzte ein, und sie schossen hinaus aufs Feld, am Gemüsebeet vorbei, durch die knöchelhohen Weizenschösslinge, sie galoppierten und jauchzten wie Cowboys. *Yeeeeahh haaaa!,* brüllten sie. August war es sogar egal, dass sie herausgefunden hatte, dass sie einen Jungennamen trug. Vor lauter Lachen machte sie sich in die Unterhose.

Im Karton war auch ein Packen Schulhefte. Sie holte sie heraus und entdeckte am Boden des Kartons mehrere Lippenpflegestifte von Lip Smackers – sämtliche Deckel fehlten, sie waren leer. Der Anblick der leeren Behältnisse brachte sie darauf, wie sie damals gern den Inhalt verspeiste, wie der wächserne Geschmack von Wassermelone, Erdbeere, Limonade sich im Mund ausbreitete. In dem Heft mit Augusts Namen darauf hatte sie in schwankenden Druckbuchstaben *Montag* und das Datum oben rechts in der Ecke notiert, darunter stand *Am Wochenende sind Mum und Dad mit uns campen gefahren mit einem brandneuen Wohnwagen, und wir haben Wölfe im Wald gesehen. Die Wölfe waren freundlich, deshalb haben wir das Wochenende damit verbracht, mit ihnen zu spielen.* Der Lehrer hatte mit rotem Stift die Rechtschreibung verbessert und unter der dem unglaublichen Eintrag beigefügten Zeichnung *SEHR interessant* vermerkt. Das Buch war vollgeschrieben, mit Geschichten, die sie erzählen wollte. Woanders hatte Jedda mit einem Eintrag begonnen: *Die Sache wurde vertuscht. Alice ist ins Kaninchenloch gefallen, aber* in Wirklichkeit *landete sie in Australien.* Die Geschichte war unvollendet und der Lehrer hatte nur ein rotes Fragezeichen daruntergesetzt. Die restlichen Seiten waren leer.

August legte alles wieder in die Kartons hinein, ohne spezielle Anordnung, jeder Gegenstand war kostbar.

Als sie angezogen und die Treppe hinuntergegangen war, setzte sie den Wasserkessel auf den Herd und fand ein Zettelchen, das an der Kaffeedose haftete: *Bin den ganzen Tag unterwegs, Liebe, Nan.* Die Schlüssel des Mietwagens lagen auf der Anrichte, August griff augenblicklich danach und stellte sich vor, die sechs Stunden zum Frauengefängnis zu fahren. Im Geiste sah sie ihre Mutter vor sich, wie sie wartete, und wieder zu Hause, in ihrer alten Jeans, bereit, mit Jedda und August zu spielen, bereit, zu den Schwestern zurückzukehren, als wäre keine Zeit vergangen. Aber das war sie. Sie ließ die Schlüssel wieder fallen.

August streifte entspannt in der Küche umher und merkte, wie sie sich wieder an ihr Zuhause gewöhnt hatte. Sie wusste noch, wo sich alles befand, wo die Sachen hingehörten. Sie wusste, welche Tasse sich für den größten Kaffee eignete. Sie wusste, dass der Küchentisch kippelte und dass man einen zusammengefalteten Untersetzer unters Bein schieben musste, damit er stabil stand. Dass es unmöglich war, auf den Dielenbrettern zu schleichen. Dass eintretende Kälte und Hitze durch keine Isolation gedämpft wurde. So übel war es gar nicht, dachte sie, das leicht verstaubare Haus. Es könnte schlimmer sein. Wenn sie ausgiebig unter den Teppich ihrer Erinnerungen in den letzten zehn Jahren schaute, dann, so wusste sie, war es mal viel, viel schlimmer gewesen.

Sie schaute sich im Anbau um, aber die Räume waren ganz leer. In den Schuppen der Schafscherer fand August Gerümpel – Fahrradteile, verrostete pastellfarbige Lowrider-Fahrräder und rote und blaue Rennräder ohne Räder und Lenker. Unter einer aus Jutesäcken zusammengenähten Abdeckung fand sie ein fast neues schwarzes Mountainbike mit platten Reifen. Eine dazugehörige Luftpumpe klemmte am Rahmen, und August musste sich anstrengen, die Reifen hart zu pumpen, *Aber nicht zu hart bei Hitze, denn die Luft dehnt sich aus*, sagte ihr Poppy ins Ohr. August schob das Rad an den Pfefferminzbäumen vorbei dorthin, wo Eddie mit dem Briefträger sprach. Der Briefträger fuhr davon, und Eddie kam grinsend auf August zu. Er lehnte die Unterarme auf die Lenkergriffe des Mountainbikes und grätschte die Beine rechts und links über das Vorderrad. Er bewunderte August Gondiwindi, mit dem Rad hier auf der Prosperous Farm.

„Hast du Nana heute früh schon gesehen?", fragte sie.

„Nein. Geht's dir besser, kleine Tänzerin?"

„Was soll das heißen?"

„Du hast dich letztens am Abend ganz schön ins Zeug gelegt!"

Sie erinnerte sich an nichts. „Soll das ein Scherz sein?"

„Ist schon okay", sagte er und zog leicht die Bremsen an. „Alle haben getanzt. Ich bin ein bisschen bei dir geblieben, dann hat dich deine Aunty ins Bett gebracht." Er versuchte, ihr in die Augen zu schauen. „Ist jetzt alles in Ordnung bei dir?"

Das war zwar nicht so, aber sie bejahte es. „Mir geht's gut. Es ist ein bisschen schwer, nach Hause zu kommen."

„Willst du jetzt irgendwo hin?"

„Ich will nur ins Internet. Bibliothek." August überlegte, ob sie ihren Flug bestätigen oder absagen sollte.

„Ich würde dir ja unseres anbieten, aber das ist schon abgeschaltet."

„Mach dir keinen Kopf."

August ließ den Blick zum Feld wandern. Etwas weiter entfernt sah sie Lastwagen. Mehr Lastwagen als zuvor.

„Was machen die da?"

Eddie löste die Arme vom Fahrrad, reckte sich und schaute hin. „Die machen sich bereit."

„Wofür?"

„Alles abzureißen."

August lehnte sich auf den Sattel.

„Ich habe kürzlich mit den Hippies oben auf dem Kengal gesprochen."

„Was sagen die denn so?"

„Schätze mal, sie werden sich an die Maschinen anketten."

Die beiden schauten zum Kengal hinauf. „Du solltest bleiben", sagte er nüchtern.

„Gehen wir nicht alle fort von hier?", sagte sie in einem Anflug von Sentimentalität.

Er schaute wieder auf sie und lächelte. „Tja."

Was für ein Lächeln.

„Kommst du mit zur Bibliothek?"

„Ich in die Bibliothek?" Er lachte. „Kann nicht, ich hab hier hundert Jahre an Maschinen, die ich aus den Schuppen bringen muss."

„Ist Poppy mal zu den Schuppen gegangen? Ich meine, in den letzten Monaten?"

„Nah. Suchst du immer noch dieses Ding, an dem er schrieb?"

„Ja, aber mir gehen die Orte aus, an denen ich noch suchen soll."

„Willst du mir in der Halle helfen?", fragte Eddie lachend.

„Nö. Schau dir mal diese Hände an." Sie zeigte ihm ihre Handflächen, als wären sie nicht für körperliche Tätigkeiten zu gebrauchen.

Er schaute darauf, grinste und gab ihr High Five. „Bis später?"

„Gut." Sie setzte sich eine Sonnenbrille auf. „Bis dann!" Damit schwang sie sich in die Pedale und radelte los. Von den Pfefferminzbäumen aus konnte sie die Demonstranten vor ihren Zelten stehen sehen.

„Schreiben Sie einfach Ihren Namen in Druckbuchstaben hier hin", sagte die Bibliothekarin am Informationsschalter und deutete auf ein Formular. Während August ihren Namen schrieb, fragte sie: „Sind Sie mit Albert verwandt? Albert Gondiwindi?"

August nickte. „Mein Großvater."

„Ach, schön", sagte sie, faltete die Hände auf dem hohen Tisch zwischen ihr und August und lächelte ihren aufgesprungenen Lippenstift glatt. Ihr Namensschild hing schief; Linda händigte August eine zweiseitige Liste mit Buchtiteln aus.

„Würden Sie ihn bitten, dass er diese Bücher morgen zurückbringt, spätestens zum Ende der Woche? Die meisten haben wir von der Stadtfiliale bestellt. Sonst fallen hohe Strafgebühren an."

Sie lächelten und nickten einander zu. August brachte es nicht über sich, auszusprechen, dass ihr Poppy nicht mehr kommen würde.

Draußen vorm Eingang der Bibliothek war eine Gebäudeübersichts-Tafel in Schwarz-Weiß angebracht. Augusts Blick blieb an *Ratsversammlungssaal 3. Etage* hängen. Sie könnte ja auf einen Sprung bei ihrer Tante Nicki vorbeischauen und kurz Hallo sagen.

Sie nahm den Fahrstuhl. Es war ein Großraumbüro, niemand hütete den Tresen. Hinter einer Glaswand rechterhand schien die gesamte Belegschaft um einen langen Konferenztisch zu sitzen. Ein Projektor warf Diagramme an die Wand. Aunt Nicki hatte August wohl hereintreten sehen, denn sie kam schnell durch die Glastür und im Eilschritt quer durch den Raum auf sie zu.

„August."

„Hi, Aunty."

„Was machst du hier?"

„Ich dachte nur, ich schaue mal, wie die andere Hälfte so lebt." Dann tat sie übertrieben so, als nickte sie beifällig ringsum ins Büro.

Nicki stieß ein ungeduldiges Lachen aus. „Weißt du, ich bin jetzt in einer Besprechung, aber bist du noch länger in der Stadt? Wollen wir Mittag essen gehen?"

„Ich kann warten."

„Hier, ich habe noch einen Gutschein für ein Getränk im Café, nimm den und –", sie ging energisch zu ihrem Schreibtisch ganz in der Nähe, öffnete die Handtasche und entnahm ihr ein Kärtchen, „genehmige dir einen Kaffee, und wenn du um die Mittagszeit noch in der Stadt bist, dann komm her, okay?"

„Okay."

Sie umarmte August und klopfte ihr auf den Arm. „Bis zwölf, ich lade dich ein", sagte Tante Nicki und hastete wieder auf die Glaswand zu. August drehte sich um Richtung Fahrstuhl, dessen Türen untätig offen standen, doch irgendetwas zog ihre Aufmerksamkeit auf sich. Sie schaute zurück zu Tante Nickis Schreibtisch und hätte schwören können, darauf den Kassettenrecorder aus ihrer Kindheit stehen zu sehen – einen altmodischen Kasten, eckig, schwarz, mit roter Aufnahmetaste für die Briefe an Prinzessin Diana.

Dann sagte sie sich, dass diese Dinger mit Sicherheit milliardenfach hergestellt worden waren, damals, als sie noch produziert wurden. Sie stieg in den Fahrstuhl und fuhr hinunter.

Draußen wurde sie von den Krähen beobachtet, während ein Sprinkler in Intervallen seinen Sprühregen zwischen Fußweg und Gebäude niedergehen ließ. Hingekauert neben das abgeschlossene Fahrrad, überflog sie die Liste mit Poppys überfälligen Büchern:

A Million Wild Acres von Eric Rolls
Blood on the Wattle von Bruce Elder
Cooper's Creek von Alan Moorehead
The Fatal Impact von Alan Moorehead
A History of Australia von C.M.H. Clark
The Story of the Australian Church von Edward Symonds

Die Liste ging weiter, es mussten um die vierzig Titel allein zum Thema Australien darunter sein. Sie hatte die Bücher liegen sehen, in Poppys Arbeitszimmer. Sie wollte sie noch einmal sehen, durchblättern, versuchen, Poppys Wörter zu finden. Tante Nicki würde es ihr nicht übelnehmen. Sie fuhr direkt mit dem Rad nach Hause.

Nana war noch nicht wieder da, als August zurückkam. Sie schleppte alle Bücher und Papiere hinunter ins Wohnzimmer, breitete sie aus, glich die Buchtitel mit der Liste ab und stapelte sie nach Themen. Zwischendurch trank sie immer mal einen Kaffee und tapste in ihrem ausgeleierten Schlafshirt, in Shorts und Turnschuhen umher. Auf der Tischplatte arrangierte sie die Haftnotizen. Sie fand das Gartenradio, auf dem es nur Kurzwelle gab, und hörte Lieder, die sie nicht mitsingen konnte. Sie durchblätterte alle Bücher aus der Bibliothek, die sie nach Kategorien zu kleinen Türmen stapelte: Christentum. Pflanzen.

Tiere. Kosmologie. Krieg. Kunstgeschichte. Landwirtschaft. Dabei ging ihr auf, dass Poppy mit diesen Büchern wirklich etwas im Sinn hatte – er hatte die Absicht, etwas Großes darzulegen.

Mehrmals trat sie auf die Veranda und hielt in den Feldern Ausschau nach Eddie. Sie beobachtete, wie er schweres Gerät querfeldein bewegte und dabei alles niedertrampelte. Der Himmel war weit, Hitze flirrte an den Rändern.

Wieder im Haus, blätterte August in einem der ausgeliehenen Bücher, *On Animism*, da tauchte Eddie auf und bat um ein Glas Wasser.

„Haben sie euch auch schon das Wasser abgedreht?", fragte sie und füllte das Glas mit einem Seitenblick auf Eddie.

„Ich wollte dich mal sehen."

Er trank das Glas in einem Zug aus und reichte es ihr wieder zum Nachfüllen. Eddie fuhr sich mit der Zunge über die Lippen und sah August auch mit einem Seitenblick an.

Zwischen den Schlucken schaute er auf die Bücher und Dokumente. „Was ist das alles?"

„Poppys Vorrat an überfälligen Büchern aus der Bibliothek."

Er stellte das Glas ab, wischte sich die Hände am T-Shirt ab und griff nach dem Buch, das auf der Anrichte lag. Er wendete es in den Händen. „Was ist Animismus?"

„Das ist, wenn du glaubst, dass die Erde – und alles, was lebt – von den Ahnen, von Geistern beseelt ist."

„Und glaubst du das auch?"

Sie schaute auf das Buch. „Ich denke, ja."

„Warum, meinst du, hat dein Pop die Bücher?"

Mit einem breiten Lächeln sagte sie: „Ich glaube, er wollte die Farm retten."

„Und wie hätte er das deiner Meinung nach anstellen sollen?"

„Keine Ahnung, ich schätze mal, er hat zu erklären versucht, was an dem Land Besonderes ist?“ Eddie hob die Augenbrauen, damit August weitersprach. „Ich erinnere mich nur, wie sehr er das Land, das Grundstück liebte, *zutiefst* geliebt hat. Erinnerst du dich?“

„Ja, ich erinnere mich“, sagte er und stellte das Glas in die Spüle.

„Hey“, sagte August, „hast du so ein Kassettending – zum Kassettenabspielen?“

„Verdammt unwahrscheinlich.“

„Ach komm, du musst so was haben – ihr hattet doch immer alles!“

„Ich schaue mal nach, erst noch ein paar Stunden arbeiten, okay?“

„Danke“, sagte sie.

Damit schob sie sich an ihm vorbei durch die Schiebetür.

„Kein Ding, altes Haus“, sagte er.

Sie waren also wieder Freunde nach all den Jahren.

Am späten Nachmittag ging August mit Spike um das Gemüsebeet herum, pflückte die verschrumpelten Bohnen, die durch den Maschendraht sprossen, fuhr mit der Hand unter die Röcke der Erdbeerpflanzen, die die letzten Stunden Sonnenlicht aufsogen. Die Früchte schmeckten heiß und süß. Sie sah ihren Poppy lächelnd und gelassen vor sich, mit einem Schlapphut zum Schutz vor der Sonne, in einem blauen Turnhemd, wie er sich über das Gemüsebeet neigte und die Erde von der Roten Bete staubte. Wie er einen Plastikeimer an den Reihen der sich quälenden Pflanzen hin und her trug und mit dem Wasser kleine Wohltaten austeilte. Nie hatte sie ihn auf diesem Land traurig gesehen. Sie vermisste ihn. In diesem Augenblick bereute August, so lange weg gewesen zu sein.

Sie ging weiter, ließ die Klänge in ihre Ohren dringen – das Zucken der Heuschrecken, das Trillern von Vögeln, das scheinbar von hundert Seiten gleichzeitig kam, den aufkommenden Luftzug, der durch Tausende reifer Weizenähren raschelte. Spike wollte rennen, er duckte sich, schob August die Pfoten entgegen, klatschte mit ihnen auf den Boden und starrte sie mit offenem Maul an, bellend, die Zunge herausgestreckt, begierig danach, dass sie mitmachte. Sie sah ihn einen Moment lang an, wieder warf er die Pfoten hoch und duckte sich. Dann rannten sie zum Teich, an dessen Rand Spike trinken konnte, und wieder zurück, zugleich allein und nicht allein. So viele Menschen liefen im Geiste neben August her. Nicht nur Jedda. August fühlte sich auf diesem Land tatsächlich wie sie selbst. Das Land ihres Volkes. Ihr Volk mit ihr auf diesem Land. Der Hund schoss ins Gebüsch, und August wanderte zu den Hochsilos und öffnete die Klappe, kein Korn rieselte heraus. Sie warf einen Blick in die Öffnung, das Getreide bedeckte weniger als dreißig Zentimeter des Bodens, es schaute feucht und stellenweise verklumpt aus und haftete an den rostigen Stellen der Metallwände. Sie und Jedda hatten sich immer vorgestellt, die Silos wären Kaugummimaschinen, und die Nitratentferner und die Lupinensamen die Bonbons darin.

Am Anfang, nachdem Jedda verschwunden war, verfiel August oft in Tagträume über all die Möglichkeiten, wie sie selbst am Ende in Massacre Plains sterben würde, eine Aufzählung lief in ihrem Kopf ab: *mich aufhängen, an Dieselabgas ersticken, in der Jauche ertrinken, in den Heuballen ersticken, in der Weizensaat versinken, in einen Mähdrescher gezogen werden, in einen versiegten Brunnen stolpern, in einen Bergwerksschacht stürzen, einen Pferdehuf an den Kopf, von einer Kuh zertrampelt, zerquetscht von einem Traktor ohne Walze, zerquetscht von einem Traktor mit Walze, in einem Kornspeicher ohne Klettergurt, ein vom Himmel stürzendes Schädlingsbe-*

kämpfungsflugzeug, Killerkrankheit aus dem Wasser, Killerviruserkrankung, verdursten, an einer Infektion sterben, eine Waffe auf der Brust, eine Waffe am Kopf, im Teich ertrinken, in einem Lauffeuer verbrannt, von einer giftigen Schlange gebissen, giftige Beeren verschlucken, tödliche Spinnenbisse, ein Wespenschwarm, Mord durch Krähen, begraben in einem Silo.

Ein paar Jahre nach Jeddas Verschwinden hatte August in der Zeitung von Grindwalen gelesen. Sie hatte gelesen, wie im Falle, dass eines dieser Säugetiere krank war und strandete, die übrige Familie dasselbe tun würde. Dass die Gruppe nicht weiter existieren konnte, wenn einer der ihren gegangen sei, und so gingen sie auch. Erst viel zu spät dachte August, dass es doch natürlich sei, auch selbst gehen zu wollen. Dass im Angesicht des Verlustes die einzige Antwort zu sein schien, sich selbst zu verlieren. August wollte gerade die Haupttür des zweiten Silos öffnen, da fuhr Eddie mit einem 50-Kubik-Dirtbike neben ihr vor. Seine Ankunft holte sie unter die Lebenden zurück.

„Ein Mädchenbike?"

„Yep", sagte er und ließ sie schwach aufheulen. „Willst du mitfahren?"

„Wohin?"

„Nur eine Runde."

August stieg auf. Sie fuhren ans andere Ende des Getreidefeldes, fünf Morgen entfernt. Sie schlingerten durch ausgehärtete Traktorenfurchen in dem vormals morastigen Wäldchen. Sie behielt ihre beiden Schatten im Auge, als sie an der Staumauer vorbeifuhren. Sie waren gesondert voneinander, zwei Körper. Sie fuhren eine Schleife am Zaun, der zuhinterst stand, und an den Schafställen vorbei. Nahe am Fluss kreischten Schwärme von Kakadus, sie schlugen mit den Flügeln und flogen in den Schutz der Eukalyptusbäume. Eddie hielt an den Ställen an. „Wo steckt Mister Ed?“, fragte August, aber die Antwort kannte sie. Niemand hatte ihn erwähnt, seit sie hier war. „Er war schon alt“, war Eddies einziger Kommentar. Die Mädchen hatten Eddies Mum gebeten, den Schimmel Mister Ed zu nennen, nach dem alten sprechenden Pferd aus der Fernsehsendung. Sie gab den beiden barfüßigen Mädchen nach, die dabei waren, als der Schimmel im Anhänger eintraf, und bis zum Stall nebenher rannten, um das Pferd zu Gesicht zu bekommen. Es war staubweiß, es roch nach Heu, nach umgegrabener Erde.

August fuhr das Motorrad den Weg entlang zurück, stolz, dass sie noch wusste, wie sie es anstellen musste, wo sie es doch fast vergessen hatte. Eddie schlang die Arme um sie, an ihren Rücken geschmiegt. Sie fühlte sich berauscht, lebendig, wie sie so durchs Licht des Tages brauste. Wieder warf sie einen Blick zur Seite zu ihren Schatten; gemeinsam sahen sie aus wie eine Sphinx.

Sie fuhr an der Zufahrt vor, die Hände feucht von Schweiß. Dort stieg sie ab und hielt einen Lenkergriff fest, bis Eddie das Gewicht der Maschine sicher übernommen hatte.

August stand da, die Hände in die Hüften gestemmt. „Weißt du noch, wie der Sommer immer der Anfang für alles war, wie die Welt jedes Jahr immer größer wurde, es gab kein Ende und keinen Anfang, und wir vergaßen sogar, dass wir wieder in die Schule gehen mussten?“

„Irgendwie schon“, sagte er und verdrehte die Augen.

August hörte das kollektive Blöken vom Schafstall her. „Was hast du vor mit den Schafböcken und Mutterschafen?!“

„Der Vieh- und Farmmakler kommt morgen her. Die kommen zur Auktion.“

August verzog ihr Gesicht. „Hoffentlich sind sie nicht allzu weit unterwegs?“

Bevor Eddie antworten konnte, drehten sich beide nach dem Geräusch um, das von der Zufahrt kam, und sahen das Auto Richtung Prosperous fahren.

„Ich lass dich dann mal", sagte Eddie, winkte dem Auto zu und schob das Motorrad davon.

August näherte sich der Einfahrt und blieb unter einem Eukalyptusstrauch stehen, langte mit den Händen nach dem Ast über ihrem Kopf, hielt sich daran fest und ließ sich heruntersacken. Sachte schwang sie am Baum und behielt dabei ihre Nana im Auge, die aus dem Auto stieg, einen flachen Karton in den Händen. August baumelte da und schaute über den Bogen der Pfefferminzbäume hinweg zum Kengal, sie konnte ein paar Silhouetten ausmachen. Sie schloss die Augen, stellte sich vor, wie die seltsame Mandy sich vorbeugte und die Lider ihrer Augen küsste, die sie so schön fand.

„Du siehst genau wie damals als kleines Mädchen aus", rief Nana warmherzig.

„Ich fühle mich auch wie ein kleines Mädchen." August lächelte, ließ sich vom Ast herab und schlenderte zum Auto, um zu helfen. „Wo warst du?"

„Alte-Lady-Heime besichtigen."

„Ich dachte, du wolltest bei Aunty wohnen?" August schaute zu Tante Mary, die vom Fahrersitz stieg, und wieder zu Nana.

„Da hätte ich ein Feldbett im Wintergarten und keine Privatsphäre. Ich liebe dich", sie drehte sich um und berührte Aunty am Arm, „aber nein, danke."

„Bezahlen die denn etwas?" August deutete mit dem Kinn zu den Rinepalm-Lastern auf dem Feld.

„Nein, ich kriege keinen Cent. Wir haben über die Jahre auch so gut wie nichts gespart. Genug mit dem Gerede – es langweilt mich, August. Geh zurück zu deinem Baum." Sie schmunzelte in sich hinein, dann trugen sie den Karton ins Haus. August kam hinterher. Sie wollte doch zu gern die Kassettenaufnahmen von Jedda und sich für Prinzessin Diana anhören. „Hast du den alten Kassettenrecorder irgendwo gesehen, Nan?"

„Albert hat ihn für sein Buch benutzt. Keine Ahnung, Liebling."

„Okey-dokey. Ich glaube langsam, das Buch ist vom Erdboden verschwunden." Sie schwang ihre Arme von hinten nach vorne. Sie hatte nicht direkt Langeweile, aber wie sie die Arme so schwang, fühlte sie sich wie eine Teenagerin, als gehörte sie wieder zu einem Zuhause, stände mit der Familie herum, nichts Spezielles im Sinn. Nana und Tante Mary ignorierten sie, stattdessen fingen sie an, Speisen aus der Tiefkühltruhe zu räumen. August schaute durch die Glasschiebetür zum Teich.

Der Brolgakranich war zurück. *Burral-gang,* flüsterte sie und trat hinaus. Spike folgte ihr und zusammen kauerten sie sich im Licht des Sonnenuntergangs unter die Banksien. Wieder schaute August Jedda beim Tanzen zu. Sie drehte sich zum Haus um. Ihre Nana stand in der Tür, an den Rahmen gestützt, und betrachtete August lächelnd und mit großen Augen.

Siebenundzwanzig

Reverend Ferdinand Greenleafs Brief an Dr. George Cross, 2. August 1915, Fortsetzung

VII

Wowhelys Familie vermachte mir seinen Fischspeer. Er bot einen prächtigen Anblick, gekerbt und geglättet, die gesamte Länge aus Yarrany-Holz und am Ende ragten sechs Zacken heraus – seine meisterliche Ausführung war ganz offensichtlich. Er war beeindruckender als Möbelstücke aus Mahagoni, insofern, als man ihn bereits verehrte, ehe der Baum überhaupt gefällt wurde. Aus Furcht, er würde gestohlen und von den Weißen Männern verbrannt, die zurückkehren und meine Hütte zerstören könnten, während ich schlief, was sie mit Leichtigkeit tun hätten können, schickte ich Baumann bei seinem nächsten Besuch in der Stadt zum Museum, um ihn dort abzuliefern, was er – das wusste ich – gewissenhaft erledigen würde.

In den zurückliegenden Jahrzehnten flogen Kugeln und Speere zwischen den Eingeborenen und den Weißen. Die alten *gunyahs* wurden zerstört. Andere Lager von freien Schwarzen wurden auch zerstört und uns erreichte die Nachricht, dass andernorts, im Westen des Landes, das Blut sogar noch reichlicher floss. Viel ist vorgefallen, und für keinen Zwischenfall wurden diejenigen, die für unser großes Unheil verantwortlich waren, jemals zur Rechenschaft gezogen; verständlicherweise gab es Vergeltung, sehr zum Schaden meiner Nerven.

Ich selbst habe meine Naivität längst verloren. Ich habe klaren Auges und wachen Verstandes die grausamsten Taten mitangesehen, die der Mensch seinem Mitmenschen zufügen kann. Alle Weißen Männer schienen aus demselben Holz geschnitzt zu sein, schon auf die Welt gekommen voller Groll gegenüber den Eingeborenen. Während der Reisen, die ich wegen der Gottesdienste unternahm und um Vertreter der Regierung von der Notwendigkeit von Hilfslieferungen zu überzeugen, wurde ich ständig mit Brutalität konfrontiert. Zuweilen kam ich vorbei an den dürftigen Überresten eines Mitmenschen, zerbrochen und weggeworfen wie die Muschelschalen, die ich am Flussufer gesehen hatte. 1891 etwa sah ich zwanzig Meilen von unserem Wohnort entfernt zwei eingeborene Jungen einen Pfad entlangrennen, ihre Leiber von Angstschweiß bedeckt. Ich hielt sie auf und bat sie, sich zu erklären. Die zwei Jungen erklärten auf Englisch, dass sie im Dienst des Herrn einer örtlichen Farm gestanden hatten, der Ältere war vierzehn Jahre alt, und beide waren weggerannt, nachdem sie ausgepeitscht worden waren. Der Ältere drehte sich um, damit ich seinen Rücken sehen konnte. Ein zolltiefer Schnitt war zu sehen, das Blut war geronnen, das Weiß der unteren Hautschicht nässte wie frisch aufgerissen. Ich stieg vom Pferd, und während wir sprachen, kam der besagte Farmbesitzer auf einem Hengst an, er schenkte meiner Anwesenheit keine Beachtung, selbst als ich ihn aufforderte, mit mir zu reden, sondern trieb die Jungen mit der Viehpeitsche die zwanzig Meilen zurück. Ich bereue es, die Verfolgung nicht aufgenommen zu haben, zumal ich später erfuhr, dass der ältere Junge danach wie bei einer Kreuzigung an einen Zaun gebunden und ausgepeitscht wurde, bis er ohnmächtig wurde. Der zweite Junge wurde genauso behandelt, und nachdem die Peitsche abgenutzt war, griff der Siedler nach einer zweiten, sodass der Junge in seiner Todesqual schrie: „Oh Herr, wenn Sie mich töten wollen, dann schneiden Sie mir die Kehle durch, aber zerstückeln Sie mich nicht!“ Die Bestie fuhr ungerührt fort, ihn auszupeitschen, bis auch die zweite Peitsche unbrauchbar geworden war. Die Nachricht von diesem schrecklichen Tag erreichte unsere Stadt, und diese unmenschliche Bestie wurde vor Gericht gebracht. Er gab zu, den ersten genauso wie den zweiten Jungen ausgepeitscht zu haben, denn „sie ertrugen es". Er fügte hinzu, er habe „die Beherrschung verloren". Der Richter verhängte ein Bußgeld von fünf Pfund für das Auspeitschen des Jüngeren und einem Pfund für den, der es ertragen hatte.

Um dieselbe Zeit des Jahres sah ich mit eigenen Augen, wie sich an einer eingeborenen Frau, die einem Siedler gehörte, vergangen wurde, sie grausam vergewaltigt wurde, unter freiem Himmel, auf dem Erdboden, siebzig Meilen nördlich von hier. Ich wurde von einer weiteren solchen Bestie, die Wache hielt, mit einer Waffe verscheucht; zweifellos wartete er darauf, selbst an die Reihe zu kommen. Mehr muss ich nicht sagen; alles ist ein einziges Grauen. Über den Vorfall erstattete ich Meldung an Seine Exzellenz, den Gouverneur, doch nichts kam zur Verhandlung vor Gericht.

Ich versuchte, von den Zuschauerrängen aus die wenigen Gerichtsverfahren, von denen ich hörte, zu verfolgen. Die Richter ergötzten sich an sämtlichen ähnlich gearteten Fällen, sie drückten ein Auge zu und verhängten höchstens läppische Bußgelder. Wo man doch in Australien gegenüber den Amtsträgern in Übersee so viel zu sagen weiß, wo man in den Nachrichten über die humane Behandlung unserer Aborigines schreibt, wird das Verhalten der Siedler und Richter vor Ort nicht untersucht. Rigorose Untersuchungen sind vonnöten, schon seit Jahren, doch wie zuvor muss ich mich weiter mit einer Gemütsverfassung abfinden, die anhaltend von Fassungslosigkeit, Zorn und Furcht bestimmt ist. Ich hoffe dennoch, dass eine einflussreiche Person wie Sie, lieber Dr. Cross, diese Worte liest und willens ist, ganz sicher auch fähiger als ich, etwas zu unternehmen?

Ich fahre fort …

1892 hatten wir mit unseren Aktivitäten in der Mission erneut das große Interesse des Aborigine Protection Boards hervorgerufen. Wieder schickten sie Beobachter und wieder trafen wir Vorbereitungen für ihren Empfang, unsere Hoffnungen waren darauf gerichtet, unser regelmäßiges Einkommen zu sichern. Welch große Überraschung erwartete uns, als die Behörde sich für die wunderbare Handwerkskunst unserer Bewohner interessierte. Durch einen Boten wurde uns ein Vertrag aus Amerika zugestellt, eine Nachfrage nach Gegenständen, die auf der Weltausstellung präsentiert werden könnten, einer Feier für Kolumbus und seine bedeutsamen sozialen Errungenschaften für die Menschheit, die im kommenden Jahr stattfinden sollte. Alle Kolonien der Welt nahmen teil, und dezidiertes Interesse bekundete man an der Vorführung des Aborigine. Der Kolonialsekretär verweigerte, dass ein Eingeborener nach Chicago reiste, aber man wünschte einen Beleg für die Darwinsche Entwicklungslehre und jemanden, der die Evolution unserer Aborigines vorführte. Diese Geschichte kennen Sie aus erster Hand, Dr. Cross.

Man würde mir die Schiffspassage bezahlen und ich sollte für ein Jahresgehalt von neunzig Pfund für die Dauer meiner Missionstätigkeit angestellt werden. Es stand außer Frage, dass ich solch ein entschiedenes Bekenntnis zu unserer Sache nicht ablehnte, voller Enthusiasmus machten wir uns daran, die Missionsbewohner anzuleiten, wie sie die Ausstellungsstücke anfertigen sollten. Captain Everill versuchte, Zeichnungen von den eingeborenen Kindern sowie Selbstporträts der Aboriginal-Rasse der Kolonie zu beschaffen, Statistiken, durch Initiativen des Protection Boards erstellt, dazu alle möglichen Sammlungen von Kriegswaffen. Dr. Cross, Sie fragten nach allen verfügbaren Angaben über die physische Entwicklung der Aborigines aus den führenden Distrikten der Kolonie. In Ihrem Brief wurde der Bedarf an „Gipsabdrücken von drei Aborigineschädeln“ aufgeführt. Auf meine Rückfrage nach einem Grund dafür antworteten Sie, man brauche sie „für ethnologische Sammlungen“, und Sie legten ausführlich dar, dass die Abdrücke „für den Nachweis kognitiver Entwicklung bei den Wilden“ vonnöten seien. Dabei muss Ihnen noch gewärtig sein, dass ich in meiner Antwort in aller Deutlichkeit erklärte, ich würde meine Bewohner ausschließlich handgefertigte Gegenstände und Waffen beisteuern lassen, jedoch keine wissenschaftlichen Details, auf die Sie aus waren. Es war freundlich von Ihnen, dem am Ende nachzugeben.

Innerhalb zweier Monate hatten wir dreißig feine Kreuzstich-, Spitzen- und Näharbeiten beisammen, mit Psalmen und häuslichen Fürbitten, jede etwa dreißig Quadratzentimeter groß. Mary stickte eine der schönsten Arbeiten, die Ränder mit hübschen gelben Rosenknospen verziert, darauf zu lesen stand *Reinlichkeit ist gottgefällig*. Wir bekamen ausgesuchtes lackiertes Holz, Glas und kleine Nägel, damit sie gerahmt werden konnten.

Während dieser Zeit belehrten wir weiter die Kinder, dass sie Gott um Seinen Segen baten und darum, das Empire in seiner Einheit zu schützen. Wir lehrten sie, das Land, in dem sie lebten, zu lieben, zu ehren und zu respektieren, und darüber hinaus die Flagge, die über ihnen wehte. Damals, 1893, hatten wir noch 150 Einwohner. Die Wirtschaftskrise von 1890 war in unserer kleinen Mission zu spüren und jahrelang herrschte unbeschreibliche Not. Einige Ansässige übernahmen Unterrichtsstunden und unterstützten die noch verbliebenen siebzehn Kinder während meiner Abwesenheit.

Keller und die anderen Bewohner führten während meiner Expedition die Erfüllung der Verwaltungsaufgaben fort. Insgesamt war ich 143 Tage abwesend; für die Überfahrt wurde mir eine Kabine zweiter Klasse auf dem Dampfer *Margot* zur Verfügung gestellt. Das Schiff war mit edlen Metallgeländern und einem Salon ausgestattet. Als ich in New York von Bord ging, fuhr ich mit einem Passagierzug der Great Northern Railway in die Stadt Chicago und wurde für die mir zugewiesenen drei Tage bei der Ausstellung in einer sauberen Pension untergebracht. Bei der Ausstellung kam ich mit Ihnen und anderen über die außerordentlichen Fortschritte durch unsere Missionsbewohner und überall in New South Wales ins Gespräch, doch sprach ich nicht von unserem Leid. Die Ausstellung war, wie ich zugeben muss, höchst bemerkenswert, und einige Monate später freute ich mich über die Mitteilung, dass Hunderttausende Besucher die australischen Exponate gesehen hatten. Ich hatte mich dort mit vielen interessierten Menschen unterhalten und von eifrigen Philanthropen Unterstützung für unsere Bemühungen erbeten; auf der Stelle hatte ich in einem Brief an Keller meine übersprudelnde Hoffnung kundgetan, dass unser Haus der Gnade wieder gedeihen werde. Zurückschauend war es nichts als die verblendete Hoffnung, ignorieren zu können, was ich gesehen hatte, und auf das zu hoffen, was ich nicht gesehen hatte. Vielleicht hatte ich mich wie die Tausende Besucher, die dem menschlichen Zoo Münzen vor die Füße warfen, vom Fortschrittsrausch täuschen lassen, und ebenso von den goldenen und kupfernen Säulen, dem blendenden Licht der White City.

So kehrte ich schließlich mit erheblicher Erleichterung nach Massacre Plains und zu unserem Heim zurück, wo ich meinen Pflichten nachkam, mich an die Reparaturen machte und Lebensmittelvorräte für unsere Bewohner anlegte, bezahlt von dem zugesicherten Lohn.

Als ein neues Jahrhundert begann, zeigte sich klar, dass die Sorgen und Nöte uns weiter plagen würden. 1908 verringerte sich nach einem schrecklichen Schwindsuchtausbruch die Zahl der Bewohner der Mission Prosperous um die Hälfte auf nur noch fünfundneunzig, verschlimmert wurde die Lage durch Überschwemmungen am Murrumby. Die Eingeborenen, die sonst die Mission zu besuchen pflegten und zwei, drei Nächte blieben, um sich mit den Verwandten auszutauschen, waren fast alle verschwunden.

Und die Kinder waren herangewachsen. Die kleine Mercy, eines der ersten Kinder, die in unserer Mission willkommen geheißen wurden, hatte sich verliebt, und ich hatte die große Ehre und Freude, ihre Vermählung mit einem anderen Missionsbewohner zu vollziehen, einem herzensguten und klugen Fellow namens Solomon, dessen Vater vor vielen Jahren von Forschungsreisenden mit einem Messingschild dekoriert worden war. Darauf stand „King Billy of the Badlands“. Solomon trug es immer in einem Dillybag bei sich.

1909 brachte die liebe Mercy eine gesunde Tochter zur Welt, der sie den reizenden lutherischen Namen Augustine gab. Die Freudenfeier aus diesem Anlass wurde schnell gedämpft, da das Protection Board im selben Monat der Mission straffere Beschränkungen auferlegen wollte und anordnete, dass alle Eingeborenen außer den vollblütigen für den Dienst übergeben werden sollten, nach einem Zufallsprinzip verteilt.

Nun, wir verriegelten die Tore. Die Mütter heulten auf und wollten die Trennung nicht erlauben. Die Vollblütigen und die Halbblütigen sahen keinen Unterschied zwischen sich, und ich beschwerte mich schließlich über die Angelegenheit bei dem Polizisten, der kam, um durch Überreichen eines Papieres dem Gesetz Geltung zu verschaffen. „Nach allem, was ich für die Behörde getan habe!“, sagte ich, fassungslos angesichts dieser drakonischen Beschlussfassung. Er zuckte nur mit den Schultern. Ich spürte, wie ich die Worte, die mir auf der Zunge lagen, hinterschluckte, und dass sie unverdaulich waren.

Achtundzwanzig

Haus, Wohnstätte – *bimbal, ganya* Als wir ankamen, um Prosperous wieder zu unserem Zuhause zu machen, ehe noch der Whirly-whirly zu uns gelangte und bei uns blieb, wanderten die Ahnen mit mir oft stundenlang am Flussufer entlang. Ich hörte zu und schaute aufmerksam. Und sie versuchten, mir Dinge zu zeigen, während ich den Acker bearbeitete, sie liefen neben dem Pflug her, wiesen auf Dinge hin, aber ich hatte meistens viel zu tun. Einmal zeigten sie mir die Häuser, die früher in Massacre Plains gestanden hatten, und dass sie rund waren, aus rotem Stringybark-Eukalyptus – *gundhay*. Dass das Holz leicht zu bearbeiten war, die Dächer mit geformten Tonstücken und Eukalyptuszweigen verstärkt wurden. Wir hatten ein Zuhause, versuchten sie mir zu zeigen. Ein echtes *bimbal*.

Samenhülse – *galgan* Alles Leben kommt aus dem Samen – *yurbay*. Wenn ihr erntet, dann achtet ihr darauf, dass die Hülsen intakt bleiben. Es gibt Firmen, so wie das Bergbauunternehmen, die sich die Samen aneignen wollen. Für mich ist das eine unheimliche Sache, wenn irgendwer das Saatgut des Landwirtes mit einem Preis belegt. In Mexiko, in Indien, überall wird Getreide angebaut – sogar in diesem Land hier gibt es ein Monopol von Bösewichtern, die sich die Saaten aneignen wollen. Könnt ihr euch das vorstellen! Ein einziges Unternehmen, das die Mitte des Lebens besitzt!

Jagd – *barra-winya* Die Frauen sammelten Beeren, während die Männer am Morgen Kängurus jagten. Nachdem sie mit der Bearbeitung der Beute fertig waren, nahmen sie ein wenig Fett von dem Tier und gingen noch einmal auf Jagd nach Sugarbag-Honig. Zuerst fanden sie die

Honigbiene auf lila Blüten, behutsam fingen sie eine, zogen ein Haar vom eigenen Kopf durch das Tierfett und banden es mehrfach um den Hinterleib der Biene. Dann ließen sie die Honigbiene – *ngarru* – wegfliegen und folgten ihr, während sie schwerfälliger wurde und sich mehr anstrengen musste. Der erste Ort, an den sie wollte, war das Zuhause, und so folgten ihr die Jäger und wurden immer zum Sugarbag – zum Nest – geleitet, das im Baum verborgen ist.

Gefängnis, abgeschlossener Ort – *ngunba-ngidyala* Wenn die eigene Tochter und dann auch noch der Enkel ins Gefängnis gesteckt werden, dann lässt das die Familie nach Ärger aussehen, da bin ich sicher. Aber so simpel ist es nicht. Sowohl Jolene als auch Joey hatten Fehler gemacht, doch das Strafmaß überwog die Straftaten. Sosehr auch die Regierung die Bevölkerung vom Gegenteil überzeugen möchte, ist es doch eine althergebrachte Denkweise – uns als Lösung wegzusperren. Ich glaube, in diesem Land gibt es Trennlinien, die tiefer verlaufen als die Traumpfade. Der verschlossene Ort, der abgeschlossene Ort – der *ngunba-ngidyala* – wird zuallererst im Kopf gebaut, und dann breitet er sich aus.

Geebung – *bumbadula* Das ist ein magischer Baum. Das Holz vom Stamm eines jungen Baumes wird abgeschabt und mit Muttermilch vermischt als Augenbad für die Behandlung von Bindehautentzündung bei Babys verwendet. Die unreifen Früchte werden auch verwendet, um Verbrennungen, Kratzer und Ausschläge zu behandeln, und das reife Fruchtfleisch um die Kerne herum isst man direkt vom Baum. Die Ahnen haben den *bumbadula* sogar benutzt, um Farbe für Körbe herzustellen. Die älteren, harten Früchte werden geröstet und aufgebrochen, die Nuss darin wird gegessen. Klingt das nicht magisch in euren Ohren?

Enkelin – *garingun* Meine arme, liebe *garingun,* keine Liebe ist stärker. Sie ist für immer da. Es tut mir so leid um sie. Es tut mir so leid, unendlich bereue ich es, dass ich sie im Stich gelassen habe. Das wird die schwerste Last sein, die ich für alle Zeiten mit mir herumtrage.

Graubrust-Dickkopf – *yurung* Der *yurung* ist ein Warnvogel. Wenn er ruft, dann kommt eine schlechte Nachricht. Klein und grau. Er neigt seinen gereckten Kopf, wenn er Neuigkeiten hat, sein Hals senkt sich, sein scharfer Schnabel ist dorthin gerichtet, wohin die Nachricht überbracht werden muss. Der Ruf, den ihr wahrscheinlich auch schon gehört habt, geht *ku, ku, ku, ku,* gefolgt von einem Trillern und dann einem letzten, aufsteigenden *Ku-iiii.* Dann lasst eure Angelegenheiten nicht aus dem Auge. So niedlich, sanftmütig und zart der *yurung* auch ausschaut, er bringt nur Dunkelheit. Er hat mich oft besucht.

Fisch – *guya* Der alte Reverend in seinen Aufzeichnungen, er schrieb *cooyah* – aber das Wort kommt von weiter hinten im Mund, *guya.*

fischen – *ngalamarra* Falls das Wasser in den Murrumby zurückkehrt und auch die Fische wiederkehren sollten, dann fängt man sie am besten mit Geduld. *Ngalamarra* – es gibt zwei Sorten von ihnen, im Salzwasser und im Süßwasser, im fließenden und im stehenden Gewässer. Es gibt auch noch stehendes Salzwasser – in den Mündungsgebieten am Meer, aber ich kenne nur das Süßwasser. Es gibt nur noch stehendes Süßwasser, aber im Fluss! Die Traumpfade unserer Ahnen folgen dem Wasser wie Markierungen auf einem Highway. Viele Fischarten sind heute vom Aussterben bedroht, fangt nicht den Barsch, nicht den Australischen Forellenhechtling, keinen Süßwasserdorsch aus dem Norden, keinen Grundel, keinen Hechtling. Kauft nie Fisch im Einkaufszentrum, bestellt ihn nicht im Restaurant oder bei Nemo's Fish & Chips in der Stadt. Wollt ihr Fisch essen? Dann fangt ihn! Jeder sollte vier Dinge lernen – wie man *ngalamarra,* wie man jemanden grenzenlos liebt, wie man sein eigenes Gemüse zieht, und zu lesen. Die Geduld für *ngalamarra,* Respekt vor der Liebe, die Erde zum Gärtnern und ein Wörterbuch zum Lesen.

Hirsemehl – *buwu-nung, dargin* Wenn die Hirsepflanze spät blüht und die Fruchtstände sich goldbraun verfärbt haben, dann könnt ihr sie abschneiden und die reifen Körner zum erneuten Aussäen aufbewahren – das sind die prallen, die sich am leichtesten von der Rispe lösen lassen. Die restlichen Fruchtstände müssen einige Tage in der Sonne trocknen, und dann sollten die Körner ganz leicht abfallen. Als Nächstes mahlt die Körner so fein, wie ihr mögt, ihr könnt sie grob für Porridge oder zu *bawunung* zum Brotbacken mahlen. Das ist unsere Ernte, seit Ewigkeiten.

Blüte, eine Blütenart – *bagabin, narranarrandyirang* Die Banksienblüte ist meine Lieblingsblüte, nicht nur, weil sie groß ist und stolz wirkt wie die des Hibiskus, sondern auch, weil sie mich an etwas noch Größeres erinnert. Schaut, die Banksienblüte sieht robust aus, trotzdem schützt sie sich selbst mit scharfen gezackten Blättern, kräftigem Holz und festen Wurzeln. Ihr Nektar nährt die Bienen, die Vögel und uns Menschen. Wenn die Blüte ihren Zyklus vollendet, dann platzen ihre Samenhülsen, die Samen werden freigegeben, und der Zapfen fällt vom Ast herunter.

Der Zapfen ist von zweierlei Nutzen, einerseits kann man damit bestens ein Feuer machen und ihn wie eine Kohle lange brennen lassen; zweitens kann er zum Filtern von Wasser verwendet werden, es rinnt glattweg hindurch.

verbieten, etwas zu sagen – *walan-buwu-ya-rra* Dieses Wort lässt sich buchstäblich übersetzen als „mit dem starken Gesetz sprechen", und die Ahnen sagten mir, dass es so bedeutend ist wie die Heilige Schrift. Sie zeigten und erzählten mir Dinge, die ich nicht der falschen Person erzählen durfte. Manche Dinge bleiben unausgesprochen, und man trägt sie mit sich herum bis ans Ende. Das ist *walan-buwu-ya-rra*.

Erdofen – *gulambula* Die Ahnen zeigten mir, wie sie im *gulambula* Essen zubereiteten: Zuerst hoben sie eine Grube aus, etwa einen Meter lang und einen halben Meter tief, sie gaben dabei acht, dass sie jeden losen Brocken Lehm aus dem Erdboden entfernten. Dann füllten sie die Grube mit Feuerholz und danach mit dem herausgeschaufelten Lehm, sie rollten ihn zu Klumpen und schichteten sie auf dem Feuerholz, während das Holz brannte, trocknete der Lehm und wurde sehr heiß. Nach mehreren Stunden wurden die Lehmklumpen mit Stöcken, die man wie eine Zange benutzte, herausgeholt und an der Seite abgelegt, dann wurde die Grube ausgefegt und grüne Blätter wurden darin ausgebreitet, einige legten auch grüne Gräser oder frisches, kein trockenes Holz darauf. Umgehend packte man ein in die Borke der Myrtenheide gehülltes Possum hinein, bedeckt von weiterem grünen Laub, und zu guter Letzt platzierte man die Lehmklumpen wieder darauf. Das Ganze wurde mit Erde bedeckt, damit es schön luftdicht abgeschlossen war. Wenn es fertig war, schaufelten sie den *gulambula* wieder aus, und dann aßen wir das gedünstete Essen. Dann sprachen wir über die kleinen Dinge, die große Dinge sind.

essbare milchige Yams – *murnong*, *bading* In alter Zeit, wenn man nichts gefangen hatte, oder heutzutage, wenn man Vegetarier ist, dann ist sie ein guter Fleischersatz. Die *murnong* hat eine gelbe Blüte, in Form eines explodierten Feuerwerks, und die Knollen, die unter der Erde wachsen, grabt ihr wie Karotten aus, und genauso wie diese könnt ihr sie roh oder im *gulambula* gegart essen. Sie schmecken leicht süß und ein bisschen wie Kokosnuss; *murnong* ist sehr gute Nahrung.

Emufüße – *nguruwinydyinang-garang* Biyaami oder Baiame hat solche Füße – manchmal schwebe ich in meinen Träumen mit nutzlosen Händen und Füßen umher. Hände, die im Schlaf nicht tun, was ich von ihnen verlange, und Füße, die nicht schnell genug rennen, um den Bösewichtern zu entkommen. Sie könnten genauso gut Flossen im Sand sein. Denkt darüber nach, wie unmöglich es ist, dass ein Waran so aussieht, wie er aussieht, und dann schaut euch eure Geliebte oder euren Geliebten an und fragt euch, warum diese Person so aussieht, wie sie aussieht. Nun stellt euch eine wutentbrannte Eidechse vor, und dann stellt euch eure Geliebten sehr wütend vor. Ich schätze, es ist gar nicht so schwer, sich eine Vermischung des Menschen mit dem Tier vorzustellen. Wir kommen alle aus derselben Erde. Nun, Biyaami hatte Emufüße, keine Ahnung, warum, sie sind als Füße genauso gut wie alle anderen. Ich habe meine Ahnen gefragt, und sie antworteten: „Kleiner, was spielt das für eine Rolle? Manche Dinge existieren eben."

Neunundzwanzig

August verbrachte den Vormittag damit, den Inhalt von Spiegelschrank, Arzneischränkchen und Wäscheschrank von Prosperous in Kisten zu packen. Wieder durchsuchte sie das Dachgeschoss nach Alberts Manuskript, fand es aber nicht.

Vor dem Mittagessen machte sie sich auf, Eddie zu besuchen. August fühlte sich beschwingt und aufgeregt; als sie über die Bücher nachdachte, die Poppy zusammengesucht hatte, glomm ein kleines Licht der Hoffnung in ihr auf. Sie dachte an das Gespräch mit Eddie am Vortag, über den Sommer, dass die Welt dann größer wurde. Sie wollte mit Eddie darüber reden, dass das alles doch nicht enden müsste. Dass sie dableiben könnte, dass sie Prosperous und die Farm retten konnten, so überlegte sie, als sie auf den Hügel ging, auf das makellose Southerly House zu. Sie hörte es rumpeln, und im Feld sah sie Rinepalm-Laster auf den südlichen Viehweg biegen, der Arm eines Kranwagens war über das Führerhaus geneigt, ein anderer Laster war turmhoch beladen mit etwas, das aussah wie Zäune und Gerüste, Material für eine aufwändigere Installation.

Die Tür stand offen, aber die Fliegentür war zu.

„*Oi*", kündigte sie sich fröhlich an und trat ohne Aufforderung ein. Seit einer Weile war hier auf keiner Holzfläche mehr Staub gewischt worden, von den Wänden waren die Landschaftsgemälde entfernt worden, und die Spinnen bewohnten mittlerweile die Stuckdecken als luftiges Quartier.

Sie wanderte durch das Haus und fand Eddie im Hinterzimmer. Er trug Jeans, kniete neben einem Umzugskarton.

„Oi", sagte er, warf August einen Blick zu und trank einen Schluck aus seiner Bierflasche.

„Schon so früh am Saufen?"

„Allein trinkt sich's nicht gut. Willst du auch eins?"

„Warum nicht." August zog sich die Schuhe aus und trug sie durch den Flur zur Haustür. Sie kam zurück, und Eddie reichte ihr ein geöffnetes Bier, dann legte er sein Handy auf den hohen Lautsprecher. Pearl Jam spielten und waren gerade in der Mitte von *Ten*.

„Erinnerst du dich daran?", sagte Eddie und hob sein Bier zum Anstoßen.

Sie kam sich wieder wie fünfzehn vor. „Ich fühle mich, als würden gleich deine Eltern heimkommen, und ich müsste mich durch die Hintertür rausschleichen."

„Die gute alte Zeit", sagte Eddie, er stand auf und streckte sich. „Du hättest die Schuhe anbehalten können, bald ist das nur noch Schutt."

Sie hielt sich das Bier an die Brust, atmete durch ein Lächeln hindurch tief ein und sah sich im leeren Raum um.

„Brauchst du Hilfe?"

„Erstmal Mittag essen?"

„Alles gut."

Im Handumdrehen faltete Eddie einen Karton zusammen, befestigte den Boden mit Klebeband und warf ihn August zu.

„Was kriege ich dafür?"

„Meine unendliche Dankbarkeit."

„Alles, was ich jemals wollte", sagte sie, vor dem Bücherregal sitzend, und nahm einen kräftigen Schluck aus der Flasche.

Nach ein paar Minuten schweigenden Packens fragte Eddie: „Weißt du, dieses Buch da, das du gelesen hast, über die Geister, die in allem sind?"

„Animismus", sagte sie, die Hände tief im Karton.

„Glaubst du, dein Pop ist nun unter die Erde oder in den Himmel gekommen?"

„Du meinst, ob ich an ein Leben nach dem Tod glaube?"

„Ja, genau", sagte Eddie und nahm einen letzten kräftigen Schluck Bier.

„Ich glaube, er kommt irgendwohin, aber ich denke nicht, dass es einen Himmel gibt." August nahm noch einen großen Schluck und fügte hinzu: „Pearl Jam *und* über das Leben nach dem Tod reden – ich fühle mich wirklich wieder wie eine Teenagerin."

Er stand auf und räumte weiter Sachen aus dem hinteren Teil des Zimmers, zog Bücher aus den mit Tapeten ausgekleideten Regalen. Er schüttelte den Kopf. „Es ist albern. Was wir auch glauben, das ändert nichts daran."

„Glauben?"

„Das ändert nichts an der Tatsache, dass man am Ende tot ist, oder? Ich hasse Religion."

August verdrehte die Augen. Sie fand nicht, dass Eddie blöd war, aber es kam ihr vor, als hätte er einfach nicht aufgehört, die blöden Dinge zu sagen, die sie gesagt hatten, als sie jung waren. „Du hasst Religion – das ist originell. Und was ist mit den Kirchen und Gemälden und der Poesie?"

„Und was ist mit den ganzen Kriegen?"

„Ich habe gerade ein Déjà-vu. Mir ist so, als hätte ich dieses Gespräch schon hundertmal geführt, *und* ich glaube immer noch, Menschen hätten sich bekriegt und abgeschlachtet mit oder ohne Religion."

„Wegen des Bodens?" Er drehte sich um und sah sie mit großem Ernst, aber auch fragend an. Dann wandte er sich wieder dem Bücherregal zu. „Oder wegen Rassenkriegen?"

„Ja, und wenn wir alle die gleiche Hautfarbe hätten, dann wäre es eben die Sprache, und wenn wir dieselbe Sprache hätten, dann wäre es die Form der Augen, die Länge der Nasen, Menschen mit dichten Haaren ..."

Sie stellte ihre leere Flasche ab, stand von der Couch auf, stellte sich neben ihn und hob eine Handvoll Bücher auf, die eingepackt werden sollten. „Wie geht es deiner Mum denn, wirklich?“

Er stapelte noch eine Handvoll Bücher in den Karton. „Ihr geht’s gut, ich glaube aber, sie ist fertig mit dem Leben. Sie hat das Land immer gehasst.“

„Australien?“

„Das Farmleben.“

Sie blickte erneut ringsum durch das riesige, nun leere Haus. Es war tatsächlich groß, wie sie schon immer fand, sogar jetzt, mit den Augen der Erwachsenen gesehen.

„So übel kann es nicht gewesen sein“, sagte August, aber sie ahnte, dass es das war.

Als Eddie dreizehn Jahre alt war und August elf, wurde einer Massagetherapeutin in Broken ein Adressbuch mit den Namen von Geliebten entwendet, Namenslisten wurden in der ganzen Region herumgereicht. In der Folge ließen sich eine Menge Eltern scheiden. Sie beide hatten zugeschaut, wie Eddies Mum Eddies Vater mit einer frisch abgebrochenen Weidenrute prügelte, bevor sie dem Haus den Rücken kehrte, aber das war nicht das letzte Mal.

„Weißt du, sie haben irgendwie wieder zusammengefunden, als Mum krank wurde. Ich schätze, das kommt vor, wenn ...“

Er wirkte ermüdet von dem Versuch, seine Gefühle auszudrücken, senkte den Kopf in den Karton. „Wahrscheinlich hatte ich deinen Pop lieber als meinen Alten.“

„Pop?“

„Ja.“

„Ich finde, er war liebenswert, ganz bestimmt. Ich weiß, dass ich ihn mehr als alle anderen mochte.“ Er stockte, bevor er weitersprach, leiser, sanfter. „Du dachtest wirklich, deine Mum würde auftauchen?“

August ließ sich erschöpft wieder auf der Couch nieder, sie wusste, mütterliches Einfühlungsvermögen war eigentlich nicht mit dem Durchschneiden der Nabelschnur beendet. Sie hatte als Erwachsene genug Zeit, das zu erkennen, aber sie war verwirrt angesichts dessen, was diese ganze Reise zu bedeuten hatte, was Poppys Tod bedeuten sollte. Was Jeddas Verschwinden bedeutete. Sie hatten auf eine Sterbeurkunde für sie gewartet, wie es bei Familien wie der von August üblich war. Oder darauf, dass ein Leben im Gefängnis endete. So viele Menschen tot und verschwunden – sie hatte gedacht, so viel Verlust würde die Familie enger zusammenschmieden, wieder zu einem Ganzen machen.

„*Ich* bin aufgetaucht."

Er lud noch einige Bücher ab und setzte sich neben August, schaute auf die fast ganz entblößten Regalböden. „Das hatte ich immer gehofft. Weißt du denn wenigstens, wo sie ist? Deine Mum?"

„Die letzte Nachricht von Nana war, dass sie versucht hat, einen Tag Freigang zu bekommen. Ich glaube nicht, dass sie noch rauskann."

„Warum?"

„Ich weiß nicht. Ich glaube, es gibt Menschen, die finden immer nach Hause. Der Knast wird zum Zuhause. Ich schätze, Koori kennen sich damit aus, hinter Gittern zu leben."

Eddie zupfte an einer Franse seiner Jeans.

„Aber", fügte August hinzu, „ich vermute, dass wir dazu bestimmt sind, unsere Flügel auszubreiten, uns durch die Gegend zu bewegen, es fühlt sich so natürlich an, unterwegs zu sein. Ich glaube, Mum konnte sich selbst nicht außerhalb eines Käfigs sehen. Vielleicht hat sie irgendwann aufgehört, beim Aufwachen an anderswo zu denken."

Er legte ihr den Arm um die Schultern und zog sie an seine Brust. Sie lehnte ihren Kopf an ihn. Ihr wurde bewusst, wie sehnlich sie sich wünschte, berührt zu werden.

„Familien sind etwas Verzwicktes, Aug. Mein Dad tauchte für eine Ewigkeit ab, und dann kreuzt er zu Mums Finale wieder auf."

Er rieb sich mit der Hand energisch über den Oberschenkel, als fröre er bei nahezu vierzig Grad.

„Es tut mir leid."

Sie sah ihn verschmitzt an, sie wollte das schlammige Wasser, den Diesel, den Dreck, das Fleisch, das sie langsam wieder schmeckte und roch, vergessen, wollte alles aus ihrem Mund herauswaschen. „Lass uns noch was trinken!"

„Aha, du hast dich also doch gar nicht verändert!"

Tatsächlich nicht, dachte sie. Noch immer hatte sie das Bedürfnis nach Betäubung. Der Drink ihrer Wahl war immer die Besinnungslosigkeit. Sie ertrug es nicht, so viel zu empfinden, also stürzten sie noch ein Bier hinunter. Sie wollten beide dasselbe, was sie aber nicht zugeben wollten.

August ging zur Stereoanlage und übersprang den Song auf Eddies Handy. „Better Man" flutete durch die Lautsprecher. Die Sonne stand hoch und strömte durch das Dachfenster, eine Säule weißen Lichtes fiel auf den Boden vor ihr. Eddies Schatten trat hinter sie, sein Arm langte um ihre Taille herum und drehte die Lautstärke hoch. August leerte das Bier in einem Zug, während Eddie dicht bei ihr stand, ohne sie zu berühren. Sie stellte ihre Flasche auf den Lautsprecher und drehte sich zu ihm um.

Seinem Blick ausweichend, betrachtete sie seine Lippen, die den Songtext *waiting* formten.

August reckte den Kopf und küsste Eddie hart auf den Mund. Er zog sie an sich, ihre Hüften pressten sich aneinander. Sein Mund war weich, die kurzen Bartstoppeln in seinem Gesicht streiften ringsum ihre Lippen, es tat nicht weh.

Er hob sie hoch, ihre Zähne schlugen aneinander. Blind trug er sie über den Flur, ihre Zehen knapp über dem Fußboden, und zusammen fielen sie auf sein Bett.

Sie lagen auf der Seite, Auge in Auge. Er hielt sie um die Mitte, fest und zärtlich zugleich, er spiegelte alles, was sie tat, und sie spiegelte alles, was er tat. Seine Hand auf ihrer Taille, ihre Hand auf seiner. Ihre Hand fuhr sanft über seinen Rücken, seine Hand fuhr sanft über ihren. Seine Lippen an ihrem Hals, hinter ihrem Ohr, und ihre Lippen an seinem Hals, hinter seinem Ohr. Es schmeckte nach Salz. Sein Atem verwandelte sich in ein Stöhnen. Seine Hand an ihrem Kreuz, ihre Hand an seinem Kreuz, und mit einer Hand hakte er ihren BH auf, dann knöpfte er ihre Bluse auf.

Ein Metronom tickte schneller den Rhythmus ihrer Küsse, die voller feuchtem heißem Atem und Verlangen waren. Alles fühlte sich synchronisiert an, so natürlich wie das Schwimmen.

Sie zerrte an seinem Hosenbund, da stand er auf und schleuderte seine Arbeitsstiefel an die Wand. Schnell entledigte er sich der Unterhose und der Jeans und schoss sie mit dem Fuß über die Dielenbretter. Nackt stand er da, ohne Scham, feine Härchen umstanden seine Brustwarzen, eine Linie zog sich von seinem Penis fast bis zum Nabel. Er lächelte wie eine Frage; sie beantwortete sein Lächeln wie eine Antwort.

Vom Fußende des Bettes kroch er langsam über August, sie legte den Kopf in den Kissen ab und schloss die Augen. Er küsste sie hinunter bis zu der Vertiefung zwischen Bauch und Hüfte. „Das hier“, sagte er und leckte an der Haut.

Sie schaute nach unten.

Seine Rückenmuskeln verschoben sich mit der Bewegung seiner Arme. Im Nacken hatte er einen Streifen gebräunter Haut. Er knöpfte ihre Jeans auf, glitt mit den Fingern zwischen den Stoff und sie, als prüfte er die Wärme des Badewassers, als fürchtete er, es wäre zu heiß. Er küsste sie, und sie drehte ihre Hüfte weg, um seine

Hand davon abzuhalten, noch tiefer zu wandern, um ihm zu signalisieren, dass er mit der Hand oben blieb. Sobald seine Finger ihre Klitoris berührten, stieg ein Kribbeln von den Fußsohlen aufwärts, breitete sich bis zu den Handflächen aus und erfüllte den ganzen Körper. Als würde sie in die Sterne getunkt, wie Brausepulver und Knisterflocken auf der Hautinnenseite. Ihre Arme und Beine wurden schwer, genauso, wie Trauer sich anfühlte, und einen Augenblick lang fragte sie sich, ob sie tatsächlich traurig war und nicht voller Lust.

Er behielt eine Hand zwischen ihre Hose und ihre Haut gezwängt und umfasste mit der anderen seitlich ihren Hals, sein Mund auf ihrem war noch feuchter und heißer. Dann ruhte er einen Augenblick lang sein Gesicht an ihrem Hals aus. Weiter unten umkreiste seine Zunge ihre Brüste und glitt ihr über den ganzen Arm, bis er ihre Hand erreichte. Er drehte den Kopf, öffnete den Mund und biss in die Innenseite ihres Unterarms, zunächst ganz zart, seine Augen schauten zu ihren auf, so als würde er fragen, ob es in Ordnung war, wartete auf ein leichtes Nicken von ihr. August nickte. Er biss fester und fester zu, hielt inne und saugte an ihrer Haut. Und gab ihr Küsse, damit alles wieder gut war. Er schob sich mit dem Unterkörper von der Matratze hoch und kniete sich ans Fußende des Bettes, den Oberkörper aufrecht. Seine Finger machten sich am Reißverschluss ihrer Jeans zu schaffen.

Er sah ihr ins Gesicht. „Ich will dich, August Gondiwindi."

„*Warte*", flüsterte sie.

Er stand von der Matratze auf und zog August in den Kniekehlen an den unteren Bettrand, dann vergrub er das Gesicht in der Hosenöffnung. Er hörte nicht auf, sich zu bewegen und die Höhlung zu küssen. Küsste weiter jede Kurve, die er finden konnte.

„*Warte.*“ Sie wollte betrunken sein. Sie wollte es nicht zur Gänze spüren, nicht zu etwas anderem werden, loslassen, sich verwandeln. Nicht in den Akt hineinstürzen, bei dem Eddies Körper einfach noch ein weiterer war, vermengt mit den Erinnerungen und dem Begehren und den Gerüchen anderer.

„Worauf?“ Er hob den Blick von ihrem nackten Rumpf. „Noch zehn Jahre? Alles, was ich gewollt habe, ist, das hier mit dir zu machen.“ Er ächzte. Er sah ihr wieder ins Gesicht, sie nickte, gab nach.

Sie stöhnte, hob ihren Arm und musterte die Bissspur. Sie war blass und hatte die Haut nicht verletzt. In ihrem Kopf tat sich eine Lichtung auf, dort zeigte sich ganz klar eine Erinnerung an Jedda und sie, wie sie sich stritten.

August hatte nach ihrer Nana geschrien, das Jaulen war im Hals zu spüren: „Jedda hat mich gebissen!“ Darauf erschien Elsie, sie war da im Zimmer und las Jedda die Leviten, sie solle sich nicht wie eine Wilde benehmen, dann nahm sie August beim Handgelenk und inspizierte die Bissspur am Arm. Sie konnte die Lücke zwischen den Schneidezähnen erkennen, die Lücke, die Jedda nicht hatte, nur August. Elsie kommandierte die Mädchen ins Badezimmer und dort quetschte sie eine ganze Tube Zahnpasta ins Waschbecken. Elsie befahl Jedda, August zu helfen, die Paste wieder in die Tube zu stopfen, und sagte zu beiden – eine Strafe für August, eine Lektion für Jedda: „Es ist unmöglich, die Worte zurückzunehmen, die man besser nicht gesagt hätte.“

August hätte sich am liebsten noch tiefer in die Laken sinken lassen, doch ihre Gedanken kreisten. Sacht schob sie Eddies Kopf von sich, drehte sich auf dem Bett und fing an, ihm diese Geschichte zu erzählen.

„Schhh“, sagte er und versuchte sie zurückzubeugen, küsste ihren Hals, um sie dazu zu bringen mitzumachen.

„Ich will es nicht", sagte sie, die Worte stürzten ihr aus dem Mund wie schwere Steine in stilles Wasser.

Er stieß schnell die Bettdecke fort und stand auf. Sein Penis inmitten feiner brauner Haare war prall und bebte über seinem Schenkel. „Was *willst* du denn dann?" Er schaute ebenso verwirrt wie August.

Sie wusste nicht, was sie wollte. Aber irgendwie ahnte sie, sie wollte nicht die Blindheit des Fickens. Des Fühlens. Vielleicht, dachte sie, war sie zu sehr daran gewöhnt, den Schmerz des Nie-befriedigt-Seins zu spüren.

„Gestern hast du gesagt, bleib hier. Und die Zinnmine?"

„In Australien bleiben, ja! Zieh mit mir in die Stadt!"

„Und was, wenn Jedda hierher zurückkehrt? Was, wenn sie nach Hause käme, und keiner wäre hier?"

„Soll das ein Witz sein?"

„Und Prosperous einfach vergessen? Denn ich weiß nicht, wer ich ohne diesen Ort bin." August sagte das, noch ehe sie wusste, dass es stimmte. „Manche Menschen können eben nirgendwo anders hin zurück. Allein der Gedanke an Prosperous war ein Trost, als ich fort war. Es ist ein Ort, an den ich immer zurückkehren könnte. All das Kindheitszeug, das Zeug, das die Eltern einem aufbewahren, das Zeug aus Kindertagen – von alldem gibt es nichts für mich."

Jetzt brüllte er: „Aber du bist *nie* zurückgekehrt!"

„Hätte ich es aber gewollt, hätte ich es gekonnt", nun brüllte auch sie: „*Jetzt* bin ich wieder da!"

„Das gehört zum Erwachsensein, August, du schaffst dir deinen eigenen Ort, an den du zurückkannst. Glaubst du, ich will auf immer und ewig im Zuhause meiner Kindheit sein?" Er schlug mit der Hand gegen das Bett. „Verdammte Scheiße, August! Willst du die Wahrheit?"

„Wahrheit", äffte sie nach. Sie zog sich das Laken über die Brust, ganz und gar um eine Antwort verlegen. Dann flüsterte sie: „Warum bist du wütend?"

„Die Wahrheit! Die Wahrheit ist, dass ich auch weglaufen wollte. Warum hast *du* es geschafft, zu gehen? Warum hat es jeder geschafft, weiterzukommen, nur ich nicht?“ Er warf die Arme hoch und schlug sie auf die Matratze, ging am Fußende des Bettes auf und ab und schlug mit der Faust gegen die Wand. Gipsflocken splitterten in die warme Luft.

Dann sah er sie an und zischte durch die Zähne: „Du willst die *Wahrheit* wissen? *Ich* wollte das Grundstück verkaufen. *Ich* wollte endlich bezahlt werden. Einen Scheißlohn hatte ich für diese dauernde Schufterei, die mir *nichts* gebracht hat. Ich habe auf dem Feld gearbeitet und jeden Scheißtag zu Prosperous geschaut und darauf gewartet, dass du wiederkommst. Du willst die Wahrheit? Prosperous ist nichts als ein Unterschlupf! Die haben verflucht nochmal das Grundstück begutachtet – das ist nicht mal ein Haus! Es war ein Sklavenhof, August, wo alle deine Omas und Opas gelernt haben, Dienstboten und Zäunebauer zu werden, und hätte mein verfickter Großvater nicht die Gondis in diesem *Unterschlupf* wohnen lassen, dann wärt ihr alle obdachlose Säufer wie dieser Haufen in Vegemite Valley. *Wir* haben euch gerettet! Du willst die Wahrheit? Ich zeig dir die beschissene Wahrheit.“

Er stürzte aus dem Zimmer, und August warf das Bettzeug von sich, um ihren BH zu finden, und wollte nichts als weg.

Er kam wieder hereingestürmt, ehe sie gehen konnte, doch war er jetzt langsamer, sicherer und immer noch nackt, er leerte einen Karton Bücher auf den Boden. Er schnappte sich einen Stoß nicht adressierter Umschläge. „Ich habe das ganze Haus zusammengepackt, siehst du! *Der verlässliche Eddie!* Willst du wissen, was ich gefunden habe? Das habe ich gefunden, bevor dein Pop starb! Ich hatte nicht einmal den Mumm, es ihm zu zeigen. Hier! Ich lese es dir vor!“

Er sprang aufs Bett, stand über ihren Füßen. Ihre Beine berührten sich, aber ihre Körper waren getrennt voneinander. Sein Gesicht war heiß von Adrenalin, sie kauerte sich in die Kissen. Er zog das erste Kärtchen aus einem Umschlag. „Danke für Ihren Beitrag zur Sammlung Falstaff. The Museum Australia. *Eingereicht wurden*: Botenstab, mit aufwändigen Känguru-, Emu-, Schlangenschnitzereien. Anzahl, 1. Datierung: 500 Jahre. Axtköpfe, ungefähre Anzahl 10; Ambosssteine, 5. Datierung: 400 Jahre."

Seine Beine bebten, auch die Hände und seine Stimme.

Er riss die nächste Karte heraus. „*Eingereicht wurden*: Hölzerne Knüppel, mit aufwändigen Stammesmarkierungen. Anzahl, 2. Datierung: circa, 5000 Jahre. Schild, mit eingeprägtem Muster, Anzahl, 1, 70 cm x 11 cm. Datierung: 3000 Jahre."

Er riss eine weitere heraus. Inzwischen zitterten sie beide. Es schmeckte nach Übelkeit.

„Willst du mich schlagen?", schrie er. „Da ist eure ganze Kultur! In Scheißglaskästen! Die *Daten*! Mein Vater, das Arschloch, hat die letzte Spende gemacht! 1980 – kurz bevor wir geboren wurden! *Eingereicht wurden*: Holzschaufel, mit feinen Schnitzereien von Brolgakranichen, zum Anhäufen von Erdhügeln. Anzahl, 1. Datierung: 7000 Jahre. Mahlsteine, ungefähre Anzahl, 35; Ambosssteine, 7; Feuersteine, 30. Landwirtschaftliche Aktivitäten belegt: circa, 10000 Jahre."

Nachdem er die letzte Karte vorgelesen hatte, zerrte er den Quilt von der Matratze und knallte die Umschläge aufs Bett, darauf ging er deprimiert aus dem Zimmer. August zog die Bettdecke von sich, nahm ihre Kleider und rannte. Sie wussten beide, dass alles gesagt war.

Sie lief durch den Englischen Garten von Southerly zur anderen Seite der flachen Umzäunung. Der Erdboden war heiß, unerträglich zum Barfußlaufen, aber sie wollte es spüren, das Brodeln des Bodens spüren, zusammenzucken, wenn sie auf die herausstehenden Eukalyptuswurzeln trat. Sie wollte, dass die Bulldoggenameisen sie betäubten. Stattdessen flohen sie an den Baumwurzeln nach oben.

Von der unbefestigten Zufahrt aus warf sie einen gründlichen Blick auf Prosperous. Es war ein Relikt, kein Haus. Darüber glaubte sie Raubvögel zu sehen, aber kein einziger Vogel zog im weißglühenden Zenit seine Kreise. Nur in der Dachrinne hielt, von der Sonne ummantelt, mit auf die Seite gelegtem Kopf, ein einsamer Würger Wacht.

Dreißig

Ewigkeit, das Kommende – *girr* Habt ihr euch gemerkt, dass das „rr" getrillert wird? Es klingt wie eine Enttäuschung, wenn ihr *girr* sagt. Und das mag euch zwar enttäuschen, aber ich kann euch nicht sagen, was auf uns zukommt, was morgen geschieht, ebenso wenig, wie es mir jemand sagen kann.

übermorgen – *nganha-gunhung-guwala* Die letzten Wochen meines Lebens habe ich hier draußen sitzend in Prosperous verbracht. Ich kann aufschauen und all die Arbeit sehen, die ich über die Jahre verrichtet habe. Das Dach repariert, die Thermofenster in neue Rahmen gefügt, Regenrinnen repariert, lose Dielenbretter befestigt, den Außenanstrich gemacht. In den letzten Jahren habe ich an dem Ding nicht viel gemacht. Eddie borgt mir das Werkzeug, das ich benötige, und hält die Leiter fest. Und die übrige Zeit habe ich in der Bibliothek verbracht. Die Bibliothek wird mir fehlen, wenn ich nicht mehr dorthin gehen kann. Bald gehe ich noch einmal hin, und zwar *nganha-gunhung-guwala*. Ich versuche, mich damit nicht mehr allzu lange aufzuhalten und diese Wörter während der täglichen Stunden, die mir bleiben, abzuschließen. Vielleicht schaffe ich nicht alles, was ich mir vorgenommen hatte, aber vielleicht jemand anders – morgen, übermorgen, eines Tages. Erinnert euch an Matthäus 6:34: *Darum sorgt nicht für morgen, denn der morgige Tag wird für das Seine sorgen. Es ist genug, dass jeder Tag seine eigene Plage hat.*

toter Mann – *gudin* Nachdem sie den Teich trockengelegt und das Grundstück dreimal abgesucht hatten, nachdem ich meinen Speer angefertigt und lange mit meinen Beweisstücken herumgehockt hatte, ging ich in der Nacht aus dem Haus, schob das Auto von der Zufahrt und ein Stück auf die Straße, bevor ich die Zündung betätigte. Ich fuhr zu der Pension, in der er wohnte. Ich schlich mich an der Seite des Gebäudes heran und schaute ins Fenster. Er sah fern, hatte die Füße hochgelegt und trank ein Bier, als hätte er nichts in der Welt zu fürchten. Ich lehnte meinen Speer draußen neben die Eingangstür; ich schob meinen Stiefel zwischen das Fliegengitter und die Tür und klopfte an. „Wer ist da!“, sagte er. „Ich“, sagte ich. Er öffnete die Tür einen Spaltbreit, ich drängte meinen Fuß hinein, packte ihn am Kragen und mit der anderen Hand hielt ich ihm die Speerspitze ans Kinn. „Zeit für einen Ausflug“, sagte ich. Ich führte ihn zum Auto, stieß ihn auf den Fahrersitz und befahl ihm, hinter die vereinzelten Hütten am Stadtrand zu fahren. Den Speer hielt ich ihm unten in die Seite gedrückt. „Fahr ganz ruhig, sonst kommst du in Schwierigkeiten.“ Zu dieser Tageszeit begegneten wir keinem anderen Auto. Als wir ankamen, sagte ich, er solle aussteigen, ohne Ärger zu machen, damit wir uns unterhalten konnten. Im Licht der Hütten fragte ich ihn ganz direkt: „Wo ist Jedda? Sag es mir, dann tue ich dir nicht allzu weh.“ Er bedeckte sein Gesicht mit den Händen und schwor, er wisse es nicht, aber für mich war es nun klar. Nur ein schuldiger Mann verhüllt sein Gesicht. Ich trat ein paar Schritte zurück und hob den Speer. „Je weiter ich weggehe, desto tiefer dringt dieses Ding in dich ein, Jimmy“, warnte ich ihn. In dem Augenblick rannte er los, und ich warf meinen Speer, erwischte ihn hinten am Oberschenkel. Er taumelte ein wenig, und ich nahm die Verfolgung auf, aber der Bastard hielt das Ding dort fest und rannte in die Nacht. Nun wusste ich es also. Ich wusste, dass alles auseinandergebrochen war.

Einunddreißig

Reverend Ferdinand Greenleafs Brief an Dr. George Cross, 2. August 1915, Fortsetzung

VIII

Seit mehreren Jahren fürchte ich um mein Leben, das wäre der Ausgang der jüngsten Ereignisse, so wie er abzusehen ist. Vor zwei Monaten wurde ich aufgefordert, mich bei der Polizeistation von Massacre Plains zu melden. Dort wurde ich stundenlang über meine Vorfahren, meine Bibel und meine Loyalität befragt. Öfters gab es Razzien in der Mission, unsere Lebensmittelrationen wurden wieder und wieder halbiert. Die Menschen aus der Siedlung, die meine Arbeit mit den Eingeborenen ohnehin nie mit wohlwollenden Blicken betrachtet hatten, hatten mich in den vergangenen Jahren und Monaten unaufhörlich bedroht, und aus welchem Grund? Jeden Tag habe ich mich in die Heilige Schrift vertieft und mein Herz und meinen Verstand befragt, um es zu verstehen.

Vom Anfang des neuen Jahrhunderts an schien der australische Nationalismus zu wachsen, jede Zeitung widmete der Erkundung des Themas viel Raum. Einige Menschen waren der felsenfesten Überzeugung, dass Australien unter einer gemeinsamen Identität geeint werden sollte, gegründet auf die Pioniere, die Geografie, die Flora und Fauna – nicht auf den Einwanderer noch auf den Eingeborenen.

Die Reaktion des Aborigine Protection Boards war prompt und unnachgiebig. Zwischen 1908 und 1914 wurden sieben Jungen – John, Michael, Bobby, Percival, Samuel, Graham und Richard – sowie drei Mädchen – Isabel, Sally, Kathleen –, die zu diesem Zeitpunkt im Alter zwischen zwei und sieben Jahre alt waren, gewaltsam in die Stadt gebracht, wie ich annehme, oder in Kinder„heime" überall im Bundesstaat verschleppt, wo sie für die Arbeit angelernt wurden, wo man ihnen beibrachte, gefügig zu sein. Sie waren zu jung, um fortgeschickt zu werden – mit elf Jahren wäre es doch hinlänglich früh gewesen! Wir konnten keine genauen Auskünfte bekommen, wohin die Kinder gebracht wurden. Ihre Eltern weinten täglich. Viele Mütter und Väter flüchteten, entschlossen, sich mit ihren Kleinen im Busch zu verstecken, doch die meisten wurden gefangen genommen und getrennt.

Sie mögen vielleicht denken, lieber Dr. Cross – was beweist das? Ich sage, im nüchternen Ton der Wahrheit, dass in diesem Teil des Königlichen Herrschaftsgebietes *tatsächlich* eine Form von Sklaverei existiert.

Nach diesen Vorfällen fand ein Gefühl umfassender Ausweglosigkeit in der Mission und in meinem Herzen Einzug. Ich fürchtete, alles könnte zu Bruch gehen, als mich am 26. August 1914 die erste Kunde erreichte, dass meine Landsleute in Schwierigkeiten gerieten: Die Einwanderer und Nachfahren der Preußen und Deutschen von Broken wurden schikaniert. Ihre Häuser zerstört, ihre deutschsprachigen Bücher verbrannt. Die Zeitung tönte mit der marktschreierischen Schlagzeile, die alles sagte, was wir zu verstehen hatten:

GROßBRITANNIEN ERKLÄRT
DEUTSCHLAND DEN KRIEG

Keine zwei Wochen später orderte mich der Polizist, derselbe, der die Schultern gezuckt hatte, zur Polizeistation. Mein Stunde war also gekommen; und Kellers ebenso.

Auf der Polizeiwache ließen sie uns in ein gelbes Formular Namen, Geburtsdatum und -ort, Anschrift, Gewerbe oder Tätigkeit, Familienstand, Grundbesitz und die Dauer unseres bisherigen Aufenthaltes in Australien eintragen, dazu die Nationalität und detaillierte Angaben zur Einbürgerung.

Wir füllten die Formulare aus, und der Polizist lachte. „Wir mögen Sie nicht, Greenleaf", sagte er. „Und jetzt können wir handeln."

Mir wurde befohlen, jeden Tag bei der Polizeistation vorstellig zu werden, sie würden dann abhängig von meiner weiteren umfassenden Zusammenarbeit mit dem Protection Board entscheiden, ob sie mich ins Gefängnis steckten oder nicht oder ob sie gar noch Schlimmeres mit mir anstellen würden. Aber was hätte noch schlimmer sein können? Nichts konnte schlimmer sein, als mit anzusehen, wie die viel zu kleinen Kinder abtransportiert wurden.

Nahezu zwölf Monate lang hatte ich jeden Tag der Polizeiwache einen Besuch abgestattet und ein Registrierungsformular ausgefüllt, bevor ich inhaftiert wurde. Ich weiß, dass die anderen in Internierungslager anderswo verfrachtet wurden. Ich erkenne an, dass sie ein furchtbares Schicksal ertragen mussten: ihre Familienbande zerrissen, das Geschäft stillgelegt, die Lebensgrundlage entzogen – aber sie wurden nicht zum Feind *zweier* Gesellschaften.

An den Tagen, an denen ich das Fuhrwerk und die anderen Wagen nahen hörte, mit denen die Kinder fortgeschafft wurden, zog ich mich in meine Hütte zurück. Unentwegt beteuerte ich den Missionsbewohnern, dass mir die Hände gebunden seien, dass ich gegen das Gesetz nichts ausrichten könne. Sie hörten auf, mich warmherzig mit *gudyi* anzusprechen, und wandten sich von mir ab, voll tiefer und verletzender Verachtung, woran sie recht taten, weil ich es verdient hatte.

Zweiunddreißig

Schnitzerei an Bäumen bei Gräbern – *muyalaang* Die Bücher sagen, eine Zivilisation muss vier Kriterien erfüllen: Sie muss den Bau von Häusern aufweisen, die Domestizierung von Tieren, landwirtschaftliche Aktivität und Totenverehrung. Die Verehrung der Toten, das sind die Schnitzereien an den Bäumen, darin besteht die Zeremonie, die Ehrerbietung. Die Gondiwindi haben die Toten nicht in die Erde geworfen und sind davongezogen. Es gab große Trauer und eine sorgfältige Behandlung des Körpers, Tänze und Zeremonien und einen dauerhaften Platz, wo sie ruhten. Gerade erst habe ich herausgefunden, dass die alten Menschen auch einen Friedhof anlegten, aber ich kann ihn nicht finden. Wenn ich die Ahnen befrage, dann zeigen sie mir viele Orte – zu viele unmarkierte Grabstätten überall in diesem Land –, sie weinen und sagen, sie waren nicht dafür verantwortlich. Aber wenn die Ahnen für ihre lebenden und die toten Körper zuständig waren, dann finden sie auch den entsprechenden Flecken Erde, und wir bringen Blumen an diese heiligen Plätze. Wir waren schon immer eine Zivilisation, wir.

dich fangen, dich zermalmen, dich töten, dich essen – *dha-l-girri-dhu-nyal* Einmal machten wir am Heiligabend vor dem Haus eine Grillparty. Es war einer von diesen heißen, stechenden Tagen gewesen. Wir hatten die Familie bei uns, ein paar von ihnen füllten sich mit Alkohol ab. Sie fuhren nicht Auto und wussten, dass sie im Anbau übernachten konnten, den wir immer sauber und in Ordnung hielten. Bis zweiundzwanzig Uhr waren alle schlafen gegangen. In der Nacht wurde ich von irgendetwas wach. Die Ahnen waren es nicht, denn der Whirly-whirly war noch da. Es waren die Dielenbretter, die knarrten. Ich ging in die Küche und schaute die Treppe zum Dachgeschoss hinauf. Es versetzte mir einen Schlag in die Magengrube, denn Jimmy Corvette stieg die Stufen hoch. Er sah mich und kam schnurstracks wieder herunter, mit einer ordentlichen Bierfahne. Er spielte den Narren, als wäre er besoffen. „Ich wollte nur mal die Mädchen kitzeln", kicherte er. „Raus hier", sagte ich. Und dass er ein Narr sei, der sein Saufen nicht im Griff habe. An der Hintertür packte ich ihn am Hemd. „Nicht wieder in den Anbau. Geh nach Hause", knurrte ich ihm ins Gesicht. Und als ich sagte, *dha-l-girri-dhu-nyal*, da war ihm klar, dass ich es genauso meinte.

fangen, überrumpeln – *girra-warra* Jimmy lief mit dem Speer im Bein davon und meldete sich im Krankenhaus, mit einer Infektion. Er sagte nicht, dass ich es gewesen war, selbst auf dem Totenbett nicht. Ich schrieb mich ins Besucherbuch, ging hinein und fragte ihn, wo Jedda sei. Ich setzte den ganzen Tag daran, es aus ihm herauszubekommen. „Ich habe es nicht gewollt, es war ein Unfall", erklärte er. „Wo ist sie?", verlangte ich zu wissen. Seine Antwort, bestehend aus drei Wörtern, vergesse ich nie: „Im Wasser, Uncle." Ich wickelte seinen Verband ab und spuckte auf die Wunde. Ich sagte ihm, wenn er aus dem Krankenhaus herauskomme, dann würde ich ihn zu Tode foltern, wenn er mich nicht zu Jedda brächte. Damit war es mir bitterernst. Die Besuchszeit war um acht Uhr abends zu Ende. In derselben Nacht starb er an einer Blutvergiftung, und so habe ich bis zum Ende meiner Tage nie unseren kleinen Liebling gefunden.

kalt, verändert sein, tot sein, sich zudecken wollen – *baludhaay* Wenn unsere Lieben von uns gegangen sind, wenn sie gekrümmt sind und draußen in ihren Gräbern liegen, in der ewigen Heimat der Erde, dann müssen sie warmgehalten werden, deshalb decken wir sie zu. Die Alten, sie *baludhaay* ihre Leute, ihre Liebsten. Um sie warm zu halten und ihnen beim nächsten Abschnitt ihrer Reise zu helfen – nämlich ihre Gestalt zu verändern. Das Einzige, was mir immer am Herzen lag, war, Jedda geborgen und warm einzuhüllen.

Dreiunddreißig

August lief unter dem Würger vorbei und weinte nicht. Von der Veranda aus entdeckte sie Tante Missy und Elsie, die im Haus Sachen packten. Sie wirbelte noch einmal herum, sodass sie das Feld vor sich hatte, und strich sich über die Haare. In einer Hand hielt sie die Schachtel, mit den Fingern der anderen betastete sie ihre Blusenknöpfe, ob sie auch alle zu waren.

Mit der stumpfen Seite eines Buttermessers hebelte Tante Missy gerade eckige goldene und silberne Schildchen von Poppys Angel- und Gemüsegärtnertrophäen. Auf dem Tisch lag ein Korkbrett mit weißem Leim für die Plaketten. Auf dem Boden stand eine Kiste, in die zig Plastikförmchen für Miniaturpokale und -kelche hineinkamen. Poppy hatte seinen Ruhestand damit verbracht, den Garten in Schuss zu halten und im Lake Broken zu angeln, ebenso am Murrumby jenseits des Dammes, dort, wo noch Wasser war, zwei Stunden in Richtung Süden. Seine Trophäen hatte er nie zur Schau gestellt. Tante Missy holte sie eine nach der anderen aus der Aufbewahrungskiste heraus.

„Wie geht's dir – du hast wohl das Mittagessen verpasst?" Tante Missy gab ihr ein Küsschen auf die Wange, dann kniff sie die Augen zusammen und schnupperte in der Luft. „*Ha-llo*", zog sie sie auf. „Wo warst du denn, Nichte?"

August legte die Hände an die Hüften, nickte in Richtung der Trophäen. Sie versuchte, der Tante keine Beachtung zu schenken, aber noch schwieriger war es, nicht zu zittern. „Kann ich helfen?"

Da fing Tante Missy an zu kichern.

Elsie schaute von der Tür des großen Zimmers her. „Was ist denn so lustig?"

„Nichts, Nana, Aunty hat nur gerade gefurzt." August schaute Tante Missy an, als wollte sie *Halt den Mund* sagen. Ihre Aunty lächelte zurück, als wollte sie *Werde ich nicht* sagen.

Tante Missy hob das Kinn in Elsies Richtung. „August dachte, das wäre ein neues Parfüm aus der Stadt."

Elsie schüttelte den Kopf und verkroch sich wieder in das große Zimmer, vor sich hin brabbelnd.

August nah Tante Missy sanft beim Ellbogen, jetzt ganz ernst. „Eddies Familie hatte Artefakte, von hier. Sie haben sie einem Museum gespendet."

„Wie meinst du das?"

„Papiere, er hat Unterlagen über die Einreichung oder so was gefunden." Sie stockte und warf einen Blick ins Wohnzimmer. „Wir sollten Nana nichts davon sagen. Sie hat gerade genug um die Ohren."

Tante Missy schaute kurz hinter sich, dann sah sie wieder August an. „Du bist sicher, dass sie vom Grundstück stammen?"

August nickte und zuckte die Achseln. „Es ist seltsam."

Missy kniff sich mit den Fingern in die Unterlippe, tief in Gedanken versunken, riss sich aber davon los und wandte August ihre zerknirschte Miene zu. „Das ist traurig." Sie schaute durch die Schiebetür hinaus zu den Lastern auf dem Feld. „Wo ist Eddie?"

„Zu Hause."

„Mit seinen Leuten?"

„Allein."

„Was genau hat er dir gezeigt?"

„Er hat Dokumente, Listen mit den gespendeten Gegenständen. Speere und solche Sachen."

Tante Missy quetschte wieder ihre Unterlippe zwischen den Fingern.

„Die hier habe ich mitgenommen“, fügte August an und wies auf die Schachtel in ihren Händen.

„Nimm es mit zum Auto, wir schauen es mal durch.“ Tante Missy schob August mit der Schachtel zur Hintertür, las eine Trophäe auf und lief damit zum großen Zimmer. Als August auf die Zufahrt trat, hörte sie Tante Missy Elsie zurufen: „Ein Tässchen Tee, Mum?“

Oben in Southerly war auch Eddies Auto weg. August wühlte in der Schachtel, schob die Umschläge zur Seite, durchblätterte kleine Lederbüchlein im Taschenformat. In den Büchern fanden sich größere Umschläge und Briefe auf dickem vergilbtem Pergament in gestochener Handschrift. Sie verstand kein Wort. In den kleinen Umschlägen befanden sich die Kärtchen, die Eddie ihr vorgelesen hatte. Sie waren mit Schreibmaschinenschrift bedruckt, *The Historic Museum Australia* stand oben in der Mitte. Neben jedem Gegenstand zogen sich von oben bis unten Signaturen wie bei Büchern in einer Bibliothek.

Tante Missy sprang die Verandastufen hinunter, ihre Handtasche wedelte ihr um die Schulter, als sie zum Auto hastete. Sie plumpste auf den Fahrersitz. „Ich habe ihr gesagt, wir holen Fish and Chips, erinnere mich daran.“

Sie drehte den Zündschlüssel im Schloss. „Was ist da drin?“ Sie nickte in Richtung Schachtel.

„Der ganze Kram.“

„Wir müssen ein Stück rausfahren, damit wir Empfang auf dem Handy haben.“

Sie parkten am Stadtrand in der Nähe der einzelnen Vorstadthäuser, das Licht des Nachmittags streckte sich bis an die Windschutzscheibe. August sah den Kopfumriss ihrer Tante, die Rundung, die durch das weißgraue, oben schon schüttere Haar durchschien. Es war, als gäbe die Zeit August eine Ohrfeige und rüttelte sie aus einem tiefen Schlaf. Tante Missy klappte ihr Handy auf, August legte den Kopf an ihre Schulter und sah zu, wie sie „The Historic Museum Australia“ eingab, auf „Archäologische Sammlungen“ tippte, darauf „Aboriginal“. Sie überflog eine halbe Seite und las vor:

„Es gibt rund 17.000 Sammlungen, einige nur aus einem einzigen Objekt bestehend, zu weiten Teilen von Pionieren der australischen Archäologie zusammengetragen; im Allgemeinen ungeschulte, aber neugierige und engagierte Menschen, die begierig waren, die Vorgeschichte der Aboriginals zu verstehen und materielle Belege der Vergangenheit zu bergen. Das erste Artefakt, das in das heute noch gängige ethnologische Registrierungssystem gelangte, war ein Fischspeer aus der Region des Murrumby, 1896 dem Museum übereignet, in der ständigen Sammlung Falstaff befindlich. Einige dieser Sammlungen –“

Das Handydisplay wurde schwarz. „Lädst du dein Handy *überhaupt* mal auf?“, fragte August.

„Nein“, sagte Missy und ließ das Handy in den Schoß fallen. „Dad fände das wunderbar ... es hätte ihm so viel bedeutet.“ Sie warf einen Blick in den Rückspiegel und seufzte. „Mein Gott.“

„Sorry, Aunty.“

„Wenn wir die Sammlung Falstaff finden, Augie, dann heißt das, wir können die Mine vielleicht aufhalten. Wir müssen sie finden.“ Mit den Fingern wischte sie sich die winzigen schwarzen Mascararinnsale von den Wangen.

„Zur Bibliothek, ins Internet?“, fragte August.

„Gute Idee“, sagte Missy und fuhr das Auto zurück auf den Asphalt. „Weißt du, ich habe nach Sachen gesucht, nach Zeug der Gondiwindi, *unser* Familienname! Nach

Infos über *Prosperous*, unser Zuhause. Und siehe da, es war die ganze Zeit in Falstaffs Besitz, aye?" Aunt Missy blickte beim Fahren kurz zu August. „Wann geht dein Flug nach London?"

„In ein paar Tagen."

„Willst du wirklich wieder nach England zurück, Nichte?"

August schaute auf ihre Hände, pulte an der vom Geschirrspülen vertrockneten Haut herum, die sich abschälte, dann sah sie hoch durch die Windschutzscheibe auf die Straße. „Nein."

„Gut. Du bist jetzt zu Hause. Das ist gut, Liebes."

*

Diesmal stand eine andere Frau am Tresen der Bibliothek.

Auf ihrem Namensschild stand: *Julie*. Sie ließ Tante Missy ihr Handy an der Steckdose neben dem Computer aufladen. Missy ging erneut auf die Website des Museums, rief die Seite auf, auf der sie vorher waren, und las laut das Ende des Absatzes vor: *„Einige dieser Sammlungen sind nicht gut dokumentiert, aber in ihrer Gesamtheit spiegeln sie den Reichtum der Belege über die Aboriginal-Vergangenheit ebenso wie die Pionierleistung dafür, sie zu retten und zu verstehen."* In einem neuen Fenster tippte sie ein: *Falstaff + Artefakt + Murrumby*, während August auf den Tresen zutrat.

„Ich wollte nur sagen, dass ich demnächst die Bücher zurückbringe, die sich mein Großvater ausgeliehen hat. Eine andere Dame hier wies mich gestern auf Mahngebühren hin."

„Kein Problem", sagte Julie. „Ich mache mir eine Notiz. Wie ist denn der Name Ihres Großvaters?" Julie hielt die Finger über den Tasten bereit.

„Albert Gondiwindi."

Statt den Namen einzugeben, ließ Julie die Hände sinken und neigte den Kopf zur Seite. „Mr. Gondiwindi, ach es tut mir *so* leid, ich habe gehört, dass er verstorben ist."

August nickte und tippte leicht mit den Fingerkuppen auf den Tisch, als hätte sich damit alles erledigt.

„Kann ich Ihnen mit irgendetwas behilflich sein, wenn Sie jetzt hier sind?" Sie warf einen Blick zu Tante Missy, die voll vom Computer in Anspruch genommen war. „Recherchieren Sie auch etwas?"

„Ja, vielleicht können Sie uns helfen." August überlegte, was sie brauchen könnten. „Haben Sie Informationen über die Aboriginal-Mission draußen am Murrumby aus dem vorigen Jahrhundert?"

„Ja, habe ich. Möchten Sie das Archiv sehen, das ich mit Ihrem Großvater durchgegangen bin?"

Augusts Herzschlag setzte fast aus. „Ja, bitte", sagte sie und spürte, wie sich in ihrem Gesicht ein Lächeln ausbreitete.

„Allzu viel haben wir nicht da, um ehrlich zu sein." Julie gab August ein Zeichen, ihr zu den beiden Geschichtsregalen zu folgen. August schien es, als wisse Julie ganz genau, wohin sie gehen musste. „Dieses Buch hier", sie langte hinauf zu einem zerfledderten und sehr dünnen blauen Hardcover, auf dessen Rücken nichts stand, „daran hatte Ihr Großvater das meiste Interesse bei, ich würde sagen ... bei der Recherche, die er führte."

„Was genau hat er denn mit Ihnen zusammen recherchiert?" August nahm das Buch in die Hände. Der Umschlag war aus Leinen, der Titel stand in erhabener Schrift heraus, braun und verschnörkelt: *The First Australians' Dictionary*.

„Ich glaube, er hat die vorkoloniale Geschichte der hiesigen Umgebung, eine Familiengeschichte, zusammengetragen. Das hier ...", damit legte sie den Zeigefinger auf das Buch, das August in den Händen hielt, während sie gleichzeitig das ganze Regal mit dem Blick absuchte, „... und noch ein anderes waren ihm hilfreich, aber ich sehe es nicht."

Sie nahm August behutsam das Buch wieder ab und schlug es auf, zeigte August die Titelseite. „Es wurde posthum zusammengestellt, aber ich glaube, der ursprüngliche Autor leitete am Ende des neunzehnten Jahrhunderts die Mission. Es mag zwar klein sein –", sie blätterte jede Seite achtsam um, es gab eine lange Einleitung und danach nicht mehr als zwanzig Seiten mit Wörtern, aufgeführt wie in einem Wörterbuch, „... aber es ist wahrscheinlich das einzige veröffentlichte Dokument über die Mission." Sie schloss das Buch und reichte es August. „Schauen Sie sich's an. Es darf allerdings nicht die Bibliothek verlassen."

„Ich danke Ihnen." August betrachtete das Buch und schaute zurück zu Julie. „Haben Sie irgendetwas über diesen Mann, den Autor?" Sie fuhr mit dem Finger über den Namen Ferdinand Greenleaf.

„Nun ja, es gibt nur das Eine, was Ihr Großvater bestellt hat. Es ist eine PDF-Datei, man kann sie jedoch nicht fotokopieren oder ausdrucken." Sie schaute sich um, aber da war niemand sonst. „Ich kann sie Ihnen aber mailen, möchten Sie das?"

„Ja bitte", sagte August, und Julie zückte ein Zettelchen.

„Was ist es?"

„Es ist ein Brief in Fortsetzungen, nur ein paar Seiten, glaube ich." Sie gab August das Stück Papier und einen Stift aus der Blusentasche. „Schreiben Sie mal Ihre E-Mail-Adresse auf", sagte sie ein wenig drängend, darauf bedacht, wieder an ihren Arbeitsplatz zurückzukehren.

„Danke. Was ist ein Brief in Fortsetzungen?"

„Das heißt, der wurde einmal abgedruckt, in der Zeitung beispielsweise. Der Tod Ihres Großvaters tut mir so leid.“ Sie blickte hinüber zum Tresen und zu der Person, die auf Bedienung wartete. „Sagen Sie mir Bescheid, wenn Sie noch irgendetwas brauchen.“ Sie lächelte teilnahmsvoll und ging an ihren Platz zurück. August nahm das Buch zum Computer mit und zog sich einen gepolsterten Stuhl neben Tante Missy.

„Schau mal. Ein Sprachbuch.“ Sie legte es schonend auf die Ecke des Computertischchens und schlug es auf. „Reverend Ferdinand Greenleaf“, las sie laut.

„Kommen wir drin vor?“

Sie überflog die Einleitung. Die Schrift war klein und schlecht lesbar. „Die Mission wird erwähnt, Prosperous kommt in der Einleitung zur Sprache.“ Sie las eine kurze Anmerkung auf der Rückseite.

> *„Ich hege die Hoffnung, dass diese Worte unbeschadet zu Ihnen finden. Ich wurde auf diese Insel der Strafe, der Entbehrung und des Elends geschickt. Ganz bestimmt werde ich nicht überleben, und deshalb appelliere ich an Sie, darüber nachzudenken, was es bedeutet, Australier zu sein, Bürger eines jungen Landes mit einem endlosen Himmel zu sein, und die Behandlung unserer Mitmenschen zu überdenken, egal aus welchem Land sie hierhergekommen sind, unabhängig von ihren Urvätern, ihrem Stamm.*
> *In Aufrichtigkeit*
> *F. Greenleaf.“*

„Google diesen Fella, Aunty.“

Missy tippte ihn ein, aber nichts erschien daraufhin, also kehrte sie wieder auf die Website des Historic Museum Australia zurück.

August drehte sich mit einem Seufzen zu ihr. „Ich muss den Leihwagen wieder zum Flughafen bringen.“

„Gut“, sagte Tante Missy abwesend, sie schaute auf den unteren Rand der Website und zog eine Straßenkarte hoch. „Ich denke, wir sollten ihn morgen zum Flughafen bringen. Wir können das Museum besuchen, deinen Wagen abgeben und mit dem Zug zurückfahren.“ Ein breites Grinsen zog sich über ihr Gesicht. Die beiden mussten einen verrückten Eindruck machen, so wie sie sich in der stillen Bibliothek anlächelten und sich ein lautes *Juchhe* verkniffen. „Ganz gena-hau!“, flüsterte August, und beide unterdrückten ihr Gekicher. Tante Missy nahm ihr Handy vom Ladegerät und August legte das Buch auf dem Tresen ab, hinter dem Julie stand. Sie telefonierte gerade, aber grüßte August erneut, nickte und lächelte.

August packte ihre Tante am Arm. „Abendessen?“

„Ja, danke, Liebes“, sagte sie und hakte sich bei August ein. Fest umklammert gingen sie die High Street entlang. August schaute auf die Ladenfront von Nemo's Fish & Chips, wo ihnen eine niedliche Animationsfigur von der Reklametafel entgegenlächelte.

Tante Missy drehte sich zu August, das Portemonnaie mit eindringlicher Geste vor sich haltend. „Der beste Barramundi in ganz Australien!“

„Kriegen die Kids nicht mit, dass sie Nemo *essen*, nicht mit ihm zum Spielen verabredet sind?“

Tante Missy drehte sich und flüsterte August ins Ohr: „Halt die Klappe.“ Sie kicherte noch immer, als sie sich in die Warteschlange stellten.

„Oje!“ Tante Missy schob August an ihren ausgestreckten Armen in die Schlange. „Besetz unseren Platz, die nehmen hier nur Bargeld, bin sofort wieder da.“

August blieb in der schweren, fettigen Hitze stehen, während Tante Missy zum Geldautomaten eilte. Direkt vor August stand in der Schlange ein heftig von der Sonne verbrannter Typ, wahrscheinlich in ihrem Alter, dachte sie. Er trug ein T-Shirt, dessen Ärmel grob abgeschnitten waren; es hing schlabberig auf seinen erdbeermilchfarbenen Schultern. Ein Tattoo bedeckte die gesamte Schulter – ein riesiges Kreuz des Südens. Er sah sich kurz nach August um, bevor er bestellte. August starrte auf sein Tattoo: jene Sterne, die einen nachts in die Irre führten, all der Ärger, in den Eddie, Joey und sie gerieten, als sie noch Teenager waren, wenn sie sich zu Tode langweilten, wenn die Stille so betäubend wurde, dass sie ihre Trommelfelle zum Platzen brachte. August hing beim Betrachten seiner tätowierten Haut ihren Tagträumen nach.

Der Mann drehte sich noch einmal um. „Gefällt Ihnen das?", fragte er sie und zeigte mit dem Finger darauf, ohne eine Antwort abzuwarten. „Das ist das Kreuz des Südens, Lady. Das heißt, Sie gehören nicht hierher."

Sprachlos stand sie da, mit leerem Gesicht. Doch gleich darauf fragte sie sich, wer sie in seiner Vorstellung wohl war, beziehungsweise für wen genau *er* sich selbst hielt.

Tante Missy kam wieder zurück, doch August beschloss, ihr nichts von dem tätowierten Mann zu sagen – sie hatten doch gerade so eine schöne Zeit miteinander.

„Drei Stück panierten Barramundi, eine große Portion Pommes, einen großen Taboulésalat, bitte", sagte Aunty und schaute August an. „Isst du was? Willst du eine Chiko Roll?"

Schon bei dem Gedanken daran wurde ihr der Mund wässrig, sie nickte. Zum ersten Mal seit langer Zeit hatte sie Heißhunger.

Elsie, Missy und August aßen auf der hinteren Veranda zu Abend. Sie hörten jemanden an der Haustür klopfen, die nie benutzt wurde. Missy stand auf und brüllte ums Haus herum: *„Hintenrum!"*

„Musst du denn schreien?", fragte Elsie mit vollem Mund.

„Der Barramundi würde ja kalt werden, bis ich ums Haus gelatscht bin."

Eine Frau in Rangeruniform tauchte um die Ecke, mit einem Klemmbrett und einem falschen Lächeln. Missy knuffte August in die Seite.

„Abend, Ladys!", sagte die Fremde, zu enthusiastisch. „Ich hoffe, ich störe Sie nicht beim Abendessen?"

Nana stand auf, wischte sich dabei den Mund und die Finger mit der Papierserviette ab. „Nein, nein", versicherte sie.

„Ich bin Karen, vom Hauptsitz von Rinepalm Mining, ich bin nur da, um mir ein Bild zu machen, wie die Vorbereitungen für den Wechsel nächste Woche vonstattengehen." Mit einem Fuß stand sie auf einer Verandastufe, mit einem Arm stützte sie sich aufs Knie, als würde sie gleich beginnen, eine Geschichte zu erzählen.

„Fast alles gepackt", sagte Nana.

„Okay, ja, dann lassen Sie uns wissen, wenn Sie irgendetwas brauchen, egal was."

Sie starrte auf das Schild über Elsie, das dort schon hing, solange August denken konnte. Darauf stand: *Beste Freunde benutzen die Hintertür*.

„Oh, ich liebe Ihr Schild", sagte die Dame. „Ich merke es mir fürs nächste Mal."

„Aber Sie sind nicht unsere beste Freundin, Karen", platzte Missy heraus.

Elsie drehte sich rasch zu ihr und schlug ihr mit dem Handrücken auf die Schulter. „Missy!"

Die Dame tat es mit einem Lachen ab. „Jedenfalls, ich mag das Schild ...", sagte sie selbstbewusst, Tante Missys Beleidigung perlte von ihrem Rücken ab, als sie wegging.

Missy sprang auf, riss das Schild vom Nagel und hielt es Karen hin. „Warum nehmen Sie es nicht mit?", sagte sie zuckersüß. „Hier, bitte", beharrte sie und hielt das Schild über das Verandageländer.

August beobachtete das Ganze verwundert und steckte sich eine heiße Fritte in den Mund, als wäre es Popcorn.

Die Frau zögerte. „Das kann ich unmöglich annehmen", sagte sie, winkte ab und zog sich zu ihrem SUV am Ende der Zufahrt zurück. „Gute Nacht, Ladies", fügte Karen hinzu und wehrte die Frauen winkend ab.

Missy reckte den Arm und warf das Ding auf den Boden hinter der Frau, ihre Stimme stieg zum Brüllen an. „Wo, *zur Hölle*, sollen *wir* damit hin?!"

Sie hörten das Auto wegfahren, Elsie schüttelte den Kopf und schrie Missy an. „Ich mag dieses Schild, du schenkst es niemandem und schmeißt es verflucht nochmal keinem hinterher!"

Noch einmal schlug sie ihre Tochter mit der Serviette.

„Mum, es ist sowieso etwas schmutzig. Jeder lacht darüber. *Hintertür*?"

„Sei nicht albern."

„Es ist Ramsch."

„Es ist unbezahlbar."

„Mum, ich habe es am Muttertag an einem Stand in der Schule für etwa zwanzig Cent bekommen." Missy ging hinüber und hob es auf und staubte es spöttisch ab. „Wo willst du es überhaupt anbringen, in einer Wohnung gibt es keine Hintertür."

„Ruhe jetzt", sagte Elsie und schnappte es ihr weg. Sie lächelte aus den Mundwinkeln, betrachtete es in ihren Händen und entschied: „Albert hasste es auch." Sie kicherte und warf das Ding über die Veranda auf den Boden.

Die drei brachen in Kichern aus, das sich zu einem dröhnenden Gelächter auswuchs. August fühlte sich am rechten Platz, sie fühlte sich ganz mühelos zu Hause, fühlte sich, als schwängen die drei Generationen von Frauen auf derselben Wellenlänge. Fühlte sich, als könnte sie so lachen, wie sie es jetzt konnte, hier in Prosperous, nach allem, nach Tod und Diebstahl und Geheimnissen und Lügen und schlammigem Wasser, nach dem Diesel und dem Blut, nach allem – sie fühlte sich wie zu Hause. Zugehörig.

Die Augen waren noch nass von Lachtränen, da legte August ihre Hand auf Nanas. „Ich gehe nicht weg."

Nana hielt den Atem an, das Lächeln noch im Gesicht. „Du rennst nicht wieder fort?"

„Nein", versprach August. „Versprochen."

Nana legte die andere Hand auf Augusts und drückte sie fest, den Blick aufs Feld gerichtet. „Gut", sagte sie und schaute zurück zu ihr. „Was wird mit dem Auto?"

„Morgen machen wir einen kleinen Ausflug", sagte Missy.

„Wohin?", fragte Elsie.

„Nur den Wagen am Flughafen abgeben. Nach Hause nehmen wir den Zug, Mum."

Elsie lächelte. „Dann fahrt vorsichtig!" Sie sah August tief in die Augen. „Und hol dir dein Geld für das Flugticket zurück."

August nickte, bezweifelte aber, dass das möglich wäre.

„Willst du mitkommen, Mum?", fragte Missy.

„In die Stadt?"

„In die *Stadt*! Du könntest alte Freunde besuchen."

„Alle meine Freunde sind tot, Mädels. Helft mir lieber mal, bevor ihr fahrt."

Sie säuberten die Teller und machten sich an den Abwasch. Noch einmal klopfte es an der Haustür.

Elsie warf Missy einen finsteren Blick zu. „Bullen! Schau, was du getan hast – die Rinepalm Gubba hat die Bullymen gerufen!"

August ging zur belagerten Holztür und rief von innen: „Wer ist da?"

„Alena."

„Komm hinten herum."

„Sie ist *meine Freundin,* okay?", erklärte August und griff nach ihrem Kapuzenpullover, der auf der Küchenbank lag. „Bin gleich wieder da! Hebt ihr mir vom Nachtisch was auf?"

„Es gibt keinen Nachtisch", rief Tante Missy August nach, als die von der Veranda hinunterhüpfte.

Eddies Auto war immer noch nicht zu sehen, und die Fenster von Southerly blieben dunkel, als die Sonne unterging.

Alena hielt ein von Folie umhülltes Tablett vor sich und lächelte, als sie August sah, mit dem Kinn wies sie hinter sich auf die Straße. „Hey, ich muss mich beeilen – mein Göttergatte sitzt im Auto."

„Schon in Ordnung. Was ist das?", sagte August und lief neben Alena her zur Straße. „Lamingtons. Aussie-Essen für dich!" Sie knuffte August und reichte ihr das Tablett. Alenas Auto stand bei den Briefkästen hinter der Grundstücksgrenze. Sie schien nervös, als sie die Pfefferminzbäume erreichten. Sie umfasste Augusts Unterarm und senkte den Kopf, um durch die Bäume auf die Straße zu spähen.

Mit gesenkter Stimme sagte sie: „Hör mal, er lässt mich dir nicht das Schulmaterial geben."

„Warum?", flüsterte August zurück und bemerkte dabei, wie wenig sich Alena seit der Schule verändert hatte, wie sie vom Kichern ins Vorsichtige verfallen war und im großen Ganzen noch wie damals aussah, obwohl sie schwanger war und sich feine Linien in ihrem Gesicht abzeichneten.

„Ich weiß nicht, er will keinen Ärger mit den Minenmenschen, das ist wohl alles."

„Mach dir deswegen keine Sorgen, Alena – das ändert sowieso nichts an der Sache, verstehst du?"

„Ich weiß schon, ich wollte es dir nur zeigen. Aber egal – ist Kuchen stattdessen in Ordnung?“

„Ja, tausend Dank dafür“, sagte August auf dem Weg zum Mercedes-Minivan. Durch das Fenster neben dem Rücksitz sah sie ein angegurtetes Kleinkind, das ein Matchbox-Auto über das nackte Knie rollen ließ. James Gaddon, den August noch wiedererkannte, beugte sich aus dem Fahrerfenster. „Wie geht's so?“, fragte er.

„Gut.“

„Bist du für länger hier?“

„Vielleicht“, sagte August. „Vielleicht auch nicht.“

„Behalte das Tablett“, sagte Alena, küsste sie auf die Wange und ging zur Beifahrertür.

James betrachtete August mit leichter Verachtung. „Mir wäre Letzteres lieber. Dich hat es doch ohnehin nur durch die Umstände hierher verschlagen, also steck deine Nase nicht in Dinge, die dich nichts angehen.“

August sah Alena ins Auto springen und James einen Hieb auf den Arm versetzen. „Jawohl, Sir“, sagte August und salutierte spöttisch. Er ließ den Motor an, und als sie losfuhren, zeigte ihm August den Mittelfinger.

Sie schaute zum Kengal hinauf. Sie erkannte niemanden, aber ihr kam es vor, als ständen da jetzt mehr Zelte: oben spitz zulaufend wie die Knochenplatten des Stegosaurus. Sie trug die Lamingtons ins Haus.

„Ich habe Nachtisch!“, rief August ihrer Nana und Aunt Missy, die das Geschirr spülten.

Sie riss die Alufolie von den auf dem Tablett in Frischhaltefolie verpackten schiefen Törtchen. Schokoladensoße und Kokosraspeln waren überall verschmiert.

„Noch essbar“, sagte sie, nahm sich ein Lamington und stellte die übrigen auf die Arbeitsplatte. An der Stelle, von der sie das Törtchen genommen hatte, entdeckte sie das Wort *kit* in lila Schrift. „Alena, die Geheimagentin!“, johlte sie, kippte die ganzen Lamingtons auf die Alufolie und entfernte das Zellophan am Boden.

„*Rinepalm Mining Aktivitätenkit*“, las sie laut, entfernte das Zellophan und wedelte damit herum.

„Wozu ist das?“ Tante Missy furchte die Stirn.

August sah es an. Begriff, dass es nicht besonders informativ war. „Alena wollte einen Tag lang Schmugglerin spielen, schätze ich.“ Sie hielt das Kit schlapp in der Hand und bot den beiden an, abzuwaschen.

„August, wenn du deine Nachforschungen machen willst, dann geh ins Zimmer und sieh die Minenunterlagen durch, die ich in der Kommode liegen habe. Du kannst sie auf dem Bett lesen.“ Elsie zwinkerte August zu. „Du bist ja ein kluges Köpfchen, das warst du schon immer, Augie.“

Missy sah ihre Mum an. „Und ich, Mum?“

„Du bist mein Sonnenschein, Missy.“ Elsie kicherte, während sie saubere Teller in die Umzugskiste stapelte.

August schleuderte die Schuhe von den Füßen und ging ins Zimmer ihrer Nana.

„Nein, Aug, lies das morgen im Auto. Bleib hier, wir müssen noch beim Packen und Saubermachen helfen.“

Tante Missy und August hantierten wie besessen, stopften Kisten voll und versiegelten sie mit Klebeband, schrieben in Krakelschrift die Inhaltsangaben an die Seiten und auf die Deckel. Elsie war beeindruckt. Sie gab August die Mappe mit den Bergbaudokumenten, als wären sie Taschengeld.

„Hast du es gelesen?“, fragte August.

„Nein“, sagte sie. „Lauter Lügenmärchen von diesen Arschgesichtern.“

Später im Dachgeschoss las August alles durch. Das Portfolio erläuterte die Pläne von Rinepalm, die Seiten enthielten etliche Bildagenturfotos von Angestellten mit Einheitskleidung. Es gab auch gesammelte alte Briefe an

Nana und Poppy über den Projektentwurf für die Mine. Im Wortlaut waren es viel Gewäsch und lauter Versprechungen, aber informativ war es nicht, fand August. Sie saß auf dem Bett und nahm sich nun das Aktivitätenkit vor.

Es war *tatsächlich* seltsam. Es war merkwürdiger als die Minenmappe für die Erwachsenen, aber sie konnte nicht auf den Punkt bringen, inwiefern. Die grafische Gestaltung war so chaotisch wie die einer Happy-Meal-Box. Zu Kreuzworträtseln angeordnet standen darauf Wörter wie Smaragd, Diamant, Rubin, Eisen, Erz, Silber, Opal. Ein Maulwurf mit Schutzhelm war das Maskottchen. Er trug eine winzige orangefarbene Weste. Es gab Abbildungen von Industriebohrern, die tief in die Erdschichten eingedrungen waren, eine Querschnittsansicht. In eine Erdschicht hatten die Zeichner ein Stegosaurusskelett gezeichnet. August zählte an den Fingern ab, an welche anderen Sauriernamen sie sich noch erinnern konnte: Brontosaurus, Pterodactylus, Triceratops, Tyrannosaurus Rex. Das war alles. Sie dachte, sie sollte wahrscheinlich zurück in die Schule gehen.

In einer Plastikhülle steckten perforierte Bögen aus Hochglanzkarton. Sie zog sie heraus und drückte die vorgestanzten nummerierten Teile heraus. Der Anleitung folgend bastelte sie einen kleinen Bohrturm. Den stellte sie auf den Nachttisch. Alena hatte recht, es war blanke Propaganda – mundgerecht, kindgerecht, bunt, eine lustige Gehirnwäsche.

Sie schaute durch die Lücke im Fenster, wo die Lutherrose fehlte, nach Southerly hinüber. Dort war es dunkel. Eddie hatte Jedda und ihr eines seiner Walkie-talkies ausgeliehen, als sie Kinder waren. Sie benutzten es, um einander abwechselnd Kinderwitze zu erzählen. August erinnerte sich an einen von Eddie: Ein Känguru und ein Kaninchen machen ein A-a im Busch, das Känguru fragt das Kaninchen, ob es Probleme damit habe, dass das A-a am Fell kleben bleibt. Das Kaninchen sagt nein, darauf wischt sich das Känguru mit dem Kaninchen den Hintern ab. August lächelte, als diese Erinnerung auftauchte wie ein Strand, der von der Ebbe freigelegt wird. In Gedanken hörte sie Jedda quieksend lachen. *Ende der Durchsage*, sagte er dann. *Ende der Durchsage,* sagten sie.

Nachdem Elsie zu Bett gegangen war, kam Missy mit der von Southerly mitgebrachten Schuhschachtel die Treppe hoch. Müde sahen sie ein paar Papiere durch.

„Wir könnten Ansprüche nach dem *Native Title* geltend machen“, sagte Missy, ihrem Gesicht war abzulesen, dass sie sich wieder mit dem Gedanken beschäftigte.

„Meinst du? Joey hat gesagt – nein, es war Tante Nicki, oder alle beide –, dass das unmöglich wäre.“

„Das ist das fehlende Puzzleteilchen, August, das sind die Artefakte; damit sind wir nämlich nicht ausgestorben. Ich vermute, damit kann man zumindest die Mine stoppen. Lass mich dir mal die Einreichungen vorlesen.“

August lehnte sich auf dem Bett im Schneidersitz an die Wand.

Missy las langsam die detaillierten Beschreibungen der Artefakte vor, an jedem Satzende hob sich ihre Stimme ein wenig, als müsste sie für ihr inneres Gleichgewicht sorgen und sich gegen die Tränen wappnen. Während Tante Missy las, schob August die Beine unter die Bettdecke und legte den Kopf aufs Kissen. Sie schaute zu ihrer Tante hoch. Es war wie eine Gutenachtgeschichte. Sie war so glücklich, dass sie nah bei ihr saß und ihr vorlas.

Als Missy bemerkte, dass August allmählich in den Schlaf dämmerte, stand sie auf und stopfte die Decke um August herum fest, dann legte sie den Deckel auf den Schuhkarton. Sie sagte, sie werde das Haus abschließen und dass August sie am Morgen von ihrer Wohnung im

Valley abholen solle. Sie werde Schlafsäcke und das Nötige dabeihaben. August bat sie verschlafen, sie zu umarmen, und Missy hielt August fest in den Armen und küsste sie auf die Stirn.

Als ihre Tante die Zimmertür zumachte, rollte sich August auf die Seite, weg von der Wand. Sie dachte an das Wort, das Eddie gesagt hatte: *Sklavenhof*. Das konnte doch nicht stimmen. Der lila, grüne und orangefarbene Bohrturm aus Pappe warf einen kleinen Schatten neben die Nachttischlampe. August streckte die Hand aus und knipste das Licht aus.

Die offene Straße, irgendwohin fahren, woandershin – dieses Gefühl liebte sie. So viel wusste sie über sich selbst. Sie wusste, sie liebte das Wegfahren mehr als einen Drink, mehr als Sex, mehr als Hunger, die Bücher. Die Straße vermittelte kein Gefühl des Kleinbeigebens, keine Katerstimmung, sie hielt jegliches Wunder der Welt bereit. Doch August fühlte sich diesmal anders, sie war frei von Fernweh. Sie fühlte sich von Prosperous magnetisch angezogen, und sogar mit Tante Missy neben sich empfand sie die Straße als unheilvoll, seltsam – sie wollte wieder nach Hause, kaum dass sie losgefahren waren.

Früher hatte sie sich danach gesehnt, nach dem Gefühl, etwas zu wollen. Sich zu fühlen, als hätte sie ein Ziel. Als wäre sie Teil von etwas. Als sie in England lebte, unternahm sie in mehreren Sommern allein Ausflüge. Ihre Freizeit brachte sie damit zu, billige Zugtickets ausfindig zu machen, in Foren, wo die Leute ihre Fahrkarten anboten, weil sie ihre Reisepläne nicht verwirklichen konnten. Sie war an den Hafen von Portsmouth gefahren, hatte an der wie vom Zahnweh aufgerissenen Mündung gestanden, von wo die Flotten einst ausgerückt waren, die alles verursacht hatten. Sie war die Straßen von Bath und Oxford und London entlanggeschlendert. Jeder Ort war hinreichend interessant für ein Mädchen aus Massacre Plains. Wobei sie in Wirklichkeit wenig mitbekam, meistens drehte es sich um Gehwege, Kirchen, die Gänge im Supermarkt, Bäckereien, Buchläden, Bars.

Ein Ort aber blieb ihr in Erinnerung. Sie hatte geplant, nach Edinburgh zu trampen, aber schaffte es nur bis nördlich von Middlesbrough. Ein paar Tage blieb sie in den umliegenden Ebenen, wo sie den Hadrianswall entdeckte. Der Wall war von den Römern erbaut worden, als sie noch brutale Eroberer oder Zivilisationsbringer waren. Sie wusste es nicht. Am Wall, der drei Flüsse querte, fand sie ein kleines Museum in Chesters Roman Fort, und da es an jenem Tag keine weiteren Besucher gab, führte die Kuratorin sie herum. Sie hatte August eine Schreibtafel aus dem Kastell Vindolanda gezeigt, eine von tausend. Es handelte sich um zwei im Laufe der Zeit aneinandergeklebte Holzscheiben im Miniaturformat, die erst vor ein paar Jahrzehnten bei einer Ausgrabung entdeckt wurden. Als die Archäologen sie auseinanderklappten, fanden sie auf den Innenseiten Hieroglyphen, doch kaum lagen die Täfelchen offen, verschwand die Schrift im Kontakt mit den Elementen. Schließlich konnte man nach vielem Experimentieren die Schriftzeichen unter einer Spezialbeleuchtung fotografieren. Es war lateinische Kursivschrift, und die Kuratorin erläuterte ihr, dass man immer noch dabei war, sie zu entziffern – nach fast zweitausend Jahren. Dann nahm die Kuratorin ein Stück Keramik in die Hand, das eine Inschrift aufwies, die vor dem Trocknen eingeritzt worden war. Sie übersetzte sie für August, diese junge Frau, die so traurig aussah, allein in diesem Museum am Ende des Walles. *„Lies, und viel Glück für dich.“* „Wer hat das wem geschrieben?“, fragte August, worauf die Frau erklärte, dass damals der Stift so wichtig wie das

Schwert war, dass Wörter eine überragende Bedeutung hatten und dass diese Nachricht verfasst wurde, als der Lehm noch weich war; dass es die Botschaft eines Maurers gewesen sein müsse, der einem anderen Maurer das Lesen beibrachte. August hatte gelächelt, doch kein Foto gemacht. Nie hatte sie fotografiert. Im Nachhinein wusste sie nicht, warum eigentlich nicht, als würden alle um sie herum für sie fotografieren. Sie war nur eine Beobachterin während des Urlaubs anderer Leute; stattdessen schrieb sie Gedichte. Im Übrigen konnte sie es nicht leiden, wenn jemand sie fotografierte.

Der Stein, wie die nordafrikanische rote Keramik, der bronzene Kochtopf aus Italien, das Elfenbein aus Indien, die Wassergefäße aus Keramik, die Glasflasche in der Form eines westafrikanischen Kopfes, hergestellt in Deutschland, sagte die Kuratorin, oder in Ägypten – es war alles ein Bild, eine Skulptur – ein zufälliges Verstreichen der Zeit, da oben auf einem Regal an der Wand. Eine Reihe von Steinen, deren Herstellung über die Zeitläufe hinweg keinen genau bestimmbaren Anfang und kein Ende hatte. Es war ein Beleg für etwas anderes, nämlich dass hier einst so etwas wie eine geschäftige Art von Stadt mitten im Nirgendwo war, wo verschiedene Kulturen zusammenkamen. Da gab es Syrer, Nordafrikaner, Ungarn, Bulgaren, Franzosen, Spanier, Deutsche, die alle dem Weltreich „dienten", eine Horde von Sprachen.

August war zu einer höher gelegenen Stelle gewandert, von der aus man die sanften grünen Hügel überblicken konnte, wo sich an ordentlich aufgestellten Zäunen Draht losgerissen und verdreht hatte. Sie hatte darüber nachgedacht, dass die Römer in jedem Winkel dieses Ortes die Ortsansässigen aus ihrer Geschichte herausgeschrieben hatten. Sie versuchte zu ergründen, wonach die Menschen einen Gegenstand bewerteten, woran es lag, dass das Eine wertgeschätzt und das Andere links liegen gelassen wurde. Wer entschied darüber, was von dem Alten wegmusste, was durch Neues ersetzt werden musste? Welche Traditionen bestehen blieben, welches Werkzeug, welche Haushalts- oder Kunstgegenstände, Alltagssachen, Lebenszeugnisse eines Menschen, welche Sprachen wegfielen? Aber als sie eine vage Parallele zu den Artefakten von Prosperous ziehen wollte, war sie ganz verwirrt – warum waren die Artefakte von Middlesbrough wichtig, aber nicht die von zu Hause?

August erzählte Tante Missy nichts von dem Wall, den sie gesehen hatte. Sie hielten an der Tankstelle an, um Kaffee in die Thermoskanne nachzufüllen. August stürzte den letzten Rest Wasser hinunter und warf die Plastikflasche in den Mülleimer.

Träge schlenderte sie von den Containern zu ihrer Tante, die den Fuß aus der geöffneten Beifahrertür gestreckt hatte und damit auf dem Boden steppte. „Trödel nicht rum, wir haben nicht viel Zeit, um die Mine aufzuhalten!"

„Tun wir das denn?", fragte August, sprang auf den Fahrersitz und zog am Gurt.

„Ich denke schon."

Sie fuhren an totgefahrenen Tieren vorbei, aber kein Wild sprang dem Mietwagen in den Weg. August fragte, wie Poppy am Ende war und wohin er zu gehen meinte.

„Er hat bis zum Schluss im Garten gewirtschaftet, er fand immer, der Ruhestand sei etwas für Weicheier. Immer hat er dahergebetet: *Man muss auf Trab bleiben.*"

„Ich meine das Leben nach dem Tod?"

„Er sagte, aus ihm würde kein Stern, also musst du dir nicht den Hals verrenken."

„Wirklich?"

Missy lachte. „Ja."

„Was hat er noch so gesagt?“

„Er sagte, die Religion fürchtet sich vor dem Tod, dass sie gemacht wurde, um die Philosophen zu beruhigen, oder so ähnlich. Ah! Er hat auch etwas gesagt, was mir gefiel: Keiner von uns sollte sich davor fürchten, schlafen zu gehen.“ Darauf schwieg Missy kurz, dann sagte sie: „Das ist schön, nicht wahr?“

„Ja“, sagte August. „Woran glaubst du?“

„An dasselbe wie Dad. Wir gehen zur Erde zurück und werden zu anderen Dingen in der Natur.“

„Hat er sich am Ende irgendwie dazu geäußert, was danach kommt?“

Missy nahm einen tiefen Atemzug und versuchte, das Bild ihres leblosen Vaters aus ihren Gedanken zu löschen.

„Die letzte Phase dauerte mehrere Tage. Seele und Geist sind da, aber der Körper kann nichts mehr ausrichten, um beim Geist zu bleiben – als wäre er in zwei gespalten. Eine natürliche Aufspaltung. Zu diesem Zeitpunkt wollte ich, dass es nicht endet, ich wollte nur noch einen Tag mehr, dann willst du wenigstens noch eine Stunde, noch eine Minute. Am Ende ist alles kostbar! Als blieben nie genug Details übrig. Ich wollte alles wieder haben. Fingerabdrücke, Fotos, jede Geschichte, noch längere Nächte. Die richtige Zeit zum Sterben? Getrennt zu werden? Die gibt es nicht, August. Es tut immer weh, es tut weh, jemanden zu verlieren, oder?“

August weinte. „Ja“, sagte sie.

„Im Krankenhaus sagte mir die Schwester am Ende etwas sehr Nettes, sie sagte, sie schickt mir *weißes Licht*.“

„Weißes Licht?“

„Denk mal darüber nach, Aug, es ist wunderschön – es ist wie Licht, das durch die Eukalyptusbäume bricht, das Tageslicht, das sich auf der Oberfläche des bewegten Wassers bricht, die gesamte Sonnenenergie in diesem Augenblick. Diese Krankenschwester wollte mir Elektrizität senden, weißt du?"

„Göttliches Licht", sagte August.

„Ja, heiliges Licht aus der Natur, das ist wunderschön."

„Glaubst du, dass du in den Himmel kommst, Aunty?"

„Nah! Ich komme als Baum wieder oder als irgendetwas Unbewegliches. Ich will mich dann nur entspannen und nicht auf die Jagd nach Nahrung gehen müssen, weißt du?"

Später hielt August an und überließ Missy die letzten dreihundert Kilometer das Fahren. August las wieder laut die Beschriftung der Kärtchen vor. „Holzschaufel, zum Anhäufen von Erdhügeln."

„Kaum zu fassen!", sagte Missy. „Unsere Vorfahren! Nimm mal mein Handy und schau nach, ob es da schon was von der Bibliotheksfrau gibt."

August öffnete ihr E-Mail-Programm auf Missys aufgeladenem Handy, sie fand eine Nachricht mit Anhang von einer Adresse der Stadtverwaltung. In der E-Mail selbst hatte Julie geschrieben: *Ich hoffe, alles ist so weit in Ordnung. Ich habe nochmal nachgesehen, es ist der Brief von Reverend Greenleaf an die Organisatoren der Weltausstellung in Chicago. Wenn Sie noch irgendetwas benötigen, helfe ich Ihnen sehr gern.*

„Soll ich dir den Brief vorlesen?"

„Ja, mach mal."

„Der ist alt, Aunty, ich werde den Tonfall sicher nicht hinbekommen."

„Ich wette fünfzig Dollar, dass du's schaffst."

Als August ans Ende des Briefes gelangte, musste Missy eine Fahrpause einlegen. Sie vertrat sich die Beine auf dem Rastplatz und hielt sich den Bauch, als müsste sie sich übergeben. Sie atmete schwer, lief in kleinen Kreisen. *„Unser*

Volk!“, sagte sie, aber sie klang ganz verändert. Schleuderte die Worte aus ihrem Körper, als risse sie eine Axt aus dem Astknoten ihres Familienstammbaumes heraus, wo sie sich verklemmt hatte.

August stellte sich den Reverend draußen auf ihrem Feld vor, in ihrem Zuhause. Sie konnte es nicht fassen, dass er dort gelebt hatte, dass er Prosperous *gemacht* hatte. Sie sah vor sich, wie er sich bemüht hatte, diese Vorfahren zu beschützen, während er sie gleichzeitig strafte. August erinnerte sich daran, in England John Milton gelesen zu haben, er hatte darüber geschrieben, wie Gottes Wege den Menschen gegenüber gerechtfertigt werden. An sein Gesamtkonzept erinnerte sie sich nicht mehr, aber im Auto schien es so, als wäre ihnen allen Unrecht getan worden von Menschen, die Gottes Wege und nicht sich selbst rechtfertigen wollten, und dass auch der Reverend Unrecht hatte. *Waren sie nicht alle einmal gottlos und frei und moralisch gewesen*?, fragte sie sich.

„Und was, denkst du, ist danach passiert? Nachdem die Regierung die Mission übernommen hatte?“

„Als sie eine Farm wurde?“

„Ja“, bestätigte August, die sich vor der Antwort fürchtete.

Missy startete den Motor. „Richtig schlimmes Zeug, weit schlimmeres Zeug.“

„Was denkst du, war er ein guter Mensch?“

„Nein. Er war böse aus Gründen, die einem weit zurückreichenden Schema folgen. Ich glaube, er dachte nur, richtig zu handeln.“

„Er hat es bereut.“

„Ja, aber erst, als es auch ihn selbst traf. Aber der Brief enthält etwas, den Nachweis von uns Gondiwindi, verstehst du? Beweismaterial für den Native Title.“

August starrte auf die Straße vor sich. „Ja“, sagte sie.

Während der übrigen Fahrt fragte August Aunt Missy aus, wie Poppy als Dad gewesen sei, wie Jolene als Schwester gewesen sei, wie Nana als Mum gewesen sei. Tante Missy erzählte August kleine Ausschnitte, und die beiden versuchten wieder zu lachen, soviel sie nach dem Lesen des Briefes konnten. Sie erzählten sich Geschichten über Elsie und welche über Augusts Mum als kleines Mädchen, und sie weinten unbefangen über Geschichten von Albert und versuchten, nicht über Jedda zu sprechen. Sie hielten an Raststätten, um Schokoriegel und Kaugummi zu kaufen. Im Radio hörten sie Popsongs. Die Luft, die durchs Fenster kam, war schwer, bis sie die Berge überquert hatten und mit der Kühle vom Ozean her die Temperatur sank.

Als Missy das Wasser erblickte, verbesserte sich ihre Stimmung und sie tippte auf das GPS-Display. „Nur noch hundert Kilometer!"

„Wir hätten Joey mitnehmen sollen", sagte August.

„Hätten wir, du hast recht."

„Wo ist er?"

„Im Tramp Jungle, keine Ahnung, Nachtcluberöffnung in Broken. Tramp Jungle?"

„Klingt ... lustig."

„Meine Handtasche, Aug", sie gab August ein Zeichen, dass sie sie aufmachen solle. „Hab vergessen, dass ich meine eigene Musik mitgebracht habe."

Sie hörten sich Missys gebrannte CD von Tracy Chapman an, und bei „Talkin' 'Bout a Revolution" kurbelten sie das Fenster herunter und sangen aus voller Lunge mit. Die brausende Luft verfing sich im Fenster und tat August in den Ohren weh. Sie hörten so lange das Album *Greatest Hits,* bis die Worte ihre Bedeutung verloren.

Acht Stunden nach ihrer Abfahrt aus Massacre Plains parkten sie am Stadtstrand. Missy bestellte sich Lammsouvlaki in warmer Pita, August wählte die Falafel; saurer Joghurt tropfte beiden vom Kinn in den Abendsand. Der Ozean war August fremd, sie hatte ihn kennen lernen wollen, aber nicht als ein Körper, der auf der Wasseroberfläche trieb, stattdessen malte sie sich aus, wie sie in die Tiefe des Ozeans hinabtauchte, in die Bereiche, in die kein Licht vordringt. Wo die Fische wie Aliens aussehen und im Dunkeln glühen, mit scharfen Milchzähnen.

Als sie aufgegessen hatten und der Parkplatz leer und dunkel geworden war, putzten sie sich die Zähne und spuckten aus den aufgeschwenkten Wagentüren auf den Asphalt. Sie kippten die Sitzlehnen nach hinten, schoben die Beine in die Schlafsäcke und suchten am Himmel nach Sternen, die sie nicht finden konnten.

Vierunddreißig

Biyaami, Geist, der über die Gondiwindi herrschte – *Biyaami, Baiame* Als die Welt noch jung war, so erzählten mir die Ahnen, kam Biyaami auf die Erde und beschloss, daraus einen schönen Ort zum Leben zu machen, er schuf die Plateaus und die Berge, er schuf die Wüsten, sandige Flächen und Meeresküsten. Er pflanzte Sträucher und Blumen und Bäume und Farne an verschiedenen Stellen. Dann musste er für Wasserwege sorgen, um die Pflanzen und Bäume, die er erschaffen hatte, zu nähren. Also schuf er obendrein die Ozeane, Strände, Seen und Flüsse. Er blies auf seine Schöpfung und ließ eine angenehme Brise über das Land streichen. Er fand das, was er geschaffen hatte, so wunderbar, dass er beschloss, zusammen mit der Mutter Erde in einer Höhle auf dem Kengal zu bleiben. In der Zwischenzeit hatte Marmoo, der böse Geist alles beobachtet, was Biyaami hervorgebracht hatte, und war neidisch. Er beschloss, alles von Biyaami Geschaffene zu zerstören, deshalb ging er in seine eigene Höhle und schuf einige merkwürdige kleine Wesen. Diese Kreaturen flogen manchmal, krochen manchmal, schlängelten sich manchmal und hatten Beine, um sich fortzubewegen, natürlich auch Flügel. Marmoo schuf Millionen und Abermillionen dieser merkwürdigen Wesen, dann ließ er sie auf Biyaamis Schöpfung los. Die Kreaturen kamen aus Marmoos Höhle wie eine Plage, fraßen und fielen über die schönen Pflanzen her. Oben auf dem Kengal sahen Biyaami und Mutter Erde den hässlichen braunen Fleck, der über dem Land immer weiter anwuchs. Biyaami machte sich allmählich Sorgen, Mutter Erde dagegen überlegte nicht lange und rannte in ihre gemeinsame Höhle, um eine Kreatur mit langen starken Beinen und einem schlanken Leib zu schaffen, mit einem scharfen Schnabel und weißen Federn. „Was ist das?“, fragte Biyaami. „Es ist ein Vogel“, sagte Mutter Erde. Und sie schuf noch viele weitere, mit anderen Farben, Schnäbeln und Gestalten. „Was macht es?“, fragte Biyaami. „Schau!“, sagte Mutter Erde und ließ die Vögel aus der Höhle frei – daraufhin segelten sie hinab auf die Ebene und fraßen alle Insekten auf. Binnen Kurzem waren die Insekten unter Kontrolle, und es gab keine Plage mehr.

besorgt sein, sich sehnen – *bunba-y-marra-nha* Ich habe alle Tage meines Lebens mit fischen verbracht. Ich bin nicht ins Wasser gewatet, um einen guten Fang zu machen, ich habe immer nach Jedda Ausschau gehalten. Elsie und ich haben nie einander mitgeteilt, was wir vorhatten, nicht, wenn Elsie den Garten vergrößerte und Ausschau hielt, nicht, wenn sie Tag für Tag durch den Busch wanderte und Ausschau hielt. Wir waren voller *bunba-y-marra-nha*, um Jedda einzuhüllen, damit sie auf *ngurambang* ihre Ruhe fände.

Biyaamis Sohn – *Gurra-gala-gali* Ich fragte einmal die Ahninnen und Ahnen, ob es nur einen einzigen Glauben in der Welt gebe. Ich fragte nach *Gurra-gala-gali* und der Geschichte, derzufolge er für Biyaami gestorben sei, und wie das für mich nach der Geschichte von Jesus klang. Mein Urururgroßvater sagte: „Das ist kein Spielzeug, dieser Glaube, den wir haben.“ Er sagte: „Erlebst du jetzt gerade, wie ich mit dir spreche?“ Ich sagte: „Ja.“ Er erzählte mir, dass Biyaami der Schöpfer ist, dass wir aber weder Ihn noch Seinen Sohn anbeten. Wir verehren die Dinge, die Er geschaffen hat, die Erde. Natürlich zeigten mir die Ahnen, wie real sie tatsächlich waren. *Gurra-gala-gali* war nur ein Sohn, ein Zufall.

Blut – *guwany, guwan, guwaan* Zweierlei Blut fließt in mir: das von dort, woher ich komme, und das von hier, wo ich bin. Einiges kann ich nicht begreifen, und ich schäme mich für das, was einer aus meiner Familie getan hat. Sie hat eine Ader durchtrennt, diese entsetzliche Tat. Es – mein Neffe – gehört nicht mehr zu mir oder zu unserer Familie. Er ist von uns ausgeflossen wie *guwany*, das den Körper verlässt. In diesem Fall ist Wasser dicker als Blut.

Bogongfalter – *buugang* Die Gondiwindi pflegten nach Süden zu reisen und sich an den Bogongfaltern aus den Bergen, dem Hochgebirge, satt zu essen, als das Land noch in Jahreszeiten unterteilt war. Die Ahnen nahmen mich einmal auf eine lange Wanderung dorthin mit. Es war Sommer, die *buugang* waren vom Norden in die kühlen Berge gereist, um der Hitze zu entkommen. Als wir dort eintrafen, sammelten wir die *buugang* und hockten uns um Feuerstellen herum. Aus ganz *ngurambang* waren Menschen da, um die fünfhundert Feuer muss ich gesehen haben! Jeder war da, um zu kochen und sich an *buugang* gütlich zu tun, die ein bisschen wie Schweinekotelett schmeckten, aber nahrhafter waren. Danach fühlte ich mich gestärkt für die Rückkehr zum Jungenwohnheim.

Buch, Papier – *garrandarang* Meine Tochter Nicki will sich um dieses Wörterbuch kümmern, sie wird das *garrandarang* zur Stadtverwaltung bringen, sagte sie. Sie sagte, sie würde damit etwas Gutes ausrichten, die Ruhestätten auf der Farm damit schützen.

Brust – *dhudhu* Das ist das weibliche Wort für Brust. Nun, es ist das erste an mich gerichtete Wort von meiner Mummy, an das ich mich erinnere. Das mag komisch klingen, aber ich kannte sie nur als kleiner Junge, bis ich drei Jahre alt war. Erst viel später kannte ich sie als junger Mann. Es war das erste Wort, das ich im Leben hörte, denn *dhudhu* wird auch verwendet, um zu Säuglingen zu sagen: „Hierher, hier, Baby, hierher, hierher, Kleines, komm an die Brust, leg dich an mein Herz."

Brolgakranich – *burral-gang* Die Ahnen kamen rasch wieder, sobald der Whirly-whirly abgezogen war. Sie kamen, um noch ein einziges Mal mit mir zu reden. Und dann erschien der Brolgakranich. Sie erzählten, dass der *burral-gang,* also Jedda, in Sicherheit sei. Dass sie für immer ein Brolga bleibe. Sie sagten, dass sie nicht mehr wiederzukommen bräuchten, um mich zu treffen. Sie erklärten, ich sei sozusagen ein initiierter Mann und dass ich alles aufgeholt hätte, was ich wissen müsse. Mein Ururgroßvater lachte noch einmal und legte mir den Arm um die Schultern. Er sagte, er wünschte, sie hätten mir all das schon beibringen können, als ich noch ein kleiner Junge war. „Kein Problem", sagte er. „Du bist wieder zum Leben erweckt, ein von der Auslöschung zurückgeholter Mann! Auch Jedda ist wieder zum Leben erweckt – *burral-gang*." Er sagte, dass große Herausforderungen vor mir lägen, aber alles, was ich gelernt hätte, werde mich anleiten, was ich zu tun hätte.

verbranntes Gras – *bimbayi* Meine Ahnen haben mich mit rausgenommen, um mir zu zeigen, wie sie das Feuer nutzen. Die Frauen kamen mit brennenden Ästen, und auf einem Streifen ein paar hundert Meter vom Flussufer entfernt zündeten sie ein Grasbüschel nach dem anderen an, daraufhin schlugen sie mit einer Schaufel das Feuer wieder aus. Schließlich bauten sie einen Feuerschutzwall, warteten, bis leichter Wind aufkam, der das Feuer zu dem wilden Gras trug, das neben dem Fluss wuchs. Das Feuer breitete sich im Nu aus und ich spürte, wie die Hitze von der Erde abstrahlte. Dann erreichte das Feuer den Schutzwall und wurde davon aufgehalten. Jetzt näherten sich die Ahnen von der anderen Seite und schlugen auf die vereinzelt züngelnden Flammen. Dann beschleunigten sie die Zeit für mich, sodass ich die Veränderungen sehen konnte. Die Asche verschwand in der Erde und nährte sie, dann fiel auch schon der Regen, der Himmel klarte auf, Schösslinge richteten sich auf, dann Knospen, dann wuchsen die Stängel in die Höhe, bis die Knospen aufbrachen und gelbe Blüten die Fläche bedeckten, die man verbrannt hatte. Sie hatten lange Knollen getrieben, die sich gut dazu eigneten, sie zu rösten und zu Mehl zu mahlen oder unter Zugabe von Wasser zu kochen und zu einer Art Grütze zu verarbeiten. Alles wurde zweimal gegart, das überschüssige Mehl verwahrten sie in ihren Häusern oder in Beuteln aus Possumhaut in den Erdhügeln. Auch die Kängurus kamen, und eines davon wurde zum Verzehr mit dem Speer getötet. Nun sind überall dort, wo weder der Weizen noch das Vieh der Falstaffs sich dauerhaft heimisch machten, im Übermaß die Akazien gediehen. An einigen Stellen sind dort, wo einst essbare Gräser wuchsen, pro Morgen zehntausend von ihnen herangewachsen.

Fünfunddreißig

August und ihre Tante schliefen unruhig und wachten oft auf, bis die Sonne aufging, rosa, orange, rot, pink über dem Ozean. Der Geschmack von Salz füllte das Auto. Möwen kamen im Sturzflug herunter. Surfer in kurzbeinigen Neoprenanzügen eilten am Auto vorbei zum spiegelglatten Wasser, das in einem Bogen von der Landzunge abfloss und wieder über das gelbe Ufer zurückgespült wurde. Sie rollten die Schlafsäcke zusammen, schlossen den Wagen ab und bummelten den Radweg entlang in Richtung Süden. Alle Häuser waren ruhig. Große Häuser, Villen mit Luxuskarossen davor. In den Gärten sah August Swimmingpools hinter Glaswänden, Pools, nur fünf Meter vom Ozean entfernt. Nach etwa einem Kilometer tauchten Fußgänger mit angeleinten Hunden auf, Teenager holten lauter gleichartig aussehende Stühle vom Stapel und stellten sie vor Cafés auf, und Männer und Frauen joggten rhythmisch atmend an ihnen vorbei. An einer kleinen Bucht krempelten August und Missy ihre Jogginghosen über die Knie hoch und wateten schweigend in das dahinplätschernde Meereswasser. Es war kälter, als Tante Missy erwartet hatte, und sie floh gleich wieder vor der Wasserlinie. Sie lachten und wuschen sich die Füße unter dem Wasserhahn am Radweg, und auf dem Rückweg zum Auto schauten sie beide über die weite See.

„Unsere Leute, die hier lebten, müssen einen Haufen Fisch gegessen haben“, sagte Missy mit einer Kopfbewegung zur unendlichen Wasserfläche und der Schräge eines Hangs, der in einen Gezeitentümpel abfiel, perfekt zum Fischfang.

August murmelte etwas als Antwort. Sie kehrten zum Auto zurück, und ein paar Blocks vom Strand entfernt kauften sie sich Frühlingsrollen mit vegetarischen Würstchen bei der ersten vietnamesischen Bäckerei, die sie entdeckten. Zwanzig Minuten lang folgten sie der Wegbeschreibung auf Missys Handy, bis sie den nächstgelegenen Parkplatz beim Historic Museum Australia fanden. August nahm die Handvoll Kärtchen und schob sie in ihre Jackentasche.

Ein starker Südwind wehte durch die graue, schachbrettartig angelegte Stadt. „Die geben uns die Gegenstände doch nicht einfach wieder zurück, oder?“, fragte August, als sie bei Rot die Straße überquerten.

„Lass uns erst mal sehen, was dort ist. Vielleicht lassen sie uns Papierkram ausfüllen oder was weiß ich. Ich bin mir sicher, dass das ständig passiert.“

„Rückführung?“ Das hatte August in einer Zeitung gesehen; da ging es um Schrumpfköpfe, die Indigenen Menschen nach zweihundert Jahren zurückgegeben wurden. Oder sie wollten sie zurückbekommen. Sie wusste es nicht mehr.

„Du meinst, wenn sie einem die Familienartefakte zurückgeben?“, fragte sie.

„Ja.“

„Ja, ich bin mir sicher, mit den Beweisen, die wir haben – da werden sie sie nicht einfach behalten.“

Bereits fünfzehn Minuten vor der Öffnungszeit standen sie vor dem Gebäude und richteten die Blicke hinauf. Es war zwar nicht Buckingham-Palast-groß, aber von respektabler Größe. Sechs hohe viereckige Sandsteinsäulen, die sich nach oben subtil verjüngten und ein großes Giebeldreieck aus Sandstein trugen. Unter dem Dreieck stand auf der glatten Steinfläche einsam das Wort „MUSEUM“. August stellte sich vor, dass man, als es gebaut wurde, noch nicht sicher war, was für ein Museum es am Ende werden sollte. Dieser Bau setzte sich so prachtvoll von anderen australischen Bauten ab wie einst Southerly House von Prosperous. Es war atemberaubend.

„Vom Anschauen wird es nicht kleiner“, sagte Missy, mit dem einen Arm drückte sie ihre Strickjacke und die Handtasche an sich, mit dem anderen machte sie eine ausholende Geste, die so viel bedeutete wie *Auf geht’s*.

August vergrub die Hände in den Taschen, und gemeinsam durchquerten sie den Park. Sie waren die ersten Personen in der Schlange. Drinnen war die Temperatur angenehm, weder zu warm noch zu kühl. Es roch nach Papier. Missy strich ihre graue, nicht zu bändigende Mähne glatt, und August tat dasselbe mit ihrem eigenen dichten Haar. Sie kauften zwei Erwachsenentickets, Missy warf einen Blick in die Handtasche, ließ ihr Handy in Augusts Parkatasche gleiten und beklopfte die Seiten ihrer Strickjacke, die keine Taschen hatte. Missy nahm ihre Hand und drückte sie fest, sah sie mit aufgeregter Anspannung an. Nacheinander passierten sie den Türrahmen mit Metalldetektor.

Die Eingangshalle war weiß und weit wie eine Tankstelle. Pfeile wiesen in die Richtung, der sie folgen sollten. Als sie in den ersten Raum gelangten, reckten sie die Hälse nach der Decke, die über und über mit Eukalyptusästen behangen war, aus versteckten Lautsprechern ertönten Didgeridooklänge. Sie betrachteten große geschnitzte und bemalte Totempfähle, Rindenkanus, die über Regalen mit Exponaten in der Luft hingen, mit Muscheln bestickten Kopfschmuck und große farbenprächtige Punktmalereien. Bei jedem Ausstellungsstück, dem sie sich näherten, suchten sie nach der Beschriftung „Sammlung Falstaff“. August sah ein Rindenstück, geschliffen und bemalt mit verwässerter Holzkohle, mit einem großen Fisch, der wie ein Murrumby-Dorsch aussah, in Weiß und Ocker. Der Bauchbereich war schraffiert, von den Flossen waren nur die Hauptstrahlen gemalt, als erklärte die Malerei die Art und Weise der Bewegung. Die Teile des Fisches, die zu essen Poppy ihnen beigebracht hatte, waren ganz in Weiß ausgeführt, die Knochenstruktur stimmte exakt mit der Realität überein. Es war ein Röntgenbild des Fisches und erinnerte August daran, wie Jedda verschwand und wie sie, August, anfing, Menschen und Gegenstände in dieser Art zu sehen. Gegenüber lagen Dutzende Dillybags, horizontal nebeneinander aufgereiht, in einer Glasvitrine. Darüber an der Wand hing eine wuchtige Rolle, eine Malerei auf weißem Pergament. Sie zeigte ein blutrotes Krokodil mit Schlangenkörper, senkrecht himmelwärts aufgerichtet, und durch das Innere des Krokodils schienen Menschen zu purzeln, einige schwammen auf das Maul zu und versuchten zu entkommen. Sechs menschliche Gestalten waren außerhalb des Tieres gemalt, die Hände nah ans Gesicht haltend, als wollten sie den im Inneren Gefangenen erklären, was sie tun müssten. Das brachte August den Tränen nah.

Am Eingang eines Saales las man auf einem Schild: *Warnung an Aboriginal- und Torres-Strait-Islander-Besucher, dieser Raum enthält Abbildungen von verstorbenen Personen.* Eine Gruppe Schulkinder drängte sich an ihnen vorbei in den Saal, ohne auf den Hinweis zu schauen.

„Willst du reingehen?“, flüsterte August ihrer Tante zu.

Beide beugten sich vor und lugten kurz in den Raum. August erblickte ein riesiges Schwarz-Weiß-Foto von Aboriginal-Männern mit um die Hälse gelegten Ketten, die in die unsichtbare Linse starrten. Die beiden richteten sich wieder auf.

„Nah“, antwortete Missy und schüttelte ihren Schauder ab. Zum x-ten Mal dachte August an den Reverend, stellte ihn sich auf einem Schwarz-Weiß-Foto auf ihrem Feld vor. War er ein guter Mensch?, überlegte sie.

Sie wandten sich um und folgten den Pfeilen. Es gab Touchscreens und Höhlen aus Gips, in die man sich setzen konnte. August sah sich ein Video aus den 1960er-Jahren an, in dem eine Gruppe von Frauen im Schneidersitz bei der Anfertigung einer Rindenmalerei saß. Das waren *richtige* Aborigines – nicht wie Aunty und sie, dachte sie.

Sie bewegten sich so langsam, obwohl um sie herum Horden von Schulkindern wimmelten, die im Eiltempo durch die Räume fegten und alle Nasenlang *cool* und *schräg* riefen. „Wochentag", flüsterte August zu Missy, aber die nahm keinerlei Notiz davon. Quer über eine Wand gespannt hing ein wunderschön bestickter Mantel aus Possumhaut, etwa zwei Meter breit und lang. Auf der Hautseite war er detailliert bemalt mit tanzenden Menschen, Vögeln, die die Hälse in die Höhe reckten, Kängurus, deren Leiber eingerollt schienen wie noch im Mutterleib.

„Hier, mach ein Foto davon", flüsterte Missy. Sie stellte sich daneben. „Meine Hand muss mit drauf, ich sag dir, wenn die Luft rein ist ... jetzt."

August schaute auf das Display und tippte auf das Kamerasymbol. Missys erhobene Faust war kaum im Bildausschnitt zu sehen.

„Okay so?", fragte August und zeigte ihr das aufgenommene Foto.

„Ja." Damit drückte sie Augusts Hand hinunter, um das Handy zu verbergen.

Unter Glas lagen Dokumente aus. Große Bücher, die ersten Signaturen, in Kalligrafie. August konnte nichts davon entziffern.

Es gab eine Landkarte, auf die Flüsse mit ihren Quellen gemalt waren. Missy schob August direkt davor und platzierte sich selbst wiederum daneben. August hob das Handy.

„Miss, keine Fotos hier." Der Wachmann kam mit ausgestreckter Hand auf Missys Handy in Augusts Hand zugestürmt.

„Das ist ein Bild von *unserem Land,* und ich bin ihre Älteste, also gebe ich ihr die kulturelle Erlaubnis, zu fotografieren – okay, Mister?“ Obwohl sie es nicht beabsichtigte, verhielt sich Missy unhöflich; bis dahin war August davon ausgegangen, sie verstünde die Verhaltensregeln im Museum.

„Das ist eine Verwarnung, keine Fotos“, wiederholte er und bog den Kopf zur Seite, als wirke er so noch furchteinflößender.

„Entschuldigung“, sagte August und steckte das Handy in die Tasche, während er seinen Anstarr-Wettkampf mit Missy fortsetzte.

Stracks setzte sich Missy wieder in Bewegung, ihr Gang war forsch und zackig. August sah, dass sie den Schaukasten mit den Klanghölzern links liegen ließ. Auch an anderen hüfthohen Schaukästen stolzierte sie vorbei, als könnte sie nichts beeindrucken. August holte sie ein, sie schauten beide in eine niedrige Glasvitrine. Dort sah man Nardoo-Steine inmitten von Mahlscheiben liegen. August vermutete, dass die meisten Leute sie wohl für simple Steine hielten, bis sie die Beschreibungen lasen. Missy tippte mit dem Finger auf das Glas. „Kannst du hier durchschauen?“, fragte sie August mit ernster Miene.

„Ja“, sagte August zögernd. „Es ist Glas.“

„Nicht das.“ Sie trat einen Schritt zurück und wies mit dem Finger tiefer nach unten. „Das da.“

„Nein. Es ist Holz“, sagte August mit einem verhaltenen Kichern, gerade leise genug für ein Museum.

„Das ist Tokenismus, Mensch. Liberale, die sich gut fühlen wollen.“

„Es ist eine Würdigung der Kunst, Aunty.“ August sah, wie ernst Tante Missy wurde.

„Sie sollten mal zusammenzählen, wie viele von uns sie ermordet haben, und ein Museum voller Behälter mit Blut eröffnen. Da gäbe es Schilder wie *Blutvergießen – 1788 bis gestern – Bleiben Sie dran!* So sollte ein Museum des ‚Indigenen Australien‘ aussehen – das dürften die weißen Leute dann besuchen, und dann, *okay*, hätten wir unser eigenes Museum ...“ Die Argumentation von Augusts Aunty verlor an Schwung. Nicht, weil sie unaufrichtig war, sondern weil Poppys Stimme angefangen hatte, in Missys Ohr zu flüstern: *Sag's ihnen, meine Tochter! Sag ihnen, wie die Entdecker kamen und in ihren Jacken und feinen Drillichhosen glänzten, auf ihren großen müden Pferden, da hatten sie blitzblanke Gewehre mit Griffen aus Kirschbaumholz und Moleskin-Lederschuhe, und sie hatten bereits Räder, Peitschen und die biologische Kriegsführung erfunden.*

Tochter, hörst du mich?

Tochter, wirst du es ihnen sagen?

Missy versuchte, ihren Dad zu ignorieren, versuchte, die Gegenstände zu finden, wegen derer sie hergekommen waren, aber Albert redete weiter in ihr Ohr, während sie den Weg hinaus aus dem Labyrinth der Auslagen suchte.

Hier, in Sydney, drängten sich Scharen von Leuten von Übersee an der Küste, und alle brauchten sie noch mehr Land, um Nahrung anzubauen, denn auch sie hatten alle ordentlich Hunger.

Missy wollte an einem Schaukasten mit Waffen vorbeilaufen, aber ihr Vater zwang sie, stehenzubleiben.

Schau dir den Bumerang und die Woomera an, Missy! Sie haben unsere Bumerangs und unsere Woomeras zerschossen und zertrümmert! Sie haben uns nicht nur mit Waffen und Kugeln unser Land entrissen; es gab andere Methoden, die ebenso tödlich waren – schau hin, Missy. Schau genau hin!

Ihr Dad Albert ließ ihr keine Ruhe, er ergriff die Gelegenheit, nun, da sie vor allen Beweisstücken stand.

Sie haben uns Decken gegeben, Missy – auch das Land haben sie uns auf diese Weise genommen – mit Decken, die mit Pocken infiziert waren! Sie haben Arsen ins Mehl gemischt, Missy! Sie haben uns voneinander getrennt und über uns geherrscht! Sie dachten, dass wir „Steinzeit"-Menschen ausgerottet gehörten, auf Biegen und Brechen.

Albert war noch nicht fertig, aber Missy schickte ihn weg – ihr war hundeelend an diesem Ort.

„Wo sind unsere Scheißartefakte, ich brauche frische Luft!", sagte sie hektisch, bevor sie durch den letzten Korridor stürmte und unter dem Ausgangsschild verschwand.

August wollte zuerst hinterherrennen, tat es dann aber nicht. Ihre Tante Missy brauchte einen Augenblick zum Atemholen.

August gefiel das Museum und sie war erleichtert, hier etwas Zeit für sich zu haben. Es lag etwas Befriedigendes darin, jemanden bei einem Konzert oder in einer Kunstgalerie oder einem Museum aus den Augen zu verlieren. Sie war nicht mehr verpflichtet, sich alle paar Augenblicke dieser Person zuzuwenden und Rückmeldungen parat zu haben. *Unglaublich. Wunderschön.* Das waren nicht die passenden Ausdrücke für das, was sie im Museum sah; die Dinge, die sie betrachtete, verdienten Wörter, die – so dachte sie – nicht existierten.

Sie setzte ihren Weg durch die Ausstellung fort, langsam und ernst. August blieb vor einem gelben Bild stehen. Sie sah nichts als Ockergelb, ein Muster, das pulsierte, als wäre es ein stereoskopisches Raumbild, und etwas Verborgenes könnte plötzlich sichtbar werden, wenn sie ihre Augen entsprechend anstrengte. Sie wollte weinen, sie fühlte sich wie damals in der Schule, dumm in allem, musste sich dreimal so sehr wie andere anstrengen, um Lösungen zu finden, dreimal so sehr anstrengen, um Freundschaften zu schließen. Aber manches wusste sie nicht, weil es ihr nie beigebracht worden war. Alles tat ihr weh. Es war, als liefe sie über einen Friedhof, wo die Grabsteine aus dem Boden ragten. Sie begriff nun den Zweck ihres Geschichtsunterrichts, in dem sie wie wichtige Fußnoten erwähnt worden waren, genau wie der Zweck dieses Museums, wie es sich anfühlte wie ein Kopfnicken – höflich und ehrfürchtig und voll schuldbewussten Staunens angesichts einer Zeit, die nun vergangen war. *Abgeschlossen oder nur vorübergegangen*, überlegte sie, während sie dem Pfeil zu den archäologischen Sammlungen weiter folgte.

August untersuchte aufmerksam jedes Exponat auf Schilder mit dem Hinweis *Sammlung Falstaff*, aber sie fand keine. Sie drehte noch einmal die Runde, schaute in Schaukästen mit hölzernen Geräten, aus Stein gefertigten Stücken, Feuersteinen. Nichts stammte von ihrem Flussabschnitt. Sie verließ die Ausstellung und ging zum Informationsschalter in der Lobby. Sie entdeckte Tante Missy draußen vor den Glastüren des Museums auf der Eingangstreppe.

„Hi", sagte August zum Mitarbeiter am Schalter. Sie wusste nicht recht, wo beginnen, es kam ihr vor, als suchte sie am falschen Platz nach Antworten. Sie erkundigte sich nach den Artefakten, zog die Handvoll Einreichungskarten aus der Tasche und legte sie auf die Theke. Der Angestellte sah sie sich an und zitierte einiges davon jemandem am Telefon, dann führte er sie durch die Vorhalle durch mit Codes gesicherte Türen zu den im hinteren Teil des Hauses verborgenen Büroräumen. August wurde einem Kuratoriumsmitarbeiter vorgestellt, und der stellte sie einem Wissenschaftler vor. Die Leute vom Museum orteten die Artefakte auf ihrer Datenbank mit Leichtigkeit: Sie seien *derzeit in den Sammlungen*, sagten sie. Sie waren hilfsbereit, sogar freundlich, und händigten August die Formulare aus, die sie brauchte, um *eine Besichtigung zu buchen*.

August wollte ihnen die Formulare zurückgeben und ihnen alles erzählen, sie nah an sich ziehen und ihnen zuflüstern, dass sich das Leben ihrer Familie falsch entwickelt hatte, dass sie und ihre Familie eigentlich hätten ehrfurchtgebietend sein sollen, nicht gebrochen, dass etwas Schlimmes geschehen war, bevor sie alle geboren waren. Ihnen erzählen, dass von einem Ort im Landesinneren etwas gestohlen worden war, von den fünfhundert Morgen Land, auf denen ihr Volk gelebt hatte. Sie wollte ihnen sagen, dass die Welt total aus den Fugen war und dass sie annahm, es liege an den Artefakten; dass sie verstehen müssten, dass alles jetzt so *dringend* war, nun, da sie die Wahrheit kannten, sie wollte ihnen sagen, dass sie nicht ausgestorben war, dass sie diese Ausstellung letztlich gar nicht bräuchten. *Alle versteckten Teile wurden wieder an ihren Platz zurückgebracht,* wollte sie sagen.

Aber sie sagte nichts von alldem. Sie bedankte sich bei ihnen, nahm den Handschlag an, nickte, als man ihr die Tür aufhielt und sie aus den klimatisierten Räumen entließ.

August trat aus dem künstlichen Licht des Museums nach draußen und gesellte sich zu Tante Missy. Sie wollte zurück nach Massacre – die Landschaft war ihr unter die Haut gedrungen, so schnell, dachte sie.

„Können wir jetzt heimfahren?“, fragte sie.

„Was haben die Museumsleute gesagt?“ Missy kaute an den Fingernägeln.

„Wir müssen diese Formulare ausfüllen. Ich habe alles dabei.“ August ließ das Papier, das sie bei sich hatte, rascheln. „Das können wir zu Hause erledigen, oder?“

„Können wir nochmal rein? Ich möchte wirklich die Artefakte sehen“, sagte Tante Missy, aufrichtig und reuevoll, ihr Gesicht zeigte die Weichheit eines Kindes.

„Die sind alle irgendwo verstaut, Aunty – wir müssen mit diesen Formularen einen Antrag stellen, um sie zu besichtigen ... aber sie meinten, normalerweise sind sie immer zu sehen!“ August wusste nicht, warum sie sie anlog. Wäre es ein Trost, dass mehr Blicke auf sie fielen, dass die

Schulkinder bei ihrem Anblick *cool* riefen? Dass sie mit einem Etikett versehen in einem Glaskasten lagen oder mit einem Anhänger und einer Seriennummer in einer Kiste in einem Regal lagerten? Das glaubte sie nicht.

„Aber das kostet doch Zeit! Wir haben keine Zeit!“, sagte Missy frustriert.

August hielt mit zugeschnürter Kehle die Tränen zurück. „Sie haben gesagt, das sei der einzige Weg.“

„Du hast ganz sicher alles?“ Missy zeigte auf die Papiere.

„Versprochen. Zum Flughafen?“ August legte ihr den Arm um die Schultern.

„In Ordnung“, sagte Missy ernüchtert.

Sie gaben den Leihwagen ab und aßen im Terminal 2 Pommes frites bei McDonald's.

„Botany Bay ist gleich hier die Straße runter, August.“

„Von hier aus?“

„Ja, gleich hinterm Flughafen.“

„Wo die First Fleet ankam?“

„Ja.“ Mehr sagte Aunty nicht, sie war zu traurig und zu erschöpft für mehr.

Sie nahmen einen Zug vom Flughafen in die Stadt und dann raus nach Broken. Sie mussten wie die niedergeschlagensten Aboriginalfrauen in der ganzen Welt ausgesehen haben. Es gab nichts mehr, woran sie ihre Hoffnung hängen konnten. Zwar hatten sie ein Ziel, aber von den Plätzen 18C und 18D aus kam es ihnen trostlos vor.

Nach einer Weile wandte sich Missy August zu und klagte: „Das würde nichts ändern. Die Artefakte. Die Menschen scheren sich nicht darum.“

„Doch, Aunty“, sagte August sanft. „Sonst wären sie nicht im Museum.“

„Nee. Die Leute brauchen Zinn. Sie haben solche Angst davor, nicht alles zu besitzen ...“, sie schnaufte laut, „sodass unsere Leute nichts mehr haben werden." Sie schloss die Augen, als hätte es sich damit erledigt.

Nach einer Weile klang es, als schliefe sie. August suchte nach Missys Handy, das sie noch in der Tasche hatte, und zog es heraus. Bei der Suchmaschine gab sie *Zinnmine* ein und klickte auf *Bilder*. Vierzehn Millionen Einträge wurden angezeigt, so teilte ihr das Handy mit; sechs waren auf dem Display zu sehen. August klickte auf das erste Bild, um es zu vergrößern, es war ein Farbfoto: blauer Himmel, grünes Gras um ein breites, tiefes Loch mit steinigen Ebenen von oben nach unten, wie Sitzreihen in antiken Amphitheatern. Sie drückte den Knopf, um die Displaysperre zu aktivieren, und steckte es wieder in die Tasche.

Immer hatte August geglaubt, wichtige Ereignisse spielten sich in jedem anderen Land, aber nicht in Australien ab. Dass die Erschütterungen in ihren kleinen Menschenleben nicht von Bedeutung wären. Aber in diesem Augenblick, in einem Zug, der tief in die Vergangenheit fuhr, zu dem Ort, den sie am besten kannte, kam es ihr vor, als wäre sie aus einem bleiernen Schlaf erwacht, um sich an der Schwelle zu etwas wiederzufinden, das weitaus größer war als das, was sie je zuvor hatte sehen können. Nachdem sie all diese Schulbuchlügen verdaut hatte, nachdem sie den Brief des Reverends gelesen hatte, nachdem sie die Gänge des Museums abgelaufen hatte, wusste sie, dass ihr Leben nicht mehr wie davor war. Hinter ihr lag eine riesige Weite, ihr Leben und das ihrer Familie hatte Bedeutung, ihre Leben waren gewaltig. Tausende von Jahren, dachte sie. Durch die Finger von achtlosen Menschen geronnen. Das war es, was die Denkweise der Bewohner von Massacre ausmachte, dass sie achtlose Menschen waren. Jeder, der in der Woche damals ferngesehen hatte, musste sich das gedacht haben – dass Jedda nur ein kleines braunes Mädchen war, das aus einer chaotischen braunen Familie verschwunden war. Andere Leute hatten nicht jahrein, jahraus einen Kloß im Hals, Jahrhundert auf Jahrhundert. Sie wussten nicht, wie es war, auseinandergerissen zu werden.

Eine Minute nach Mitternacht fuhren sie in den Bahnhof ein und liefen hinter der Sicherheitsabsperrung entlang, an den leeren Bänken vorbei. August trug ihren Rucksack und hatte sich beide Nylonschlafsäcke um den Hals gehängt – in ihrer Einbildung waren sie so etwas wie die Mäntel aus Possumhaut, die sie im Museum gesehen hatte. Einen Moment fühlte sie sich wie eine Königin, die zu einer Krönungszeremonie anreiste, der sie nicht gewachsen war. Joey stand auf dem Bahnsteig, wartete.

„Ihr seht ja beide fix und fertig aus."

„Erschöpft, ja", sagte August, wieder ins Hier und Jetzt versetzt.

Missy nickte, froh, ihren Sohn wiederzusehen, wieder zu Hause zu sein.

Joey war nervös, rieb die Handflächen aneinander. „Also ... ich war den ganzen Tag bei Nana. Da draußen ist es ein bisschen wild."

„Was soll da draußen wild sein?", blaffte Tante Missy.

„Na ja, ein kleiner Zirkus. Nur ein Wort zur Warnung, bevor ich dich dort absetze, Aug."

„Spuck's aus!", rief Aunty.

„Gestern Nachmittag haben sie angefangen, die Bäume zu fällen, haben einen Schuppen abgerissen, und jetzt treiben sich die Demonstranten überall auf Prosperous herum. Haben sich an alles Mögliche angekettet." Er begann, mit theatralisch aufgerissenem Mund zu lachen, und klatschte in die Hände.

„Oh mein Gott", war alles, was Missy herausbrachte, immer aufs Neue, während sie den Highway entlangrasten, bis sie zur Abbiegung Upper Massacre Plains gelangten. Von dieser Straße aus konnten sie den orangefarbenen Nebel sehen, der von Prosperous aufstieg und die sonst am Horizont sichtbaren Sterne verschwimmen ließ. „Oh mein Gott."

Sie fuhren weiter, es fühlte sich wie in Zeitlupe an, schließlich ging es durch den Bogen der Pfefferminzbäume. Und da sahen sie alles: das in Flammen stehende Feld, Silhouetten von rennenden Menschen und ein paar neben Southerly geparkten Polizeiautos, Blaulichter, die im Schlund der Finsternis zuckten. Tante Missy sprach ein letztes, unheilverkündendes „Oh mein Gott", und das Auto bog zum Prosperous House ein. Vom Feld her erleuchtet, standen Elsie und Tante Mary auf der Veranda, die sie heranwinkten, als wäre Joeys Mazda ein Rettungsschiff und sie in einer Woge sturmgepeitschten Ozeans gestrandet.

Sechsunddreißig

Reverend Ferdinand Greenleafs Brief an Dr. George Cross, 2. August 1915, Fortsetzung

IX

Viele weitere Häuser und Geschäfte von Nachkommen der Deutschen und Preußen wurden niedergebrannt, und immer mehr Plakate hingen überall in Massacre Plains:–

„SPERRT DEN HAUFEN EIN!"

„TREFFEN DER ANTIDEUTSCHEN LIGA"

Vor meiner Abreise wurde ein Aushang an die Missionskirche genagelt, der lautete: „TUN SIE DAS IHRE. TÖTEN SIE EINEN DEUTSCHEN."

Ich bin sicher, dass ich hier sterben werde. Wofür dann dieses Gesuch? Ich befürchte, meine Wahrheit wird unbeachtet bleiben und mein Leben wird nur auf das Wappen eines fernen Landes reduziert. Wozu nützt es, unseren Wert und unsere Sittlichkeit an den Farben einer einzigen Flagge festzumachen? Beispielsweise Sie, Dr. Cross, der Sie – wie ich glaube – irischer Herkunft sind? Sei es also die Flagge Irlands. Sei es die britische Flagge oder die deutsche oder die australische? Wozu ist es gut, uns aufgrund der belanglosen Erdkoordinaten unseres nichtigen Geburtsortes zu verfolgen?

Ich bin ein lutherischer Pfarrer, und als nichts anderes empfand ich mich in meinem ganzen Leben. Jedoch verdammte mein Freund Baumann in den späteren Tagen meiner Arbeit als Geistlicher unseren Gründer, den Theologen Martin Luther, als Hassprediger. Baumann erzählte mir von den Dingen, die Luther in Bezug auf den Juden geschrieben hatte. Er informierte mich darüber, dass Luther sogar so weit gegangen war, eine Bittschrift zu verfassen, in der er zur Auslöschung der Jüdischen Rasse aufrief – der „Kakerlaken", wie Luther, ein Mann der Heiligen Schrift, sie bezeichnet hatte.

„Wir *müssen* nach vorn blicken", gab ich zur Antwort. Doch die Schande, die ich empfand, setzte mir arg zu. Welch Kummer erfüllte meine Seele – hatte ich doch mein Lebtag das Wort Gottes unter dem Banner des Luthertums verbreitet, obwohl sein Gründer solch fehlgeleitete Ideale hochgehalten hatte. Ich suchte nach Gewissheit, und nachdem ich in dem von Baumann ausgehändigten Dokument gelesen hatte, warf ich es nach kaum zehn Seiten auf den Dreschboden. Welch Graus. Ich spürte, dass ich alles in Frage stellte, vor dem ich die Knie gebeugt hatte. Gott, der über allem steht? Das Gesetz und die Kirche? Die Kirche über allen Menschen stehend? Der Weiße Mann über dem Schwarzen Mann stehend? Und alle Menschen über den Tieren? Was habe ich getan? Bin ich zum Tier geworden? Ich werde als Tier geächtet, und ich fürchte, dass der Hass den sogenannten *zivilisierten* Menschen zu einem Rudel blutrünstiger Barbaren hat verkümmern lassen.

Die Worte! Was haben wir getan, als wir uns die Worte unseres Gottes angeeignet und für unsere eigenen Zwecke verdreht haben? Auch ich habe Anteil daran. Was habe ich getan, teurer Dr. Cross, dass ich so große Schuld empfinde, weil ich *Baymee* durch den Herrn ersetzt habe? Welches Recht hatte ich zu seiner Auslöschung? Welches Recht hatte ich, zu behaupten, der eine Glaube bringe den anderen hervor? Welches Recht hat irgendwer dazu? *Was hat der Mensch dem Menschen angetan?*

Ich fürchte, meinen Glauben ganz zu verlieren, den Glauben an die Kirche und an die Menschheit. Ich frage mich, *wenn* ich von den finsteren Untaten gewusst hätte, ob ich wohl darum gebeten hätte, ans Meer zurückgebracht zu werden, und zum unsanften Ozean, damit er mich heimwärts spülte. Aber ich blieb.

Schlussendlich bitte ich, dass Sie Vernunft walten lassen und diesen Brief – oder die in ihm dargelegten Überlegungen – an die rechte Adresse weiterleiten. Auch wenn ich es zutiefst beklage, dass Großbritannien genötigt war, Deutschland, dem Land meines Vaters, den Krieg zu erklären, bin ich doch Britischer Untertan und bereit, die Ehre Seiner Majestät, des Königs George V. und unseres geliebten Australiens zu verteidigen. Als Geistlicher ohne Hab und Gut kann ich nur meinen Leib und mein Leben sowie diese demütig vorgetragene Wahrheit anbieten.

In Aufrichtigkeit,
Ferdinand Greenleaf

Siebenunddreißig

Tante Missy rannte die Stufen hoch und führte Elsie ins Haus. Joey stieg auf die Veranda, hielt sich am Geländer fest und schaute über das Feld, als beobachtete er, wie das neue Jahr mit einem Feuerwerk über dem städtischen Kricketfeld begrüßt und über Schützengräben hinweg Schüsse abgefeuert würden.

Oben bei Southerly standen zwei Polizisten neben ihrem Auto; die anderen Polizisten rannten hinaus in das Chaos. Eddie stand vor dem Haus. August konnte das orangefarbene Licht um seine Silhouette herum flackern sehen. Sie wandte den Blick ab und starrte in die Flammen, die über dem Getreide loderten, während sie Joey auf die Veranda folgte. Von dort aus konnte sie Feuerwehrmänner ausmachen, die einen Schlauch hielten, aus dem ein gewaltiger Strahl Wasser aus dem Teich schoss, im dunklen Feld sah das Wasser weiß aus. Sie sah, wie ein Polizist eine Gestalt zu Boden kämpfte. Um die dreißig Menschen rannten umher. August hielt nach Mandy Ausschau, aber sie konnte die Gesichter nicht erkennen. Es erinnerte sie an die Kindheit, als sie Wunderkerzen in den Händchen hielten und durch die Nachtluft rannten, unschuldig: Alles aus der Vergangenheit spulte sich vor ihrem geistigen Auge im Gegenlicht ab.

Sie stand nah bei Joey. Er lachte; er wirkte wie zugedröhnt. Sie beugte sich vor, um seine Pupillen zu sehen, sie waren tellergroß.

„Wie war's im Nachtclub?", fragte August.

„Krass", sagte er, und sie schüttelte den Kopf. Sie konnten die Demonstranten sehen, wie sie oben auf den Maschinen standen, ein Stück weiter weg; die auf dem Boden rannten vor den Polizisten weg. Die kniehohen Flammen verbreiteten sich mit rasender Geschwindigkeit über das ausgetrocknete Feld, westwärts zu den Vorratsspeichern, ungefähr einen halben Kilometer von Prosperous und den Bohrstellen entfernt. Die Feuerwehr würde das Feuer aufhalten, dachte August. Es würde nicht ans Haus herankommen.

Joey schaute so wie damals, als er in ein Lagerfeuer geschaut hatte, als sie noch klein waren. Euphorisch.

„Bei dir im Knast gab es wohl nie einen Aufstand? Hast du mal die Matratze in Brand gesteckt?“, fragte August.

„Ich hab mich nie drauf eingelassen, das war sinnlos. Zumindest das hier ist nicht sinnlos. Es ist cool. Warst du mal bei einem Aufstand dabei?“

„Ich war bei einer Antikriegsdemo in London. Aber da war es ruhig von den hinteren Reihen her.“ Sie dachte darüber nach – sie waren nur Zahlen, sie waren die sanftmütige, dahinschlurfende Nachhut des Widerspruchsgeistes am Ende des Zuges. Sie trat ins Haus, wo Elsie in Tränen aufgelöst stand und Mary eilig erklärte und Tante Missy über die Einzelheiten informierte. August schloss ihre Nana fest in die Arme und rieb ihr den Rücken.

„Etwa um vier gestern Nachmittag ging es mit den Bulldozern los. Sie haben Baumstämme an der Vorderseite vertäut, damit sie auf einen Streich eine Menge aus dem Weg räumen können. Ich war mit Mum hier. Als Nächstes ist da ein ganzer Haufen Demonstranten auf dem Feld und stellt sich vor die Maschinen! Verdammt verrückt!“ Ebenso hastig fügte sie an: „Mich würdest du nie vor so einen beschissenen Zehntonner bringen.“

„Wie ist denn das Feuer ausgebrochen?“, fragte August.

„Wir wollten gerade los, und die Kinder, *Kinder* sind das, die haben die Tore verriegelt und sagten: ‚Keiner rein, keiner raus!‘ Ich habe die Cops angerufen, und Nicki.“

„Warum hast du Tante Nicki angerufen?“, fragte August.

„Sie hat doch mit der Mine zu tun, oder nicht? Jedenfalls sind dann die Cops gekommen. Die Kinder da draußen fingen an zu filmen und zu rufen: ‚Schließt die Tore, schließt die Tore.' Wir haben die Tür verriegelt und sind drinnen geblieben und haben auf die Polizei gewartet, da hat dieser Fella mit Dreadlocks eine Flasche mit irgendwas auf das Feld geworfen ... Wir haben es gesehen! ... Dieser Scheißkerl hat es angezündet!"

August hörte nicht genau hin. In Gedanken rechnete sie zwei plus zwei zusammen. Sie stand auf und unterbrach Tante Mary. „Hat jemand von euch das Buch gesehen, an dem Poppy schrieb, das Wörterbuch, seit wir am Einpacken sind?"

„Nein."

„Habt ihr es *überhaupt* schon mal gesehen?"

„Nein!", schrie laut Aunt Mary. „Ich erzähle gerade was!"

„Nana?"

„Ich weiß nicht, wo es ist. Um Himmels willen, August, der Garten brennt, und du sorgst dich um ein *Buch*?"

Ein Polizist tauchte auf und zögerte an der Hintertür einen Moment, bevor er sprach. „Sie müssen jetzt alle hier raus. Nahmen Sie Ihre Sachen, das Haus fliegt in die Luft wie ein Pulverfass, sobald der Wind dreht."

Die Aunties sammelten die Taschen ein, die Nana vorbereitet hatte, und als sie die Stufen hinunter- und zu den Fahrzeugen gingen, schrien alle einander sorgenvoll etwas zu. August rannte auf Eddie zu, der den Garten mit Wasser aus dem Reservoir bespritzte.

Sie hörte ihre Tanten von hinten „August!" rufen, doch sie ignorierte sie und steuerte auf Eddie zu. „Hey?", bellte August ihn aus der Entfernung an.

Er sah sie auf sich zurennen und knickte den Schlauch ab, um den Wasserstrahl zu unterbrechen. „Oh, Aug, bitte verzeih mir?" Er krümmte sich zum Chaos hin, als hätte er körperliche Schmerzen. „Ich wollte diese Dinge nicht sagen, ich schwöre."

August ignorierte es, sie wollte nicht darauf eingehen. Ihr brannte eine dringlichere Frage unter den Nägeln. „Neulich abends – nach der Gedenkfeier – wer hat mich da ins Bett gebracht? Welche von meinen Aunties ist die Treppe hochgekommen?"

„Was?"

„*Welche Aunty?*"

„Ich kenne ihren Namen nicht."

„Schwarzes Kleid?", sagte August und versuchte, in der Nähe der Polizisten nicht zu schreien.

„Rote Schuhe", sagte er.

„Hast du der Stadtverwaltung von den Artefakten erzählt?"

„Ich habe sie gerade erst gefunden. Einen Tag, bevor dein Pop starb, Aug – ich schwöre!"

August lief zum Haus zurück. Elsie und die Aunties verstauten immer noch die Taschen im Kofferraum und auf der Rückbank. Joey stand weiter auf der Veranda und betrachtete das Feld. August fasste ihn am Arm. „Wo ist Tante Nicki jetzt?"

„Zuhause wahrscheinlich."

„Fährst du mich hin?"

„Es ist ein Uhr nachts, du Pappnase."

„Gut, also Zeit zu verschwinden. Alle Wertsachen in mein Auto!", kommandierte Tante Mary.

Elsie verwies August auf Joeys Auto. „August, du fährst mit Joe – hier ist kein Platz mehr."

„Ja, ich fahre mit Joey", sagte August und sah dabei zu Joey, um es sich bestätigen zu lassen, aber der schaute weiter auf den Brand. „Wir fahren doch gleich los, ja?" August streckte die Hand aus und zupfte ihn am Ärmel. „Wir fahren zusammen, ja?"

„Ja", sagte er zerstreut und drehte sich zu den Frauen um.

„Ihr zwei brecht auf, wenn die Cops es euch sagen, ihr geht bald, okay?“, warnte sie Tante Missy, den Zeigefinger auf sie gerichtet. „Joe, reiß dich zusammen!“ Er nickte.

August umarmte Elsie schnell, dann schoben Tante Missy und Tante Mary sie ins Auto. Auf dem Schoß hielten sie Taschen, August half, die Türen zuzudrücken. Als das Auto wegfuhr, sagte Joey, er werde August zu Tante Missy bringen, sie solle sich schnappen, was sie bräuchte.

„Und unterwegs halten wir bei Tante Nicki?“, fragte August auf dem Weg zum Haus.

„In Ordnung, wir können da halten – aber sag mal, warum?“

„Das erzähle ich dir im Auto …“ August stieg die Treppe hinauf und holte ihre Sachen aus dem Dachgeschoss. Sie griff sich ihren Pass, warf ihn in ihre Reisetasche, schüttete den Inhalt der Schachtel in einen anderen Karton, der bis zum Rand mit Erinnerungsstücken aus Jeddas und ihrer Kindheit vollgestopft war. Sie hievte den Karton und die Reisetasche hoch und taumelte die Treppe hinunter.

Joey stand in der Küche und streckte ihr die Arme entgegen, um mit dem Karton zu helfen.

Unvermittelt erhellte ein weißes Licht wie ein Kamerablitz das Hausinnere, und ein Donner erschütterte das Feld.

Sie duckten sich, August ließ den Karton fallen.

August spürte eine sengende Hitze, ihre Haut vertrocknete und fühlte sich an, als ob ihr jedes Quäntchen Feuchtigkeit aus den Poren gesogen würde, verschluckt von der trockenen Luft. Sie hörten das *Pop, pop, pop* von Blech, das wie Gewehrschüsse klang, die irgendwo abprallten. Sie verharrten auf dem Linoleumfußboden der Küche. Nach ein paar Sekunden trauten sie sich ans Küchenfenster. Blechtafeln schälten sich vom Schuppen ab, dann hörten sie Balken ins knatternde, funkensprühende Feuer stürzen. Sie beobachteten, wie der Schuppen feuerspuckend in sich zusammenfiel.

August griff nach dem Karton und dem herausgefallenen Inhalt, und gemeinsam flüchteten die beiden ins Freie.

„Ich fahre!", brüllte August über das heulende Tosen verbrennenden Bleches und Öls. „Komm vom Ecstasy runter, Joey!"

„Iss einen verfickten Hamburger!", schrie er zurück, verzückt von dem wild wütenden Feuer, und lief strauchelnd zum Auto, die Schlüssel vor sich in der ausgestreckten Hand. August nahm sie ihm ab.

August lenkte das Auto mit Bedacht, Joe dirigierte sie zu Tante Nickis Haus. Sie hielt am Bordstein. Üppig war es nicht für eine Verwaltungsmitarbeiterin: ein schlichtes Backsteinhäuschen, mehr als zwei Zimmer dürfte es nicht haben. Dafür stand es in dem ansehnlicheren Teil der Stadt, Minties-Gebiet. August schlug laut an die Fliegengittertür aus Aluminium, sie bebte in ihrem Rahmen. Beim Warten drehte sie sich zu Joe um, der im Wagen saß, er schüttelte den Kopf hinter der hochgekurbelten Fensterscheibe und drückte sich tiefer in den Sitz. Im Haus ging ein Licht an, durch den Vorhang lugte ein Kopf, dann das Rasseln eines Schlosses und einer Türkette.

Tante Nicki steckte müde den Kopf durch den Türspalt.

„Aunty, hast du das Wörterbuch gesehen, das Poppy schrieb?", fragte August.

„Was?"

„Hast du sie mit dem Wörterbuch bestochen? Hast du gesagt, du sorgst dafür, dass die Gondis den Native Title geltend machen, wenn sie *dir* kein Geld geben? Oder hast du es einfach für dich behalten?"

„August, es ist mitten in der Nacht!"

„Ich muss lesen, was Poppy geschrieben hat, bitte, Aunty. *Bitte.*"

Nicki kniff die Augen zusammen, Augusts Worte hatten sie getroffen. „Ich habe es behalten, um die Familie zu schützen, meine Liebe."

„Ich schwöre dir, Aunty, ich bin so am Ende – da ist nichts mehr, was man schützen müsste", sagte August aufrichtig und griff sich an die Brust.

„Es liegt im Stadtbüro. Morgen holen wir es, okay? Gute Nacht, Nichte."

Sie schloss die Tür. Legte rasselnd die Kette vor. Knipste das Licht aus, bevor August ihr sagen konnte, dass Prosperous in Flammen stand, dass morgen nicht reichte. Sie warf sich zurück in den Mazda.

„Sie versteckt es. Ich muss es sehen, Joey", sagte August, als sie losfuhren und die Straße verließen.

„Was?"

Sie wusste nicht, wo sie beginnen sollte.

„Das Buch, an dem Poppy schrieb. Es könnte womöglich die Farm retten. Ich muss es jetzt lesen."

„Wo ist es denn?"

„Im Büro in der Stadtverwaltung."

An einer Ecke bremste sie ab, drehte um und gab erneut Gas.

„Ich will es jetzt sehen, ich habe das Warten satt!", brüllte August, und in diesem Augenblick fühlte sie sich von all den vergeudeten Jahren vernichtet. August legte den vierten Gang ein. Joey hielt den Sicherheitsgurt umklammert.

„Ich mache nichts Illegales mit – ich bin noch auf Bewährung, Cousine."

August beschleunigte auf die Hauptstraße, die zur Stadtverwaltung führte. Sie beruhigte ihn mit hochfahrenden Worten: „Gondis sind auf Bewährung geboren, Joey."

Achtunddreißig

Angst haben zu sprechen – ***giya-rra-ya-rra*** Meine Frau stand bis zur Taille im Wasser des örtlichen Schwimmbades, als ich mich in sie verliebte. Sie war an jenem Tag eine Kriegerin, und an jedem folgenden Tag. Das war der Tag, an dem wir uns kennen lernten, und da war sie also. Sie traf zusammen mit einer Busladung Studenten aus der Stadt draußen in Tent Town ein, eines Tages, als wir noch jung und ansehnlich waren. Sie war eine der Universitätslehrerinnen und sie sagte, dass sie aufs Land gekommen seien, um mit den Aborigines über Menschenrechte zu sprechen! Nun gut! Sie war schön und sie war klug – also habe ich gleich zugehört. Ich selbst war da draußen in Tent Town, um ein paar Schafscherer aufzusuchen, die ich für eine Woche Arbeit nach Prosperous holen sollte – es war eine heiße Woche, es muss also im Sommer gewesen sein, weil wir da Schafe scherten. Diese Studenten erzählten uns etwas über gleiche Rechte und dies und das, und ich hörte zu. Elsie und die anderen erkundigten sich bei uns nach Dingen, die wir in Massacre für diskriminierend hielten. Nun ja, wir brauchten keine Minute zu überlegen und führten dies und das auf. „Schaut euch um", sagte ich zu ihr. Ich nannte den Pub und die Schulen und die Tatsache, dass wir getrennt wurden, und die Tatsache, dass es kein Land für uns gab und dass die Kinder nicht ins örtliche Schwimmbad durften – nicht mal bei dieser Hitze, sagte ich. Da weiteten sich ihre Augen, und alle wurden ganz aufgeregt. „Dann nehmen wir die Kinder zum Baden mit rein!", sagten sie.

Und siehe da, um die dreißig Kinder wurden eingesammelt und eines nach dem anderen in den Bus gepfercht, zusammen mit den Studenten und mit ihrem Kameramann. Ich war auch in diesem Bus, aber ich schwebte da nur, schwebte der Frau hinterher, die ich – so hatte ich bereits entschieden – liebte. Wir kamen beim Stadtbad an, und die Studenten zücken ihr Geld und teilen es an die Kinder aus, damit sie sich eine Eintrittskarte kaufen gehen. Die Kinder grinsten von einem Ohr zum anderen, ich glaube, nie zuvor im Leben hatte ich Kinder so lächeln sehen. Wir konnten das Chlor riechen und das Schwimmbecken durch die Drehsperren sehen. Dann traten wir ans Kassenhäuschen, und das war's dann, alles aus – „KEINE Aborigines", sagte der Bademeister und gab den Kindern ein Zeichen, damit sie das Schild lasen. Ich erinnere mich, wie die Kinder zu den da hingepinselten Buchstaben hochstarrten, als hätte man ihnen einen Schlag in die Magengrube versetzt und ihnen die Luft und das Lebensglück genommen. Einige fingen an zu weinen, und ich war wütend auf diese Studenten. Warum mussten sie kommen und die Kinder vor allen zum Gespött machen?

Die Studenten diskutierten mit dem Bademeister, und bald fand sich ein großer Haufen von Bürgern aus Massacre ein, die sagten: „Nach Hause mit euch, Blackfellas, raus, raus aus der Stadt!" Die Leute von der Universität, auch Elsie, stritten noch mit dem Bademeister, ich hielt mich zurück, sagte „Schon gut" zu den Kleinen, und dass ich sie selbst zum Fluss mitnehmen würde, wenn wir nach Tent Town zurückkamen.

Dann aber verlagerte sich die Auseinandersetzung von dem Bademeister weg, sie breitete sich jetzt um den Bus herum aus. Da spielte sich ein regelrechtes Spektakel ab, eine Rangelei um die Bühne, und eine Studentin befragte vor dem Kameramann eine Dame aus der Stadt, die Handschuhe trug, sie standen direkt neben mir und den Kindern. Die Studentin fragte sie so etwas wie: „Ma'am, warum wollen Sie nicht, dass die Aboriginalkinder dieser Stadt ins Freibad gehen?" – „Sie sind schlecht", sagte sie, „sie gehören nicht hierher, sollten zurück in ihre Hütten gehen!" Die Studentin fragte sie noch einmal, wurde nun lauter, die Situation stand kurz vor einem großen Streit, sie gestikulierte und zeigte auf die Kinder und mich. „Finden Sie nicht, sie sehen wie gute Kinder aus, die nur mal baden und sich abkühlen wollen, genauso wie die privilegierten weißen Kinder?", fragte sie. „Glauben Sie nicht, dass sie gute Kinder sind?" Die Frau ertrug nicht mal den Anblick der Kinder, sie erhob nur die Stimme und sagte über den Lärm hinweg: „Ja, ein gutes ist ein totes."

Nun, ich scheuchte die weinenden Kinder in den Bus, ich wollte nicht, dass sie noch mehr davon hörten. Der Streit draußen ging weiter, die Kamera lief und nahm einige Gespräche auf. Zu guter Letzt, von Elsie breitgeschlagen und angesichts der laufenden Kamera, erlaubte man den Kindern baden zu gehen. Auch Elsie hüpfte ins Becken. Ich stand daneben und schaute zu, steckte die Hand ins Wasser und plantschte ein bisschen. Elsie lachte. Nicht ein Fünkchen Angst hatte sie. Sie hatte niemals *giya-rra-ya-rra*. Sie trocknete sich ab und zog sich an, und ich unterhielt mich mit ihr, bis sie und die Studenten das Schwimmbad verließen, und sie sagte, dass sie nach Massacre noch zu vielen anderen Orten fahren würden. „Um für Ärger zu sorgen?", fragte ich. „Hoffentlich", sagte sie, zwinkerte mir zu und lachte.

Danach fuhr sie los, sie und die Studenten und der Bus. Ich sagte ihr, dass ich mit den Kindern noch dableiben würde, später würden wir zu Fuß nach Hause gehen. Kaum war der Bus vom Parkplatz des öffentlichen Schwimmbades weggerollt, da kam der Bademeister mit seiner Bande anmarschiert und warf mich und die Kinder raus! Schande. Aber die Kleinen waren trotzdem überglücklich. Sie waren in das klare kühle Wasser getaucht. Es spielte für sie keine Rolle, wie lange der Spaß dauerte. Dass sie es überhaupt erlebten, das war der Knackpunkt, dachte ich mir. Und ich, ich bekam noch mehr Angst, weil diese Leute nicht nur mich verachteten, sondern – das war mir klar geworden, als ich die Kinder beobachtete, als ich die Dinge hörte, die Kinder niemals hören sollten – dass sie auch unsere Kinder verabscheuten. Nur ein Teil von mir war glücklich, denn ich war Elsie begegnet, und ich wusste irgendwie, dass ich sie bald wiedersehen würde.

Noch Jahre später, selbst nachdem sich die Gesetze über die öffentlichen Bäder und die Sitzplätze im Kino geändert hatten, konnte ich noch die Angst ausmachen, die diese Leute vor uns hatten, das Misstrauen gegenüber unseren Kindern, und seit ich Elsie bei jenem *galing* gesehen habe, werde ich immer und immer wieder daran erinnert, dass die Einstellungen der Menschen sich nicht einfach so ändern, nur weil das Gesetz sich ändert. So lange hatte ich Angst davor zu sprechen, während eines so großen Teils meines Lebens, aber nun nicht mehr. Ich verweigere es zu *giya-rra-ya-rra*!

Alkohol, Wein, hochprozentiges Getränk – ***widyali, girrigirri*** Eines Tages wacht ihr auf, und da steht die Dürre vor der Tür. Dann die große Flut, die dem Verstand Streiche spielt, dann kommt wieder die Dürre, der Sommer, der sich jedes Jahr einen Monat länger hinzieht, bis wir uns da befinden, wo wir jetzt sind. Nichts ist so traurig wie das Skelett eines Ochsen oder einer Färse auf der Weide, die Haut über die Knochen gespannt wie ein Laken. Was die Dürre dem Verstand antut, ist grausam, und viele Männer von den umliegenden Farmen sehen die alleinige Lösung darin, dass sie die Lippen um den Lauf einer Schrotflinte legen. Scheidung ist inzwischen in dieser Gegend, wo sie noch vor fünfzig Jahren undenkbar gewesen wäre, alltäglich. Es gibt eine Grenze für *besser oder schlechter, dick* *und dünn* – manchmal gerät das Dünne ganz außer Sicht. Manchmal sind es die Jungs von den Farmen, die in den Städten verloren gehen. Dort gibt es keine Menschenseele, mit der man sich prügeln kann, da kann man nur noch mit sich selbst kämpfen. In so einer Situation kommt manch einem *widyali* – eigentlich Gift, aber Balsam im Mund vergifteter Seelen – wie ein Gebet vor. Bei gequälten Menschen wirkt dieser Trunk wie Benzin, das man ins Feuer schüttet – es bewirkt nichts, außer dass alles noch schlimmer wird. *Widyali* löscht keine Dürre, und er heilt auch nicht das Herz, er hilft einem nicht einmal, alles zu vergessen, jedenfalls über längere Zeit. Um dieses Gift macht man lieber einen großen Bogen – daraus und aus Drogen habe ich in meinem langen Leben nichts Gutes kommen sehen.

alle zusammen an einem Ort – *ngumbaay-dyil* Isoliert zu sein bedeutet unfähig sein zu handeln. Das ist es, was wir waren – isoliert – von unserer Familie, von unserer Sprache, von unserer kulturellen Lebensweise und von unserem Land. Und dann führte man uns *ngumbaay-dyil*. Aber richtig zusammen waren wir nicht, es hatte nur den Anschein des Humanen, es war ein Gesicht in der Menge. Wir wurden brutal behandelt, wir haben uns gegeneinander gewandt, wir waren isoliert in unserer Erniedrigung, aber gehen konnten wir auch nicht. Wir waren wie Rehe im Scheinwerferlicht, die alten Leute, meine alte Mummy, ich und meine Schwestern, sogar meine Töchter, die inmitten trauriger Seelen in der Mission aufwuchsen. Sie hatten ihre eigenen Kämpfe. Wir waren nicht wirklich zusammen an einem Ort, wir waren keine Bewohner dieser Orte, wir Kinder auf unseren Pritschen, wir waren von Geburt an Kriminelle, Gefängnisinsassen, seit wir laufen konnten. Zusammen und isoliert zugleich.

immer sein, existieren – ***ngiyawaygunhanha*** Ein Mensch existiert jenseits der Lebenden und der Toten, in den Ebenen der Zeit, wo Götter umherschweifen, dann, wenn sie das Sichtbare und das Unsichtbare gleichzeitig verstehen. Das heißt *ngiyawaygunhanha*.

Neununddreißig

August parkte gegenüber der Stadtverwaltung. Joey rief ihr zu, sie solle wieder einsteigen. Sie warf die Fahrertür hinter sich zu. Er steckte den Kopf aus dem Fenster an der Beifahrerseite. „Wenn du nicht in fünf Minuten zurück bist, lass ich dich sitzen, so wie du und dieser beschissene Eddie mich bei der Apotheke habt sitzen lassen!“, stichelte er.

August stieg wieder ein und machte die Tür zu. „Ich habe dich damals nicht sitzen lassen“, sagte sie und sah ihm forschend ins Gesicht.

„Bloß ein Witz, aye. Los, zieh dein krummes Ding durch, Gondi.“ Er zeigte auf das Gebäude der Stadtverwaltung.

August lehnte den Kopf am Sitz an und stellte fest, wie müde sie war, aber sie versuchte es noch einmal. „Wir waren durchgeknallt, Joe. Es tut mir leid, dass Eddie dir aufgetragen hat, Schmiere zu stehen. Wir waren doch noch Kids.“

„Ich weiß schon, trotzdem habe ich immer noch keine Ahnung, was zum Teufel wir da wollten. Solche Vollpfosten.“ Er schaute aus dem Fenster, weg von ihrem Gespräch.

Nach einer Minute des Schweigens fragte sie ihn freundlich und ohne Umschweife: „Wie hat sich das damals angefühlt?“

„Kacke.“

„Es tut mir leid.“

„Das lag nicht an dir. Ich war ja wirklich ein beschissener Querulant.“

„Es war Eddies und meine Schuld, wir waren es, nicht du.“ August nahm seine Hand. „Es tut mir leid, Cousin.“

„Ich verzeihe dir.“

„Weißt du noch, als Poppy das Schild an Prosperous angebracht hat?“, fragte August.

„Hintertür?“ Sie ertappte ihn dabei, wie er unter dem Licht der High Street ein wenig grinste.

„Nah, das war Nan. Das andere.“

„Ne.“

„Hier gibt's keinen Fusel, keine Kohle, kein Yarndi, keine dummen Späßchen.“

„Ha!“, stieß Joe aus. „Jetzt erinnere ich mich.“

„Erinnerst du dich, wie die Familie stocksauer war – sie sagten, er würde uns stigmatisieren?“

„Nah. Wirklich?“ Joe sah August an.

„Ja“, sagte sie. „Ich hörte sie das sagen. Ich lag nah bei der Haustür, immer wenn sie offenstand, sie hatte ein Fliegengitter mit Diamantformen, und ich lag da und spielte mit meinen Augen. Ich habe auf die Kristallformen geschaut, dann die Augen neu justiert und zu den Akazien rübergeschaut, wieder hin und wieder her.“

„Du warst eben schon immer etwas eigen“, kicherte Joe leise.

„Ich weiß noch, dass ich meine Augen für was Besonderes hielt, ich dachte, ich kann sie dieses Verschwimmen-Zeug machen lassen. Ich kann die Dinge so sehen, wie ich will.“

„Und?“

„Und dann hörte ich, wie sie hinten auf der Veranda über das Schild diskutierten. Wie sie behaupteten, dass wir gar nicht so sind. Wir haben uns im eigenen Haus verteidigt.“

„Mhm?“, sagte Joe und wartete, bis August auf den Punkt kam.

„Ich weiß nur noch, dass ich dachte, wir alle sollten hier liegen und begreifen, wie cool unsere Augen sind. Ich hoffte, dass sie dann dasselbe wie ich hätten sehen können.“

„Wovon redest du?“

„Zwei Dinge auf einmal sehen. Hier und dort, nah und fern, jetzt und früher.“

„War das, bevor Jed...?"

„Danach", sagte August. „Poppy war ganz schön paranoid, oder?"

„Er wollte euch nur beschützen."

„Er war ein *didadida*."

„Das Wort kenne ich doch! Was heißt das nochmal?", fragte Joe.

„Maskenkiebitz, glaube ich."

Eine Minute der Stille verging, dann fragte Joe: „Was hat Tante Nicki getan?"

„Sie hat ein Wörterbuch, das Poppy geschrieben hat, und sie hat es versteckt und möglicherweise benutzt, um Geld von Rinepalm dafür herauszuschlagen, aber wahrscheinlich eher nicht. Jedenfalls ist das, was Poppy aufgeschrieben hat, egal was, von Bedeutung. Ich muss es jetzt sehen." August sagte all das wieder ganz entspannt.

„Wo ist es?"

Sie zeigte hinauf zum Stadtverwaltungsgebäude. „Dritte Etage."

Joe stieg aus und machte die Autotür zu. August behielt ihn durch die Windschutzscheibe im Auge, während er über die Straße schritt.

Sie besann sich und sprang aus dem Auto, ihm hinterher, zog sich die Kapuze über den Kopf und eilte zu Joey, sie musste rennen, um mitzuhalten. „Wie kommen wir in den dritten Stock?"

Sie folgte ihm hinten um die Bibliothek herum. Es war dunkel, das Licht der Straßenlaternen reichte nicht bis dorthin. Joey kauerte sich hin und fummelte im zerzausten Gras.

Mit einer dunklen Masse in den Händen stand er auf.

„Einschlagen", sagte er, und August konnte im Dunkeln sein verrücktes Grinsen sehen.

„Geh einen Schritt zurück", sagte er.

August trat zu ihm und griff nach dem Stein. „Ich mach das. Lass mich – ich bin nicht auf Bewährung."

Sie stand da mit dem Stein auf der Schulter, balancierte ihn mit beiden Händen. Sie kam sich wie Atlas vor, der das Gewicht der Welt trug. Sie schleuderte den Stein ins Fenster, er beschädigte zwar das drahtverstärkte Glas, zerschlug es aber nicht. Sie ging hin und holte den Stein. Joey schaute prüfend um die Ecke und gab mit einem Nicken zu verstehen, dass die Straße menschenleer war. Da kapierte August, dass sie nicht Atlas war. Sie war Sisyphos. Wozu sollte es gut sein, ein Fenster einzuschlagen? In ein städtisches Büro einzubrechen? Ein Büro voller Akten nach einem Papierstoß durchzuwühlen? Was hatte sie sich dabei gedacht?

Aber August dachte nicht, sie *fühlte*. Sie fühlte sich stark und mächtig genug, um den Stein nicht zu werfen. Sie drehte sich um und ließ den Brocken hinter sich plumpsen. „Poppy mochte die Bibliothek", sagte sie.

Joey lachte prustend los: „Ah ha ha ha ha."

„Sollen wir zurück nach Prosperous fahren?", fragte August.

„Lass mich mal schmeißen." Er nahm den Felsbrocken hoch.

Sie entriss ihn ihm, als wollte sie ihn sich so wie vor langer Zeit von Jedda schnappen. „Das dürfen wir nicht, Joe! Wir reden morgen mit deiner Mum, wir bringen sie dazu, mit Aunty zu sprechen. Wir können nicht die Bibliothek kaputtschlagen."

„Es ist doch nur ein Fenster."

„Ja, ich weiß, aber Poppy *liebte* diesen Ort. Wo er jetzt auch ist, er schüttelt den Kopf über uns."

Daraufhin war er still und schwieg, als wäre Poppy höchstpersönlich gekommen und mahnte ihn aufzuhören, den Frieden dieses Ortes zu stören.

„Wir fahren zurück nach Prosperous“, schlug August vor.

Er zuckte die Achseln. „Und dann?“

„Wir stoppen die Mine.“ Diese Worte kamen aus ihrem Mund, als wären sie die ersten in ihrem Leben, die sie mit Gewissheit aussprach.

„Ja. Fahren wir.“

Sie gingen zum Mazda zurück.

„Wir sind wohl zu alt dafür, was richtig zu verbocken?“, fragte August.

„Nah, aber wir müssten es definitiv *im Knast abhocken.*“ Mit einem breiten Grinsen klatschte er in die Hände, stolz auf seinen Reim.

*

August bog ab und parkte vor der Zufahrt. Von ihren Sitzen aus nahmen sie das Feld in Augenschein: Die Flammen waren größtenteils gelöscht, aber hier und da schwelte es noch; eine Handvoll Demonstranten wurden gerade in einen Gefangenentransporter gezwängt.

„Wir können in Prosperous übernachten.“ August steuerte das Auto Richtung Haus.

„Ja, jetzt geht es“, lachte Joey. „Das bisschen Feuer auf dem Gras ... tja.“

Sie holten Bettdecken und Kissen aus dem oberen Zimmer, richteten sich auf der Veranda einen Lagerplatz ein und sanken, angezogen, wie sie waren, in die Federn. Sie beobachteten das inzwischen in Schach gehaltene Feuer.

„Wie war's in der City?“, fragte Joe, sein auf die Unterarme gestütztes Gesicht war nur eine Spur beleuchtet.

Auch August hatte die Ellbogen aufgestützt und sah ins Weite. „Hat dir deine Mum erzählt, warum wir hinwollten?“

„Nan sagte, um den Leihwagen zurückzubringen. Du bleibst wohl?“

„Ja", sagte sie und schaute zu Southerly hinüber. Die Lichter im Haus waren aus. „Und ..."

Sie sahen einander an, die Köpfe auf den Kissen abgelegt, aber August konnte Joes Gesicht nicht erkennen. Sie hörte ihn nur langsam und tief in ihre Richtung atmen.

„Es gibt Gondiwindi-Artefakte in der Stadt, in einem Museum. Wir sind hingefahren, um sie zu sehen."

„Ach ja?", nuschelte Joe schläfrig. „Ja ...?"

Er schwieg.

August machte die Augen zu und träumte vom pitschnassen England. Ein Markt, aufgebaut in der Stille des frühen Morgens, mitten auf einer gepflasterten Straße. Seilspringende Kinder. Alle möglichen Erinnerungen an eine eingebildete Kindheit spulten sich ab wie ein Farbfilm, das pralle glänzende Gemüse, das zuckersüße Obst.

*

„Test, Test. Hast du's? Fe fi fo, brrrrrrrr, bdddddddd. Bereit?"

August wandte den Kopf zur Seite und sah eine Reporterin vor einem Kameramann stehen, neben Joeys Mazda. Die Sonne war ein trüber Kreis in einem grünrauchigen Himmel.

„Ich befinde mich in der von der Dürre heimgesuchten ländlichen Gemeinde von Massacre Plains. Die ganze Nacht über entlud sich hier auf dem ehemals landwirtschaftlich genutzten Grundstück Gewalt; lokale Polizeikräfte mussten eine von Umweltaktivisten in die Wege geleitete, aus dem Ruder gelaufene Situation entschärfen. Die ganze Nacht hindurch wurden Demonstranten festgenommen, aber wie Sie sehen können, halten sich etwa vierzig weiterhin hier auf, sie haben sich aus Protest selbst festgekettet. In Kürze wird es zu Verhandlungen kommen. Rinepalm Mining verfügt über die Genehmigung für eine zwei Kilometer breite, 300 Meter tiefe Zinnmine, ein Segen für die örtliche Wirtschaft, die Arbeiten sollen innerhalb der nächsten Tage beginnen. Amanda McMurray, vor Ort in Massacre Plains."

August nahm wahr, wie die Frau jetzt unvermittelt die Schultern hängen und der Kameramann die Kamera sinken ließ. Sie sprang hoch, packte Joe an der Kapuze und schleifte ihn ins Haus.

Sie schob die Schiebetür zu und schloss sie ab. Zog die nie benutzten Vorhänge zu und ließ die Jalousie vor dem Fenster über der Spüle herunter.

„Hier sind Nachrichtenleute. Kameras."

Joey richtete sich auf, ganz aufgeregt fuhr er sich mit den Fingern durch die Haare. „Wirklich?"

„Komm, schau mal von oben raus", sagte sie und jagte die Treppe hinauf ins Dachgeschoss.

Durch die Lutherrose sahen sie ein paar einzelne Fahrzeuge und ein Polizeiauto. Alles schien in diesem Augenblick ruhig. August richtete den Blick auf Southerly, aber Eddie konnte sie dort nicht ausmachen.

Joey folgte ihr wieder treppab zum klingelnden Festnetztelefon, August nahm den Hörer ab und sagte nichts.

„Hallo?", fragte Nana.

„Nana?"

„Bist du etwa dort?", fragte sie schockiert.

„Warum rufst du an, Nana?"

„Wahrscheinlich, um zu prüfen, ob mein Haus noch steht."

„Alles in Ordnung, das Feuer ist aus. Joey und ich sind hier. Aber komm trotzdem nicht her, es ist alles noch ein bisschen chaotisch."

„Geht es euch beiden gut?"

„Uns geht's gut."

„Ist mit Edward da oben alles in Ordnung?"

„Allen geht es gut, versprochen. Ruh dich nur aus und ich komme dich bald besuchen, bei Tante Mary?“

„Ja, Liebes, komm her, wenn du fertig bist.“

Tante Missy kam ans Telefon. „August?“, sagte sie, und es klang, als ob sie mit dem Telefon in ein anderes Zimmer ging. „Was ist bei euch los?“, flüsterte sie.

„Nachrichtenleute sind draußen, ein Polizeiauto ist hier, ein paar Demonstranten sind noch draußen. Warum?“

„Na ja, ich will kommen, ich will auch protestieren.“

August nickte mit dem Hörer in der Hand Joe zu. „Deine Mum will protestieren kommen?“ Sie lächelte.

Joe nickte, er führte auf der Stelle Sprintbewegungen aus und boxte in die Luft.

„Machen wir das?“, sagte August zu Aunt Missy.

Die flüsterte: „Ja. Ich komme jetzt. Psst.“ Damit legte sie auf.

„Was machen wir jetzt?“, fragte sie Joey.

„Die Front aufmischen!“

„Ich dachte, dass du auf Bewährung bist und Hippies hasst?“

„Ich dachte ja, die rühren die Trommeln und wedeln mit Räucherstäbchen rum, und nicht, dass sie krass abgehen.“

„Was machen wir mit Tante Nicki?“, fragte sie Joey, der inzwischen vor Aufregung ganz hibbelig war.

„Mit der reden wir später.“

August rührte Instantkaffee in zwei große Tassen, zog schwungvoll die Jalousie hoch und warf einen Blick hinaus. Sie dachte darüber nach, wie viel von ihrer Lebenszeit sie sich doch hinter Pflichten verkrochen hatte wie in einem nie endenden Winter, in ihrem eigenen langen Winterschlaf. Sie hatte ihr Leben gelebt, als strotzte es von Schlaglöchern, Stolperdrähten, Landminen, zu verängstigt, um sich normal zu bewegen. Aber sie war hier, dachte sie, und sie sorgte sich um etwas und um ihre Familie, zum ersten Mal überhaupt. Sie glaubte, dass sie nicht Gefahr lief, in den Treibsand am Stadtrand zu rutschen.

Joey band seine Schuhe zu. „Die wollen sich Land nehmen, das ihnen nicht zusteht! Übereignet von jemandem, dem das gar nicht zusteht! Das liegt in meiner Verantwortung, Wichser!"

August reichte ihm den Kaffeebecher. „Werd nur nicht verrückt."

„Oh, ich bin schon ganz verrückt danach."

„Du verletzt aber niemanden?"

„Niemals, aber kaputtschlagen werd ich schon was ..." Joe schüttete den Kaffee ins Abwaschbecken. „Keine Scheißzeit für so was."

Wieder klingelte das Telefon, August nahm den Hörer ab.

„Hallo?"

„Ihr beschissenen Abos verpisst euch verdammt noch mal aus dieser Stadt!"

Die Verbindung brach ab. Sie hatte keine Ahnung, wer das gewesen war, die Anruferin klang nach einer Teenagerin.

„Wer war das?"

„Ein Telefonstreich", sagte sie. Die Beleidigung vibrierte noch im Hörer, als sie ihn auflegte. Nichts konnte sie aus der Fassung bringen. Vielleicht hatte das Mädchen Angst vor der Welt, die es nicht einmal richtig kannte, vielleicht hatte nie jemand dem Mädchen am Telefon etwas über dieses großartige Land und die großartigen Menschen erzählt, die das alles überlebt hatten.

Sie standen draußen auf der Veranda, die Kapuzen straff vors Gesicht gezogen, und zeigten der Reporterin die kalte Schulter, als die ihnen zurief: „Entschuldigen Sie? Entschuldigen Sie?"

August schaute zum Kengal hinauf, doch das Camp schien abgebaut zu sein; drüben im Southerly House waren die Fenster zugezogen, die Tür geschlossen. Das Feld war nicht komplett abgebrannt, es gab noch Hunderte Morgen, die abgeerntet werden wollten. Als sie Kinder waren, hatte sie sich immer ausgemalt, was wohl mit dem Weizen passierte, nachdem die Lastwagen angerückt waren, um die Körner aus den Silos abzutransportieren. Bäcker in jedem Land zerstampften die Weizenähren, zerrieben, zermahlten, fügten Hefe hinzu, Salz, Öl, Zucker, Feuer. Auf der ganzen Welt gingen Brote auf, hergestellt aus dem, was hier angebaut wurde.

„Willst du los?", fragte Joey.

„Sollen wir auf deine Mum warten?"

„Die findet uns schon", meinte Joey mit blitzenden Augen und entschlossener Miene, als er sich dem Horizont zuwandte und in die Ferne starrte.

Er nahm sie bei der Hand, und sie stiegen die Stufen hinunter, stapften durch das Kartoffelbeet und über das schwelende schwarze Feld der Prosperous Farm hin zu den Demonstranten, die sich an die Abholzungstraktoren gekettet hatten.

Unterwegs dachte August, dass die Zeit des Trauerns zu Ende ging. Sie flüsterte Jedda und Poppy zu: *Ich bin hier*.

Als sie sich den drei Bulldozern näherten, die neben den Bohrstellen standen, hielt August nach Mandy Ausschau. Ein großes Banner hing an den Gabeln zweier Bulldozer, auf dem „HALTET WIDERSTAND" zu lesen war. Mandy war um die Taille herum an die Absperrung der Bohrstellen gekettet, das Haar trug sie noch immer in langen Zöpfen, mit erhobenen Armen hielt sie ein weißes Plastikfässchen und trank aus dem Hahn. In Augusts Augen sah sie mutig aus, oder auch unbekümmert, diese Mandy hatte eine Art an sich, sich zu bewegen, die August nur noch aus ihrer Kindheit kannte. Mandy reichte den Trinkbehälter weiter, dabei erblickte sie Joey und August und öffnete ihre Arme wie Tante Missy im Museum.

„Mitstreitende Wasserschützer!“, rief Mandy, als sie herankamen.

Joey antwortete ebenso laut, um sie zu korrigieren: „Nein, wir sind die Schützer dieses Landes.“ Selbstbewusst drehte er sich zu den fünf anderen Personen, die sich an den Drahtzaun gebunden hatten. „Und wir werden diese beschissene Mine stoppen.“

Die paar Leute, die Joeys Ankündigung gehört hatten, jubelten. Er drehte sich zu August, und sie nickte lächelnd und streckte die Hand aus, um das Kettenende von einem anderen Demonstranten zu übernehmen.

„Willkommen“, sagte der Demonstrant.

„Willkommen“, erwiderte sie.

Nach mehreren Stunden der Sprechchöre und etlichen Trinkpausen trat Eddie vor seine Tür. Zornig marschierte er über das verkohlte Feld. „Hallo?“, schrie er verwirrt.

„Hallo“, schallte es im Gleichklang entgegen.

„Was *zum Teufel* macht ihr hier?“

Joey schrie ihn an, vielleicht so, wie er es schon immer gern getan hätte. „Verzieh dich, Falstaff. Das ist *unser* Land.“

„Es gehört jetzt diesem Scheiß-Bergbauunternehmen, ihr Schwachköpfe.“

Joey fuhr ihm ins Wort. „Wir sind das Unternehmen und die Regierung. Das ist unsere Ministerin, zweite weibliche Premierministerin, genauer gesagt!“, sagte er und deutete auf August. „Ich bin der Präsident, wir regieren gemeinsam dieses Land, und diese Leute hier“, er zeigte auf ein paar belämmert dreinschauende Gesichter, „die sind unser Senat und unsere Minister.“

Tante Missy kam über das schwarze Feld. „Hier kommt deine lokale Abgeordnete. Überleg dir gut, wen du wählst, Sohn.“ Joe deutete auf Tante Missy, die ein T-Shirt mit der Aufschrift *Treaty* auf der Brust trug. Sie lächelte wild entschlossen.

„Machst du mit, Eddie?“

Eddie beugte sich vor und sie umarmten sich flüchtig. „Ich glaube nicht, Missy.“

„Du könntest deine Fehler wiedergutmachen!“, sagte sie, als wäre das ein Kinderspiel. Sie streckte die Hand aus und ließ sich einen Teil der Kette geben. „Das wird nicht um mich herum reichen!“ Aunty lachte auf und wand sich nervös unter der Kette, die sie am Zaun befestigen wollte.

Eine heitere Stimme kam aus einem Lautsprecher von den Polizeiautos her. „Ihr befindet euch auf Regierungsgelände, es ist Zeit, es zu räumen, Leute. Keine Strafanzeigen, wenn ihr jetzt geht.“

Ein Demonstrant half dabei, Tante Missy am Zaun festzuschließen, und zog ihr ein Bandana ums Kinn. „Für den Pfefferspray“, sagte der Mann.

Mandy hob ihr Megafon auf und richtete es auf die Polizei. „Wir verschwinden, wenn Rinepalm verschwindet.“ An das Mundstück war eine Box mit Klebeband befestigt, die ihre Stimme verfremdete.

„Ich lasse mich nicht verhaften, Leute.“ Eddie warf die Hände in die Höhe, als würde seine Vernunft vor frechen Kindern kapitulieren. „Ich finde, es ist keine gute Idee, hier draußen zu sein. Die Schafe sind total verschreckt! Die bringen Soldaten her, es ist in den Nachrichten. Ich bin weg!“ Eddie drehte sich um, schüttelte den Kopf und stürmte zurück zum Southerly House. Niemand sagte ein Wort.

Eine Polizistin kam ihnen entgegen, an Eddie vorbei, und hielt etwas in den Händen. „Eine GoPro-Kamera“, sagte Mandy. „Bedeckt eure Gesichter.“

„Wozu ist die?“, fragte August, das Gesicht unter der Kapuze versteckt.

„Die versuchen nur, uns zu manipulieren, die wollen uns glauben machen, dass sie die Story unter Kontrolle haben, die Daten beherrschen – staatliche Kontrolle, weißt du?“

„Wozu war das Feuer gut?“

„Aufmerksamkeit. Chaos.“

„Ihr hättet meine Nana bei lebendigem Leibe abfackeln können!“ August meinte es ernst.

„Wir sind schon am Vorabend hierhergekommen und haben einen Feuerschutzwall gebaut, ein Zaubertrick.“

August konnte Mandys Gesicht nicht sehen, aber sie klang aufrichtig. Sie glaubte ihr. Am Prosperous House sah sie drei Gefangenenwagen vorfahren.

„Die Polizisten sind in der Überzahl“, sagte August.

Mandy machte eine Kopfbewegung in Richtung Teich. „Es werden bald noch mehr von uns eintreffen.“

Aber das Feld neben dem Teich war menschenleer. Die Polizistin schritt die Reihe der an den Zaun Geketteten ab, dann lief sie noch hundert Meter weiter, um die anderen zu filmen, die an die Bulldozer gekettet waren.

Die Demonstranten fingen hinter ihrem Mundschutz an zu skandieren: „Haltet Widerstand, haltet Widerstand, haltet Widerstand!“, unermüdlich. Joey fiel mit ein. Mandy wandte sich wieder an August, ihr Gesicht war noch immer verdeckt. „Versteck dein Gesicht, dann kriegen sie dich nicht. Sobald sie deine Identität rauskriegen, können sie mit dir alles machen, was sie wollen.“

„Was meinst du mit *alles machen*?“

„Du kannst keinen Schritt tun, bevor dich jemand beobachtet, aber wenn du unter dem Radar bleibst, dein Gesicht bedeckst, kriegen sie dich nicht, nicht deine Gedanken, nicht die Dinge, über die du wirklich wütend bist.“

August sah sie an, als sie die Polizei erblickte. „Ich bin sowieso ein Niemand“, sagte sie.

Mandy drehte sich zu August „Du *bist* wer. Aber heutzutage können wir nichts ausrichten als Jemand, wir können nur als Niemand etwas ausrichten. Die Niemands aller."

August stutzte einen Augenblick. „Das kapiere ich nicht."

„Wenn etwas wichtig genug ist, dass es jeder persönlich nimmt", ergänzte Mandy.

„Unsere Probleme sind nie die von irgendwem anderen, so scheint es zu sein."

Mandy zog das Bandana vom Mund herunter und fuhr fort. „Ich stimme dir zu, dass es bis jetzt so war. Sieh es mal so: Wenn Leute ins Ausland reisen, dann lernen sie als Erstes ein paar Brocken der lokalen Sprache, *Bitte* und *Danke* und *Guten Tag* und *Auf Wiedersehen*, vielleicht auch noch *Wo ist der Supermarkt*? Die Leute machen das, weil es das Leben einfacher macht, aber auch aus Respekt, meinst du nicht?"

August nickte.

„Und außerdem sind wir alle Zuwanderer, selbst die Nachfahren der First Fleet, wir vergessen immer, dass wir uns in einem Land befinden, das anderen gehört. Und allzu oft haben wir nicht den Blick darauf, den Respekt, uns zu bemühen, die indigene Sprache zu lernen! Wenigstens zu lernen, die Kultur des Ortes zu respektieren, an dem wir leben."

„Weil es das Leben nicht einfacher macht?", fragte August.

„Weil wir lernen müssen, es persönlich zu nehmen – das lernen wir, indem wir uns um das Land kümmern. Wir müssen lernen, dass wir weiterhin eigentlich keine kollektive Identität haben werden, es sei denn, wir blicken weit und unnachgiebig zurück und akzeptieren die Vergangenheit und versuchen, den Boden, auf dem wir leben, zu retten ... so sehe ich das." Mandy zog sich den Stoff wieder über den Mund.

Für August stimmte es, das hier *war* persönlich. In einiger Entfernung erspähte sie Tante Mary und ihre Nana, die auf sie zukamen. „Meine Nana“, sagte sie, als Joey schrie. „Nana, komm her zu uns!“

Als sie ankam, stemmte Elsie streng die Hände in die Hüften. „Was treibt ihr alle hier bloß?“, wollte sie wissen.

„Nan – wir müssen etwas tun. Denkst du nicht?“, sagte Joey.

Elsie schüttelte den Kopf. „Das ist ein bisschen spät, meine Lieben.“

„Wie lange wollt ihr alle hier draußen bleiben?“, fragte Tante Mary mit einem Blick in die ganze Runde. *„Missy!“*, bellte sie, als sie sie an den Zaun gefesselt erblickte. *„Du bist* zu alt für das hier!“

„So alt nun auch wieder nicht!“, schrie Missy zurück.

Joey meldete sich zu Wort. „Wir können nicht nichts tun!!“

Elsie verschränkte die Arme vor der Brust. „Wir sind nur ein zufälliges Jagdobjekt für die Welt, daran ist nicht zu rütteln. Aber ohne Protest hätten wir nicht unsere Rechte, keiner von uns hätte Bürgerrechte, das Stimmrecht, eine anständige Arbeitszeit.“ Elsie und Mary nickten einander zustimmend zu – sie hatten das alles am eigenen Leibe erlebt. Elsie biss sich auf die Lippe, trommelte ruhig mit den Fingern und musterte den Haufen vor ihr, dann sprach sie wieder. „Tja, dann schneide ich euch ein paar Orangen auf, wenn ihr hier im Freien bleibt, es wird bis zum Mittag neununddreißig Grad werden.“

August streckte ihr die Hände entgegen, als ihre Nana wieder wegwollte. „Wir werden dein Zuhause retten, Nana.“

Als Reaktion darauf beugte sich Elsie zu ihr und sagte sanft, das Gesicht an ihrem Ohr: „Mein Zuhause war Albert, dass ich ihn sah, wenn er übers Feld kam, und dass *er mich sah*. Niemand sieht mich, wenn ich hierbleibe, August.“

August verstand, was ihre Nana meinte. Auch sie hatte einen Zeugen verloren, jemanden, der sie sah. Längst war sie ihrer großen Schwester über den Kopf gewachsen. Aber sie hatte in jenem Moment auch Trost gefunden, auf diesem Boden, und ihn zu etwas Persönlichem gemacht.

„Wir müssen es versuchen, Nana", sagte sie sanft zu ihr.

Elsie richtete sich auf. „Ja, du hast recht, ihr müsst es versuchen. Ich warte auf euch beim Haus, aber ich kann keinem von euch aus der Patsche helfen, wenn ihr verhaftet werdet!" Sie schmunzelte verhalten. „Joey, komm und hol mal die Orangen." Ohne Eile ging sie querfeldein zum Prosperous House. Joey befreite sich und rannte, um sie einzuholen. Minuten später kam er mit einem Beutel voller geschnittenem Obst zurückgeeilt.

Elsie hatte recht: Die Sonne loderte vom Himmel herunter, als würde das Feld noch einmal Feuer fangen, und dann rückte ein neuer Bagger auf dem Grundstück an. Danach bogen zwei militärgrüne Geländewagen mit dröhnend aufheulendem Motor in die Zufahrt ein. August rieb die Finger an den samtenen Weizenhalmen, die plattgedrückt neben ihren Oberschenkeln lagen.

„Bleibt dran!", schrie Mandy.

„Mum, bitte geh zurück zu Prosperous!", rief Joey vom einen Ende des Zaunes zum anderen. „Ich will nicht, dass du verletzt wirst. Bitte, Mum."

August sah zu Tante Missy hinüber, ein Demonstrant war gerade dabei, ihr beim Aufschließen der Kette zu helfen. „Ich bin im Geist bei euch", sagte Tante Missy und stapfte an dem verbrannten Feld entlang, um den Gemüsegarten herum und die Stufen zum Prosperous House hinauf.

„Dranbleiben?", fragte August nervös.

„Stark bleiben, lass sie dich nicht brechen", sagte Mandy.

*

Als Erstes richteten sie den Wasserwerfer auf sie, das brachte ihnen keine Abkühlung, aber zerfetzte ihnen die Kleidung und biss in die offenliegende Haut. Die Stunden vergingen, ohne dass sie sich von der Stelle rührten. Von drüben, vom Teich her kreuzte eine Menschenmenge auf. Es war ein kleiner Trupp aus dem Valley. Sie sammelten sich und wurden von den Demonstranten umringt. Tante Carol Gibson ließ sich an einem Fahrradschloss um den Hals am Zaun festmachen. Sie begrüßten einander und kehrten zur Tagesordnung zurück.

Aunt Betty rief von ihrem Platz aus August zu: „Heiliger Boden, Mädchen."

Mandy drehte sich zu August: „Der Aufstand ist die Stimme der Ungehörten." Sie beförderte eine kleine Kamera zutage und filmte die Polizisten, die sich vor ihnen versammelten. Die Polizisten hatten lange Ärmel, trugen Handschuhe und Stiefel, Schlagstöcke baumelten ihnen um die Beine, die Gesichter waren durch Plexiglasvisiere abgeschirmt.

Ein Demonstrant huschte an ihnen vorüber und warf ihnen Ohrstöpsel und Schutzbrillen in den Schoß.

„Schlag nicht zurück", sagte Mandy. „Wegen einer Sitzblockade dürfen sie uns nicht verhaften."

„Okay", sagte sie.

Stunden später aber schleuderten die Demonstranten von den Traktoren her faustgroße Steine in Richtung der Wasserwerfer, und als es spät wurde und die Sonne allmählich unterging, versprühte die Polizei Tränengas, das ihnen in Augen, Nase und Hals stach.

Spritzflaschen mit Wasser wurden herumgereicht, allen tränten die Augen, trotzdem versuchten sie weiter zu brüllen: „Haltet Widerstand!" Bis die Stimmen allmählich zum

Schweigen gebracht wurden, als die Polizei zum letzten Vorstoß rüstete. Sie rückten gegen die reglosen Protestanten an, die friedlichen, die passiven. Einige wurden weggetragen, andere blieben an den Zaun gekettet.

Immer hatte sich August wie ein Überbleibsel der Vergangenheit gefühlt, das sie hatte zerstören, ein Gesicht, das sie hatte wegkratzen wollen, ein Körper, den sie sich zerschmettert, und Haut, die sie sich in Fetzen gerissen wünschte. An diesem Zaun nun empfand sie etwas, was dem nahekam, mit dem Wasserwerfer angegriffen und angekettet. Sie war gefesselt wie die Menschen, die Gondiwindi, die vor ihr da waren, aber jetzt war es ihre Wahl, dachte sie. Es fühlte sich an, als wäre alles ganz nah, als könnten sie alle die Vergangenheit unmittelbar spüren, als nagte sie ihnen an den Fußknöcheln. Als sickerte sie in ihre Stimmen, wenn sie zusammen „Haltet Widerstand!" in das erlöschende Licht schrien. Sie fühlte sich ganz, für etwas zu kämpfen, laut übers Feld zu schreien, anstatt die Vergangenheit in sich hineinzufressen, sie zu schmecken, wegzurennen.

Die Farbe des Himmels über dem Murrumby war von Blau zu Weißgelb gewechselt, zu Orange-Pink und zu leuchtendem Lila. Kurz vor Einbruch der Nacht rückte ein Bulldozer von Rinepalm an, der die Bäume am Grundstück niederwalzte, die von Erdklumpen schweren Wurzeln herausriss und in die Luft hievte. Dann hörte August, wie Tante Marys Stimme brach, ihr Kahn riss sich vom Anker los, und ihr Wehklagen schallte über das Feld. Tante Nicki stand neben ihr, den Kassettenrecorder und einen Stoß Papiere in der Hand.

Vierzig

REVEREND FERDINAND GREENLEAF, LUTHERISCHER MISSIONAR 28. FEBRUAR 1838–1. JANUAR 1916

Gestern Vormittag kamen in der Stadt Massacre Plains zahlreiche Menschen zusammen, um ihre Trauer zu bekunden.

Der jüngst verstorbene Reverend Greenleaf, geboren 1838 in Sachsen, einziger Sohn des Grundbesitzers Norman Greenleaf, wurde zu seiner letzten Ruhe gebettet. Das Ableben dieses frommen Gentleman, einer bekannten und kämpferischen Persönlichkeit des Landesinneren, trat ein, nachdem diese Zeitung, von Kontroversen begleitet, kürzlich seinen tiefempfundenen und leidenschaftlichen Brief an die Britische Ethnografische Gesellschaft neu herausgegeben hatte.

Der Brief wurde durch den berühmten Fotografen Paul Dubotzki auf geheimem Wege an die Öffentlichkeit gebracht. Seine Botschaft erregte das tiefste Mitgefühl unserer Leser und entfachte Wut beim Antideutschen Bündnis. Es wurde berichtet, dass Mr. Greenleaf, der auf Torrens Island interniert war und später ins Internierungslager Holsworthy überführt wurde, eines natürlichen Todes gestorben ist. Eingedenk seiner unerschütterlichen Hingabe an Gerechtigkeit für seine Freunde, die Aborigines, gehen jedoch die Redakteure hier beim *The Australian Argus* eher davon aus, dass er an einem gebrochenen Herzen gestorben ist. Wir werden ihn als britischen Staatsbürger in Erinnerung behalten, der die Zeichen unseres krisenreichen Zeitalters gedeutet hat.

Der Verstorbene hat keine nahen Verwandten.

The Australian Argus
2. Januar 1916

Einundvierzig

Anfangs war Nana unter dem öffentlichen Druck der Stadtbevölkerung eingeknickt. „Vielleicht opfern wir etwas für die Verbesserung für alle anderen“, sagte sie. Ein Schriftsteller namens Montaigne habe dasselbe gesagt, erzählte August ihr, aber er habe sich insofern geirrt, als er ein Samenkorn hingegeben habe, um einen Schössling zurückzubekommen, aber er habe nicht bedacht, dass die Menschen selbst die Samenkörner *sind*.

Trotzdem blieben sie bis zum Ende und darüber hinaus.

Bis Tante Nicki gegenüber Tante Mary mit der Wahrheit herausrückte und Nanas schlimmste Befürchtungen bekräftigte: dass Jedda weg war. Dass sie niemals wiederkäme.

Bis ein Bagger den letzten Pfefferbaum umgelegt hatte und etwas Weißes zwischen Erdreich und Wurzeln herausrutschte, wie Stäbe aus Quarzkristall, wie Knochen. Ein Wasserfall vergilbter Knochen.

Das spielte sich vor ihren Augen ab, wie sie sich von den Ketten befreiten und keuchend und schreiend losrannten. Hunderte Knochen kamen aus der Erde zum Vorschein. Eine Baggerschaufel voller Knochen, die herunterfielen.

Innerhalb kürzester Zeit erklärten Historiker, dass der Friedhof von kultureller Bedeutung sei – sie sagten, die Friedhofsstätte, die Gebeine von bis zu einhundert ehemaligen Bewohnern der Aboriginal-Mission barg, war niemals auf dem Grundriss von Prosperous eingezeichnet gewesen. Den Friedhof habe man auf dem fruchtbareren Areal des Grundstückes entdeckt, die jetzt gefundenen Überreste im Feld waren unwissentlich von den Falstaffs untergepflügt und der Boden daraufhin bepflanzt worden.

Aunt Nicki brachte den Kassettenrecorder nach Prosperous und übergab Alberts Antrag auf den Native Title. Sie umarmte August. Sie schwor hoch und heilig, dass sie die

Familie nur hatte beschützen wollen. „Du musst dich damit abfinden, was hier drinsteht, August“, sagte sie. Dann brach Tante Nicki in Tränen aus, woraus August schlussfolgerte, dass sie es vielleicht tatsächlich ehrlich meinte. Viel später dann zog Tante Nicki in die Großstadt, und nachdem August Poppys Buch durchgelesen hatte, rätselte sie darüber, ob vielleicht auch ihr jemand wehgetan hatte, als sie noch ein kleines Mädchen war. Oder vielleicht beschützte sie Aunt Mary. Niemand verstand es wirklich, noch nicht.

Das Tonband, das Albert besprochen hatte, war seine Ansprache, seine persönliche Predigt, er las eine Wörterliste herunter und bemühte sich dabei, die Aussprache zu erraten oder sich an sie zu erinnern. Das war für die ganze Stadt etwas ganz Besonderes, diese Tonbandaufnahmen mit seiner Stimme zu haben, zu hören, wie er sich in der alten Sprache ausdrückte, die er damit bewahrte. Digitalisiert. Für alle Ewigkeit festgehalten.

Die Gerüche, die Geschmäcker und die Last ließen von August ab. Sie aß auch wieder, sie war nicht mehr *ngarran*. Das Englische hatte ihre Zungen verändert, die Bildung ihrer Gedanken, fand August – unaufhörlich war sie aus sich selbst hinaus und wieder in sich hinein gedriftet. Die Sprache war das Gedicht, nach dem sie gesucht hatte, um das mitzuteilen, woran das Englische scheiterte. Sie war auf die rosa Landkarte Australiens gestoßen und war trotzdem angekommen. Ihr Poppy sagte immer, die Wörter hätten einen überragenden Platz inne. Sie seien wie Eisberge, die im Wasser trieben, dabei schmelzend, und dass es für sie Meerestiefen gebe, über die sie nicht hätten reden können.

Eddie verließ die Stadt, später erhielt August eine E-Mail von ihm. Er hatte sich an der Universität der Großstadt eingeschrieben, und seine Freundin erwartete ein Kind. Das war alles, was er schrieb. Ihnen beiden war bewusst, welche Bedeutung alles gehabt hatte und dass auf dem Abstand, den sie zwischeneinander hielten, ihr Waffenstillstand beruhte. Er verabschiedete sich mit den Worten *Unsere Geschichte reicht weit zurück.*

Und dann, sechs Monate nach der Protestaktion, regnete es vierzig Tage und Nächte hindurch. Die Heuschrecken verschwanden. Einige Leute sagten, es sei ein Wunder, andere, es sei die Erderwärmung. August dachte, Poppy hätte dafür gesorgt, dass sie es in ihr Heft schriebe. Die Landwirte pflanzten Mais im Sommerregen. Wunder oder nicht, der Regen füllte eine Weile den Murrumby auf, bevor dann das meiste davon zur Bewässerung der Nutzpflanzen verbraucht wurde. Joey meinte, er habe im Wasser ein Schnabeltier gesehen, die Kängurus seien zurückgekehrt, um am Ufer zu trinken, und mehr Vögel seien aufgetaucht.

Um dieselbe Zeit verschafften sich Wissenschaftler Forschungsgenehmigungen und schätzten mit Hilfe der Anthropologen vom Museum das Alter der Mahltechnologie der Gondiwindi auf etwa achtzehntausend Jahre. Sie sagten, damit wurde die Weltgeschichte der Landwirtschaft neu geschrieben. Sie sagten auch, die Gondiwindi legten große Teiche an und transportierten dann Fische und Yabbie-Krebse in *gulumans* über lange Distanzen, um die neuen Wasserlöcher damit zu besiedeln. Sie sagten, sie hatten Tiere domestiziert, sie sagten, die Gondiwindi erfüllten alle Voraussetzungen, um als Zivilisation eingestuft zu werden. Die Belege für ihre Zivilisation seien nach so vielen Jahren Landwirtschaft an der Erdoberfläche schwer aufzuspüren gewesen. Aber sie sagten, diese Zivilisation manifestiere sich in der Sprache von Alberts Wörterbuch. Zusammen mit der Liste des Reverends und all den Wörtern, die Albert gesammelt hatte, und dank anderer alter Menschen, die sich ebenfalls an diese Wörter erinnerten, werde diese Sprache nun anerkannt werden als wiederbelebte Sprache, zurückgeholt vom Aussterben.

Diese Nachweise und der sturzbachartige Dauerregen bedeuteten, dass die Arbeiten an der Mine verschoben wurden, und niemand kehrte zurück, um weiterzugraben. Der Boden von Prosperous wucherte allmählich zu, wie die Decke, die die Toten bedeckt. Man munkelt, über das Schicksal von Prosperous könne noch monate- oder jahrelang in den Gerichten verhandelt werden. Die Umweltschützer gegen die Mine, die Gondiwindi gegen die Mine – andere würden es leid sein zu warten, sie aber nicht. Das Bergbauunternehmen konnte nachweisen, dass sie unter Berufung auf Abschnitt 116 der Verfassung die „Einwilligung in die Zerstörung von Stätten kultureller Bedeutung" von der Stadtverwaltung bekommen hatte, doch die meisten Aktionäre waren sowieso schon abgesprungen. Gestern schaffte es der Fall zum Obersten Gerichtshof. Während sie auf die Fernsehnachrichten warteten, stand Elsie gebeugt in Tante Missys Garten und grub Yams für das Abendessen aus. Sie schaute auf zu August, die an der Hintertür stand, wedelte mit den gelben Blüten und zwinkerte ihr zu.

August ist immer noch in Massacre Plains, im Valley mit ihrer Nana und Tante Missy und mit Tante Mary. Mit der ganzen Familie, mit all den Gondiwindi. Alle Frauen gemeinsam, und Joey noch dazu. Sie war davongelaufen, auf der Suche nach etwas, war mit den Fingern über das Schilfrohr an unbekannten Flüssen und über die Rücken von Büchern gestreift und hatte sie in europäischen Kirchen in Weihwasser getaucht. Ihr wurde klar, dass sie wegen Jedda geflohen war, aber dass sie dort geblieben war, um nach den Wörtern zu suchen, die sie verstehen würde und die ihr erklären würden, was das alles bedeutete.

Albert hatte ihnen nicht alles gesagt, was er wusste. Er wollte unbedingt, dass seine Familie, seine Stadt es selbst herausfand, dass es sie selbst danach verlangte. Er hielt das alles in seinem Wörterbuch fest – wie er die Erde wahrnahm, dann über etwas anderes las, und wie dann alles Wissen lawinenartig anschwoll. Wie die Dinge, die er wissen musste, sich ihm eröffneten, sobald er seine Augen geöffnet hatte. Sobald *er* gesehen wurde.

Als August ein kleines Kind war, konnte sie sich nicht einmal auf die Gewissheit eines einzigen Tages verlassen. Heute glaubt sie, daran lag es wohl, dass sie später die Dinge um sich herum unter Kontrolle haben musste, was sie aß, was sie sagte. Sie hatte versucht, sich selbst und ihr Leben klein und kontrollierbar zu halten. Ganz wie ein Gedicht. Die Verdichtung der riesigen, unfassbaren Vergangenheit, die zu ihnen allen heranreicht. Sie tut das nicht mehr, ihr Leben ist kein Gedicht, sie weiß, es ist eine große, große Geschichte. Die Geschichte ihres Volks reicht ganz weit zurück bis zum Flussufer, und letzten Endes noch weiter – der Fluss und was sich am Fluss zutrug, war eine mythische Reise, ihre Geschichte hat keine zeitlichen Begrenzungen. Sie und Joey haben gelernt, dass es die Enkel sind, die alles erben, was ihre Vorfahren ehedem getan haben. Sie trugen die Vergangenheit mit sich, auch wenn sie es nicht wussten. All die Jahre, in denen sie gleichzeitig haltlos und angebunden gewesen war, liefen aber auf *etwas* hinaus. Sie hatte ihre Familie wiederentdeckt und ebenso, wer sie selbst wirklich war, aufgrund dessen, wer ihre Nächsten alle wirklich waren.

August hörte sich die Briefe an, die Jedda und sie an Prinzessin Diana verfasst hatten. Sie waren witzig – sie fand, dass sie beide sich anhörten wie süße kleine Mädchen, wie sie gackerten und abwechselnd den Recorder in Beschlag nahmen und der Prinzessin klarmachten, dass sie eines Tages auch mal Prinzessinnen sein würden. Daraus wurden traurige Briefe, als sie hörten, dass sie bei einem Autounfall ums Leben gekommen war. *„Heute sind wir so traurig"*, sagten sie. Nach dieser langen Zeit hatte August auch Jeddas Worte zurückbekommen. Kein Mensch hatte Jedda im Wasser gefunden. Aber sie war nicht verloren gegangen, wie sie immer fürchteten.

Vor dem Tag, an dem ihre Mum entlassen werden sollte, konnte August nächtelang nicht schlafen. Missy fuhr Elsie und August zur Frauen-Justizvollzugsanstalt, damit die eine ihre Mutter, die andere ihre Tochter und die dritte ihre Schwester abholte. Auf dem Rückweg saßen August und Jolene auf der Rückbank, und zum ersten Mal, seit sie ein kleines Mädchen war, legte August den Kopf in den Schoß ihrer Mutter. Sie träumte von Jedda und sich in einer Höhle aus Handtüchern und Bettlaken.

Klopf klopf.
Was ist der Geheimcode?, fragten August und Jedda.
Burral-gang?
Gaygar?
Wahn die Krähe?
Sie kicherten, auch ihre Mutter, als sie die Laken vor ihrer Spielhöhle zur Seite zog.

August spürte, wie ihre Mutter ihr mit den Fingern über das Haar strich, das auf ihrem Gesicht lag, und schaute hoch zu ihr. Sie war da gewesen, sie hatte den Geheimcode gewusst, sie war da mit Augen, die erfüllt waren von etwas, was begraben war. Sie sagten Jedda Lebewohl, alle miteinander.

*

August und Joey druckten die Seiten vom Wörterbuch ihres Großvaters für die Kids aus der Stadt aus. Dazu legten sie ein paar Geschichten, an die sie sich noch erinnerten, Geschichten, an die sich Augusts Mutter und auch ihre Tanten noch erinnerten, die, die Poppy selbst zu erzählen nicht geschafft hatte.

Im Vorwort schrieben sie:

Vielleicht sucht ihr eine Statue oder eine Bank am Ufer des Murrumby zu Ehren der Menschen, die dort am Fluss gelebt haben. Noch besser ist es, dass das Wasser zurückkehrt und das anrührt, was tot war. Noch besser, dass die Burral-gang *sich dort oft sammeln. Noch mehr zählen diese Wörter und dass wir noch hier sind und sie aussprechen.*

Zweiundvierzig

Künstler – *bundadhaany* Wie wunderbar ist es, etwas selbst hervorzubringen. Ich sah mal ein Gemälde in einem Buch, es hieß *Długa-Straße*; gemalt hat es ein *bundadhaany* namens Bernardo Bellotto. Er war ein italienischer Fella. Er malte die polnische Stadt Warschau – sechsundzwanzig Bilder gab es von ihr, in einem Stil, der als *Vedute* bezeichnet wird. Er schuf diese Gemälde, detailgetreue Darstellungen des Lebens der Menschen und der Stadt; und er starb nur ein paar Jahre vor der Invasion Australiens. Knapp zweihundert Jahre später bombardierten die Nazis Warschau und töteten Hunderte, ja Tausende Menschen, es war eine entsetzliche Vernichtung. In jenen finsteren Tagen wurde nahezu die gesamte Stadt Warschau abgebrannt und zerstört. Die Überlebenden erwogen, sie anderswohin zu verlegen, ein neues Warschau aufzubauen. Aber sie hatten ja all diese Gemälde der Stadt, diese bemerkenswerten detailgetreuen Werke des *bundadhaany* Bernardo Bellotto, und sie bauten die Stadt neu auf und hielten sich dabei an Bilder, die Generationen zuvor, ehe die Stadt zertrümmert wurde, gemalt worden waren. Ich möchte, dass die Jüngeren und die künftigen Kleinen dieses Buch lesen und in das Flussbett schauen, hinauf in die Spitzen der Eukalyptusbäume starren, dass sie hinschauen und die Vögel und ihre Namen kennen. Dass sie jene Stadt wiedererkennen, die niemand mehr zu sehen scheint. Dann wäre ich nicht mehr unsichtbar, niemand von uns wäre es.

Beschämt, sich schämen – *giyal-dhuray* Mit diesem Wort bin ich fertig. Ich würde es ganz weglassen, das kann ich aber nicht. Es ist Teil des Wörterbuchs geworden, das wir glauben tragen zu müssen. Wir dürfen es nicht mehr mit uns herumtragen. Seht ihr, der Schmerz zieht sich durch unseren Familienstammbaum wie ein Traumpfad. Wir haben unseren Schmerz zu etwas Handhabbarem gesungen. Die Alten sind ebenso wie die Jüngeren bereit, zu heilen. Wir müssen nicht mehr *giyal-dhuray* sein, wir brauchen das nicht mehr weiterzugeben.

Asche – ***bunhaan*** Ich will mich überall über Prosperous verteilen, wo es möglich ist, ich will, dass der Körper hoch in die Baumkronen schwebt, ich will im Weizenfeld ruhen, bei der letzten Ernte, bevor sie ausgegraben wird.

Australien – ***Ngurambang*** Das ist mein Land, wie dem auch sei. Es dehnt sich fast zur Größe Englands, von den Bergen im Norden bis zur Grenze von *Ngurambang* im Süden. Einst floss das Wasser von den südlichen Flüssen her durch den Murrumby, füllte die Bäche, die Lagunen, die Seen und versorgte alles in seinem Einzugsgebiet. *Ngurambang* ist mein Land; in meiner Vorstellung wird es immer am Wasser liegen. Fünfhundert Morgen, auf denen die Gondiwindi lebten, leben. Australien – *Ngurambang*! Könnt ihr es jetzt hören? Sprecht es aus – *Ngu – ram – bang*!

DAS WÖRTERBUCH VON ALBERT GONDIWINDI

In Arbeit

yuyung – rückwärts
yuwin – Name, ein Wort oder Klang
yuwarrbin – Blüte des Gelben Eukalyptus
yuwarr – Aroma, Duft, Geruch
yuwambanha – böse Geister mit einem Zischen vertreiben
yurung, walung, yubaa, galing – Regen
yurrumbanhayalinya – Betreuung, sich um das Kind von jemand anderem kümmern
yurrumbamarra – aufziehen, erziehen
yurrubang – groß und sehr hoch
yuri – Nadelbusch
yurbay – Samen
yuran, barra-ma-li-nya – genesend
yurali – Eukalyptusblüte
yungir – Ausrufer
yunggaay – Thermometerhuhn
yumbanidyilinya – weinen; bedauern, dass man jemanden zum Weinen gebracht hat
yumarradinya – beim Gehen weinen
yulung, yuwumbawu – Distel, Mariendistel
yulun – Blackwattle-Akazie
yulubirrngiin – Regenbogen
yulu – Krallen von Tieren oder Vögeln
yuliyiin, nanay – schlank, dünn
yugaway – Schlafplatz
yugaawirra – sich nach Hundeart hinlegen
yirra – verlängern oder länger werden
yirin – Fisch, Schuppen
yirimbang – heilig
yirigarra – strahlen oder glitzern
yirbamanha – weggehen, sich in die Natur zurückziehen
yirbamagi – gehen zu
yirayin, yirin – Licht
yiraydhuray, yirigaa – Stern, Morgenstern
yiray – Sonne
yirawulin – Sonnenuntergang
yirawari – Wolke, Gewitterwolke
yiran – lang oder fern
yiramurrun – Junge, ziemlich hochgewachsener Junge
yiramugu – stumpf, nicht scharf

yiramiilan – Sonnenaufgang
yirambin – Känguruzähne
yiramarang – Jugend
yiramal – Flussufer
yiradhu – Tag
yingulbaa – Flusskrebslöcher
yingilbang – krank, sehr krank
yingil giin – Schwindsucht
yingil – übel, krank
yingang – Heuschrecke
yindyamangidyal – achtsam, Respekt, Behutsamkeit
yindaay – Pferd, Hengst
yinaagang, migay – Mädchen
yiing – Glück oder Freude
yidharra – wehtun, verletzen
yibiryibir – Bürste
yibirmanha – bemalen, dekorieren
yibirmaldhaany – Maler
yawarra-ndhu – vorsichtig sein
yawanhayalinya – sich kümmern, wie eine Mutter um ihr Kind
yawandyilinya – sich kümmern, um sich selbst
yaryanbuwaliya – überall
yarrudhang – Traum
yarrayanhanha – etwas angehen, etwas tun
yarrawulay – Blüte des Yarra, des Roten Eukalyptus
yarraman – Pferd
yarradunha – Schlag auf den Bumerang
yarngun – Baumwurzel
yarany – Bart
yaradha – Fischkiemen
yara – groß, riesig, hoch
yanygayanygarra – helfen
yanhanhadhu – auf Wiedersehen
yanhambilanha – gehen
yanhamanha – jagen, verfolgen
yanhamambirra – loslassen
yangarra – Samenkörner mahlen, auf einem Stein zerreiben
yandhul, yaala – jetzt, gegenwärtig
yandhayanbarra – um der Geselligkeit willen essen
yandharra – gemeinsam essen
yandangarang – falscher Bart, Maske
yambuwan – alles oder irgendetwas
yama-ndhu gulbarra – verstehst du?
yalul, durrur – immer

yalmambirra – lehren
yalara-nha – wie eine Schlange zischen
yalgu, yabung – Dürre
yaldurinya – gestehen
yalbilinya – lernen
yalay – Teil des Körpers, die weichen Partien zwischen Rippen und Hüfte
yagay! – Schmerz, ein Ausdruck von Schmerz
yagar – essbare salatähnliche Pflanze
yadilinya – aufbruchsbereit
yadhang – weil, gut
yadhandha – Berrigan oder Emustrauch
yaba – Teppichschlange oder Diamantpython
yaanharra – Speer, langer Fischspeer
yaambuldhaany, yaambulgali – Lügner, Hochstapler
yaala! – Geh dort entlang! Dort entlang!
wuyung, buragurabang, wiibagang – Currawong, Würgerkrähe
wuyul – Korkenzieher-Grasspitzen
wuurrawin – durch
wuurranngilanha – umschließen, umgeben
wuurra – Eingang, Türeingang, Öffnung, Mündung
wuru, nan – Hals
wurrumany – Sohn
wurrugan – festmachen oder binden
wurrawurramarra – Schmerz, wenig Schmerz empfinden
wurraangalang – Faseriger Eukalyptus
wurraan – Haar
wundayan – Nichte
wunaagany, waringinali – Cousin, Cousine
wumbay – zuletzt, der Letzte
wumba – Abendstern
wululu – Ente, Rosenohrente
wudhamugu – taub, verschlossene Ohren
wudha – Ohr
wubunginya – eintreten, tauchen, unter Wasser gehen
wuba – Loch, Bau, Ratte, indigen
woomera – Speerschleuder
wiyay – Rücken, Teil des Rückens
wirrimbildanha – eine Essensportion übriglassen
wirridirrrangdirrang – Rotrückenspinne
wirrang, barrbay – Bürstenschwanz-Felskänguru
wirramarri – Fisch, großer Dorsch
wirralgan – Orakel (magischer Stein)
wirradyil – flaches Borkenstück, auf dem Teig verteilt wird
wirimbirra, wurimbirra – pflegen, bewahren

wirgany – Luft, in der Luft
wirgaldhaany – Zimmermann
wiraydhu marramali – es ist nicht möglich
wiragala – Barnardsittich, Ringsittich
wir – Luft, Himmel, Himmelreich
winhanga-y-gunha-nha – sich erinnern
winhanga-dili-nya – empfinden, sich selbst kennen
winhanga-bili-nya – glauben
winhanga-bilang, winhang-galang – schlau, intelligent
winha-nga-rra – zuhören, hören, denken
winha-nga-nha – wissen, denken, sich erinnern
wingarra – sitzen
wingambang – Eigelb
wilima – Mitte
wiinyugamin – Buschfeuer
wiinybangayilinya – Feuer, für jemand anderen ein Feuer machen
wiiny – Feuer, Brennstoff, Holz
wiiliin – Lippen
wiilban – Höhle
wiilba – Ast, Zweig
wiilawiila – Zierfedern für den Kopf
wiila – Schopf des Kakadus
wiibadhuray – Teebäume oder Seifenbaumgewächse
wigay – Damper, Brot, Kuchen
widyunngga? – Wie?
widyunggiyan? – Wie was? Wie welcher?
widyungga – ankommen
widyarra – trinken
widyali, girrigirri – Alkohol, Wein, starkes Getränk
widyalang – Kind, das noch nicht laufen kann
widyagala – Kakadu, Inkakakadu
widhin – Lücke oder Öffnung, abwesend
wi-nhumi-nya – warten, sich nochmal hinsetzen
waylang – Obst, harte Frucht
wayirawi – ausgefallene Idee, Traum
wayimaa – Kakadu
wayawayanga-nha – umfassend
wayamiilbuwawanha – zurückschauen
wayal – Känguruhaut
way! nyiila! ninggi! – Pass auf! Vorsicht!
wawinha – fliegen, die Flügel bewegen
wattleddhandha – Lager, zeitweiliges
warunarrung – Enkelsohn
warrul – Honig

warru – Hornisse oder Wespe
warriyan – Rotnackenwallaby
warri – Australischer Schwarzdorn
warralang, dhuwaa, wiinaa – Östliche Braunschlange
warradagang, warrygandhuray – orangefarben
warraal – Echo
warraa-nha – schreien oder rufen
warr-bulang – Handballspiel
wargang – Kanu, Boot
wanya – seinen Standpunkt ändern
wanhanha – werfen
wanhangidyilinya – sich der Verzweiflung hingeben
wanhamindyarra – sich nicht mehr kümmern
wanhamidyarra – unbekümmert
wanhabanha – zurücklassen, im Stich lassen
wanggaydyibangarra – Feuer machen oder heizen
wanggaay – kleines Kind
wangadyang – Ameisen, Ameisen zum Essen
wangaay – Fleisch, Lebensmittelvorräte
wangaa – faul, träge
wanga-dhu-nha – ich vergesse
wanga – Kormoran, schwarzer
wanduwa – Australische Grünakazie
wandaang, dyirr, birig, guwindarr – Geist oder Seele
wanda-ba-dyuray – Kampf, kämpferisch
wanbang – nicht identifiziertes Sternenbild
wambuwuny – Östliches Graues Riesenkänguru
wambuwanybang – Ente, auch Name des Sternenbildes Wildentennebel
wambunbunmarra – begehrlich, gierig
wambanybang – männlicher Vogel, Erpel
wamal – Waffe
walwaay, waliwigang – junger Mann
walunginya, maranginya – gut, gut sein
wali-wali – krumm, verbogen, schief
wali-nya – im Alleingang handeln
walgun – unwissend, verwirrt
walgawalga – Kormoran, Schwarzgesichtscharbe
walgar – Klavikula, Schlüsselbein
walga – Sydneysperber
walar – glatt
walang – hart, Stein, Geld
walan – stark
wala-ma-nha-yali-nya – sich um jemanden kümmern, bis er stark ist, ein Kind aufziehen

wagara – Graurücken-Krähenwürger
waga-dyi – tanzen
wadhi – Stock, zum Schlagen benutzt
wadha-gung – Kaninchen, ein wildes
waaya-ma-rra – sich zusammenrollen wie eine Schlange
waawing – Höhlen, in denen Bunyips wohnen
waawii – Bunyip
waangarra – wie eine Krähe krächzen
waalurr – Erdbeben
waalan-gun-ma-la – tapfer
waagan-waagan – Widerhaken eines Speers (wie ein Krähenschnabel)
waagan-galang – Krähen, viele Krähen (Raben)
nurranurrabul, nurranurra – ständig, immer
nundhugadiyara – nachahmen
nunba – nah
nunay – schlecht
nunarmun – Onkel
nulabang – viele
nuganirra – regelmäßig schlagen, das Herz
nirin – Rand
niigigal – küssen
niga – ich weiß es nicht
nidbul – einheimischer Flachs zum Strickdrehen
nhila – es, sie, er
nguyaguya-mi-lang – schön
nguruwi, burrbiny, binbin – Bauch, Bauchraum
ngurumarra – das Auge schließen, ein heiliger Stein
nguru, ngurruwi, wubaa – Tasche oder Beutel eines Beuteltiers
nguru-murr, yurung, dhurany – Wolken
ngurrunggarra – leidenschaftlich
ngurru-wi-ga-rra – Neues oder Außergewöhnliches sehen, staunen
ngurru-warra – als das Eigene beanspruchen
ngurru-mirgang – himmelblau
ngurrawang – Nest von Vögeln oder des Possums
nguram-bula – Laubenvogel, der Fleckenlaubenvogel
nguram-birang, ngunhagan – Freund
nguny – Geschenk
ngunmal – einzäunen, Zaun
ngunhadar-guwur – unter der Erde
ngunha – Ellbogen
ngumbur-ba-rra – heulen, wie der Wind
ngumbaay-marrang – einige, etwas
ngumbaay-guwal – noch ein, ein weiteres
ngumba-rrang – Käfer

ngumba-dal – Verbindung, Einigkeit
ngumba-ay – eins, allein
ngulung-gayirr – zeremonielles Stirnband
ngulung – Gesicht, Stirn
ngulumunggu – außerhalb von etwas
ngulangganha – zurufen, Hey rufen
ngulagambilanha – Zuhause, nach Hause zurückkehren
ngubaan – Ehemann und Ehefrau
ngu-nha – geben
ngu-ng-ga-nha – hinbringen, um zu geben
ngu-mambi-la-nha – leihen
ngu-m-ba-ngi-la-nha – Hände hochhalten
ngiyindidyu dharraay – ich möchte bitte
ngiyambalganhanha – miteinander sprechen
ngiriya-ga-rra – durchgehen
nginhi-guliya – all diese Orte
ngindhuba nganhalbu – du oder ich
ngindhu gindaywaruwar – du lachst immer
ngiina-ngiina – Menge, eine Menge, viele
ngi-ngi – sein
ngi-ngari-ma-giy – den ganzen Tag lang
ngayi-ny – bedenken, Verstand, Gedanke
ngawum-bi-rra – Darbietung, zeigen
ngawar – Tasche, Beutel von Beuteltieren wie Kängurus und Possums
ngawaal-ngawaal – schwach, schwummrig
ngarruung – verfallen
ngarruriyan – Habicht, Weißbrauenhabicht
ngarriman – Manna aus dem Busch
ngarri-ngarri-ba-l-guya-nha – nach Wasser lechzen wie ein Hund
ngarrarr-gi-dyili-nya – bedauern, sich Sorgen machen
ngarrarr – sich sorgen
ngarranngarran – Glockenblume
ngarranga – nach
ngarrang, nharrang – Eidechse, Wasseragame
ngarrang, bidyiwang, nharrang – Australische Wasseragame
ngarradharrinya – weinen oder schluchzen
ngarradan – Fledermaus
ngarra-gaya-miil – Stern, von Menschen gesehen
ngarin – Morgen
ngaray-wirr-gi – schlafen
ngaray-m-bang – scharf
ngara – Holzkohlenasche
nganundhi – über wen?
nganhundha – mir, mich, mit mir

nganhiyany, yangiirang – ringsherum, die ganze Zeit
nganhi-gunhung-guwala – Mal, ein anderes Mal
nganhi-gu – zu jenem gehörend, entfernt in Raum und Zeit
nganhayung galingabang bur – unsere Kinder
nganhali – von dort aus
nganhagu – zu jenem gehörend, für jenes
nganhabul – dort drüben
nganha-yung – wir selbst, die Unseren
nganha-wal – hoch über, da oben, hoch am Himmel
nganha-ny-garri – hier oder dort
nganha-nguwur – dahinter
nganha-guliya-gu – zu all jenen gehörend
ngandhi-guliya-gu – für all jene
ngandhi – wer?
ngamuwila – Wüstenerbse
ngamurr – Tochter
ngamung – Brust
ngamu-gaang – Mädchen ohne Mütter
ngamu-dyaang – Jungen ohne Mütter
ngambar-gaa-nha – begehren, begehrlich
ngambaa – neugierig, wissbegierig
ngamba-rang, birrany-dyang – Junge, kleiner Junge
ngama-ngama-rra – empfinden, mitfühlen
ngaligin-gu – unseres, deines und meines
ngalguwama – oben, über
ngalgarra – Licht, beleuchten, strahlen
ngalar – sauber, säubern
ngalan-y – Kristall, weißer Quarz
ngalan-y – Feuerflamme
ngalan-bang, nyiil – Gipfel
ngalan-bami-rra – entzünden
ngalamali – fischen
ngadi-galita-bul – Zeit, eine lange Zeit
ngadhuri-nya – umsorgen, hegen
ngadhu wanga-dyung – ich habe mich verirrt
ngadhu minya – ich kann es erklären
ngadhu mamalagirri – besuchen
ngadhu – ich, eine Person
ngadhi-galila – zu mir gehörig
ngabun – Vater der Mutter
ngaagirridhunyal – ich werde dich sehen
ngaa-nha – betrachten, sehen
ngaa-ngidyilinya – sich selbst sehen
ngaa-mubang – blind

ngaa-bun-gaa-nha – auf der Suche sein, sich umschauen
nga-ngaa-nha – sich kümmern, sorgen für
narruway – Luftspiegelung
arrundirran – treten
narru-buwan – Bienennest
narru – Hängematte, Tragetuch zum Kindertragen
narriyar, wiwin – heiß
narrbang – Beutel, Dillybag eines Mannes oder einer Frau
nanhi – Risse im Erdboden
nanhaybirri – eifrig, begierig
nanhamalguwany – verloren, etwas Verlorengegangenes
nandibang – Östliche Braunschlange
nanan – schnell rennend, schnell
namunmanha – Hand, die Hand an den Mund halten
murun-gi-nya – leben, lebendig sein
murun-dhu – ich lebe, ich atme
murun – Leben, Atem
murrung – Grauer Eukalyptus, Eukalyptus
murrugarra – lesen
murrudinayilinya – mit Verachtung behandeln
murrudhadhun – Ente, Löffler
murrubir – Himmel
murru, murruway, ngubuli, gawala, yabang – Straße, Weg oder Pfad
murru, murrawaygu – in Bäume Geritztes, Waffen, Werkzeuge
murrin, wiray – nein, nicht
murrang, waa – Schlamm
muriin – Kanu, Borke
murangarra – lebendig, am Leben sein
muraany – Weißhaubenkakadu
muny – Ameisenlöwe
munun – groß, viel
munirganha – eifersüchtig, eifersüchtig sein
munhilbungarra – graben
munhilbang – hohler Baum
mungarr – Nieren
munga – Frucht des Kurrajongbaums
mundu – eingehüllt, ein Baum in seine Rinde
mundhay, mirrung, dhurang – Rinde von Bäumen
mumbal, nyimirr – Blüten
mumala – Großvater
muma – Komet
muliyiin – Zebrafink
mulbirrang – Papagei, Rosellasittich
mulanguwal – Teil von etwas

mulaa – Nacht oder Dunkelheit
muguwar – schweigsam, still
mugumnawa – in, innerlich
mugul – dumm
mugugalurgarra – geheimhalten, verbergen
mugilmugil – Wilde Orange oder Wilder Granatapfel
mugilbang – Wilde Zitrone
mugii-nya – die Augen schließen
mugi – Keilschwanzadler
muganha – finden, aufsammeln
mugang – Raupen, die Bäume befallen
mudyi, maamungun – Freund, Landsmann
mudyi – Kumpel, Freunde
mudhamudhang – Akazie
mudhaany – zufrieden
mubany – Mann und Ehefrau
modyigaang – Älteste
miyagan, wayadan – Verwandte
mirrway – Farbe, farbige Tonerden
mirriwula, mirriyula – Geisterhund
mirrirang – Hagel
mirrimirri – böse, hundsgemein, diebisch
mirri – Hund
minyang-guwar? – Welcher Ort, wo?
minyali? – Worüber?
minya-nganha? – Was ist das?
minya – Frage (Was?)
mimudya – Silberakazie
mimagang – Schwarz-Haubendickkopf
miimi – Schwester
miilwarranha – das Auge öffnen
miilumarra – einen Blick werfen oder blinzeln
miilgany – offen, von Angesicht zu Angesicht
miilbi – Loch, ein Brunnen
miilalmiilal – wachsam, wach
miil bulal – beide Augen
miil – Auge, auch die Sterne
miidyum – Wilde Tomate
migiimanha – Aufleuchten eines Blitzes
migii – Blitz
midyungga-ga – ich weiß nicht, wann
midhang – allein, einzeln, ein
mibar – Kokon mit Schmetterling im Inneren
mayinyguwalgu ngunggirridyu – ich werde mit anderen teilen

mayinyguliya – menschenähnlich
mayiny – Menschen
mayanggang – Miniermotten und Sackträgermotten
maya, gulay – Fischernetz
mawa – klebriges Harz von Bäumen
marrungbang – Gerechtigkeit
marrung – Vorsicht, Deckung, Cleverness
marrun-gadha-li – süß schmeckend
marrubil – gut und angenehm
marru-wa-nha – formen oder herstellen
marranmarran – unreif, roh
marramurgang, dhan – Faust oder geschlossene Hand
marramarrang, nularri – sich sputen, sich beeilen
marraldirra – erschrecken
marragir, marragiyirr – nackt, Witwer
marragarra – festhalten
marrabinya – die Hände ausstrecken
marra-nung – von zurückweichendem Wasser erzeugte Wasserrinnen
marra – Hand
marbirra – Frosch
marayarrang – Schnitzereien an Bäumen, zusammengesetzte Inschriften
marara – Bäume mit bildhaften Einritzungen
maranggaal – Roter Eukalyptus
marang ngurung – gute Nacht
marang – wohlauf, gut
marambang ngulung – Schönheit, hübsches Gesicht
maram-bul – richtig, gut, korrekt
maradhal – vergangen, fernab
manygan – Papagei, Blutbauchsittich
mangganha maganha – ersticken oder ertrinken
mangga – Baby, Küken oder Welpe
mangalanha – erobern, die Herrschaft erringen über
mandur – ruhig oder ungestört
mandu – außerdem, sonst
mandara, binda, maybal, marrady, babang – Grasbaum
mandaang guwu – Danke
mambuwarra – schauen
mambanha – weinen, trauern
mamaybumarra – niederhalten, unterdrücken
mama-dya, mambarra – einheimischer Kirschbaum
malungan – Frau, junge Frau
maliyan, baga-daa, yibaay – Keilschwanzadler
maliyan – Stern, roter heller Stern des Südens

maldhanha – bekommen, bereitstellen
maldhaany – Produzent, Person, die etwas herstellt
malbilinya – gehorsam
malangun – kleines Mädchen
malang – könnte, sollte, würde
maladyin – krank, gebrechlich
maguwar – glücklich
magadala – rote Erde
magaadhang – Wilder Klee
madhubul-mugiiny – blind, alle sind blind
madhu – Feind
madharra – kauen oder saugen
madhanmadhu – Wald, der Busch
mabinya – anhalten oder warten
mabi, babila, mugiiny-mabi – Östlicher Beutelmarder, Wildkatze
maarung – Kreis
maamungun – Landsmann oder Freund
guyunganmadilin – ich selbst
guyang – Feuer
guyal – trocken
guyabadhambildhaany – Fischer
guwunggan – Hochwasser
guwiiny nganhala – es ist dort drüben
guwiiny gandamay – es ist schwierig
guwaywinya – eine kurze Zeit lang warten, sitzen, bleiben
guwayuwa – kurz, eine kurze Weile
guwayu – Zeit, unbestimmte Zeit, später
guwarra – holen, zurückholen
guwariyan, garrang – Nymphensittich
guwanguwan – blutig, viel Blut
guwang, guwaang – Nebel, Regen, Dunst
guwandiyala, wandayali – Schnabeligel
guwan-ba-ga-ga-rra – bluten
guwala-nha – geschehen, passieren
guwabigi – ausruhen
guwaali – warte auf mich
guuray – fett
guun, gurril – Feuerstein
Guudha – Gott
gurwarra – retten, aus der Gefahr befreien
gurwaldhaany – Erlöser, Befreier
gurulgan – Ochsenfrosch-Kaulquappe
gurudhaany – Waran
gurruwir – Nachricht, traurige Nachricht

gurruulgaan – Wesen, das den Donner herbeiführt
gurrugandyilinya – sich bedecken
gurrugan-balang – Rind, Ochse, Kuh
gurraggarang – Frosch, der auf Regen hinweist
gurra-galang – bittere Arznei
gurra-gal-gam-bi-rra, guru-ga-ma-rra, gurra-gal-ga-rra – beenden
gurra-ga-ya-rra – zu sprechen aufhören
gurra-ga-dharra – zu essen aufhören, aufessen
gurmiyug – Wurzel des Rohrkolbens, Cumbungiwurzel
guriin – Holzkohle oder schwarz
guriban – Brachvogel, Langschwanztriel
guray-mugu-mugu – in Not, leidend
guray-dyu-ngi-nya – sich sehnen, verliebt sein
gurawiny – Blüten, nicht die Knospen
gurawan – Fischspeer
gurang, gurawung, guyang – Nasenbeutler
gununga – im Inneren verstecken
gunhindyang – mutterlos
gunhinarrung – die Mutter der Mutter
gunhimbang, gunhi, ngama, baba – Mutter
gunhari – Bauch, Bauch bei Tieren
gunhama, badyar – Ameise, Schwarze Ameise
gunhagunang – husten
gunhabunbinya – sitzen
gunguwari – Halo, ein Kreis um den Mond
gungun – Borke, ein Stück Rinde für eine Mahlzeit
gungarra – Kamm
gungalang, yanangaari guygalang – Korallenfinger-Laubfrosch
gundyung – Schwarzer Currawong oder Drosselkrähe
gundhaybiyan – Blüte des Stringybark-Eukalyptus
gundhay – Roter Stringybark-Eukalyptus
gunaru, gudharang, guwiyarrang – Mähnengans
gunal – Tierweibchen
gunaany – flach
gunaagunaa – Schmetterling
gumbang – eingraben, Grab
gumbadha – Metall
guluwin – weit weg, in der Ferne
gulur, ngay – aber, jedoch
gulun – Wombatbau
gulumba, gulibaa – Coolibah-Eukalyptus
gulu, galgu, dang – Hirsekörner für Mehl
gulgarr – konkav, Tablett oder Platte aus Borke
gulgang – Kopf, oberer Teil des Kopfes

gulgandara – vor, auf Zeit und Ort bezogen
gulganagaba – Vogel, Weißschwanzschnäpper
gulgama – Schlucht, Tal
gulbirmarra – teilen, trennen, abtrennen
gulbir – wenige, nicht viele
gulbi – Nebel oder Rauch in der Luft
gulbalanha – Frieden, im Frieden sein, keine Kämpfe
gulamirra – vergebens etwas suchen
gulamilanha – allein, allein sein
gulambali, birriyag – Pelikan
gulamarra – offen
gulamalibu nunbabu – öffnen oder schließen
gulabirra – ablehnen, zurückweisen
gulaay – Überquerungsstelle, Brücke
gulaa – Zorn
gugubarra – Kookaburra, Rieseneisvogel
gugi – Becher aus Rinde
guganha – krabbeln oder kriechen
gugan – gelbe Raupe
gugabul – Fisch, Murray-Dorsch
gudyiin – uralte Zeit
gudyi – Becken, Eimer
gudhingan – Liedkomponist
gudharang – Mähnengans
gudha – Baby oder Kind
gudal – flach
gubir – Macquarie-Barsch, auch Schwarzbarsch genannt
gubang – Hickorybaum
gubaldurinya – besiegen, den Feind vertreiben
gubadhang – Fink, Diamantfink
gubaadurinya, durrudurrugarra, gubaymanha, gulbadurinya – folgen
guba – Coobaakazie
giyira, giira – Zukunft, Mutterleib
giyingdyung – Mark, aus dem Knocheninneren
giyindyarra – lecken
giyarinya – verängstigt, sich fürchten
giyang – Lungen
giyanda-dila-nh – fliehen
giyan – Hundertfüßler
giyalang – zugehören
giyal, guwiindha – Scham, beschämt
giyal-giyal – feige, halbwegs beschämt
giyal-gang – Feldmaus
giyaa-warra – verscheuchen, wegjagen

giya-rra – Furcht, Angst haben
giwang wuurrranha – Monduntergang
giwang bagarra – Mondaufgang
giwang – Mond
giwaang-giwaang – Dummkopf, Trottel
giwa-l-dhaany – kochen, die Person, die kocht
girri girrigirri – rot
girran-girran – mangelhaft, schlecht
girra-wiiny – ruhiger Ort mit vielen hübschen Blumen
girra-ma-nha – Hitze empfinden, verbrannt werden
girra-m-bi-ya-rra – schimpfen, im Zorn sprechen
girra-girra – lebendig, wohlauf sein, am Leben sein
girarumarra – wehen, wie der Wind
giran-giran, manggaan – breit, Speerschild
giralang bundinya – Stern, Sternschnuppe
giraangang – Blattwerk von Bäumen, Blätter
gingari – Feuersteinmesser
gindyarra – Wasser schlecken oder trinken wie Hunde
gindhaany, bugari – Ringelschwanzbeutler
gindaymanha – spielen, Spaß haben
ginda-y-waruwar – ständig lachen
ginda-y-ga-la-nha – einander auslachen
ginda-y-awa-nha – lächeln, lachen
ginda-nha – lachen
ginan – freundlich, liebenswürdig
gimarra – Milch
gilaa – Galah, Rosakakadu
gila – also, dann
giiny – Herz
giimbir – Quelle, Brunnen
giilang – Geschichte, Erzählung
giigandul – Akazie mit silbernen Blüten
gigiy – satt gegessen
gigirr – Duft oder Geruch
gidyirriga, badyariga – Wellensittich
gidyang – Körperbehaarung, Wolle, Fell
gidyagidyang – Seidenreiher
gidya-wuruwin – große Angst haben, von Furcht überwältigt
gidya – Gidgy, Stinkende Akazie
gibirrgirrbaang – Sternenbild Oriongürtel
gibirgin, malanygyang, dindima – Sternenbild Sieben Schwestern (Plejaden)
gibir – Mann
gibayan – Neffe

gibany, darran-dirang – Rache, Rächer
giba – magischer Stein
gaymaan – Kängurugras
gawuwal – Lagune, See
gawuraa – Federn
gawunang, giwambang – Mondlicht
gawimarra – sammeln oder auflesen
gawaymbanha – willkommen heißen, einladen
gawaan, gabaa – weiße Männer, Fremde
garriwang – Currawangbaum
garrindubalunbil – Käfer im Holz
garril, wurung – Äste oder Zweige an Bäumen
garraywarra – suchen nach, suchen, finden
garraygal – Handfläche
garray – Land, Sand
garrawi – Fischrogen
garrari – Netz
garranygarra – schicken
garrandarang – Papier, Buch
garran – Haken jeder Art, Angelhaken
garrabari – Corroboree, ein besonderer Tanz
garraba, marrin – menschlicher Körper
garraayigal – Hand, ergreifen
garraawan – leichtes Holz zum Anfertigen von Fischspeeren
garra – festhalten, fangen, anhalten, nehmen
gariya wanhamindya nganhanduyan – sein Wort nicht brechen
gariwang – kalter Ostwind
gariwag – Blatt
garingali – Dingo
garila – Corella-Kakadu
garba – Gabel, Astgabel
garay – Sand
garal – zylindrische Blütenstände von Akazien
garaan-dharra – verbotene Speisen essen
gany, yingiyan – so wie, ähnlich
ganhur, buringin, marri – Rotes Riesenkänguru
ganha-nha, bunha-nha – brennen, verbrennen
ganginmarra – Lüge, lügen
ganggang – Helmkakadu
ganggaa – Spinne
gangarrimaa – Ring oder Kreis
gangan – Östlicher Fischadler
gandyar – Geistwesen, das alles sieht und weiß
gandaru, gungarung, yambil – Blauer Reiher, Weißwangenreiher

ganda – Vertiefung des Beines unterhalb des Knies
ganang – Bienenwachs, nass
ganaa-ba-nha – auf einem Pferd oder anderen Tier reiten
gana-yi-rra – Pfefferminzbaum, Weidenmyrte
gambang, dilaang, dirraybang, gumbal – Bruder
gambal, buragi, yungay, gamidha – Australische Trappe, einheimisches Buschhuhn
gamalang – Himbeere, einheimische
galiyang, birrgun – Pazifiksegler
galing-gaan – Eingeweide
galindulin – Aal
galin-gabangbur – Kinder
galin-dhuliny, gibirrngaan – Rotbäuchige Schwarzotter
galin-balgan-balgang – Libelle
galigal – Messer
gali-ngin-banga – Ort in der Wüste ohne Wasser
galguraa – Lärmlederkopf
galgambula – Erdofen
galgaang – von Mitleid erfüllte Betrübnis
galga – hungrig, leer
galanygalany, galan galan – Zikade, Heuschrecke, deren Geräusch
galang – zu einer Gruppe gehörend
galagang – Buschzwiebel
galabarra – halbieren, in zwei Teile teilen
galaabanha – Geräusch, ein Geräusch machen
gagalin, bidyin – Fisch, Australischer Goldbarsch
gagaamanha – auf Abwege führen, verleiten
gadyilbalungbil – Schwarzer Rasenkäfer, der sich eingräbt
gadyilbalung – Käfer allgemein
gadyal – hohl
gadyag – scheußlich, abscheulich
gadya! – Verschwinde!
gadi, dharang – Schlange
gadangul – kleine Eidechse
gabur-gabur – verrottet oder kaputt
gabuga – Gehirn, Eier
gabudha – Schilf und Binsen
gabin-gidyal – ein Anfang
gabargabar – grün, Farbe
gaban, barrang – weiß
gaban – fremdartig, seltsam, unbekannt
gaba-rra – Fischfang, Schleppnetz
gaanha, dharal – Schulter
gaanha-barra gaanha-bu-nha – auf der Schulter tragen

gaalmaldhaany – Komponist, Dichter
gaagu-ma-rra – umarmen
gaa-m-bila-nha – etwas halten
gaa-l-marra – Lieder komponieren
gaa-darra – auslöschen
gaa-ba-rra – auf dem Rücken tragen
ga-rra – sein oder Existenz
dyirribang – ein alter Mann
dyiridyinbuny – Schlangenhalsvogel
dyiramiil – bezaubernd, gewinnend
dyinmay, gurray – Stammeskampf oder -krieg
dyinidnug – Ente, Australische Löffelente
dyindhuli – Hunger
dyindharr – mager, öde, kahl
dyinang, mundawi, dinhang – Fuß
dyilwirra – einen Baum hochklettern
dyigal – Fischflossen
dyibarra – sprechen
dyandyamba – Medizin aus dem Inneren des Baumfarnes
dyagula – Leierschwanz
dyagang – Jungen ohne Väter
dyabaraa – Bulldoggenameise
dyaba – Mädchen ohne Väter
dyaabiny – fliegende Ameise
duyan – fett, Fleisch
duwambiyan – Wurzel der essbaren Pink-Finger-Orchidee
duruung-gar-gar – Glühwürmchen
durrur-buwulin – jemals, immer
durrumbin, giima – Raupe
durru-l-ga-rra – verstecken
durru-l-ba-rra – platzen
durrawiyung – Australische Weißkehlente
durrawan – Grauer Currawong, Rußwürgerkrähe
durrany – lange weiße Wolke
duri-mambi-rra – krank, krank machen, zu Krankheit führen
duri-duri-nya – krank, krank sein
dundumirinmirinmal – Schnecke
dumiiny – Todesotter
dumi-rra – tragen
dumbi – erröten
dulu-dulu – große Baumstämme
dulbun-bun-ma-rra – beugen oder biegen
dulbi-bal-ga-nha – den Kopf hängen lassen
duguny-bi-rra, dugu-winy-birra – großzügig sein

dugu-wirra – fangen
dugin – Schatten
duga-y-ili-nya – für jemand anderen holen
duga-nha – Wasser holen, Wasser heraufziehen
dubu – Frosch oder Kröte
dubi – Puppe, Schmetterlingslarve
dirriwang – Emufedern
dirrinan – Bulbine-Lilie
dirrigdirrig – Bienenfresser, Regenbogenspint
dirrang-dirrang – ockerrot
dirramaay – essbares Kraut
dirra-dirra-wana – Kraut
dinggu – Wildhund, Dingo
dinbuwurin – einheimische Lerche, Horsfield-Lerche
dinawan, gawumaran, nguruwiny – Emu
dilga-nha, bunganha-ba-nha – die Haare kämmen
dilan-dilan-garra – schütteln
dila-dila-bi-rra – Verwirrung hervorrufen
dila-birra – streuen, aussäen
diikawu – Gefleckter Emustrauch
digu, mumbil, munbil – Schwarzholzakazie
digimdhuna – Feige oder Feigenbaum
digal – Fischgräte
dibiya – Pfeifgans
dibang – Nägel oder Stacheln
dhuruwurra – abwerfen, haaren, häuten
dhurri-rra – Eier legen, geboren werden
dhurri-nya, dhurrirra – geboren, geboren werden
dhurrgang, nguruwiya – Eule, Eulenschwalm
dhurragarra – folgen, eine Spur verfolgen, nachgehen
dhurany – Nachricht oder Botschaft
dhuragun, bunbun – einheimische Rohrdommel, Australische Rohrdommel
dhungany – Schildsittich
dhundhu, ngiyaran, gunyig – Schwarzschwan
dhundhal – nahe, in der Nähe
dhumuny – Larven des Bardifalters, zum Fischfang genutzt
dhumba – Brittle-gum-Eukalyptus
dhulubang – Seele oder Geist
dhulu-ga-rra – schuldig, für schuldig befunden
dhulu-biny – horizontal, eben, flach
dhuliiny – Waran, Goulds Waran
dhulay – Fisch, Fluss-Knochenhecht
dhul – braun

dhugamang – weißscheriger Hummer, Murray-Flusskrebs
dhugaaybul – sehr
dhubul – Bohrloch, Grundwasser
dhubi – Zikadenlarve, Käfer
dhirril – Sydneysperber
dhirran-bang – Mittagsstunde, Mittag (Sonne im Zenit)
dhirraany, gandiyagulang – Berg
dhiraa-nha – aufgehen wie Teig
dhindha – Ball, alles Runde
dhin – Nuss oder Beere
dhilbul – Blässhuhn, Purpurhuhn
dharrang – Botenstab oder Brief
dharran – Bach
dharrambay, gimang, dirru, galbu – Kängururatte
dharra-barra – essen, mit Zähnen schneiden
dharra – gegessen, schlucken, verschlingen, verschlucken
dhara – vertreiben, fort
dhangaang, dhal, dharrabu – Nahrung
dhang – Saaten, Körner
dhandyuri, dhandyurigan – Muschelschalen oder Schalentiere
dhandhaang – Flusswels
dhamiyag, baaliyan – Cumbungi, Rohrkolben, Schilf
dhamaliiny, dharramaliyu, bulbul – Bullroarer, Schwirrholz
dhalba-nha – verletzt, geprellt
dhalba – Regen, Wolkenbruch
dhala-y-ba-rang – wütende Raserei, Wut, Aufregung (plötzlich)
dhala-wa-la – bewaldetes Land
dhala-rug – Honigfresser (Vogel)
dhala-ba-rra – bersten, platzen, zerbrechen
dhala-ba-nha – zerstören, vernichten
dhal-bi-rra – auf dem Bumerang den Takt schlagen, wie die Männer beim Singen
dhaganhu ngurambang? – wo ist dein Land?
dhagamang – Flusskrebs, weiß-bläuliche Scheren, kein Yingaa
dhagal – Wange, Kieferknochen
dhadhi? – zu welchem Ort gehörig?
dhabugarra – begraben
dhabugany – begraben sein
dhabudyang – alte Frau
dhabal – Knochen
dhaan yanha – komm her
dhaalirr – Eisvogel
dhaagunmaa – Friedhof
dhaagun – Land, Erde, Staub, Boden, Grab

dha, -dya, -la, -ra – auf, an, in, bei
dha-l-mambi-rra – füttern, ein Kind oder einen Hund
dawin, bawa-l-ganha – Beil
darruba-nha – überspringen
darriyaldhuray – Zimmer
dargin – über, durch
danyga-ma-rra – wetteifern, sich im Werfen messen
dani – Wachs, Harz oder Honigwabe
dangarin – Schalentiere
dangar, dhandhaang – Süßwasser-Wels
dangal – Abdeckung oder Unterschlupf
dangaay – Regenwasser, abgestandenes Wasser
dang – essbare Wurzeln
dalungal – guter Fella, feiner Kerl
dalawang, gabu, gabudha – Apfeleukalyptus
dabu-ya-rra murun – Leben, Leben geben, Leben schenken
dabu-wan – kleiner Blutegel
daanha – stricken, ein Netz knüpfen
buyaa – Gesetz
buya-marra – betteln
buwi-birra-ng – Bumerang aus Borke, Spielzeug
buwawabanhanha, gugabarra – Kochen
buwanha – wachsen
buwaa-bang – ordentlich, zahm
buwa-garra – kommen
buwa-gany – essbare Wurzel
buwa-ga-nhumi-nya – vor, vorher sein
buwa-dharra – den Mund füllen
buurri – Boree, Trauer-Myall (Baum)
bururr – Hopfenbusch
burrindin, gulridy – Drosselstelze, Peewee, Stelzenmonarch
burrbang – Initiationszeremonie für Männer
burral, darriyal – Bett
burral – Geburtsort, Stelle, Erdboden
burra-m-bin – ewig
burra-giin – trockenes Bienenwachs
burra-di-rra – zurückschneiden
burra-dhaany – aufprallender Ball
burra-binya – springen, hüpfen
burra-ban-ha-l-bi-rra – ein Feuer entzünden
burguwiiny-mudil – Schmied
burbi-rra – den Takt schlagen und singen
burba-ng – Kreis, runde Form, Haufen
burany – Papagei

buram-ba-bi-rra – teilen, gemeinsam haben
buralang – Schwarzgesichtiger Kakadu
buraandaan – Reiher, Nachtreiher
bura-mi-nga-nha – hervorrufen
bunyi-ng-ganha – atmen
bunyi-ng – Atem
bunhiya – wilde Eiche
bunhi-dyili-nya – schlagen
bungi-rra – schaukeln, schwingen
bundi-nya – Fall
bundi-mambi-rra – fallen lassen, zum Fallen bringen
bundhi, nalanala – Keule mit dickem Knauf am Ende, Kriegswaffe
bundharran – Paddel
bundharraan – Kanuruder
bundarra – erstarren, frieren
bunda-nha – ein Bild zeichnen
bunda-ng – Zikaden, Schmetterling
bunda-l-ga-nha – hängen, in der Schwebe sein
bunbiya – Grashüpfer
bunba-nha – flüchten, rennen, weglaufen, fliehen
bunba-na-nha – nachlaufen
bunan, bundhu – Staub, aufsteigende Dampfschwaden
bunan – vom Wind getragen, Staubsturm
bun-ma-rra, ma-rra – machen oder tun
bumbi – Rauch
bumalgalabu wayburrbu – rechts oder links
bumal-bumal – Hammer, Stock
bumal – Hammer, Stein zum Zerstoßen von Nüssen
buma-ngidyili-nya – sich selbst schlagen
buma-l-gidyal – Kampf oder Schlacht
bum-bi-rra – blasen, mit dem Mund
bulun – Egret, Reiher, Weißer Kranich
bulan-bulan – Papagei, Pennantsittich
bulaguy – Salzbusch
bula-bi-nya – Paare, paarweise sein
buguwiny, bugaru, gungil – Gras
bugurr – Kletterpflanzen oder Rankengewächse
bugu-l – Angelschnur
bugiyunbarrul – die Zeit nach Sonnenuntergang, Dämmerung
buginybuginy, manygan – Blutbauchsittich
bugarr – Aas
bugarnan – schlechter Geruch
bugang – Halskette oder Perlen
budyabudya – Nachtfalter und Schmetterlinge

budyaan, dyibiny, dibilany – Fledermäuse, Vögel, fliegende Lebewesen im Allgemeinen
budulbudul – weit weg, hoch, die bläuliche Ferne
budhi – Ecke
budharu – Flugfuchs, Flughund
budhar-ba-la-nha – einander küssen
budhanbang – Augenbrauenente
budhaanybudhaany – Gemeines Nieskraut, Altmännerkraut
budha – Sandelholz
bubul, dula – Hinterteil, Gesäß
bubu – Luft oder Atem
bubil – Flügel, Feder
bubay-bunha-nha – verringern, kleiner werden
bubay – klein
buba-dyang-marra, garrigaan, banhumiya – Finger
biyambul – alle, alles
biyal-gam-bi-rra – aufhängen
biyal-ga-nha – hängen
biyaga – oft, viele Male
birring, birrgan – Männerbrust
birrinalay – Blüte des Weißen Eukalyptus
birri-birri-ma-rra – treffen
birri – Weißer Eukalyptus, Eukalyptus
birranilinya – weglaufen mit
birrang-ga – hoch oben
birrang – Reise an einen anderen Ort
birrang – blauer Himmel, Horizont
birran-dhi – von
birramal, yirrayirra – Busch, das Buschland
birramal-gu yakha-y-aan – in den Busch gegangen
birrabuwawanha – zurückkehren, zurückkommen
birrabunya – Kormoran, Australische Zwergscharbe
birrabirra, malu – faul, müde
birrabang – draußen, oben, darüber, weit entfernt
birra-nguwurr – hinter
birra-nguwur – Rückseite, das Dahinterliegende
birra-bina-birra – sich vorsichtig bewegen, flüstern
birra – zurück, Rückseite
birra – erschöpft, müde
birinya – Narbe, eine Narbe hinterlassen
birgu – Sträucher, Dickicht
birgili, birgilibang – vom Feuer versengt
birdyulang – Narbe, alte Narbe
birdany – Blüte des Ironbark-Eukalyptus

birbarra – backen
birbaldhaany – Bäcker
biran, birrany – Junge
biralbang – Moschusruderente
bir – Muttermal
binydyi – Magen
binhaal – der Älteste
bindyi-l-duri-nya – ein Loch in einen Baum hacken, um Possums herauszuscheuchen
binaal, wirra – breit, umfangreich
bimirr – enden, Ende
bimbun, gumarr, mudha – Teebaum oder Myrtenheide
bimbul – Bimble-Eukalyptus
bimbin – Brauner Baumrutscher, Specht
bimba-rra – Feuer, das Gras in Brand setzen
bilwai – Eiche, Flusskasuarine
biluwaany – Rotflügelsittich
bilin-nya – rückwärtsgehen
bili-nga-ya – rückwärtsgehend
bilbi, ngundawang, balbu – Bilby, Kaninchennasenbeutler
bilawir – Hacke
bilawi – Flusskasuarine
bilabang – Billabong, die Milchstraße
bila – Fluss
biiyirr, magalang – Rückgrat, Wirbelsäule
biilaa, ngany – Buloke, Waldeiche
bidyuri – Pituristrauch
bidya – männlich
bidhi, babir – groß
bibidya – Östlicher Fischadler
bayu, buyu – Bein
bayirgany – Blutegel
baryugil – Östlicher Blauzungenskink
barru-wu-ma-nha – galoppieren, schnell rennen
barru-dang – Saft eines Baumes
barru – kaninchenähnliche Ratte (wahrscheinlich Bilby, Kaninchennasenbeutler)
barrinang – Akazienblüte
barri-ngi-rra – verlassen, in Ruhe lassen, macht nichts
barri-ma – Gewehr, Schusswaffe
barrbay, wirrang – Felskänguru
barray! – Beweg dich, schnell!
barrage – fliegen
barradam-bang – ein heller Stern

barrabarray – schnell!
barra-y-ali-nya – wiederauferstehen, Auferstehung
barra-wi-nya – Lager, Jagd
barra-wi-dyany – Jäger
barra-manggari-rra – Liebe
barra-dyal – Flammenbrustschnäpper
barra-barra-ma – Griff, etwas zum Festhalten
bargu-mugu – einbeiniger Krüppel
baradhaany – Rotnackenwallaby
bangal-guwal-bang – einem anderen Ort zugehörig
bangal – Zeit oder Ort
banga-ny – gebrochen, zerbrochen
banga-nha – Regenausbruch, zu regnen beginnen
banga-ma-rra – brechen
banga-l – Feuerbohrer, Reibung
banga-di-ra – zerhacken, schneiden, spalten
banga-bil-banga-bil – Schneidinstrument
banga-bi-lang – in Stücke zerbrochen
bandya-bandya-birra – Schmerz verursachen
bandu – Bremse (Insekt)
bandhuwang – miteinander verflochtenes Eukalyptusgesträuch oder Mallee
bandhung – Mallee, Eukalyptussträucher
bambinya – Bad
bambigi – schwimmen
baluwulinya – schwanger sein
balunhuminya – vor einem anderen sterben
balunha – jetzt sterben
balun – tot
baluga – dunkel, das Feuer ist ausgegangen
baludharra – frieren
balubuwulin – ganz tot
balubunirra – ermorden, töten
balubalungin – fast tot
balubungabilanha – einander töten
balu-bunga-rra – löschen
balmang – leer
balima – Norden
bali – Baby, sehr kleines Baby
balgal – Klang, Geräusch
balgagang – karg, trostlos
balgabalgar – Führer, Ältester
balanggarang – Knospe, oberste Knospe eines Blütenzweigs
balang – Kopf
balandalabadin, gubudha – Schilfrohr

balan-dha – Anbeginn der Zeit
baladhu nganhal – ich komme aus
baladhu ngaabunganha – nur schauen
baladhu – ich bin
balabalanirra – leicht schlagen, einen Klaps versetzen
balabalamanha – sanft oder langsam anheben oder sich bewegen
balabala-ya-li-nya – flüstern
bagurra – Blüte des Kurrajongbaums
bagir-ngan – Cousin oder Onkel
bagaaygang – kleine Muschel
bagaay, galuwaa – Tannenzapfenechse
badyar, gunhama – Schwarze Ameise
badhawal, bargan, balgang – Bumerang
badharra – beißen
badhang, buwurr – Umhang aus Possumhaut
badha, yiramal – Flussufer
babimubang – vaterlos
babildhaany – Sänger
babiin – Vater
babala – Lederkopf, Lärmlederkopf
baaywang – großer Hügel
baayi – Fußabdruck
baawan, gargalany – Silberbarsch, Knochenbarsch
baalmanha – treibend, schwebend
baala – Schritt
baaduman – Brittle-gum-Eukalyptus
baabin – Nesselpflanze
baabaa, ngandir, nguramba – tief

QUELLENANGABE

Das Zitat auf Seite 7 stammt aus Johannes 11:26, Textbibel 1899, www.bibeltext.com/john/11-26.htm

Das Zitat auf Seite 89 stammt aus Johannes 7:37 und Johannes 7:38, Lutherbibel 2017, Jesus auf dem Fest https://www.bibleserver.com/LUT/Johannes7%2C36

Das Zitat auf Seite 237 stammt aus Matthäus 6:34, Lutherbibel 2017, Vom Schätzesammeln und Sorgen, https://www.bibleserver.com/LUT/Matth%C3%A4us6

ANMERKUNG DER AUTORIN

Dieser Roman enthält die Sprache der Wiradjuri. Vor der Kolonisierung gab es in Australien zweihundertfünfzig verschiedene Sprachen, die sich in sechshundert Dialekte aufgliederten. Die Wiradjuri-Sprache gehört zur Pama-Nyunga-Sprachgruppe der Wiradhuri-Untergruppe und wurde durch die Bemühungen von Dr. Uncle Stan Grant Senior, Mitglied des Order of Australia, sowie des Linguisten Dr. John Rudder zurückgewonnen und erhalten. Auf diesen Seiten findet sich die von Uncle Stan und John erarbeitete Schreibung und Aussprache. Wenn es Fehler gibt, dann liegt das ausschließlich an meiner Interpretation. Die historische Orthografie der Wiradjuri-Sprache in diesem Buch stammt von den Aufzeichnungen des seinerzeit in Wagga Wagga ansässigen Grundbesitzers H. Withers (1878 archiviert), des Polizeirichters von Wagga Wagga, H. Baylis (1887 archiviert), des Grundbesitzers und Landvermessers J. Baylis aus der Region Riverina (zwischen 1880 und 1927 archiviert) sowie des Linguisten und Gelehrten C. Richards (zwischen 1902 und 1903 archiviert). Weiterführende und aktualisierte Untersuchungen zur Wiradjuri-Sprache finden sich in *The New Wiradjuri Dictionary*, verfasst von Uncle Stan und John.

Die Erfahrungen der fiktiven Familie Gondiwindi spiegeln die aller Indigenen Menschen wider, die mit Gewalt, Segregation, Misshandlung und anderen entmenschlichenden Prinzipien und Praktiken des Kolonialismus in Berührung kamen. Zur Taktik der Separation gehörte auch, dass die Regierung und die Kirchen den Gebrauch der Indigenen Sprachen verboten und verhinderten. Das setzten sie durch, indem Kinder gewaltsam ihren Familien entrissen und zu Missionen und Heimen verschleppt wurden, um die Indigene Kultur auszulöschen. Diese Vorgehensweise setzte 1910 ein und war bis in die 1970er-Jahre gängig.

Kulturelles Wissen, die Geschichte der Gemeinschaft, Bräuche, Denkweisen und die Zugehörigkeit zum Land werden durch Sprachen vermittelt. Während der vergangenen zweihundert Jahre erlitt Australien den größten und schnellsten Verlust an Sprachen, der bis heute weltweit bekannt ist. Heute gehören trotz der Revitalisierungsversuche die Sprachen Australiens zu denen, die weltweit am unmittelbarsten bedroht sind.

Die Schilderungen von Gewalt und generationsübergreifenden Traumata, die von Separationspraktiken betroffene Indigene Menschen erlitten, wurden in verschiedenen Publikationen dokumentiert, darunter in dem 1997 erschienenen Bericht *Bringing Them Home: Report of the National Inquiry into the Separation of Aboriginal and Torres Strait Islander Children from Their Families*. Die Beschreibungen des Missionslebens aus der Perspektive von Reverend Greenleaf stammen aus den Schriften des Reverends J. B. Gribble, darunter auch *A Plea For Aborigines of New South Wales*. Gribble gründete und leitete die Christliche Warangesda Aboriginal Mission in Darlington Point in New South Wales. Die Prosperous-Mission, -Farm und -Unterkünfte wurden von Warangesda inspiriert, die zwischen 1880 und 1884 als Aboriginal-Mission betrieben wurde; zwischen 1884 und 1897 als Warangesda Aboriginal Farm unter der Aborigines Protection Association; zwischen 1897 und 1925 stand sie unter staatlicher Verwaltung durch den Aborigines Protection Act und zwischen 1925 und 2014 unter privater Verwaltung.

Die im Roman erwähnten Wohnheime der Mädchen und der Jungen sind fiktiv, aber den Beschreibungen des Aboriginal Girls' Training Home of Cootamundra („Ausbildungsheim") und des Kinchela Aboriginal Boys' Home entnommen. In der Wirklichkeit machten die Kinder weit schlimmere Erfahrungen, als sie hier beschrieben werden. Vor der Eröffnung des Aboriginal Girls' Training Home in Cootamundra wurden Kinder aus dem gesamten Bundesstaat nach Warangesda geschickt. In der für das New South Wales Ministry of Aboriginal Affairs erstellten Publikation *The Stolen Generations – The Removal of Aboriginal Children in NSW 1883 bis 1969* schätzt Professor Peter Read, dass bis 1916 „300 Mädchen in das Heim von Warangesda gebracht und später als Dienstmädchen eingesetzt" wurden. Beverley Gulambali Elphick und Don Elphick schreiben in *The Camp of Mercy: An Historical and Biographical Record of the Warangesda Aboriginal Mission/Station, Darlington Point, New South Wales*, dass „heute abgesehen von den gelegentlichen Erwähnungen von ein paar Kindern in den Protokollen des Aborigines Protection and Welfare Boards beziehungsweise in den Anmelderegistern des Kinchela Aboriginal Boys' Training Home keine Aufzeichnungen – falls überhaupt Buch geführt wurde – über die anderen Kinder existieren, die zwischen 1909 und 1925, als das Camp of Mercy (‚Gnadenhaus') geschlossen wurde, aus Warangesda fortgebracht wurden. Eine vorsichtige Schätzung für diese Periode wäre 200, was eine Zahl von insgesamt 500 verschleppten Kindern ergibt."

In Warangesda gab es viele Geburten und Eheschließungen; auch viele Todesfälle ereigneten sich in der Mission. In *Conservation Management Plan Warangesda Aboriginal Mission and Station* stellten Ray Cristison und Naomi Parry fest: „Der Hauptfriedhof, der die sterblichen Überreste von nahezu zweihundert ehemaligen Bewohnern birgt, ist weiterhin Teil eines als Acker genutzten Feldes."

Die Geografie der fiktionalen Stadt Massacre Plains ist inspiriert von Städten im Wiradjuri-Land und ebenso vom Rock Nature Reserve – Kengal Aboriginal Place. Der im Roman dargestellte fiktionale Fluss Murrumby basiert auf den Nebenflüssen des Murray-Darling-Beckens. Ortsnamen wie Massacre und Poisoned Waterhole Creek sind real existierende Ortsnamen in Australien und erinnern an die Gräueltaten, die den Indigenen Menschen während der Kolonialisierung angetan wurden.

Viele einheimische Pflanzen und Essenszubereitungstechniken können im Detail in *Dark Emu* von Bruce Pascoe sowie in *A Million Wild Acres* von Eric Roll entdeckt werden. Auch *Eine kurze Geschichte der Menschheit* von Yuval Noah Harari befasst sich mit der Geschichte und Kultiviertheit und Zivilisiertheit der Indigenen Australier.

Ich möchte die Leser anregen, persönliche Geschichten von ehemaligen Bewohnern von Missionen, Siedlungen und Farmen zu erkunden, die kollektiv als Stolen Generation bezeichnet werden. Zu denen gehören Ruth Hegartys *Is That you Ruthie?,* Noel Pearsons *Up From the Mission: Selected Writings*, Doris Pilkington Garimaras *Follow the Rabbit-Proof Fence*, Margaret Tuckers *If Everyone Cared*, Marie Munkaras *Of Ashes and Rivers that Run to the Sea* und die Werke von Jack Davis.

Weiterführende Literatur über Indigene Kultur und Geschichte: *Indigenous Australia for Dummies* von Professor Larissa Behrendt, *One Blood: 200 Years of Aboriginal Encounter with Christianity: A Story of Hope* von John Harris, und die Werke von den Historikern Henry Reynolds, Peter Read und Marcia Langton.

Australien ist das einzige Land des Commonwealth, das kein Abkommen mit seinen Indigenen Bevölkerungsgruppen abgeschlossen hat.

DANKSAGUNG

Meine größte Anerkennung gilt den früheren und den gegenwärtigen Ältesten für ihren Beitrag zum Überleben und der Bewahrung der Wiradjuri-Sprache. Ein Dank an Dr. Uncle Stan Grant Senior und Dr. John Rudder für das erste Wörterbuch und die jüngsten Aktualisierungen und ihre unerschütterliche Arbeit und Vision. Mein Dank geht an Geoff Anderson und die Parkes Wiradjuri Language Group sowie die Parkes Aboriginal Education and Consultative Group. Ebenso an Bruce Pascoe für sein Buch *Dark Emu* und dass er mich in die richtige Richtung gelenkt hat. Dank an Dr. Naomi Parry für ihre Expertise und Hilfe bei der Erkundung der Geschichte des Missionslebens von New South Wales. An die Rolex Arts Initiative und Wole Soyinka für ihre Unterstützung und Geduld. An die Charles Sturt University und den Booranga Writers' Centre in Wagga Wagga, wo ich unzählige Male innerhalb der letzten zehn Jahre bleiben und an diesem Roman schreiben konnte.

Ich danke allen beim Haymon Verlag, insbesondere Juliane Lochner für die Übersetzung ins Deutsche, Nina Gruber für das Lektorat und dafür, das Buch zu Haymon gebracht zu haben, DisCheck für das Sensitivity Reading und Judith Sallinger für die Begleitung des Projekts.

Dieses Buch widme ich mit großem Dank dem Wiradjuri-Mob und ganz besonders meiner Familie väterlicher- wie mütterlicherseits: meiner Liebsten Nana, Mum, Dad, meinen Tanten, Onkels, Cousins, Cousinen, Nichten und Neffen, Tania, Andrew, John, Arnaud und meinem Herz, Ellis: Du hältst mich stets über Wasser und beschenkst mich mit Liebe.

Und Poppy, im ewigen Garten.

Und meinem Bruder Billy Joe, für immer und alle Zeit.

GLOSSAR

Aboriginal, Aborigine von lat. *ab* (von) und *origo* (Ursprung, Beginn); bezeichnet die indigene Bevölkerung Australiens. Im deutschsprachigen Raum versteht man darunter die gesamte indigene Bevölkerung des Kontinents inkl. der ursprünglichen Bewohner*innen der Inseln in der Torres-Straße in der Meerenge zwischen dem australischen Kontinent und Neuguinea (in Australien spricht man von „Aboriginal and Torres Strait Islander peoples"). Im englischen Sprachgebrauch gilt der Begriff „Aborigines" mittlerweile als abwertend, da er kolonial konnotiert ist, und wird durch „Aboriginal Australians" ersetzt oder immer häufiger auch durch „First Nations (of Australia)", „First Peoples (of Australia)" oder „First Australians". Zumeist bezeichnen sich die Menschen selbst aber in ihren jeweiligen Sprachen, z. B. „the Wiradjuri people". Im vorliegenden Roman wird in der Übersetzung auf die im Original verwendeten Schreibweisen „Aboriginal" und „Aborigine" zurückgegriffen, um unterschiedliche Epochen, Biografien und Einstellungen darzustellen.

Aborigine Protection Board Seit 1860 existierende Institutionen in Australien mit weitreichenden und repressiven Rechten über das Arbeits- und Privatleben und die Bewegungsfreiheit der indigenen Bevölkerung, die u. a. die Assimilation an die weiße Bevölkerung zum Ziel hatten. Aborigine Protection Boards (und ähnliche bzw. ähnlich benannte Institutionen) schufen rassistische Gesetze und übten Kontrolle aus, u. a. wurden indigene Kinder ihren Familien systematisch entrissen und in Heimen und Missionen untergebracht oder zur Adoption an weiße Familien freigegeben **> Staatsmündel**. In New South Wales wurde das Aborigines Welfare Board erst 1969 aufgehoben.

Aunty Tante; informelle Anrede, auch ohne Namen benutzt

Baiame Wesen in der Schöpfungsgeschichte einiger Aboriginals, z. B. der Wiradjuri. Christliche Missionare projizierten darauf ihren christlichen Gott. (siehe *Baymee*, S. 167 f, 292)

Billabong Wasserloch oder toter Flussarm mit angestautem Wasser

Blackfella, Blackfellow ursprünglich abwertender Begriff der weißen Bevölkerung für Aboriginals, ausgehend von einer rassistischen Ideologie; heute oft informelle Selbstbezeichnung der indigenen Bevölkerung Australiens (ohne Abwertung, wenn von Aboriginals selbst gebraucht)

Bond Service Property bezeichnet das Eigentum von unbezahlten indigenen Arbeiter*innen, Teil des **> Masters and Servants Act**

Bullroarer Schwirrholz; eines der ältesten bekannten Musik- und Kommunikationsinstrumente u. a. der Aboriginals

Bullyman umgangssprachlich für Polizeibeamten

Bunyip in Feuchtgebieten lebendes Wesen der Mythologie der im Südosten des Kontinents beheimateten Aboriginals

Cassava Maniok

Chiko Roll pikante, von der Frühlingsrolle inspirierte Speise der australischen Küche mit Kultstatus

Coolamon anglisiertes Wort aus New South Wales; längliches, kanuförmiges, 30 bis 70 Zentimeter langes, häufig verziertes Mehrzweckbehältnis mit gekrümmten Seiten, zur Aufbewahrung und zum Transport von Flüssigkeiten, Nahrung, Babys und darüber hinaus auch im Herstellungsprozess von Brot sowie als Regenschutz und bei Zeremonien verwendet. Coolamons werden aus Holz hergestellt, dafür wird ein Stück der äußeren Rinde eines Baumes entfernt und über Feuer geformt **> vernarbter Baum**.

Corroboree Versammlung der Aboriginals zu verschiedenen Anlässen und Zwecken, oft mit Zeremonien verbunden. Sie spielen eine wichtige Rolle in der Weitergabe und Bewahrung der indigenen Kulturen. In der Vergangenheit wurde versucht, Corroborees sowie generell die kulturellen Praktiken der Aboriginals zu unterbinden und zu zerstören.

Damper, Johnnycake Brot aus Samen, Nüssen und Wurzeln, das auf heißen Kohlen gebacken wird

Dillybag aus Pflanzenfasern geflochtener Umhängebeutel der Aboriginals

Eingeborene altertümlicher kolonialrassistischer und romantisierender Begriff für *indigene Personen*

Endeavour HMS Endeavour; Segelschiff der britischen Marine, auf dem James Cook zwischen 1768 und 1771 seine erste „Entdeckungsreise" durchführte, die den Beginn der Kolonialisierung der pazifischen Region bedeutete. Die Besatzung betrat am 29. April 1770 als erste Gruppe von Europäern die Ostküste Australiens, im heutigen New South Wales.

Fella, Fellow informell für Mann, Typ, Kerl

First Fleet So wird die britische Schiffsflotte bezeichnet, die am 13. Mai 1787 den Hafen von Portsmouth Richtung Australien verließ und über 700 Strafgefangene an Bord hatte. Innen- und Kolonialminister Thomas Townshend – Lord Sydney – hatte gemeinsam mit einem Expertenkomitee Botany Bay –

die Bucht, in der 18 Jahre zuvor die HMS Endeavour gelandet war – als Verbannungsort für Strafgefangene ausgewählt. Aufgrund besserer Eignung entschied man sich gegen die Botany Bay und für Sydney Cove – benannt nach Lord Sydney. An diesem Ort landete die First Fleet am 26. Januar 1788. Der Tag ist heute Australiens offizieller Nationalfeiertag und wird als „Australia Day“ gefeiert. Verschiedene Initiativen und Teile der Bevölkerung kritisieren diesen Tag als Zelebrieren der Unterdrückung der indigenen Bevölkerung und begehen zum Protest den 26. Januar als „Invasion Day“, „Day of Mourning“ oder „Survival Day“. **> Sesquicentenary Flower Show**

Freedom Ride In den 1960er-Jahren schlossen sich Studierende der University of Sydney zur Student Action For Aborigines (SAFA) zusammen. Zu dieser Zeit gab es nur zwei Aboriginal Studierende an der Universität von Sydney. Ziel der SAFA war es, auf die Marginalisierung der Aboriginals in den Städten von New South Wales aufmerksam zu machen. 1965 unternahmen sie dafür den „Freedom Ride“. Fünfzehn Tage lang reisten sie in einem Bus durch New South Wales und zeigten die verheerenden und rassistischen Lebensumstände auf, unter denen die indigene Bevölkerung litt. Über die Aktion der SAFA wurde in nationalen und internationalen Medien berichtet und sie stieß weitere Kampagnen an.

gekrümmt In der Bestattungstradition der Wiradjuri werden die Verstorbenen in Embryonalstellung begraben.

Ghan Bezeichnung v. a. für Afghanen, aber auch Paschtunen, Belutschen und andere Menschen besonders aus britischen Kolonien, die in der zweiten Hälfte des 19. und in der ersten Hälfte des 20. Jahrhunderts im Landesinneren von Australien Kamele zum Transport von Gütern führten. Die Menschen wurden eigens dafür nach Australien gebracht.

Gubba umgangssprachlich unter Aboriginals für Nicht-Aboriginals

Gunyah kleine, zeitweilige Behausung der Aboriginals aus Zweigen und Rinde

Halbblut- rassistische Kategorisierung in der kolonialen Ordnung und Rechtsprechung Australiens und der USA

Hoi-polloi abwertender Begriff, aus dem Griechischen entlehnt; „die Vielen“, „die große Masse“, „der Pöbel“

Jackaroo junger Mann, der auf einer Schaf- oder Rinderfarm arbeitet, um Arbeitserfahrung zu sammeln

Johnnycake **> Damper**

Land Councils Behörden auf bundesstaatlicher oder territorialer Ebene, die im Zuge der Anerkennung der Rechte der indigenen Bevölkerung auf das von ihnen vor der europäischen Kolonisation besiedelte Land gegründet wurden. Land Councils setzen sich für die Land- und Menschenrechte der indigenen Bevölkerung ein. Darüber hinaus kümmern sie sich um vielfältige Angelegenheiten und Anliegen. Land Councils entstanden ab 1973. Ein wichtiger Schritt dafür war die gerichtliche Anerkennung von **> Native Titles**.

King Billy Beiname von Jimmy Clements (1847–1927), einem Ältesten der Wiradjuri. Seine Anwesenheit bei der Eröffnung des Provisional Parliament House in Canberra am 9. Mai 1927 gilt als einer der ersten dokumentierten Aboriginal Proteste im Parlament.

Koori Selbstbezeichnung von Aboriginal Communities von Victoria und dem südlichen New South Wales. Der Gebrauch hat selbstermächtigenden Charakter und wird auch bewusst verwendet, um nicht auf den auf die europäische Kolonialisierung zurückgehenden Begriff „Aboriginal" zurückgreifen zu müssen.

Mabo, Eddie Eddie Koiki Mabo bzw. Edward Koiki Sambo (1936–1992), Torres-Strait-Islander, setzte sich für die Landrechte der indigenen Bevölkerung ein. Seit der britischen Kolonialisierung war für Australien der Rechtsbegriff „Terra Nullius" – „Niemandsland" – gültig, der ausschlaggebend war für den Rechtsanspruch der indigenen Bevölkerung auf das Land, auf dem sie seit Jahrtausenden lebte. Eddie Mabo erkämpfte 1992 vor Gericht (Fall „Mabo vs. Queensland") die Aufhebung dieses Rechtsbegriffs – und damit die Anerkennung, dass die indigene Bevölkerung des Kontinents Australien „First People" waren, deren Rechte und Interessen an Land und Wasser trotz der Kolonialisierung weiterbestanden. Das Gerichtsurteil war in weiterer Folge wichtig für den **> Native Title Act**.

Mallee robuste, bis zu zehn Meter hohe Vegetationsform in Australien aus unterirdisch zusammenhängenden Gebüschen und Buschformationen, v. a. aus mehrstämmigen Eukalyptussträuchern

Masters and Servants Act Der Masters and Servants Act trat 1823 im Vereinigten Königreich in Kraft und war in Westaustralien bis 1900 gültig. Darin wurde das Verhalten von Arbeitgebenden und Arbeitnehmenden geregelt. Verstöße dagegen wurden bestraft. In der Praxis hatten nur die Arbeitgebenden die Ressourcen dazu, von den Bestimmungen Gebrauch zu machen. Besonders die indigene Bevölkerung litt unter dem Masters and Servants Act.

Mob steht bei der indigenen Bevölkerung Australiens für nahe Familie und enge Freund*innen oder eine andere Gruppe von Menschen; keine negative Assoziation wie im Deutschen.

Morgen historisches Flächenmaß, vergleichbar mit dem in Australien gebräuchlichen *acre* (4.047 m^2)

Myxomatose „Kaninchenpest“; Erkrankung, die von einem zu den Pockenviren gehörenden Virus ausgelöst wird und die fast nur Haus- und Wildkaninchen befällt. Das Virus wurde in den 1950ern u. a. in Australien eingesetzt, um die stark angewachsene Population der aus Europa eingeführten Tiere zu verringern.

Nana, Nan in Australien gebräuchliche Bezeichnung für Oma, Großmutter

Nardoo, Nardoo-Stein Nardoo gehört zur Familie der Kleefarngewächse. Die Pflanze bildet eine Art Sporenkapseln, die zur Herstellung von Mehl und in der Folge von **> Damper** verwendet wird. Den zum Mahlen der Sporenkapseln verwendeten Stein nennt man Nardoo-Stein.

Native-Labour-System Der Begriff bezieht sich auf die damals in Australien weit verbreitete Versklavung der indigenen Bevölkerung.

Native Title Nach dem Fall „Mabo vs. Queensland“ 1992 **> Eddie Mabo** verabschiedete das australische Parlament am 13. Februar 1993 den Native Title Act. *Native Title* ist ein Rechtstitel, mit dem gewohnheitsmäßige Rechte auf den Besitz und die Nutzung von Land und Wasser durch indigene Gemeinschaften anerkannt und in geltendes Recht überführt werden. Um einen Native Title zu erlangen, muss nachgewiesen werden können, dass seit Beginn der europäischen Kolonialisierung eine ständige Verbindung zum beanspruchten Gebiet aufrechterhalten wurde, z. B. durch kulturelle Praktiken. Beim Native Title wird zwischen *Nonexclusive Right* und *Exclusive Right* unterschieden. Nonexclusive Right schließt bestimmte Rechte wie etwa Nutzung für kulturelle Aktivitäten, Fischen, Jagen ein, dabei wird anderen Personen aber kein Zugang verwehrt bzw. keine anderen Rechte eingeschränkt. Beim Exclusive Right handelt es sich um ein alleiniges Verfügungsrecht über Zugang zum und Nutzung des Gebiets.

Octoroon- rassistische Kategorisierung in der kolonialen Ordnung und Rechtsprechung Australiens und der USA; von „ein Achtel“, eine Person mit einem indigenen bzw. Schwarzen Urgroßelternteil

Order of Australia in vier Klassen unterteilter Orden, 1975 eingeführt von Elisabeth II. (Königin von Australien), um Bürger*innen Australiens und andere Personen für außerordentliche Dienste zu würdigen. Ein „Member“ (AM) erhält den Orden für Dienste an einem besonderen Ort oder für eine besondere Aufgabe für eine bestimmte Gruppe.

Pommy in Australien abwertende Bezeichnung für Brit*innen

Pop, Poppy in Australien gebräuchliche Bezeichnung für Opa, Großvater

Portsmouth britischer Hafen, von dem aus James Cook auf der **> Endeavour** lossegelte und von dem aus die **> First Fleet** in Richtung Australien aufbrach.

Quadroon rassistische Kategorisierung in der kolonialen Ordnung und Rechtsprechung Australiens und der USA; von „ein Viertel", eine Person mit einem indigenen bzw. Schwarzen Großelternteil

Queen Victoria geboren am 25. Mai 1819, war seit 1837 bis zu ihrem Tod 1901 Königin des Vereinigten Königreichs Großbritannien und Irland, seit 1876 auch Kaiserin von Indien. Ihre Regentschaft war geprägt von einer massiven Ausweitung des Britischen Empires – auch auf dem australischen Kontinent.

Rasse Rassentheorien, in denen die Menschheit in „Rassen" kategorisiert und bewertet wird, wurden von weißen Menschen entwickelt und verbreitet (Rassismus). Dabei werden alle Menschen, die nicht der Vorstellung von „weiß" entsprechen, abgewertet, um deren Unterdrückung und Kolonialisierung zu rechtfertigen. Menschen, die dem Konzept von „weiß" entsprechen, werden in der Rassentheorie hingegen als „überlegen" dargestellt. Das Wort „Rasse" wird in Bezug auf Menschen im Deutschen heute nicht mehr verwendet. In Ländern wie den USA ist das Wort *race* heute als Bezeichnung einer sozialen Kategorie (nicht rein biologisch konnotiert) in Verwendung und ist eng verbunden mit dem Widerstand gegen die Ungleichheit rassistisch diskriminierter Gruppen.

Reverend protestantischer Geistlicher, Pastor

rosa Im Roman spricht Eddie davon, dass Australien „immer noch rosa ist" (vgl. S. 123, 327). Dies bezieht sich darauf, dass Australien als Teil des Commonwealth – und damit als Land mit Kolonialgeschichte – auf Landkarten rosa dargestellt wurde.

Rute historisches Längenmaß, vergleichbar mit dem in Australien gebräuchlichen *rod* (5,0292 Meter)

Scheffel historisches Raummaß, vergleichbar mit dem in Australien gebräuchlichen *bushel* (36,3687 Liter)

Schwirrholz **> Bullroarer**

Sesquicentenary Flower Show Am 26. Januar 1938 fand die Sesquicentenary Parade (Sesquicentenary of European Settlement of Australia) statt, die offizielle 150-Jahr-Feier zur Ankunft der europäischen Kolonisatoren in Australien (**> First Fleet**). Im Rahmen der Feierlichkeiten fand ein sog. Reenactment, eine Inszenierung historischer Ereignisse, unter diskriminierender und repressiver Beteiligung der Aboriginals statt. Die Antwort der indigenen Bevölkerung darauf war der am selben Tag stattfindende „Day of Mourning“, eine Konferenz und ein Protest gegen die unmenschliche Behandlung und den Landraub durch die weiße Bevölkerung. Der 26. Januar 1938 stellt ein wichtiges Datum in der Geschichte der Aboriginal Bürgerrechtsbewegung dar.

Siedlungsprogramm für Veteranen Obwohl auch Aboriginals in beiden Weltkriegen für Australien kämpften, waren nur sehr wenige indigene Antragsteller erfolgreich. Umgekehrt wurde Aboriginals sogar Land für das Siedlungsprogramm weggenommen.

Silvertail reiche, einflussreiche Person

Squatter historischer Begriff in Australien; Person, die ein großes Gebiet „Crown Land“ – indigenes Land, das von Briten im Zuge der europäischen Kolonialisierung als „unbewohnt“ definiert wurde – besetzte, um dort Vieh zu halten. Obwohl Squatter ursprünglich keinen Rechtsanspruch auf das Land hatten, wurden sie von der Kolonialregierung als „erste (europäische) Siedler“ anerkannt.

Staatsmündel Im 20. Jahrhundert (offiziell von ca. 1909 bis ca. 1970) wurden in Australien indigene Kinder von der Regierung systematisch und willkürlich aus ihren Familien gerissen und in staatliche und kirchliche Heime verschleppt oder zur Adoption in weiße Familien übergeben. Ziel war es, die Kinder an die weiße Bevölkerung zu assimilieren und ihr als Arbeitskräfte zur Verfügung zu stellen. Rechtsgrundlage bildete der Erlass von Aboriginal Protection Acts > **Aboriginal Protection Board**. Offizielle Schätzungen des Staates gehen davon aus, dass zehn bis dreißig Prozent aller indigenen Kinder in dieser Zeit betroffen waren. Sie werden als *Stolen Generation* bezeichnet.

Tent Town Gebiet, in dem vertriebene Aboriginals in behelfsmäßigen Hütten unterkamen und lebten

Tokenismus von engl. token (Symbol, Zeichen); beschreibt die Praxis, bei der Mitglieder einer marginalisierten Gruppe nur symbolisch und scheinbar gleichgestellt oder sichtbar gemacht werden, im Grunde aber als „Aushängeschilder“ für vermeintliche Diversität und „Chancengleichheit“ missbraucht werden.

Treaty völkerrechtlicher Vertrag. In Australien gibt es keine Verträge zwischen Kolonisator*innen und ursprünglichen Besitzer*innen, die den indigenen Menschen Rechte zusprechen.

Uncle Onkel; informelle Anrede, auch ohne Namen benutzt

vernarbter Baum bezieht sich auf „scarred tree“ oder „scar tree“, einen Baum, dessen Rinde von der indigenen Bevölkerung Australiens für die Herstellung von Behausungen, Kanus, Werkzeugen, Waffen, **> Coolamons** und anderen Artefakten verwendet wurde bzw. wird. Besonders in New South Wales, z. B. im Land der Wiradjuri, gibt es auch „carved trees“, Bäume, bei denen die Rinde entfernt wurde und auf der freigewordenen Fläche kunstvolle Muster eingeritzt wurden. Diese Bäume markieren Orte mit besonderer Bedeutung, z. B. bei Initiationszeremonien oder Grabstellen. Im 19. Jahrhundert wurden Teile dieser Bäume entnommen, um sie in Museen auszustellen. Mittlerweile stehen scarred trees und carved trees unter Schutz.

Vollblut- rassistische Kategorisierung in der kolonialen Ordnung und Rechtsprechung Australiens und der USA

Wallaby Gattung aus der Familie der Kängurus, auch über die Gattung hinaus werden Kängurus im Englischen oft Wallaby genannt.

Weltausstellung 1893 fand in Chicago die Weltausstellung statt, die EXPO – *Exposition Universelle Internationale, Exposition Mondiale*, eine internationale Leistungsschau der technischen und (kunst)handwerklichen Errungenschaften und Neuheiten. 1851 wurde sie zum ersten Mal in London abgehalten. Die Weltausstellung 1893 trug den Titel „World’s Columbian Exposition“. Sie hatte das Thema „Discovery of America“ und fand zum vierhundertsten Jahrestag der sog. „Entdeckung Amerikas“ durch Christopher Kolumbus statt, die in rassistischer Manier glorifiziert wurde.

Whitefella informelle Bezeichnung für einen weißen, nicht-Aboriginal Australier

Wiradjuri australische indigene Bevölkerung im zentralen New South Wales bzw. deren Sprache

Womba herablassende Bezeichnung für befreundete Person, die sich albern benimmt

Woomera Speerschleuder

Yarndi Wiradjuri für Marihuana

Hinweis zu möglichen Triggern: Dieser Hinweis nimmt auf Menschen mit traumatischen Erfahrungen Rücksicht. Aus subjektiver Sicht können Trigger von Bedeutung sein oder nicht, unabhängig davon, in welchem Kontext oder Medium sie sich finden. Wir möchten an dieser Stelle deshalb anmerken: „Wie rote Erde“ konfrontiert dich mit Rassismus und rassistischer Gewalt, mit Kolonialismus und kolonialistischer Gewalt und mit dem sexuellen Missbrauch von Kindern.

Australian Government | Australia Council for the Arts

Dieses Projekt wurde von der australischen Regierung durch das *Australia Council for the Arts*, Kunstfinanzierungs- und Beratungsgremium, unterstützt.

Auflage:
4 3 2 1
2025 2024 2023 2022

Dieses Buchprojekt wurde überprüft von DisCheck, dem Beratungskollektiv für Unternehmen, Organisationen und Individuen, die ihre Medieninhalte diskriminierungssensibel und intersektional gestalten wollen. Wir bedanken uns für die konstruktive Zusammenarbeit! Kontakt: Instagram: @discheck_, E-Mail: discheck.kontakt@gmail.com

HAYMON verlag
Innsbruck-Wien
www.haymonverlag.at

ISBN 978-3-7099-8155-9

Lektorat: Haymon Verlag / Nina Gruber
Projektleitung: Haymon Verlag / Judith Sallinger
Buchinnengestaltung nach Entwürfen von: himmel. Studio für Design und Kommunikation, Innsbruck / Scheffau – www.himmel.co.at
Satz: Da-TeX Gerd Blumenstein, Leipzig
Umschlaggestaltung, Gestaltung von Vor- und Nachsatz: Jasmin Keune-Galeski, jasminkeunegaleski.com
Karte auf Seite 3: Tara June Winch

Umschlag und
Bindung ausgenommen
www.gugler.at

Gedruckt nach der Richtlinie „Druckerzeugnisse"
des Österreichischen Umweltzeichens.
gugler* print, Melk, UWZ-Nr. 609, www.gugler.at

Dieses Buch wurde auf höchstem ökologischen Standard gedruckt, ausschließlich mit Substanzen, die wieder in den biologischen Kreislauf rückgeführt werden können. Cradle to Cradle™-zertifiziert by gugler*, klimapositiv, auf Papier, das in Österreich produziert wurde, und ohne Plastikfolie, die dein Lieblingsbuch unnötig einhüllt – für unsere Umwelt und unsere Zukunft.